Das Buch

Für die einen ist die Bibel das geschriebene Wort Gottes, eine Glaubensgrundlage seit über tausend Jahren, ein unumstößliches Regelwerk, das Sicherheit und Geleit im Leben bietet. Für die anderen sind ihre großen Geschichten und Helden nichts als literarische Fiktion, uralte Legenden, die keiner wissenschaftlichen Überprüfung standhalten. Und doch sind es die biblischen Erzählungen, ihre Gebote und Bilder, die unsere Kultur und Vorstellungswelt maßgeblich geprägt haben: Gott und die Erschaffung der Welt; Adam, Eva und der Sündenfall; Noah und die Sintflut; Mose und die Zehn Gebote; Johannes und die „Erfindung" der Taufe – und vor allem das Leben, das Sterben und die Auferstehung Jesu Christi. Was verbirgt sich hinter den dramatischen und bewegenden Erzählungen des „Buches der Bücher"? Was lässt sich belegen und rekonstruieren, was kann heute als historisch unhaltbar entlarvt werden? Das sind nur einige der Fragen, denen Hans-Christian Huf und sein Autorenteam in Zusammenarbeit mit renommierten Theologen, Archäologen und Historikern nachgehen. Eine Spurensuche, die mehr als zweitausend Jahre zurückführt und bis in die Gegenwart reicht.

Der Herausgeber

Hans-Christian Huf, geboren 1956 in Starnberg, studierte Geschichte und Politik in Deutschland und Frankreich. Er ist beim ZDF verantwortlich für zahlreiche erfolgreiche Prime-Time-Reihen und andere historisch-politische und kulturwissenschaftliche Sendungen. Seine Bücher zu den Serien wurden zu Bestsellern und in bis zu vierzig Sprachen übersetzt.

In unserem Hause sind von Hans-Christian Huf bereits erschienen:
Imperium
Mit Gottes Segen in die Hölle

Hans-Christian Huf (Hg.)

DAS BIBELRÄTSEL

GEHEIMNISSE DER HEILIGEN SCHRIFT

Ullstein

Besuchen Sie uns im Internet:
www.ullstein-taschenbuch.de

Umwelthinweis:
Dieses Buch wurde auf chlor- und säurefreiem Papier gedruckt.

Deutsche Erstausgabe im Ullstein Taschenbuch 2006
1. Auflage Dezember 2006

Buchgestaltung und Layout: Büro Jorge Schmidt, München
Umschlaggestaltung: Büro Hamburg (unter Verwendung
einer Vorlage von Büro Jorge Schmidt, München)
Titelabbildung: AKG Berlin („Zehn-Gebote-Tafel«, ca. 1600–1625,
unbekannter Künstler)
Satz: Franzis print & media GmbH, München
Druck und Bindearbeiten: Offizin Andersen Nexö Leipzig GmbH
Printed in Germany
ISBN-13: 978-3-548-36895-5
ISBN-10: 3-548-36895-6

+QVATTVOR ERGO VIROS
ANIMALIA SCA FIGVRANT
SACRA SALVTIFERI
NARRANTES MVNERA XPI

MYTHOS BIBEL

Die Bibel, das Buch der Bücher, ist der erfolgreichste Bestseller aller Zeiten. Kein Buch hat so viele Umwälzungen hervorgebracht, keines hat die Welt so nachhaltig geprägt. Drei große Weltreligionen berufen sich heute auf die Tradition dieses Buches: Judentum, Christentum und Islam, insgesamt rund drei Milliarden Menschen.

Mehr als tausend Jahre war es undenkbar, die Aussagen der Bibel in Frage zu stellen. Heute scheint es, als seien grundlegende Überlieferungen des Alten und Neuen Testaments im Licht moderner archäologischer und historischer Forschung nichts weiter als Legenden, Anekdoten und Propaganda. Doch kann man daraus generell schließen, dass die Bibel offenbar nicht Recht hat und dass ihre historischen Schilderungen und Prophezeiungen endgültig ins Reich frommer Wünsche verbannt werden müssen? Und dass ihre großen Geschichten, ihre Helden, nichts weiter sind als literarische Fiktion?

Diese Illustration aus dem Lorscher Evangeliar zeigt Jesus umgeben von einem Ring mit den Symbolen der vier Evangelisten.

Entstanden ist dieses unvergängliche Werk im Laufe eines riesigen Zeitraums. Betrachtet man Altes und Neues Testament zusammen, dann enthält das »Buch der Bücher« Texte, die in einer Spanne von rund tausend Jahren verfasst wurden. Wer, wann und wo, welche Teile der Bibel schrieb, ist ein bis heute noch nicht vollständig gelöstes Rätsel.

Schon der Name Bibel – griechisch für »Buch« – ist keine eindeutige Bezeichnung. Juden nennen ihre Bibel »Tanach« oder »Tenach« und bezeichnen damit die »Thora«, die Fünf Bücher Mose, die Bücher der Propheten und andere Überlieferungen. Diesem Buch haben die Christen in späterer Zeit die Evangelien und weitere Schriften hinzugefügt, die als »Neues Testament« bezeichnet wurden. Entsprechend bürgerte sich für die jüdische Bibel in der christlichen Tradition der Begriff »Altes Testament« ein. Schon diese Begriffe verweisen auf eine theologische Interpretation, nach der mit Jesus etwas völlig Neues beginnt, beziehungsweise die alte, jüdische Tradition vollendet ist. Ein Verständnis, das von gläubigen Juden selbstverständlich nicht geteilt wird. Das Spannungsverhältnis zwischen dem Juden Jesus und seiner christlichen Deutung ist bis auf den heutigen Tag Gegenstand theologischer und historischer Kontroversen.

Die Bibel, daran zweifelt niemand, hat eine Heimatstadt: Jerusalem. Hier nahm alles seinen Anfang. Hier wurden die ältesten Überlieferungen der jüdischen Bibel erstmals zu einer geschlossenen Erzählung zusammengefasst. Hier auf diesem winzigen Flecken Erde, umgeben von Meer und Wüste und den riesigen Reichen Ägypten und Mesopotamien, wurden die Glaubensvorstellungen schriftlich fixiert, die zur Grundlage einer monotheistischen Religion werden sollten. Ein Novum in jener Zeit, in der geradezu paradiesische Verhältnisse für eine Vielzahl Götter und Götzen geherrscht hatte.

Seit über hundert Jahren schon forschen Bibelwissenschaftler, Archäologen, Theologen und Orientalisten nach dem Ursprung der jüdischen Gottesvorstellung. Ihre Ergebnisse belegen, dass der Monotheismus am Ende eines langen Prozesses der religiösen Entwicklung stand, der sich auch in den Texten der Bibel niederschlug. Alles in allem sind es 66 Bücher, unterteilt in Altes und Neues Testament, die in ihrer Gesamtheit die Glaubensschrift des Christentums bilden. Die 39 Bücher des Alten Testaments, das haben Forscher in langjähriger akribischer Detailarbeit festgestellt, können verschiedenen Verfassern, Entstehungsorten und vor allem unterschiedlichen Epochen zugewiesen werden. Die Anordnung der einzelnen Bücher spiegelt dabei keineswegs die zeitliche Reihenfolge ihres Entstehens wider. Im Gegenteil: Das erste Kapitel der Bibel, das von der Schöpfung berichtet, gilt vielen Forschern heute als ein relativ junger Text innerhalb der Literaturgeschichte des Alten Testaments. Der Gott, der dort auftritt, ist ein Gott, an dessen Bild schon viele Generationen von frommen Schreibern gefeilt haben. Heute steht außer Frage, dass sich das Gottesbild der Bibel, wie wir es kennen, erst in einem Jahrhunderte langen Prozess heraus kristallisierte. Eine geistesgeschichtliche Entwicklung, deren verschlungene Wege noch längst nicht in allen Teilen geklärt sind.

Die ältesten Texte des Alten Testaments datieren aus Sicht heutiger Forscher bereits aus dem 10. Jahrhundert v. Chr. Aber erst seit dem 7. Jahrhundert v. Chr. wurden sie zu einem mehr oder minder geschlossenen Erzählstrang zusammengefasst. Von ganz entscheidender Bedeutung ist dabei die Epoche vor, während und nach dem Babylonischen Exil. In der Zeit der Bedrängung durch mächtige Feinde entstand das Bedürfnis, sich der eigenen Geschichte und des eigenen Glaubens zu versichern. Damals wurde vor allem die Grundkonzeption der biblischen Erzählung entworfen: Geschichte ist das Wirken Gottes und alles, was dem Volk Israel widerfährt, hängt unmittelbar von seinem Verhältnis zu Gott ab. Er belohnt seine Treue und bestraft den Abfall vom Glauben. Wie dieser großartige literarische Entwurf einer Welt- und Geschichtsdeutung im Einzelnen entstand, wer genau ihn wann und wo niederschrieb, umarbeitete und nochmals veränderte, diese Frage ist äußerst schwer zu beantworten und bis heute Gegenstand heftiger Forschungskontroversen.

Neben der Textanalyse wirft auch die Archäologie Fragen auf: Lassen sich biblische Ereignisse verifizieren? Haben die berühmten Helden des Alten Testaments wie Mose, David oder Salomo Spuren hinterlassen? Eines scheint sich mittlerweile abzuzeichnen: Mit der in der Bibel geschilderten Pracht des Alten Israel war es nicht allzuweit her. Das Bild bestimmten eher bescheidene Ansiedlungen in einer archaischen Welt, die von Krieg, Krankheit und Katastrophen geprägt war, über die jene vermeintlich großen Herrscher regierten. In keiner Weise war diese Kultur mit den Weltreichen Ägypten und Mesopotamien vergleichbar. Hinzu kommt, dass die Autoren der Bibel ganz offenbar die großen Umwälzungen ihrer Zeit in eine längst vergangene Epoche übertrugen – der Anspruch auf historische Korrektheit ist damit natürlich nicht mehr gegeben.

Aber bis die Forschung zu diesen Erkenntnissen gelangte, verging eine ganze Weile. Noch im 18. Jahrhundert glaubte man, dass die Fünf

Bücher Mose, die Grundlage der jüdischen Thora, aus dessen Feder selbst stammten. In diesen Büchern wird die Geschichte des Volkes Israel von der Erschaffung der Welt bis zum Tod des Autobiographen berichtet. Heute weiß man mit Sicherheit, dass Mose nicht der Verfasser der ihm zugeschriebenen Bücher gewesen sein kann, ebenso wenig war David Autor der Psalmen und Salomo nicht der Herrscher eines Reiches, das vom Euphrat bis zum Roten Meer reichte.

Aber was täte es, soll schon Luther gesagt haben, wenn Mose den Pentateuch – die Thora der Juden – überhaupt nicht verfasst hätte? Die biblische Wahrheit hängt für ihn offenbar nicht davon ab, ob sich die großen Ereignisse wirklich genau so zugetragen haben. So ist die Bibel heute für die Menschen von höchst unterschiedlicher Bedeutung: Sie ist das Wort Gottes für die Gläubigen, aber auch ein nie endender Quell kulturhistorischer und archäologischer Geheimnisse für die Forschung. Ihre archetypische Grundstruktur, die Berichte von Schöpfung, Urflut, Rettung der Menschheit und Jüngstem Gericht haben Künstler vom Mittelalter bis in die Gegenwart dazu gebracht, die Bildmächtigkeit und den Symbolgehalt des Buchs der Bücher immer wieder neu herauszuarbeiten – Zeugnis seiner unvergänglichen Kraft und Zeitlosigkeit.

Aus der berühmten »Kreuzritterbibel« stammt diese Abbildung, die König Saul im Kampf gegen die Philister zeigt. In der unteren Szene verschont David seinen einstigen Gönner Saul in einer prekären Lage.

Die Bibel umfasst die schönsten und spannendsten Geschichten seit Menschengedenken, ihre Bilder haben sich in unseren Köpfen festgesetzt: Adam und Eva im Paradies, Noah beim Bau der Arche, Abraham kurz vor der Opferung seines Sohnes, Mose beim Auszug aus Ägypten und vor allem Geburt, Kreuzigung und Auferstehung Jesu. Und es mag paradox klingen: Je mehr die moderne Archäologie Beweise liefert, unter welchen historischen Bedingungen, mit welcher Absicht und in welcher Zeit das Buch mit den sieben Siegeln verfasst wurde, desto größer wird eigentlich das Wunder der Bibel. Goethe schrieb dazu wenige Tage vor seinem Tod ganz lapidar: »Echt oder unecht sind bei Dingen der Bibel gar wunderliche Fragen. Was ist echt als das ganz Vortreffliche, das mit der reinsten Natur und Vernunft zu Harmonie steht und noch heute unserer höchsten Entwicklung dient! Und was ist unecht als das Absurde, Hohle und Dumme, was keine Frucht bringt, wenigstens keine gute.«

Hans-Christian Huf

Quali cum fr̃es Dauit et multi alij conuenissent
ad eũ. usq; ad numerum quadragentorum ui
rorum. et fama peruenisset ad eum q̃ philistini iuad
(e)rent cias Isrl'. iuit et pugnauit et uicit eos.
Qualiter Saul audiens ubi esset dauit.
uniuersum populum mittit ad capien
dum eum.
Quali cũ Dauit times iram regis dimissa urbe ne ibi circũuenirẽt fugisset in desertum et ibi la
titaret. Saul re cognita cũ socijs suis iuit ad querendũ eũ. et cũ iam in modũ corone cinctus
ab hostibus dauit euadere posse desperasset digresso inde Rege atq; iterum reuerso accidit ut rex ad pur
gandum uentrem speluncã introiret in quã latebat Dauit. quem cum sui sibi hortarentur ut occi
deret Regẽ noluit. set summitatem clamidis eius clam absci(d)it. Cum aut' surrexisset inde saul. et iter
suum ageret. Dauit post tergum eius clamat ostendẽs ei fimbriam uestimẽti quam absciderat et
quomodo eum occidere potuisset et noluisset. qd̃ Saul audiens fleuit.

JAHWE
KARRIERE EINES GOTTES

Das Leben am Damaskustor brodelt unbeeindruckt von der brütenden Augusthitze. Hinter dem trutzigen Durchgang in der Stadtmauer drängen sich zahllose Menschen im Bazar, durch den nahöstliche Popmusik hallt, übertönt von den arabischen Händlern, die vor den Auslagen ihrer farbenfrohen Buden und Geschäfte stehen und ihre Waren anpreisen, während alte Männer in den Cafés stoisch an ihren Wasserpfeifen saugen. Ein Bild, das sich seit Generationen nicht verändert hat: Laut und überfüllt, hektisch und vital, gelassen und gottergeben, so präsentiert sich die Altstadt von Jerusalem.

Wenn Gott jemals eine Wohnung auf der Erde besaß, dann liegt sie zweifellos in dieser Stadt. Kaum ein anderer Ort auf der Welt übt einen vergleichbaren Eindruck auf so viele Menschen aus, schafft derart starke emotionale Bindungen, auch weit über seine Grenzen hinaus. Nirgendwo sonst sind unterschiedliche religiöse Traditionen auf so engem Raum verdichtet. Hier ranken sich um jede Mauer fromme Erzählungen, und bis heute suchen die Gläubigen drei großer Religionen immer wieder die Nähe dieser Steine auf. Aber selbst inmitten dieser einzigartigen begehbaren Reliquie gibt es einen Platz, der mehr als alle anderen mit religiösen Gefühlen aufgeladen ist: die große ge-

Das Universum ist die Schöpfung des Einen Gottes – das ist die Grundüberzeugung aller monotheistischen Weltreligionen.

mauerte Plattform im Südosten der Altstadt, über der das Wahrzeichen Jerusalems thront – die goldene Kuppel des Felsendoms.

An einem der streng bewachten Zugänge bin ich mit einem arabischen Kontaktmann verabredet. Ohne ihn könnte ich den Platz gar nicht betreten. Man benötigt in diesen Tagen der Gewalteskalation in Israel besondere Kontakte zur »Waqf«, der palästinensischen Verwaltung der Moscheen, um als Ausländer Zutritt zu den heiligen Stätten der Muslime zu bekommen. Und von allen umstrittenen Plätzen in Israel ist der Tempelberg der umstrittenste. Schon mit den Namen muss man hier vorsichtig sein. Im Sprachgebrauch der Juden, der sich auch in der christlichen Welt durchgesetzt hat, heißt das Plateau, auf dem sich der Felsendom befindet, Tempelberg. Ein Name, der daran erinnert, dass sich einst an dieser Stelle das legendäre Gotteshaus Salomos und Jahrhunderte später der Tempel des Herodes erhob. Heute sind die Gebäude längst vom Erdboden verschwunden. Die vielen Eroberer, die im Laufe der Zeit über die Zinnen Jerusalems geklettert sind, haben keinen Stein an seinem Platz gelassen. Nur die gewaltigen Seitenwände des Tempelbezirks haben die Stürme der Jahrhunderte überlebt. Ihr berühmtester Teil ist die Klagemauer, der heiligste Ort für fromme Juden.

Die umkämpfte Wohnstätte Gottes: Der Jerusalemer Tempelberg mit dem Felsendom.

Im Umgang mit Moslems sollte man die Bezeichnung »Tempelberg« dagegen tunlichst vermeiden. Erst recht, seit jüdische Extremisten offen den Abriss der Moscheen und die Errichtung eines neuen Tempels propagieren. In der islamischen Welt ist der Ort als »Haram al Sharif« bekannt, als »das erhabene Heiligtum«; Jerusalem selbst gilt als drittheiligste Stadt des Islam. Ein Gebet in Mekka, heißt es, ist so viel wert wie 10 000 Gebete, ein Gebet in Medina so viel wie tausend, ein Gebet in Jerusalem so viel wie 500. In seiner Frühzeit verneigten sich die Gläubigen beim Gebet sogar in Richtung Jerusalem.

Die Klagemauer ist ein Stück der Außenwand des Tempelbezirks, dessen Bau König Herodes um das Jahr 20 v. Chr. in Auftrag geben ließ.

DAS UMSTRITTENE ERBE ABRAHAMS

Mein Begleiter, der mir dank familiärer Beziehungen zu islamischen Würdenträgern eine Eintrittskarte zum heiligen Bezirk verschafften konnte, führt mich über den beeindruckenden Platz zum Felsendom, dessen blaue Fayencekacheln im grellen Sonnenlicht glänzen. Wir ziehen die Schuhe aus und betreten das wunderbare Bauwerk. Der wahr gewordene architektonische Traum eines Kalifen aus dem 8. Jahrhundert ist vollständig mit Marmor und vergoldeten Arabesken ausgekleidet. In einer Nische steht eine Art hölzerner Schrein mit einer Öffnung, in die die Besucher hineinfassen können. Dahinter verbirgt sich ein von Millionen Händen glatt poliertes Stück Stein – angeblich der Fußabdruck des Propheten Mohammed.

Wir gehen weiter an der hölzernen Barriere entlang, die den großen nackten Felsen im Zentrum des Gebäudes einzäunt. Auf diesen unscheinbaren Steinen ruht die Tradition dreier Weltreligionen: die Kuppe eines Berges, den die Bibel »Morija« nennt. Hier soll sich der Überlieferung nach eine der berühmtesten Geschichten des Buches der Bücher zugetragen haben, die in letzter Sekunde von Gott verhinderte Opferung Isaaks durch Abraham. Die Erzählung aus dem 1. Buch Mose hat den gelblichen Kalkbrocken, den die Moslems »Sakrah« nennen, zum Gründungsstein des Monotheismus, des Glaubens an den Einen Gott gemacht: »Gott aber versuchte Abraham und sprach zu ihm: Abraham! Und er antwortete: Hier bin ich. Und der Herr sprach: Nimm Isaak, deinen einzigen Sohn, den du lieb hast und geh hin in das Land Morija und opfere ihn dort zum Brandopfer auf einem Berge, den ich dir sagen werde.«

Die Bereitschaft Abrahams, sich dem Willen Gottes zu unterwerfen und seinen Sohn Isaak zu opfern, macht ihn zum Stammvater der monotheistischen Religionen.

Abraham, ein gehorsamer Diener seines Gottes, macht sich mit seinem Sohn auf zu dem Platz, der ihm befohlen wurde. Als er sich anschickt, den Sohn zu opfern, greift Gott ein und verhindert die Bluttat: »Da rief ihn der Engel des Herrn vom Himmel und sprach Abraham! Abraham! Er antwortete: Hier bin ich. Er sprach: Lege deine Hand nicht an den Knaben und tu ihm nichts; denn nun weiß ich, dass du Gott fürchtest und hast deines einzigen Sohnes nicht verschont um meinetwillen ... Und Abraham nannte die Stätte ›Der Herr sieht‹. Daher man noch heute sagt: Auf dem Berge, da der Herr sieht.«

Die Bibel gibt leider keine genauere Ortsbeschreibung wieder, doch für die Gläubigen besteht kein Zweifel, dass sich die Abraham-Geschichte irgendwo hier oben zugetragen haben muss. Tatsächlich führt eine schmale Röhre durch den berühmten Felsen in Jerusalem in eine darunterliegende Grotte, die man über eine uralte Treppe erreicht. Eine banale Wasserzisterne, oder das Relikt einer heidnischen Opferstätte? Vielleicht floss durch die Röhre einst das Blut geopferter Tiere und tropfte auf das Kultbild eines finsteren Götzen, der in der Grotte stand. Das könnte auch der Grund dafür gewesen sein, warum die Autoren der Bibel Abraham an diesen Platz gehen lassen.

Für die Nachwelt vielleicht entscheidender als der genaue Ort des Geschehens dürfte der kulturelle und geistesgeschichtliche Wandel sein, der mit dieser Geschichte eingeläutet wurde: Der Gott, der sich Abraham offenbart, verzichtet am Ende auf das Opfer des Erstgeborenen, das im zweiten Jahrtausend v. Chr. und auch noch lange danach bei manchen Völkern des Vorderen Orients durchaus üblich war. Gleichzeitig unterwirft sich Abraham dem göttlichen Befehl, nimmt diesen Gott als »seinen« Gott an und wird damit zum Stammvater der jüdischen Religion und ihrer Erben, Islam und Christentum.

Für Juden ist dieser Felsen aber nicht nur der Schauplatz der Abraham-Überlieferung – der Tempelberg ist gleichsam der Zentralpunkt ihrer religiösen Weltkarte: Vom Erzvater Abraham, der als Erster einen Vertrag mit dem Gott der Israeliten schloss, über den heiligen Tempel Salomos, bis zum Ende aller Zeiten. Denn nach jüdischem Glauben wird am Jüngsten Tag der Messias hier Einzug halten und die Auferstandenen um sich versammeln. Das Tor, das er der Überlieferung nach dabei durchschreiten wird, hat ein muslimischer Herrscher des Mittelalters deshalb vorsichtshalber zumauern lassen.

Wenn himmlische Verheißungen in irdische Besitzansprüche umgemünzt werden, entsteht meist eine explosive Situation. Die weltliche Wohnung Gottes ist ein friedloser Ort und die »Kinder Abrahams« streiten noch immer um sein Erbe. Zwar teilen Juden, Christen und Moslems den Glauben an den Einen Gott und betrachten sich als Nachfolger des biblischen Erzvaters. Doch weiter als bis zu dieser mythischen Gründungsfigur reicht die Gemeinsamkeit nicht: In der Überlieferung des Koran etwa war nicht Isaak, sondern dessen Halbbruder Ismael für das göttliche Opfer auserkoren. Und die Christen, die zwar die heiligen Schriften der Juden unverändert in ihre Bibel übernommen haben, konkurrierten mit den Juden um die Rolle der wahren Kinder Gottes. Im Mittelalter betrachteten sie Jerusalem sogar als ihre Stadt, als die Stadt Jesu, den Ort seines Leidens und seiner Auferstehung. Und der Tempelberg? Hat nicht Jesus als Kind hier mit den Pharisäern über den Glauben diskutiert und später die Händler aus dem Gotteshaus vertrieben, um die Religion der Väter zu reinigen? Vor 900 Jahren schien der göttliche Ort erneut beschmutzt, und so zogen europäische Ritter im Namen Christi aus, um Jerusalem zurückzuerobern. Sie machten die Einwohner nieder und errichteten auf dem heiligen Felsen Abrahams einen Altar. Stück um Stück brachen sie aus dem Stein heraus, um eine glatte Fläche zu schaffen. Die abgeschlagenen Brocken verkauften sie als heilige Souvenirs an Pilger. Die Spuren ihres frommen Geschäftssinns sind bis heute deutlich sichtbar.

Die goldene Pforte im Jerusalemer Tempelbezirk. Die zugemauerten Torbögen sollen bei der Ankunft des Messias wieder geöffnet werden.

Aber was ist das für ein Wesen, auf das sich noch heute Milliarden Menschen beru-

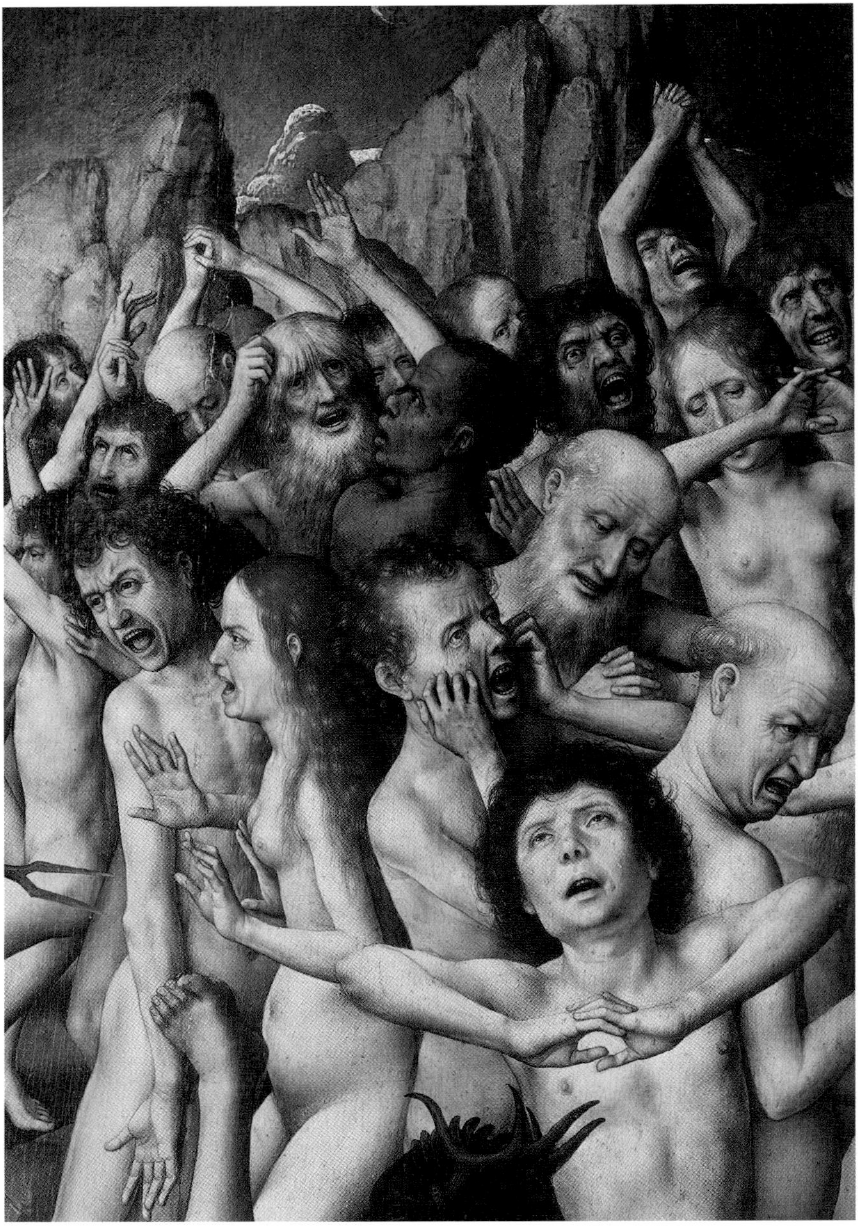

fen, das ihnen als der Schöpfer der Welt gilt, als barmherziger Vater und strenger Richter über das eigene Leben nach dem Tod? Für wen nehmen noch heute Menschen Verfolgungen auf sich, widmen in Kirchen und Klöstern ihr Leben seinem Dienst oder gehen gar mit seinem Namen auf den Lippen freiwillig in den Tod? Ein kleines Volk im Nahen Osten hatte als Erstes an ihn geglaubt, ein Volk, das auf einem kargen, ausgedörrten Flecken Erde lebte. Die Wüste, schreibt der französische Religionswissenschaftler Ernest Renan, sei monotheistisch. In der großen Einsamkeit dieser Landschaft, die dem Auge wenig Halt bietet und den Blick in den Himmel lenkt, entstand vor tausenden von Jahren der Glaube an einen Gott, der keine Gestalt hat, der überall und nirgends ist, ein Gott, der im Wüstenwind wohnt, im gleißenden Sonnenlicht, abstrakt und unsichtbar. Mit diesem Glauben an den merkwürdigen, gestaltlosen Gott fiel das Volk der Juden schon in der Antike aus dem Rahmen.

Die Angst, von Gott am Jüngsten Tag verdammt zu werden, war in der Welt des Mittelalters allgegenwärtig.

DER LEERE TEMPEL

Im Jahr 63 v. Chr. hallen die Mauern des Jerusalemer Tempelbergs vom Lärm einer blutigen Schlacht wider. Nach dreimonatiger Belagerung nimmt der römische Feldherr Pompeius den heiligen Ort im Sturm. Die Eroberung markiert den Beginn der römischen Herrschaft über Palästina. Jetzt ist auch das Haus des jüdischen Gottes in der Hand des Siegers. Pompeius brennt darauf, sich endlich in dem prächtigen Tempel umzusehen, um den sich in der antiken Welt zahlreiche Gruselgeschichten ranken. Was verbirgt sich in der geheimnisumwitterten Kultstätte? Warum verbieten die Juden bei Androhung der Todesstrafe jedem Andersgläubigen den Zutritt? Wie später im Mittelalter sind schon damals Schauermärchen über die jüdische Religion in Umlauf, über scheußliche Rituale im Schatten eines schrecklichen Götzenbildes, das im allerheiligsten Bezirk des Jerusalemer Tempels steht.

Pompeius mag wohl auch die Geschichte über den König Antiochus von Syrien zu Ohren gekommen sein. Der hatte schon hundert Jahre vor dem Römer Jerusalem erobert und bei der Plünderung des Tempels angeblich ein Verlies entdeckt. Darin sei ein griechischer Jüngling gefangen gehalten worden, vor ihm ein Tisch mit lauter Leckerbissen. Der Eingekerkerte habe den König angefleht, ihn zu retten. Er werde an diesem Ort festgehalten und gemästet, da es ein Brauch bei den Juden sei, einmal im Jahr einen Griechen zu töten und aufzuessen. Auch noch andere Gerüchte sind im Umlauf: So solle sich im Tempel von Jerusalem ein goldener Esel befinden, der von den Juden als Gott verehrt würde.

Pompeius lässt es sich nicht nehmen, den mysteriösen Ort persönlich in Augenschein zu nehmen. Mit dem Recht des Siegers setzt er sich über die jüdischen Verbote hinweg und tritt über die Schwelle des Gotteshauses. Im Halbdunkel der großen Haupthalle schimmern prächtige Kultobjekte: Ein mächtiger Leuchter mit sieben Armen, die so genannte Menora; an der gegenüberliegenden Wand steht ein massiv goldener Tisch, auf dem die Priester einmal in der Woche ihrer Gottheit Brote darzubringen pflegen. In den angrenzenden Kammern sind Unmengen von wertvollem Gerät gestapelt: Schalen und Kannen, Musikinstrumente und erlesene Gewänder – Dinge, die von den Priestern für die heiligen Zeremonien benötigt werden. Aber wo befanden sich all die absonderlichen Dinge, von denen die alten Berichte erzählen?

Auf der Suche nach dem Geheimnis der jüdischen Religion: der römische Feldherr Pompeius im Tempel von Jerusalem.

Am anderen Ende der Halle, hinter einem Altar, auf dem Weihrauch kokelt, glänzen die goldenen Fäden eines großen Vorhangs. Dahinter verbirgt sich der Durchgang zu einem weiteren Raum: Das Allerheiligste, der am besten gehütete Platz in ganz Judäa. Selbst das einfache jüdische Volk bekommt ihn nie zu Gesicht. Nur der Hohepriester darf das Allerheiligste an bestimmten Tagen des Jahres betreten.

Neugierig schlägt Pompeius den Vorhang zurück. Doch was er nun erblickt, damit hat er nicht gerechnet: Das Allerheiligste des jüdischen Tempels ist völlig leer! Kein goldener Esel, kein Götze, keine Spuren grausiger Menschenopfer. Das also ist die verblüffende Wahrheit über die Religion der Juden: Sie haben gar keinen Gott, sie verehren das Nichts. »Und so«, schließt Tacitus in seinen *Historien* den Bericht über das Eindringen des römischen Feldherrn Pompeius in den jüdischen Tempel, »wurde es allgemein bekannt, dass der Ort leer war, ohne ein Götterbild darin, und dass sein Allerheiligstes nichts verbarg.«

Die Menora, der siebenarmige Leuchter, war eines der prominentesten Kultobjekte im Tempel von Jerusalem.

Einem Römer, der an Götterfiguren in Menschengestalt gewöhnt ist, die in jedermann zugänglichen Tempeln stehen, und an religiöse Rituale, die vor aller Augen in der Öffentlichkeit stattfinden, muss der leere Raum in Jerusalem wie ein gewaltiger Schwindel vorgekommen sein, ein grandioser Taschenspielertrick, der dank Pompeius' Tat endgültig entlarvt worden zu sein scheint. Die Eroberer waren sich ganz sicher: Eine Religion, in deren Zentrum eine leere Kammer steht, kann keine Zukunft haben.

Was für ein Irrtum! Während die schönen, marmornen Götter der Griechen und Römer allesamt im Laufe der Zeit von ihren Podesten gestürzt wurden, überdauerte der Gott, der den leeren Raum im Tempel zu Jerusalem bewohnte, bis zum heutigen Tag. Das »Nichts«, das Pompeius vorfand, besaß offenbar eine Macht, die stärker und geschichtsträchtiger war als alle anderen Religionen der Antike. Während die menschlich-allzumenschlichen Geschichten, die sich um die Götter Griechenlands ranken, ins Reich der Märchen und der Phantasie verbannt wurden, verehren noch heute fast drei Milliarden Menschen – Juden, Christen und Muslime – den unsichtbaren, gestaltlosen Gott, an den das Volk der Israeliten als Erstes glaubte.

Der Gott der Juden, der im Verlauf der Geschichte einfach »Gott« wurde, hat seitdem die intensivsten Gefühle der Menschen auf sich gezogen, hat Inbrunst und Hingabe geweckt, ist Gegenstand von Hoffnung, Sehnsucht und Furcht geworden. Der Glaube an Gott, an die Wirklichkeit von Himmel und Hölle, hat jahrhundertelang das Leben von Millionen Menschen bis in die alltäglichsten Verrichtungen durchdrungen; er hat die mächtigen Institutionen der christlichen Kirchen hervorgebracht und hat nicht zuletzt einige der größten Kunstwerke in der Geschichte der Menschheit inspiriert.

Der unsichtbare Gott in seiner einsamen Unendlichkeit ist seit der Antike die größte intellektuelle Herausforderung für Theologen und Philosophen. Sich ihm in Gedanken anzunähern, ihn gar zu verstehen, galt lange Zeit als die vornehmste Aufgabe menschlichen Denkens überhaupt. Die bedeutendsten Köpfe des Abendlandes mühten sich um ein Begreifen Gottes und rangen um Beweise für seine Existenz. Der deutsche Philosoph Hegel unternahm noch im 19. Jahrhundert den Versuch einer »Darstellung Gottes, wie er in seinem ewigen Wesen vor der Erschaffung der Natur und eines endlichen Geistes ist«. Die leere Kammer im Tempel zu Jerusalem, über die die Antike Spott und Hohn ausgoss, wurde seit über 2000 Jahren mit Worten, Gedanken und Träumen angefüllt, die bis heute das Handeln von Menschen bestimmen. Man kann diese Entwicklung kritisch sehen, sogar für die größte Katastrophe der Menschheitsgeschichte halten – aber man kommt an ihr nicht vorbei, wenn man die Welt von heute verstehen will. Denn der Glaube an Gott hat sie an entscheidender Stelle mitgeprägt und hält sie bis in die Tagespolitik hinein in Atem.

IN DER SCHREIBSTUBE GOTTES

Adonai, Kyrios, Dominus, Allah – Gott wurde und wird unter vielen Namen angerufen. Aber welcher steht am Beginn? War es von Anfang an dasselbe Wesen, das die Bibel »Gott« nennt? Die Spurensuche führt zu den Fünf Büchern Mose, mit denen die Heilige Schrift beginnt. Sie enthalten die berühmtesten Geschichten, in denen Gott die Hauptrolle spielt. Er ist es, der die Welt erschafft, die Tiere und die Menschen; er vernichtet Sodom und Gomorrha, er schickt die verheerende Sintflut über die Erde – nur wenige Auserwählte überleben auf der Arche Noah – und er offenbart sich schließlich Abraham zum ersten Mal. Viele Generationen später schließt Gott einen Bund mit Mose, führt sein Volk aus der ägyptischen Sklaverei, überreicht ihm auf dem Berg Sinai die Zehn Gebote und führt die Israeliten bis ins »Gelobte Land« im heutigen Israel. Neben diesen Erzählungen enthalten die Fünf Bücher Mose auch eine unendliche Vielzahl von Gesetzesvorschriften, die das tägliche Leben des auserwählten Volkes regelten.

Der Text der Texte

In der hebräischen Sprache werden die Fünf Bücher Mose »Thora«, »Gesetz« genannt. Sie ist bis heute der zentrale Text der jüdischen Religion. Für den rituellen Gebrauch in der Synagoge verwenden Juden nach wie vor die altertümliche Form der Schriftrolle, wie sie seit weit über 2000 Jahren gebräuchlich ist. Sie besteht aus einer mehrere Meter langen Bahn aus Pergament, das auf zwei hölzerne Stäbe aufgewickelt ist. Der Text wird von einem eigens dazu ausgebildeten Schreiber, einem so genannten Sofer, von Hand mit Federkiel und einer speziellen Tinte, die nach alten Vorschriften hergestellt wird, aufgezeichnet.

Aufgrund ihres enorm aufwändigen Herstellungsprozesses haben Thora-Rollen nicht nur einen spirituellen, sondern auch einen hohen materiellen Wert. Daher setzen Spezialisten wie im Jerusalemer Institut Ot alles daran, alte Thorarollen zu restaurieren und sie für den Gebrauch in der Synagoge zu erhalten. In diesem Jerusalemer »Thora-Labor« treffen Pergamentrollen aus aller Welt ein, manche schon mehrere hundert Jahre alt. Die Spezialisten malen nicht nur die unleserlich gewordenen Passagen nach oder flicken Risse und

Solche Thorarollen sind seit über 2000 Jahren in der jüdischen Religion gebräuchlich.

Löcher im Material. Eine wichtige Aufgabe des Instituts besteht vielmehr darin, die exakte Anzahl der Buchstaben zu überprüfen. Denn der Text der Thora muss aus genau 304 805 Lettern bestehen. Stimmt diese Zahl nicht, ist die Thora sozusagen »ungültig«. Strenggläubigen Juden gilt sie schließlich als Folge von Worten, die Mose von Gott Buchstabe für Buchstabe diktiert wurden. Daher darf kein einziger Letter fehlen oder zu viel sein. »Solltest du auch nur einen Buchstaben der Thora weglassen oder hinzufügen, würdest du damit das gesamte Universum zerstören«, warnte ein Rabbi seine Schreiber, die den heiligen Text im Mittelalter übertrugen. Ist eine Thorarolle irgendwann unbrauchbar geworden, wirft man sie nicht einfach weg, sondern bestattet sie feierlich auf einem jüdischen Friedhof.

Assurbanipal, König der Assyrer, feiert ein Bankett in den Gärten von Ninive.

Für strenggläubige Juden, aber auch für manchen Christen steht es außer Zweifel, dass die Schriften tatsächlich aus der Feder Mose stammen. Vieles sei ihm direkt von Gott offenbart oder sogar diktiert worden. Allerdings wiesen schon im 18. Jahrhundert Skeptiker darauf hin, dass die Schriften keinerlei Hinweis auf einen Autor enthalten und obendrein auch noch den Tod des Mose schildern. Als Verfasser dieses Textes komme er damit wohl kaum mehr in Frage.

Im 19. Jahrhundert begannen Wissenschaftler, sich mit dem Buch der Bücher zu beschäftigen. Europäische Archäologen reisten mit der Bibel im Gepäck nach Ägypten, Mesopotamien und Palästina. Was unter ihren Spaten zutage trat, wurde zunächst euphorisch gefeiert: Man war überzeugt, handfeste Beweise für die Richtigkeit biblischer Überlieferungen in Händen zu halten. Hatte man nicht Orte entdeckt, um die sich in der Bibel berühmte Erzählungen ranken? Als es gelang, ägyptische Hieroglyphen und mesopotamische Keilschrifttafeln zu entziffern, konnte man sogar erstmals die Namen der großen Feinde der Israeliten, der Pharaonen Ägyptens, der Könige Assyriens und Babylons in außerbiblischen Texten lesen. Mehr noch: Der bürokratischen Akribie, mit der vor allem die Herrscher des Zweistromlandes ihre militärischen Erfolge und Beutezüge dokumentierten, war es zu verdanken, dass Zeugnisse über Zeugnisse, in denen die dramatischen Schilderungen des Alten Testaments bestätigt werden, der Nachwelt erhalten blieben. Die Bibel – war sie also tatsächlich, von einigen offensichtlich mythologischen Geschichten abgesehen, ein historisches Dokument?

Auf die anfängliche Euphorie folgte jäh Nüchternheit, als andere Entdeckungen ans Licht kamen: So entzifferte der Keilschriftexperte George Smith 1872 im Britischen Museum eine assyrische Tontafel, die man schon Jahrzehnte zuvor im Palast des Assurbanipal in Ninive zusammen mit tausenden anderen ausgegraben hatte. Der Forscher traute seinen Augen nicht. Der Text handelte von einem Mann mit Namen Utnapischtim – und von dessen wundersamer Rettung vor einer großen Flut. Er und seine Familie überleben als einzige Menschen die Katastrophe in einem gewaltigen Schiff, das Utnapischtim selbst gebaut hat. Auch Tiere hat er in seiner »Arche« untergebracht. Nach dem Ende des Regens strandet das Boot auf einer Bergspitze. Bis in Details stimmt der dramatische Bericht mit der biblischen Überlieferung von Noah und der Sintflut überein. Aber die unter dem Namen »Gilgamesch-Epos« berühmt gewordene mythologische Erzählung aus Mesopotamien ist ganz offensichtlich Jahrhunderte älter als die Bücher Mose! Konnte man einen andern Schluss daraus ziehen, als dass Teile der Bibel abgeschrieben waren? Verdankt sie, zumindest teilweise, ihre Konzeption inklusive der Gottesvorstellung dem kulturellen Erbe anderer Völker?

Auf solchen Keilschrifttafeln suchten Forscher nach Anhaltspunkten für die Richtigkeit der biblischen Überlieferung.

Ende des 19. Jahrhunderts brach in Deutschland darüber ein mit Vehemenz geführter Forscherstreit aus. Vor allem der Gelehrte Friedrich Delitzsch, ein namhafter Assyrologe, provozierte mit seinen Thesen die Gläubigen. Delitzsch behauptete, dass das Alte Testament literarisch, religiös und hinsichtlich der Wertvorstellungen, die es propagiert, durch und durch von der assyrischen und babylonischen Kultur abhängig sei. Die Bibel sei kein genuines Werk, sondern das Produkt einer religionsgeschichtlichen Entwicklung, das seine wichtigsten Äußerungen anderen Völkern verdanke. Delitzsch trat damit eine Auseinandersetzung los, die nicht nur die Gelehrten bewegte, sondern für Wochen die Titelseiten der Zeitungen beherrschte. Schließlich musste sogar Kaiser Wilhelm II. als oberster preußischer Kirchenherr eingreifen und den Wissenschaftler zur Mäßigung anhalten. Geholfen hat es wenig, denn gegen Ende seines Lebens forderte Delitzsch gar, das Alte Testament als Bestandteil der religiösen Tradition Europas ganz abzuschaffen, es als Offenbarung Gottes ein für alle Mal zu Grabe zu tragen.

Egal ob man dem streitbaren Gelehrten folgen mochte oder nicht, so hatte er doch der wissenschaftlichen Beschäftigung mit der Bibel enormen Auftrieb verschafft. In akribischer Detailarbeit haben Forscher das Buch der Bücher seitdem immer wieder analysiert und regelrecht zerlegt, haben die Texte verschiedenen Verfassern zugeordnet – Mose war übrigens nicht darunter –, sogar verschiedenen Entstehungsorten und vor allem unterschiedlichen Epochen. Dabei ist eines deutlich geworden: Die Anordnung der einzelnen Bücher des Alten Testaments spiegelt keineswegs die zeitliche Reihenfolge ihres Entstehens wider. Im Gegenteil: Das erste Buch der Bibel, Genesis, das von der Erschaffung der Welt berichtet, erhielt erst relativ spät seine endgültige Gestalt. Der Gott, der dort auftritt, ist ein Gott, an dessen Bild schon viele Generationen von frommen Schreibern gefeilt hatten.

Einer der Ersten, der dies feststellte, war der Orientalist und Theologe Julius Wellhausen. 1886 veröffentlichte er unter dem Titel »Prolegomena zur Geschichte Israels« ein Buch, das für die moderne Bibelforschung einen Meilenstein darstellte. Dem Gelehrten war aufgefallen, dass sich einzelne Passagen der Heiligen Schrift im Einblick auf Wortwahl und Grammatik, im Stil, aber auch in ihrer politischen Programmatik ganz erheblich voneinander unterscheiden. Er schloss daraus, dass die entsprechenden Textstellen von verschiedenen Verfassern oder Gruppen von Verfassern geschrieben worden sein mussten. Bis heute gebräuchlich sind die von Julius Wellhausen eingeführten Bezeichnungen dieser antiken Autoren, etwa der »Jahwist« oder »Elohist«. Diese Begriffe leitete der Theologe aus den in der Heiligen Schrift gebräuchlichen Namen Gottes her – für Wellhausen ein weiterer Beleg dafür, dass im Buch der Bücher verschiedene Traditionsströme hinsichtlich der Gottesvorstellung verschmolzen. Heute zweifelt kein Bibelwissenschaftler mehr daran, dass die vielen verschiedenen Namen Gottes, die in der Bibel verwendet werden, vor allem eines beweisen: Gott hat eine Biographie.

DIE NAMEN DES HERRN

Die am häufigsten verwendete Bezeichnung für Gott ist »Jahwe«. Nicht weniger als 6823 Mal haben die Forscher diesen Namen in der Bibel gezählt, der im Hebräischen nur aus den vier Buchstaben JHWH besteht. Denn die hebräische Schrift besitzt eine Eigenart, die so manchen Theologiestudenten schon zur Verzweiflung getrieben hat: Nur die Konsonanten werden geschrieben. Die dazugehörigen Vokale muss der Leser auswendig lernen.

Die Bedeutung des Namens lässt sich nicht völlig entschlüsseln. Es wird vermutet, dass er die verwandten hebräischen Wortstämme »hawah« (»sein« oder »werden«) und »hajah« (»geschehen«, »veranlassen«, »da sein«) enthält. Im Buch Exodus liefert Gott höchstpersönlich eine Erklärung seines Eigennamens, die meist mit »Ich bin, der ich bin« oder »Ich werde sein, der ich sein werde« übersetzt wird. Gläubige Juden scheuen sich bis heute, den Namen »Jahwe« laut auszusprechen. Deshalb verfiel man schon früh auf die Lösung, den Gottesnamen durch die Bezeichnung »Adonai« oder »Edonai« (»Herr«) zu ersetzen. Als Gedächtnisstütze schrieb man deshalb in den heiligen Texten das Wort Edonai unter Jahwe. In späterer Zeit, als Vokalzeichen in der hebräischen Sprache eingeführt wurden, setzte man nur noch die Vokale von Edonai unter den Gottesnamen. Das führte dazu, dass nichtjüdische Leser die Konsonanten des Namens Jahwe mit den Vokalen des anderen Begriffs verschmolzen. So entstand der falsche Begriff »Jehova«, der sich in der christlichen Welt, etwa auch bei Luther und nicht zuletzt bei den »Zeugen Jehovas«, eingebürgert hat.

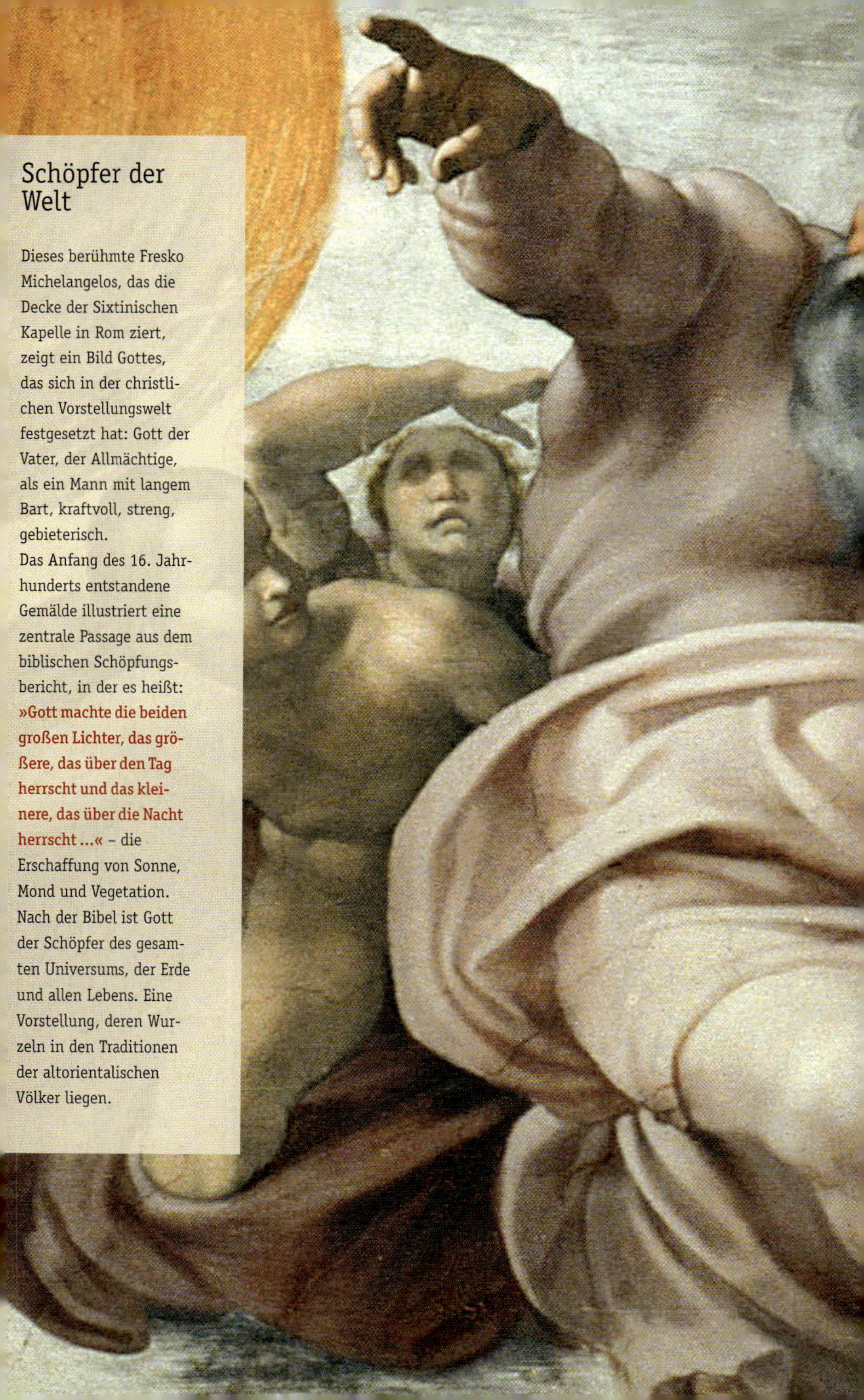

Schöpfer der Welt

Dieses berühmte Fresko Michelangelos, das die Decke der Sixtinischen Kapelle in Rom ziert, zeigt ein Bild Gottes, das sich in der christlichen Vorstellungswelt festgesetzt hat: Gott der Vater, der Allmächtige, als ein Mann mit langem Bart, kraftvoll, streng, gebieterisch.

Das Anfang des 16. Jahrhunderts entstandene Gemälde illustriert eine zentrale Passage aus dem biblischen Schöpfungsbericht, in der es heißt: **»Gott machte die beiden großen Lichter, das größere, das über den Tag herrscht und das kleinere, das über die Nacht herrscht ...«** – die Erschaffung von Sonne, Mond und Vegetation. Nach der Bibel ist Gott der Schöpfer des gesamten Universums, der Erde und allen Lebens. Eine Vorstellung, deren Wurzeln in den Traditionen der altorientalischen Völker liegen.

Das göttliche Zahlenspiel

Der biblische Gott ist oft als würdiger alter Mann mit langem Bart oder symbolisch als Auge inmitten eines Kranzes aus Sonnenstrahlen dargestellt worden. Ein anderes Symbol für Gott ist die Zahl 26, ein Phänomen, das mit einer Eigenart der althebräischen Sprache zu tun hat. Denn hier wurden sämtliche Zahlen durch Buchstaben ausgedrückt. Der Originaltext der Bibel lässt sich also auch als eine endlose Reihe von Ziffern lesen.

Schon die Schreiber der Bibel kamen offenbar auf die Idee, diesen Umstand zu nutzen und verborgene Andeutungen und versteckte Botschaften in den Texten unterzubringen. Die jüdische Mystik des Mittelalters, die unter dem Namen »Kabbala« berühmt wurde, baute die Zahlenspielerei mit dem Text der Bibel schließlich zu einer komplexen Kombinatorik aus, die jüdische Rabbis bis heute als eine Form religiöser Meditation betreiben. Hinter dieser Methode der Bibelinterpretation, die »Gematria« genannt wird, steht die Idee, dass der von Gott offenbarte Text eine zweite Bedeutungsebene enthält, die in den Zahlen versteckt ist. So vermutet man zwischen Worten glei-

1	א	10	י	100	ק
2	ב	20	כ	200	ר
3	ג	30	ל	300	ש
4	ד	40	מ	400	ת
5	ה	50	נ	500	ך
6	ו	60	ס	600	ם
7	ז	70	ע	700	ן
8	ח	80	פ	800	ף
9	ט	90	צ	900	ץ

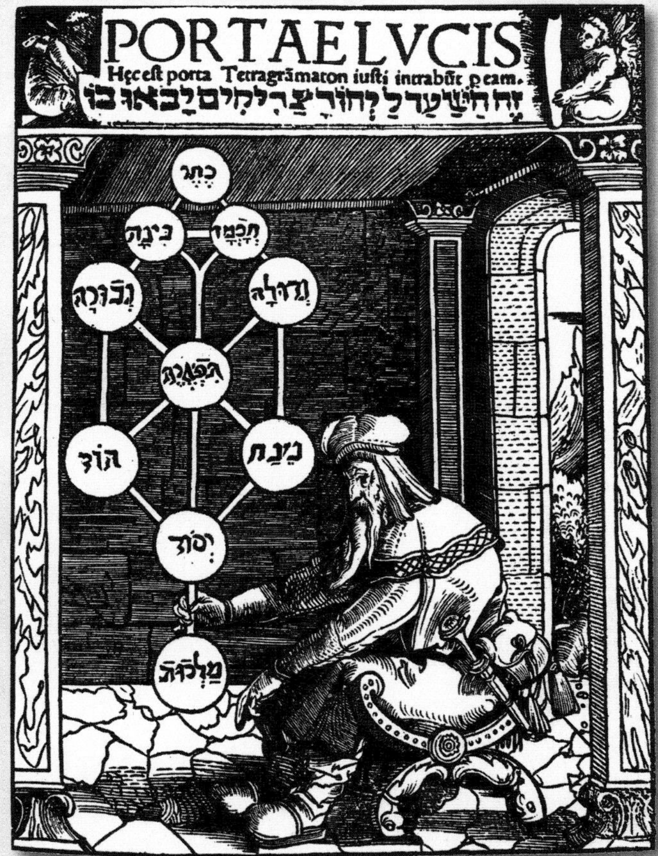

Kabbalistische Zahlenspekulation: Nach der jüdischen Mystik besteht alles Geschaffene aus zehn »Ausströmungen« Gottes, den so genannten Sefirot.

cher Quersummen eine Beziehung, die auf der Oberfläche des Textes gar nicht zu erkennen ist. Damit lassen sich neue Sinnzusammenhänge zwischen den Worten der Bibel herstellen.

Auch der Name Gottes wurde zum Gegenstand dieser frommen Mathematik: Die Quersumme, die sich aus den Zahlenwerten der Buchstaben JHWH ergibt, ist die »göttliche Zahl« 26. Die hebräischen Worte für »Liebe« und »Einer« ergeben wiederum jeweils 13. Auf diese Weise kann man nach der Gematria folgende Gleichung bilden: Einer + Liebe = Gott. ❡

Neben Jahwe tauchen in der Bibel noch andere Namen für Gott auf: »Schaddai«, was wahrscheinlich so viel bedeutet wie »der auf dem Berg lebt«, oder der »Herr Zebaoth«, auf Deutsch der »Herr der Heerscharen«. Aber die eigentliche Konkurrenz zu Jahwe ist »Elohim«. Auch dieser Begriff taucht viele hundert Male in der Bibel auf. Die Wurzel des Wortes, »El« bedeutet soviel wie »der Allmächtige«. Aus diesem Namen leitet sich übrigens auch das arabische Wort »Allah« ab.

1534 vollendete Martin Luther die erste vollständige Übersetzung des Alten Testaments in die Deutsche Sprache.

Die Übersetzer, die das Alte Testament seit dem 3. Jahrhundert v. Chr. in andere Sprachen übertrugen – zunächst ins Griechische –, mussten versuchen, den verschiedenen hebräischen Worten irgendwie gerecht zu werden. Da man Jahwe, den Eigennamen Gottes, ja nicht übersetzen konnte, schrieb man ihn mit hebräischen Lettern in den griechischen Text. Das führte in einigen alten Abschriften der Heiligen Schrift ungewollt zu einer skurrilen Verballhornung des ehrwürdigen Namens. Denn verschiedene Kopisten späterer Generationen verwechselten die hebräische Buchstabenfolge für Jahwe mit den griechischen Zeichen. Die aber bedeuten »Pipi«.

Auch Martin Luther hatte seine liebe Mühe bei der Übertragung der unterschiedlichen Namen Gottes ins Deutsche. In seiner Bibelübersetzung findet sich an einigen Stellen der seltsame Ausdruck »der Herr HErr«. Damit übersetzt Luther Kombinationen der verschiedenen Gottesnamen wie etwa: »Edonai Jahwe« oder »Elohim Jahwe«, wie sie im hebräischen Originaltext häufig vorkommen. Die unterschiedlichen Begriffe deutet er durch die verschiedenen Schreibweisen »Herr« (für »Adonai, Elohim«) und HErr« (für »Jahwe«) an. Dieses Vorgehen rechtfertigt er folgendermaßen: »Wir Deutschen heißen's alles Herr, und können daß Wort ›Herr‹ nicht zwingen, daß es GOtt allein heiße; denn wir heißen einen Fürsten Herr, einen Hausvater heißt man auch einen Herrn; ist uns Deutschen fast gemein. Daß wir aber GOtt auch einen ›HErrn‹, nennen, haben wir aus den Evangelisten, die heißen ihn Dominum, ›HErr‹; denen folgen wir nach, und lassen's auch dabei bleiben«.

Durch das Verfahren, Jahwe und die anderen Namen Gottes unterschiedslos mit »Herr« zu übersetzen – zumal Luthers Schreibweisen später aufgegeben wurden – geriet in der christlichen Welt im Lauf der Zeit ein entscheidendes Charakteristikum völlig aus dem Blick. Nämlich dass sich hinter den verschiedenen Bezeichnungen Gottes uralte Traditionsstränge verbergen, Einflüsse alter Kulturen des Nahen Ostens, die im jüdischen Gott verschmolzen.

AUS ZWEI MACH EINS

Eine bahnbrechende Entdeckung auf der Suche nach diesen Eigenheiten der Biografie Gottes gelang Ende der zwanziger Jahre des vergangenen Jahrhunderts. Damals hatten französische Archäologen damit begonnen, einen Hügel mit Namen Ras Shamra im heutigen Syrien auszugraben. Schon bald war den Forschern klar, dass sie auf die berühmte alte Stadt Ugarit gestoßen waren. Die Grabung förderte eine Reihe von Schrifttafeln mit geheimnisvollen Zeichen zu Tage, in denen Fachleute das älteste bekannte Alphabet der Menschheit erkannten. Aber das war längst nicht alles: Durch die Entzifferung der Texte erhielt man einen einzigartigen Einblick in die bis dahin nur bruchstückhaft bekannte Götterwelt des Nahen Ostens.

Vorbild für den biblischen Gott? Die Statuette des Göttervaters El, gefunden in Ugarit.

In den mythologischen Erzählungen traten all die fremden Götter auf, deren Namen auch aus der Bibel bekannt sind und gegen die eifernde israelitische Propheten immer wieder ins Feld ziehen – vor allem der grimmige, Blitze schleudernde Baal und die Fruchtbarkeitsgöttin Aschera. Aber noch eine andere Gottheit taucht im Pantheon Ugarits auf: El, der langbärtige Göttervater, der Zeus des Nahen Ostens. »El« beziehungsweise die Pluralform »Elohim« waren Namen, die auch in der Heiligen Schrift für Gott gebraucht werden. Vor allem in den Psalmen stößt man an vielen Stellen auf den Namen des ugaritischen Himmelsoberhaupts. Bloßer Zufall?

Die Übereinstimmungen zwischen dem israelitischen Gott und dem Götterchef von Ugarit gehen nach Überzeugung heutiger Forscher weit über die Namensgleichheit hinaus. Beiden werden zum Beispiel identische Attribute zugeordnet. So gilt der alte Göttervater Syriens in den gefundenen Texten ebenfalls als Schöpfer der Welt und der Menschen. Ist also der biblische Gott in Wirklichkeit nichts anderes als die oberste Gottheit Ugarits?

Nach allem, was man heute weiß, ist der Text der Bibel das Ergebnis einer Jahrhunderte währenden Redaktionsarbeit. Dabei wurden ältere Texte immer wieder umgestaltet – vor allem unter dem Gesichtspunkt des Monotheismus. Denn diese Form des Gottesdienstes war keineswegs der Urzustand der Religion Israels, so wie es die Bücher Mose suggerieren. Die Texte in ihrer heutigen Form spiegeln vielmehr das Ergebnis einer langen geschichtlichen Entwicklung wider, an deren Ende der Sieg der »Jahwe-allein-Bewegung« über die Vielgötterei stand.

Die erste griechische Bibelübersetzung, die so genannte Septuaginta ist in dieser Hinsicht äußerst aufschlussreich. Sie enthält, nach Meinung heutiger Wissenschaftler zu urteilen, wesentlich mehr Reste des alten Polytheismus als die hebräische Bibel, die in späterer Zeit noch weiter umgearbeitet wurde. Im 5. Buch Mose heißt es nach der Septuaginta: »Als der Höchste die Völker aufteilte, als er die Söhne Adams zerstreute, da setzte er die Grenzen der Völker fest nach der Zahl der Engel Gottes. Der Teil des Herrn ward das Volk Jakob, sein zugemessenes Land ward Israel.«

Der Vergleich mit dem hebräischen Originaltext zeigt, dass anstelle des Ausdrucks »Engel Gottes« die Worte »Söhne Israels« zu lesen sind. Der Bibelforscher Bernhard Lang vermutet, dass sowohl im griechischen wie im hebräischen Text an diesem Ausdruck manipuliert wurde. Führt man die beiden Veränderungen zusammen, ergibt sich ein Hinweis darauf, was vermutlich ursprünglich an dieser Stelle geschrieben stand: »Söhne Gottes«. Damit würde die ganze Passage aber einen anderen Sinn ergeben: Der Göttervater El teilt die Welt und ihre Völker unter seinen leiblichen Söhnen auf. Einer von ihnen erhält Israel als Herrschaftsgebiet und trägt den Namen Jahwe. Solche verräterischen Stellen, die die polytheistische Vorstellung von einer göttlichen Himmelsfamilie wiedergeben, sind allerdings selten und den streng monotheistischen Redakteuren der Bibel wohl nur zufällig durchgerutscht. Insgesamt war ihre Arbeit erfolgreich. Sie eliminierten die ursprüngliche Vorstellung von Vater El und Sohn Jahwe und verschmolzen sie zu einer einzigen Person.

DER ZUSAMMENGESETZTE GOTT

Was aber geschah mit den anderen Gottheiten, die auf den Tafeln von Ugarit erwähnt werden? Flossen etwa auch die Eigenheiten von Baal in die göttliche Biographie mit ein? Der Fruchtbarkeitsgott mit dem Symbol des Stiers war einer der am meisten verehrten Wesen des alten Orients. Er verkörperte nicht nur männliche Zeugungskraft, sondern war auch Herr über Blitz und Donner, Regen und Wind. Für die Bauern des Vorderen Orients war er damit die wichtigste Gottheit überhaupt. Ihn mussten die Priester gnädig stimmen, sonst blieb die Ernte aus und Hungersnöte drohten.

In der Heiligen Schrift wird »Baal«, was so viel bedeutet wie »Herr, Besitzer«, als Anrede für eine ganze Reihe verschiedener »Lokalgottheiten« in der Region um Mesopotamien und Ägypten verwendet. Aber hat im Laufe der Zeit tatsächlich ein Übertragungsprozess dieser nichtisraelitischen Gottheit auf Jahwe stattgefunden? »Die Stimme des HERRN erschallt über den Wassern, der Gott der Ehre donnert, der HERR, über großen Wassern ... Die Stimme des HERRN zerbricht die Zedern, der HERR zerbricht die Zedern des Libanon. Er lässt hüpfen wie ein Kalb den Libanon, den Sirjon wie einen jungen Wildstier. Die Stimme des HERRN sprüht Feuerflammen; ... Die Stimme des HERRN lässt Eichen wirbeln und reißt Wälder kahl. In seinem Tempel ruft alles: ›Ehre!‹ Der HERR hat seinen Thron über der Flut«, heißt es in den Psalmen.

Polytheismus war im Vorderen Orient weit verbreitet.

Hier wird ein mächtiger Wettergott beschrieben, den die Nachbarn Israels verehren und den sie mit »Herr« anreden. Dort, im benachbarten Libanon, entfaltet er seine ganze Macht, zerschmettert die Zedern und lässt die Erde beben. Im Libanon, dem Land der Phönizier, stand Baal hoch im Kurs, Jahwe war unbekannt. Wenn man all dies berücksichtigt, könnte dieser Psalm belegen, dass der Verfasser der ursprüng-

lichen Textpassage kein Hebräer war und dass der »HERR«, dessen mächtiges Wirken er beschreibt, in Wirklichkeit den Namen Baal trug. Und der wiederum ist im viel bevölkerten Götterhimmel von Ugarit der Sohn des El und seiner Gattin Aschera.

Einen anderen Beleg für die Verschmelzung verschiedener Figuren des vorchristlichen Pantheons fanden Forscher 1975. Im südlichen Negev kamen bei einer Grabung zahlreiche Fragmente von Tongefäßen zum Vorschein, auf denen Schriftzeichen aus dem 9. Jahrhundert v. Chr. zu erkennen waren. Die Archäologen mochten ihren Augen kaum trauen: »Gesegnet seiest du durch Jahwe und durch seine Aschera«, hieß es da in einer Grußformel. Ein zweiter Text verwendet einen ähnlichen Segensspruch: »Ich will euch segnen durch Jahwe, unseren Beschützer und durch seine Aschera.« Als bei einer anderen Grabung in Israel noch ein dritter Text auftauchte, der Jahwe in Verbindung mit einer göttlichen Gemahlin brachte, geriet bis dahin Unumstößliches ins Wanken: Hatte Gott am Ende gar eine Frau, deren Existenz im Laufe der Übertragung schlicht »vergessen« wurde?

Donnerkeil und Ährenbündel: Symbole des hethitischen Wettergottes Ivriz.

VON TEMPELHUREN UND SITTENWÄCHTERN

Aschera oder Astarte war eine Fruchtbarkeitsgöttin, deren Verehrung im gesamten Nahen Osten weit verbreitet war. Sie wurde wohl ursprünglich unter besonderen Bäumen verehrt, später auch an eigenen Kultplätzen mit phallusartigen Stelen. Zu ihrem Kult zählte die Tempelprostitution, die auch aus Ägypten und vielen Städten des alten Orients überliefert ist. In Babylon etwa musste nach antiken Berichten jede junge Frau vor ihrer Ehe als »Tempelhure« tätig sein; der Obulus, den ihre Besucher entrichteten, sollte die Tempelkasse füllen. Herodot berichtet in seinen *Historien* über den eigenwilligen Kult: »Jede Babylonierin muss sich einmal in ihrem Leben in den Tempel … begeben, dort nieder sitzen und sich einem Manne aus der Fremde preisgeben … Sie sitzen in dem Heiligtum der Aphrodite und haben eine aus Stricken geflochtene Binde ums Haupt. Es sind viele zu gleicher Zeit da; die einen kommen, die anderen gehen. Geradlinige Gassen nach jeder Richtung ziehen sich durch die harrenden Frauen, und die fremden Männer schreiten hindurch und wählen sich eine aus. Hat sich eine Frau hier einmal niedergelassen, so darf sie nicht eher nachhause zurückkehren, als bis einer der Fremden ihr Geld in den Schoß geworfen und sich draußen außerhalb des Heiligtums mit ihr vereinigt hat. Wenn er ihr das Geld zuwirft, braucht er nur die Worte zu sprechen: ›Ich rufe dich zum Dienste der Göttin‹ … Die Größe des Geldstücks ist beliebig. Sie weist es nicht zurück, weil sie es nicht darf; denn es ist heiliges Geld. Dem ersten, der es ihr zuwirft, folgt sie; keinen verwirft sie. Ist es vorüber, so geht sie nachhause und ist der Pflicht gegen die Göttin ledig. Wenn du ihr nachher noch so viel bietest, du kannst sie nicht noch einmal gewinnen. Die Schönen und Wohlgewachsenen sind sehr schnell befreit; die Hässlichen müssen lange Zeit warten und gelangen nicht dazu, dem Brauch zu genügen. Drei, vier Jahre müssen manche im Tempel weilen.«

Statuetten der Fruchtbarkeitsgöttin Astarte, die zeitweise auch als göttliche Gemahlin Jahwes verehrt wurde.

Götzendienst und kultischer Geschlechtsverkehr, an dem der Tempel kräftig verdiente, wurde zeitweise offenbar auch in Jerusalem praktiziert. So erzählt die Bibel, dass eine ganze Reihe israelitischer Könige und große Teile des Volkes auch noch über 500 Jahre nach Mose, entgegen göttlicher Anweisung, einer fröhlichen Vielgötterei huldigten: »Und Juda tat, was dem HERRN missfiel; und sie reizten ihn mehr, als alles ihn reizte, was ihre Väter getan hatten mit ihren Sünden, die sie taten. Denn auch sie machten sich Höhlen, Steinmale und Ascherabilder auf allen hohen Hügeln und unter allen grünen Bäumen. Es waren auch Tempelhurer im Lande; und sie taten alle die Gräuel der Heiden, die der HERR vor Israel vertrieben hatte.«

Erst um 620 v. Chr. setzte aus Sicht heutiger Forscher jener religionsgeschichtliche Prozess ein, der am Ende dazu führte, dass der traditionelle Polytheismus der alten Hebräer zu Gunsten der Verehrung des einen Gottes Jahwe ausgerottet wurde. Die Bibel selbst kleidet das Ereignis in die Erzählung vom Fund einer uralten Schriftrolle im Jerusalemer Tempel zur Zeit des Königs Josia: Bei Aufräumarbeiten im Tempel kommt ein Text zum Vorschein, dessen Echtheit eine Prophetin Namens Hulda bestätigt – es handle sich bei dem Schriftstück um das »alte Gesetz«. Wahrscheinlich entstand damals ein Text, der den Kern dessen darstellt, was wir heute die Bibel nennen und die Erzählung vom Fund dieser Schriftrolle sollte dem Text an sich, vor allem aber auch der darin geforderten Verehrung des Einen Gottes, eine altehrwürdige Abstammung verleihen.

Die Geschichte vom »Goldenen Kalb« erinnert an den unter den Israeliten weit verbreiteten Baal-Kult.

Ob der Bericht über den Fund nun stimmt oder nicht – das Ergebnis war jedenfalls eine religiöse Revolution oder besser Reforma-

Die Reform des Königs Josia: ein Schritt auf dem Weg zum biblischen Monotheismus.

tion von enormer Bedeutung: Der König lässt den Tempel von allen Spuren fremder Kulte reinigen, gibt sich als strenger Sittenwächter und befiehlt, von nun an nur noch Jahwe zu dienen. Seine Gesetze müssten von nun an streng befolgt werden. Der Herr allein – so die Dramaturgie der Heiligen Schrift – herrscht nun über die Geschicke der Menschen, belohnt ihre Folgsamkeit und bestraft Ungehorsam.

Die monotheistische Bewegung, die sich nun durchsetzt, bekämpft fortan also andere Kulte, allen voran den Götzendienst an Baal, der offenbar am schwersten auszurotten war. Was seinen Anhängern blühen konnte, ist wiederum in den Büchern Mose nachzulesen; denn auch hier finden sich Anklänge an den Baal-Kult: Als Mose mit den Zehn Geboten vom Berg Sinai herabsteigt, tanzt sein Volk um das Goldene Kalb. Die Israeliten, so beschreibt es die Bibel, huldigen Baal, verkörpert durch den Stier. Mose ist so erzürnt, dass er die Gesetzestafeln Gottes zerschmettert, das Götzenbild zerstört und mit zahlreichen Stier-Gläubigen kurzen Prozess macht. Eine deutliche Warnung der Autoren an ihre Zeitgenossen.

ES KANN NUR EINEN GEBEN

Jahwe galt auch bei den benachbarten Völkern schon früh als hebräischer Gott. Er wurde ausschließlich von ihnen verehrt, vergleichbar etwa dem Marduk, der exklusive Schutzgott Babylons. Aber warum gerade er sich unter allen andern Göttern durchsetzte und die »Jahwe-Allein-Bewegung«, wie der Wandel zum Monotheismus in der Forschung genannt wird, so erfolgreich war, das lässt sich nicht vollständig rekonstruieren. Der Religionswissenschaftler Bernhard Lang liefert eine mögliche Erklärung: In Kriegszeiten – und die gab es in der biblischen Epoche reichlich – entsagten die Hebräer dem Polytheismus und dienten nur noch Jahwe: »Sie entfernten die fremden Götter aus ihrer Mitte und dienten Jahwe. Da konnte er das Elend Israels nicht länger ertragen«, heißt es im Buch der Richter. Vielleicht, so Lang, war Jahwe ursprünglich der Kriegsgott der Hebräer, dem man in politischen Krisenzeiten ausschließlich diente, um durch die Konzentration aller Opfer auf den einen entscheidenden Gott den Sieg über die Feinde zu erringen. Als am Ende des 7. Jahrhundert v. Chr. die Krise zum Dauerzustand wurde, könnte der endgültige Aufstieg Jahwes von einem unter vielen zum alleinigen Gott eingesetzt haben.

Diese Theorie würde auch so manche Passagen der Bibel erklären, in denen ein zorniger, blutrünstiger Gott auftritt, der nicht nur die Feinde seines Volkes, sondern häufig auch seine eigenen Kinder auszurotten droht: »So spricht der HERR: Siehe, ich will alle, die in diesem Lande wohnen, die Könige, die auf dem Thron Davids sitzen, die Priester und Propheten und alle Einwohner Jerusalems … die Väter samt den Söhnen, zerschmettern, spricht der HERR, und will weder schonen noch barmherzig sein und sie ohne Mitleid verderben.« Das sind die befremdlichen Züge eines grimmigen Gottes, eines »Herrn über den Krieg«, die ebenso die Vorstellung von Jahwe prägen wie das Bild des treu sorgenden und verzeihenden Vaters.

Bestandteil der traditionellen Gottesvorstellung: das Jüngste Gericht, bei dem alle Menschen für ihre Taten zur Rechenschaft gezogen werden.

Die Vorstellung von Gott, das wissen wir heute, ist allmählich gewachsen, hat sich im Lauf der Geschichte immer wieder gewandelt. Was bedeutet das? Müssen wir das Buch der Bücher im Regal neben den griechischen Göttersagen abstellen als einen mythologischen Text von einigem Unterhaltungswert, der aber für unser Leben und unsere Welt keine Bedeutung mehr hat? Wird man irgendwann Gott als ein Konstrukt einfältiger Menschen aus grauer Vorzeit zu Grabe tragen? Damit ist wohl kaum zu rechnen. Denn der Nachweis, dass Gott in vielen Gestalten verehrt wurde, sagt nichts über die entscheidende Frage aus: Nämlich ob es ihn gibt oder nicht. Sie wird auch nicht durch archäologische Entdeckungen beantwortet werden können. Aber so lange sich Menschen Gedanken über das Rätsel von Leben und Tod machen, wird Gott eine Rolle spielen. Oder, um es mit dem früheren Fernsehmoderator Robert Lembke zu sagen: »Im Flugzeug gibt es während starker Turbulenzen keine Atheisten.«

GEORG GRAFFE

ALBERT9
DVRER
NORICVS
FACIEBAT
1504

ADAM UND EVA
DIE ERSTEN MENSCHEN

Als es enthüllt wurde, strömte ganz Rom herbei, um es in Augenschein zu nehmen: Das Deckengemälde Michelangelos in der Sixtinischen Kapelle. Im Auftrag von Papst Julius II. hatte der geniale Renaissance-Künstler das Fresko von 1508 bis 1512 konzipiert und mit seinem charakteristischen Pinselstrich an die Decke der Sixtinischen Kapelle gebannt. Voller Ungeduld hatte der Papst auf den Moment der Enthüllung gewartet. Aber was er nun zu sehen bekam, übertraf seine kühnsten Erwartungen. Eine solche Komposition mit kraftvollen Formen und gekonnten Lichteffekten, ein solches Feuerwerk an Farben hatte es in dieser Dichte vorher noch nie gegeben. Es heißt, der Renaissancepapst aus dem Hause Rovere habe dem jungen Künstler bei Fragen des Inhalts und der Gestaltung weitgehend freie Hand gelassen. Nun, da das Kunstwerk vollbracht war, fand sich der oberste Kirchenherr reich belohnt. Nichts war Julius II. zu kostbar, um den zentralen Ort der höchsten kirchlichen Zeremonien, die Sixtinische Kapelle, in der bis heute die Papstwahl stattfindet, auszuschmücken.

Der Sündenfall hat über Jahrhunderte hinweg Künstler und Dichter inspiriert. In Albrecht Dürers Abbildung wartet Adam darauf, dass Eva ihm den Apfel reicht, den die Schlange noch in ihrem Maul trägt.

Schon vor der Fertigstellung stürmten Neugierige herbei, um den Meister bei der Arbeit zu beobachten. So drängte etwa Herzog Alfonso D´Este im Juli des Jahres 1512, auf das Gerüst steigen zu dürfen, um das noch unfertige Deckengemälde zu sehen. Er soll von den Fresken so beeindruckt gewesen sein, dass er Michelangelo bat, auch für ihn zu arbeiten. Die Konkurrenz hatte das Nachsehen. Auf die Besichtigung der zur gleichen Zeit von Raffael ausgemalten Zimmer in den Gemächern des Papstes verzichtete der Herzog – ein Affront, der nicht gerade dazu beitrug, das angespannte Verhältnis zwischen den beiden großen Künstlern zu verbessern.

Den Löwenanteil seiner meisterhaften Komposition hatte Michelangelo der Schöpfungsgeschichte gewidmet, mit der alles begann: Die Erschaffung des Himmels und der Erde, von Adam und Eva, der Sündenfall sowie die Vertreibung aus dem Paradies. Unmittelbar über der Altarwand illustriert das erste von neun Deckenfeldern den ersten Tag der Schöpfung, an dem Gott das Licht von der Finsternis trennt: »Da sprach Gott: ›Es werde Licht!‹ Gott sah, dass das Licht gut war und Gott schied zwischen dem Licht und der Finsternis«, heißt es im 1. Buch Mose, der Genesis. Die mit Abstand bekannteste Darstellung der Fresken ist aber die »Erschaffung des Adam«, die vierte Schöpfungsszene: Gottvater streckt dem auf einem Felsen liegenden Adam die Hand entgegen, um ihm auf die Beine zu helfen. Fast hat man den Eindruck, als würden sich die Zeigefinger der beiden berühren. Adam

Die Erschaffung des Menschen wird in der Kunst in der Regel als »Erschaffung Adams« dargestellt. In diesem Fresko Michelangelos erweckt Gott Adam durch eine Berührung zum Leben.

schwebt noch in einem Dämmerzustand zwischen Schlafen und Wachen. Gott ist von Putten umgeben und hält eine junge Schönheit mit großen fragenden Augen im Arm: Eva – die erste Frau. Gottvater scheint die nackte Eva wie an unsichtbaren Fäden nach oben zu ziehen. Den Bewegungen Evas hat Michelangelo mit schnellem Pinselstrich, dem »fra presto«, einen so kräftigen Schwung verliehen, dass es den Eindruck hat, als stoße sie sich vom schlafenden Adam ab. Eine Szene von beeindruckender Schönheit, die Jahr für Jahr hunderttausende Touristen in die Sixtinische Kapelle lockt.

Doch was macht das Meisterwerk so einzigartig? Eine geistige Krise Michelangelos, so meinen manche Forscher, soll dem Deckenfresko die besondere Intensität verliehen haben. Seine Briefe und Sonette bringen die innere Anspannung zum Ausdruck, die sich offenbar auf die Dynamik der stark skulpturalen Deckenfiguren ausgewirkt hat. Michelangelo zeigt erstmals den Menschen der biblischen Schöpfungsgeschichte in seiner ganzen Schönheit, aber auch Schwäche und Vergänglichkeit. Wie kein anderer Künstler prägt er das neue Menschenbild der Renaissance. Wie Gott in der Genesis den Menschen formt, erweckt er die Figuren mit seinem Genius zum Leben.

LASST UNS DEN MENSCHEN MACHEN

Am Anfang schuf Gott den Himmel und die Erde. Die Erde war wüst und leer« – mit diesen beiden Versen beginnt die Schöpfungsgeschichte. An nur fünf Tagen soll Gott die Welt gestaltet haben: Zunächst das Licht, dann das Wasser und das Land, schließlich die Pflanzen und die Tiere. Als der Herr nach fünf Tagen innehielt, bemerkte er, dass der Mensch noch fehlte. Also sprach er am sechsten Tag: »Lasst uns den Menschen machen nach unserem Bilde, uns ähnlich.« Wie er bei der Schaffung des Menschen genau vorgeht, das schildern zwei unterschiedliche, miteinander verknüpfte Berichte: In beiden Fällen erscheint der Mensch als Krone der Schöpfung – ein grundsätzlicher Unterschied zu altorientalischen Schöpfungsmythen, die den Menschen in erster Linie als Dienstboten der Götter begreifen. Nun aber wird der Mensch ausgestattet mit den gottähnlichen Attributen Vernunft, Wille und Macht.

Am fünften Tag erschafft Gott die Tiere. Doch erst, als er Eva zu Adam gesellt, ist dieser nicht mehr einsam.

Die Bibel schildert also die Erschaffung des Menschen zwei Mal und auf unterschiedliche Weise. Die erste Erzählung lässt den Menschen zeitgleich als Mann und Frau entstehen: »Nach dem Bilde Gottes schuf er ihn, als Mann und Frau schuf er sie«, heißt es im Buch Genesis 1. Adam und Eva erscheinen hier als zwei Menschen von gleichrangiger Bedeutung – eine Tatsache, die Jahrhunderte später, bei den Schilderungen über eine zweite Frau Adams noch einmal von Bedeutung sein sollte. Die Frage, wie Gott bei der Erschaffung Adam und Evas im Einzelnen vorging, bleibt in dieser Fassung des Schöpfungsberichts aber offen.

Die zweite Version ist sehr viel bildreicher und blumiger als die erste: »Als Gott die Erde erschuf, gab es noch keine Pflanzen und kein Wasser. Da ließ Gott die Erde von unten mit Wasser tränken und formte den Menschen aus Erde und hauchte ihm den Odem ein. So wurde der Mensch ein lebendiges Wesen«, heißt es in der Genesis.

Als man im 5. Jahrhundert v. Chr. daran ging, den Text des Genesis-Buches aus älteren Überlieferungen zusammenzustellen, störte sich offenbar niemand an den Widersprüchen zwischen beiden Berichten. Damit Adam nicht allein ist, heißt es jetzt im Unterschied zur ersten Erzählung, formt der Herr die Tiere aus dem Ackerboden. Er führt sie vor Adam, der sie mit Namen benennen soll. Dabei fällt schmerzlich auf, dass zwar die Tiere Gefährten haben, nicht aber der Mensch. Daraufhin lässt Gott den Menschen in einen Tiefschlaf fallen und entnimmt ihm eine Rippe, aus der er eine Frau formt. Der Mann erkennt, dass das neue Geschöpf besser zu ihm passt als die Tiere: »Das ist endlich Bein von meinem Bein und Fleisch von meinem Fleisch!«, heißt es im zweiten Schöpfungsbericht, »Diese soll Weib heißen, weil sie vom Mann genommen ist.«

Was sich im Deutschen etwas holprig anhört, ist im hebräischen Urtext ein Wortspiel: Die Frau erhält hier den Namen »ischa«, was Männin bedeutet, wei sie vom Mann »isch« genommen ist. Die Bibel verwendet den Namen Adam übrigens nicht als Eigennamen; er ist vielmehr eine Gattungsbezeichnung für den Menschen, der aus roter Erde, hebräisch »damah«, erschaffen wurde. Eva wird ihren Namen erst bei der Vertreibung aus dem Paradies empfangen. Von da an wird Adam sie Eva, hebräisch »chawwa« nennen, das sich von »chai«, »Leben«, ableitet. Eva wird so zur »Mutter aller Lebendigen«. Eine Rolle, die auch die erste Frau in der griechischen Mythologie innehat: Der Vater des ersten Menschen, der Titan Prometheus, formte seinen Sohn Deukalion aus Lehm, während sein Bruder, der Titan Epimetheus, mit der göttlichen Pandora die Tochter Pyrrha zeugte. Als Frau des Deukalion galt Pyrrha den Griechen wie die biblische Eva als Urmutter der Menschheit.

Seit jeher fragen die Menschen aller Kulturkreise nach ihrem Ursprung. Betrachten wir zunächst die Beschreibung des Garten Eden. Hier finden wir konkretere Hinweise auf die Herkunft der Mythen über die Entstehung des Menschen.

Deukalion und Pyrrha werfen Steine hinter sich, aus denen neue Menschen entstehen.

Auf der Suche nach dem Paradies

Für die ersten Menschen lässt Gott den Garten Eden wachsen, der allgemein als Synonym für das Paradies gedeutet wird. Dort gedeihen Pflanzen und Bäume mit köstlichen Früchten und Nahrung gibt es im Überfluss – es herrschen Zustände wie im Schlaraffenland. Doch ist die Idee vom himmlischen Paradies eine biblische Erfindung?

Ursprünglich soll das Wort Paradies dem Altpersischen entlehnt sein. Es setzt sich aus den Worten »pairi« und »daeza« zusammen, die wörtlich »rundherum« beziehungsweise »Mauer« bedeuten und in ihrer Kombination als »umzäunter Raum« oder »Park« verstanden wurden. Wo aber lag dieser sagenhafte Garten Eden? Die Bibel gibt einige Hinweise: **»Und Gott pflanzte einen Garten in Eden, im Osten, und setzt den Menschen darein, den er gemacht hatte.«** Weiter heißt es in der Genesis, dass Gott einen Strom entspringen ließ, um den Garten zu bewässern. Handelt es sich hier etwa um einen Hinweis auf das Umfeld des Schreibers? Lebte er in einer Welt, in der die Steppe durch Bewässerungsarbeit urbar gemacht und bebaut wurde?

Palästina, vor allem in seinem südlichen und östlichen Teil, könnte Ursprung dieses Schöpfungsmythos gewesen sein. Über den erwähnten Strom macht die Bibel im Folgenden erstaunlich genaue geographische Angaben: Demnach teilt er sich in vier Flüsse. Einer, mit dem Namen Pischon – der »Aufspringende« – umfließt das Land Hawila, das reich an Gold und Harz ist. Dieser Strom wurde wiederholt mit dem Indus oder Ganges gleichgesetzt. Der zweite Fluss mit Namen Gichon bahnt sich seinen Weg ins Land Kusch, der dritte Fluss ist der Tigris, der östlich von Assur fließt und der vierte ist der Euphrat.

Die beiden letzten Flüsse sind aus dem Zweistromland bekannt; ihre Quellen liegen im armenischen Bergland. Wo sich aber Pischon und Gichon befinden, lässt sich nicht mit Bestimmtheit sagen. Mit dem Namen »Kusch« bezeichnet man damals Nubien im Norden des Sudan, »Hawila« ist der Name einer Gegend in Arabien. Doch war damit möglicherweise nicht die syrisch-arabische Wüste gemeint, sondern das dahinterliegende Mesopotamien, durch das Euphrat und Tigris fließen?

Warum gab der Verfasser diesem göttlichen Ort überhaupt so weltliche Koordinaten? Stammte er aus dieser Gegend oder bezog er sich auf eine ältere mesopotamische Überlieferung des Schöpfungsmythos? Oder verbirgt sich hinter der Beschreibung der Paradiesströme gar eine heilsgeschichtliche Wahrheit? Die moderne Bibelforschung kommt eher zu einem nüchternen Schluss: Diese speziellen Verse der Genesis hätten durchaus auch weggelassen werden können, ohne dass der weitere Bericht darunter gelitten hätte. Daraus folgert sie, dass es sich vermutlich um einen Einschub handelt. Die Forschung geht dabei von zwei verschiedenen Überlieferungen in der Schöpfungslehre aus: eine kanaanitische über den Ursprung der Welt und eine mesopotamische mit der geographischen Ortsangabe. Demnach hätte ein späterer Bearbeiter des Texts, gestützt auf ältere Überlieferungen, lediglich versucht, den Paradiesgarten etwas näher zu lokalisieren – ein leider vergebliches Unterfangen. ¶

Gott führt Eva dem bereits erwachten Adam zu. Eine Szene, die im Paradiesgarten spielt, der dazu dient, Mensch und Welt in Harmonie zu zeigen. In der Mitte dieses Bildes von Hieronymus Bosch befindet sich der Brunnen des Lebens.

Die Welt, in der Adam und Eva zunächst leben, ist paradiesisch: Sie ernähren sich vegetarisch, befinden sich im besten Einvernehmen mit den Tieren und müssen sich um nichts kümmern, als um das Gebot, den Baum der Erkenntnis zu meiden. Der Baum der Erkenntnis, der wie der Baum des Lebens in der Mitte des Garten Eden steht, verleiht demjenigen, der seine Frucht isst, die Fähigkeit, zwischen Gut und Böse zu unterscheiden. So lange der Mensch sich nicht versündigt, gibt es nur Gutes in der Welt. Daher ist es auch nicht notwendig, dass der Mensch zwischen Gut und Böse unterscheiden kann. Mit der Übertretung des Verbots maßt sich der Mensch göttliche Kompetenzen an, die ihn aber nicht gleichzeitig allwissend machen.

DER SÜNDENFALL

Die Versuchung nähert sich dem ahnungslosen Paar in Gestalt einer Schlange, die »listiger (war) als alle Tiere des Feldes«, heißt es im 1. Buch Mose. Der Schlange als Symboltier begegnen wir bereits in der mesopotamischen Kultur. Dort ist sie gleichbedeutend mit dem Drachen oder der Drachenschlange, dem Tier des satanischen Engels Samael. Dieser galt als Anführer einer »Revolte« gegen den Herrn. Nach der jüdischen und der christlichen Tradition

Die Schlange in Menschengestalt reicht Eva den verbotenen Apfel. In vielen Kulturen wird aus der Frau als Gefährtin des Mannes seine Verführerin.

verbirgt sich hinter der Schlange der Teufel, der Gottes Pläne zunichte machen will. Listig pirscht sich das Reptil daher an die arglose Eva heran und fragt scheinheilig: »Hat Gott wirklich gesagt: Ihr dürft nicht von allen Bäumen des Gartens essen?« Eva antwortet bereitwillig: »Von den Früchten der Bäume des Gartens dürfen wir essen. Nur von den Früchten des Baumes, der mitten im Garten steht, hat Gott gesagt: Ihr sollt nicht davon essen und nicht daran rühren, dass ihr nicht sterbet.« Doch böswillig hakt die Schlange nach: »Keineswegs, ihr werdet nicht sterben. Vielmehr weiß Gott, dass an dem Tage, an dem ihr davon esset, euch die Augen aufgehen und ihr sein werdet wie Götter, die Gutes und Böses erkennen.«

Eva wird von der Schlange gebissen – ein Verweis auf die künftige Feindschaft der beiden nach der Vertreibung aus dem Paradies.

Das Drama nimmt seinen Lauf: Eva kann nicht widerstehen und pflückt schließlich die verbotene Frucht. Sie kostet davon und gibt auch Adam ein Stück davon ab. Da erst erkennen die beiden Sünder voller Entsetzen, dass sie nackt sind und versuchen, mit einem Schurz aus Feigenblättern ihre Blöße zu bedecken. Als sie Gottes Stimme vernehmen, verstecken sie sich voller Scham in einem Gebüsch. Da wird Gott zornig und fragt: »Wer hat dir kundgetan, dass du nackt bist? Hast du von dem Baum gegessen, von dem zu essen ich dir verboten habe?« Sogleich beschuldigt Adam seine Gefährtin und damit indirekt auch Gott: »Das Weib, das du mir gegeben hast, gab mir von dem Baum, und ich aß.« Aber auch Eva weist die Verantwortung für ihr Tun von sich und gibt der Schlange die Schuld.

Ohne die Einflüsterungen der Schlange hätte es den Sündenfall so nicht gegeben. Doch was verbirgt sich hinter diesem Tier? Im Jahr 1909 veröffentlichte die Päpstliche Bibelkommission eine Erklärung, in der sie ihre Übereinstimmung mit dem Genesis-Kapitel zum Ausdruck brachte, dass der Teufel »sub serpentis specie« (unter der Gestalt einer Schlange) den Menschen zu sündhaftem Verhalten verführt habe. Tatsächlich aber hegt der Mensch eine instinktive Scheu vor Schlangen, die in vielen Regionen der Welt eine tödliche Gefahr symbolisieren. Sie gilt als Macht des Bösen und des Verderbens, spielt bei manchen Völkern aber auch als Zeichen der männlichen Fruchtbarkeit eine Rolle. Kein Wunder also, dass sich die Schlange an Eva heranpirscht.

Die Strafe Gottes wird alle drei gleichermaßen treffen: Die Schlange muss fortan auf dem Bauch kriechen und Staub fressen. Adam und Eva werden aus dem Paradies vertrieben, verlieren ihre Unsterblichkeit und erkennen voller Scham, dass sie nackt sind. Ewige Feindschaft wird das Verhältnis von Evas Nachkommen zur Schlange prägen: Sie werden dem Reptil den Kopf zertreten und die Schlange wird ihnen in die Ferse beißen. Eva muss fortan ihre Kinder unter großen Schmerzen gebären und soll außerdem großes Verlangen nach ihrem Mann verspüren. Der aber wird über sie herrschen. Damit wird Eva für alle Zeiten als sündige Verführerin gebrandmarkt. Adam trifft die Strafe Gottes ähnlich hart: Gott verflucht den Ackerboden, der bis dahin so reiche Frucht von sich gab. Stattdessen sollen dort Dornen und Disteln wachsen. Im Schweiße seines Angesichts muss Adam nun sein Brot verdienen, und zwar so lange, bis er selbst wieder zu Ackerboden wird – also bis zu seinem Tod: »Denn Staub bist du, und zum Staub musst du zurückkehren.« Außerdem verlieren die beiden ersten Menschen ihre Unsterblichkeit und die unmittelbare Nähe zu Gott.

Soweit die Überlieferung. Aber welcher tiefere Sinn steckt hinter dem Sündenfall und der Vertreibung aus dem Paradies? Der Theologe Bernhard Lang versucht eine Antwort: »Die Geschichte von Adam und Eva ist die Geschichte von der Übertretung eines göttlichen Gebots, an deren Ende die Verbannung aus dem Paradies steht. Dahinter verbirgt sich vermutlich eine alte Erzählung über die menschliche Fruchtbarkeit, die Sexualität und das Geheimnis der Fortpflanzung. Ein alter Mythos, der in Spuren noch in der biblischen Geschichte erkennbar ist. So könnte das Geheimnis der Sexualität den Menschen von einer Gottheit, einem Schlangengott, verraten worden sein. Die anderen Götter erzürnten darüber und bestraften den Schlangengott ebenso wie die Menschen, denen man das Geheimnis der Fortpflanzung nun nicht mehr entreißen konnte.«

Warum der biblische Gott, vielleicht im Unterschied zu anderen, zürnenden Götter, die beiden nur damit bestraft, dass er sie aus dem Paradies hinauswirft und in eine unwirtliche Welt entlässt, verrät Gott in der talmudischen Überlieferung: »Ich habe gesagt, dass sie an dem Tage sterben werden, an dem sie die verbotene Frucht essen würden. Aber ich meinte meine Art von Tag, und der währt tausend Jahre.« Adam soll 930 Jahre alt geworden sein; Eva folgt ihm in den Tod, weil sie ohne ihn nicht zurückbleiben will.

Unter Nackten

Eine der frühesten Adam- und Eva-Abbildungen aus dem 4. Jahrhundert stammt aus den Katakomben S. Pietro e Marcellino in Rom: Adam und Eva bedecken mit Blättern notdürftig ihre Scham, während sich die listige Schlange zwischen ihnen am »Baum der Erkenntnis« hochschlängelt. Für die Bildhauer und Maler des Mittelalters gab es kaum eine andere Möglichkeit, Nacktheit darzustellen, als in Verbindung mit dem Sündenfall. Die Adamspforte des Bamberger Doms zieren zwei solche Skulpturen und auf der Bernwardstür in Hildesheim, entstanden um 1015, sieht man einen nahezu expressiven Adam- und Eva-Zyklus. Eine der frühesten Abbildungen der Schöpfungsgeschichte befindet sich auf vier Horizontalstreifen eines Blattes der Grandval-Bibel aus Tours, einer eindrucksvollen Geschichte in Bildern, die um das Jahr 840 erstellt wurde. Die karolingischen Blätter gehen auf eine im 5. Jahrhundert von Papst Leo I. ursprünglich als Bibelillustration in Auftrag gegebene Fassung zurück, nach der die »Stammeltern« zum ersten Mal in einen großen Heilszusammenhang gebracht werden. Wie in einem großen Bilderbogen entfaltet sich hier

Wandmalerei aus den Katakomben S. Pietro e Marcellino in Rom: Adam und Eva bemerken erstmals, dass sie nackt sind.

Auch auf dieser frühchristlichen Plastik aus dem 5. oder 6. Jahrhundert ist das Motiv des Sündenfalls zu erkennen.

die Schöpfungsgeschichte: In der oberen Reihe schauen Engel bei der Erschaffung von Adam und Eva zu, die hier nicht aus der Rippe des Adams geformt wird, sondern wie er aus Lehm. Darunter sieht man, wie Gott das Menschenpaar zunächst belehrt und segnet und wie danach jene schicksalhafte Begegnung Evas mit der Schlange stattfindet. Am Ende vertreibt ein Engel die beiden Menschen aus dem Paradies. Adam muss auf dem Feld arbeiten, während Eva mit entblößten Brüsten das Kind nährt.

Der Sündenfall inspirierte auch viele andere berühmte Künstler wie Lukas Cranach, Albrecht Dürer und Hans Memling. Sie alle malten Eva in der gleichen Pose: mit dem Apfel in der hochgehaltenen Hand, spärlich bedeckter Scham, kleinen Brüsten und wohl geformtem Becken. Der Apfel wird im Schöpfungsbericht übrigens nicht explizit als verbotene Frucht genannt. Trotzdem avancierte er zum wichtigsten Attribut der ersten Frau. Auf dem Genter Altarbildnis von Jan van Eyck hält Eva allerdings eine Zitrone in der Hand – vielleicht ein indirekter Verweis auf die Bitterkeit des irdischen Daseins. ¶

Eva kokettiert mit dem Apfel: So hat sich Albrecht Dürer die erste Frau vorgestellt.

DER ERSTE MORDFALL DER GESCHICHTE

Der Verstoß gegen Gottes Gebot, die verbotene Frucht zu essen, führt zum Sündenfall, der die paradiesischen Zustände beendet. Bei Augustinus, der sich auf Paulus beruft, begegnen wir der daraus entstandenen Lehre von der Erbsünde zum ersten Mal. Sie kam durch den Ungehorsam Adams und Evas in die Welt, ihre Nachkommen trugen sie weiter. Seit dem Sündenfall waren alle Menschen zur Sterblichkeit verurteilt. Nur durch Jesus Christus, so Augustinus, habe die Menschheit die Chance erhalten, die Sünde zu überwinden und Erlösung zu finden.

Wie aber konnte es passieren, dass Gottes eigene Schöpfung nicht frei von Fehlern war? Und warum gab er den Menschen eine zweite Chance? Nach Ansicht vieler Theologen war Adam, genau wie Jesus, Gottes vollkommener Sohn. Der eine war Gottes erste Schöpfung im Himmel, der andere war der Erlöser der Menschen auf Erden. Weil Adam seine Vollkommenheit verlor, war das Opfer Jesu nötig. Ohne die Erbsünde hätte es den Erlöser Jesus Christus also nicht gebraucht.

Kain und Abel, die beide Gott ein Opfer darbringen, stehen für den Gegensatz zwischen dem Bösen und dem Gerechten.

Die Geschichten des Alten Testaments werden hier als Teil eines Heilsplans gedeutet, der, einmal in Gang gesetzt, letzten Endes der Vorbereitung auf Jesus dient. Bis es aber so weit ist, müssen die Menschen allerlei Mühsal erdulden und die Konsequenzen des Sündenfalls ertragen. Zunächst findet diese Geschichte ihre Fortsetzung im Konflikt zwischen den beiden Söhnen von Adam und Eva. Wieder ist es eine Wahl zwischen »Gut« und »Böse«, und wieder entscheidet sich der Mensch für das Böse. Ein Topos, der sich durch die ganze Bibel zieht.

Die beiden Brüder Kain – Evas Erstgeborener und von Beruf Ackerbauer –, und der Schafhirte Abel sind gottesfürchtig und bringen dem Herrn Opfer dar, jeder nach seinen Möglichkeiten. Kain legt Feldfrüchte auf den Altar, Abel dagegen verbrennt ein Lamm. Während Gott Abels Lamm mit Wohlgefallen zur Kenntnis nimmt, übersieht er Kains Opfer einfach. Theologen vermuten, dass Gott damit seine Wertschätzung gegenüber dem Geringeren, dem Zweitgeborenen, zum Ausdruck bringen wollte. Kain fühlt sich zurückgesetzt, und als Gott seine Wut sieht, mahnt er ihn zur Mäßigung – vergeblich. Kain erschlägt seinen Bruder auf dem freien Feld. Als Gott kurz darauf Kain fragt: »Wo ist dein Bruder Abel?«, entgegnet der Ertappte frech und ohne jede Reue: »Bin ich meines Bruders Hüter?« Natürlich weiß Gott zu diesem Zeitpunkt längst von der schrecklichen Bluttat. Er verflucht Kain, sein Leben soll fortan »unstet und flüchtig auf dieser Erde sein«. Da begreift Kain, was er getan hat: »Zu groß ist meine Strafe, als dass ich sie tragen könnte. Siehe, du treibst mich heute vom Ackerboden weg, und vor deinem Angesicht muss ich mich verbergen. Ich muss unstet und flüchtig auf Erden sein, und jeder, der mich findet, wird mich töten«, heißt es in Genesis 4. Das wiederum will Gott verhindern: »Jeder, der Kain tötet, an dem soll man es siebenfach rächen.« Er stellt ihn unter seinen persönlichen Schutz und versieht ihn mit dem so genannten Kainsmal. Gott erscheint hier wie schon beim Sündenfall als ein maßvoller und den Menschen schonender Gott.

Manche Bibelforscher sehen in Kain den Vater der Keniter, eines Volkes, das wie der Stamm Juda aus der Wüste im Süden Palästinas kommt. Das Kainszeichen als Stammeszeichen der Keniter? Gegen diese These spricht, dass die Aufsplitterung der Menschheit in Völker noch nicht zu Beginn der Schöpfungsgeschichte erfolgt, sondern erst später im Kapitel zehn der Genesis. Ist der Fluch Gottes, »unstet und flüchtig sollst du sein auf Erden«, tatsächlich eine Anspielung auf das Nomadentum, die biblische Geschichte also ein Reflex der sich wandelnden Wirtschaftsform, die sich über Jahrtausende vom Nomadentum zum Agrarwesen hin entwickelte? Der Verfasser wollte sicherlich keine objektive Beschreibung historischer Abläufe zeigen, sondern seine Sicht der Vergangenheit vermitteln. Für die heilsgeschichtliche Bedeutung spielt das Verhältnis von Gott zu den Menschen die vorherrschende Rolle. Den Mächten des Guten werden die Mächte des Bösen gegenübergestellt: Auf der Seite Gottes befindet sich Abel, der seinen Erschaffer mit einem Tieropfer milde stimmt. Nach Abels Tod schenkt Gott Adam und Eva den Sohn Set, der wiederum Kinder in die Welt setzt. Von Kain heißt es, dass er eine Stadt gegründet und diese nach seinem Sohn Henoch benannt habe. Aus der Linie des Set entspringt viele Generationen später der Stammvater Noah.

Kain erschlägt Abel mit einem Stock. Die Grausamkeit dieser Szene hat Tizian durch die Blickperspektive von unten nach oben stark akzentuiert.

LILITH – ADAMS ERSTE FRAU

In der rabbinischen Tradition hatte Adam nicht nur eine Frau, sondern zwei. Jener ersten mit Namen Lilith soll sich Adam nach der Geburt seiner Söhne Kain und Abel wieder zugewandt haben. Geflecktes Pantherfell über den entblößten Brüsten, langes, blondes Haar – so haben sich Generationen von Künstlern die sagenhafte Lilith vorgestellt. Der Name Lilith leitet sich vom semitischen Wort »Laila« ab, was so viel wie Nacht bedeutet. Als Königin der Nacht steht sie für dunkle Träume, Unruhe und Unsicherheit. Sie ist verantwortlich für die Ambivalenz der Seele. Vor allem aber bietet sie männlichen und weiblichen Phantasien eine Projektionsfläche. In talmudischen Quellen, die aus der Zeit zwischen dem 3. und 5. Jahrhundert n. Chr. stammen, geistert sie als Nachtdämon umher und wird erst im so genannten Alphabet des Ben Sira aus dem 9. oder 10. Jahrhundert n. Chr. zur ersten Frau Adams erhoben. Goethe wiederum lässt sie im ersten Teil seines Faust-Dramas in der Walpurgisnacht auftreten. Auf die Frage des Dr. Faust nach der Identität dieses Wesens, erhält er die Antwort des Mephisto: »Lilith, Adams erstes Weib. / Nimm Dich in Acht vor ihren schönen Haaren, / vor diesem Schmuck, mit dem sie einzig prangt, / tut sie damit den jungen Mann umfahren, / so lässt sie ihn so bald nicht wieder fahren.« Lilith ist eine Dämonin, die Männer verführt, Frauen

Goethes Faust – hier in seinem Studierzimmer – begegnet der schönen Lilith in der Walpurgisnacht.

und deren Neugeborene aus Missgunst tötet. Sie tritt auf wie eine Femme fatale und ist alles, was Eva nicht ist.

Schon in den sumerisch-babylonischen Sagen des Zweistromlands begegnen wir dem Typus des bösartigen weiblichen Dämons: Kisikil-li-la-ke, was so viel wie Geliebte oder Gefährtin des Li-la oder Li-lu bedeutet, verfügt über ähnliches Potenzial wie Lilith. Lilu ist ein Sturmdämon, der gemeinsam mit drei anderen Dämonen, unter ihnen die weibliche Lilitu, sein Unwesen treibt.

In der Bibel taucht Lilith nur ein einziges Mal beim Propheten Jesaja auf (Jes. 34, 14). Demzufolge lebt sie als Gestalt der Nacht nicht unter Menschen, sondern unter wilden Raubtieren. Eine Erklärung für diese ungewöhnlichen Lebensumstände findet sich in einer jüdischen Überlieferung: Adam, der nicht einsehen will, dass Lilith ihm ebenbürtig ist, wird von Lilith verlassen. Nach heutigen Kriterien würde man von unüberwindbaren partnerschaftlichen Schwierigkeiten sprechen. Gott soll ihr sogar drei Engel hinterhergeschickt haben, um sie zur Rückkehr zu überreden. Doch Lilith hatte genug von Adam und wollte lieber außerhalb des Paradieses leben. Später vermählte sie sich mit dem satanischen Engel Samael. Aus dieser Beziehung erwuchsen jeden Tag, so heißt es, hundert Kinder. Als Gott Lilith erneut aufforderte, zu Adam zurückzukehren, da sie sonst täglich hundert ihrer Dämonenkinder verlieren würde, entschied sie sich lieber für den Tod der Kinder als für die Rückkehr zu ihrem Mann. Doch dieses Opfer würde sie nie vergessen. Da Adam mit der Zeit vereinsamte und die untreue Lilith das Leben mit den wilden Katzen dem Paradies vorzog, formte Gott kurzerhand aus Adams Rippe eine neue Frau – so steht es in der zweiten Schöpfungsgeschichte der Bibel. Dieses Mal achtet er aber darauf, so will es die jüdische Tradition, dass er mit Eva ein bescheidenes, folgsames Wesen schafft.

Als Lilith von der neuen Liebe Adams erfährt, reagiert sie mit Eifersucht und beschließt, das Paar zu Fall zu bringen. Samael verwandelt sich in eine Schlange – und das Schicksal nimmt seinen Lauf. Nach der Vertreibung Adams und Evas aus dem Paradies soll Lilith Adam verführt und mit ihm weitere Kinder gezeugt haben: die »Plagen der Menschheit«. Tatsächlich tauchen auch im Bericht der Bibel ungewöhnliche Riesen auf, die »Nephilim«. Dort sind sie jedoch nicht die Nachkommen Liliths, sondern die Kinder menschlicher Mütter, die sich mit jenen Engeln eingelassen hatten, die lieber bei den schönen Frauen auf der Erde lebten als bei Gott im Himmel. Aus Hass gegen die Nachfahren von Adam und Eva soll Lilith von Zeit zu Zeit neugeborene Kinder töten. Der Unterschied zwischen der leidenschaftlichen Lilith und der mütterlichen Eva könnte nicht größer sein: Während Eva Kinder gebiert, trachtet die Dämonin Lilith ihnen nach dem Leben. Schwangerschaft und Lust werden hier als unvereinbar gegenübergestellt. Der Lilith-Mythos symbolisiert darüber hinaus die Selbständigkeit der Frau und den Versuch der Männer, diese kraft biblischer

Das Drama nimmt seinen Lauf: Auf den Apfel folgt das Erkennen der Nacktheit und schließlich die Vertreibung aus dem Paradies.

Autorität zu unterdrücken. Die leidenschaftliche Lilith mit der ihr eigenen Sinnlichkeit bedroht den Herrschaftsanspruch des Mannes, der hin- und hergerissen ist in seiner Angst, der Frau zu unterliegen. Für Psychologen ist Lilith das andere Gesicht Evas: Während die eine mütterlich und sittenstreng ist, steht die andere für Leidenschaft und Sexualität. Nicht zufällig taucht die mythologische Gestalt Liliths gerade im 19. Jahrhundert, also einer Epoche, in der die Rolle der Frau einen grundlegenden Wandel erfährt, vermehrt in Literatur und Kunst auf: als Symbol der Emanzipation.

UND IMMER WIEDER LOCKT DAS WEIB

Anders als in der ersten Fassung der Schöpfungsgeschichte derzufolge Adam und Eva in einem einzigen Akt erschaffen werden, geht aus dem zweiten Bericht ganz klar hervor, dass Eva dem Mann nachgeordnet ist: Sie ist nach ihm zum Leben erweckt worden, und Gott hat sie noch dazu aus einem unbedeutenden Körperteil des Mannes geformt. Dieses Eva-Bild hat die Rolle der Frau sowohl in der hebräischen als auch in der christlichen und der muslimischen Welt einseitig geprägt. Die Frau, so heißt es, sei dem Mann nicht nur untertan, sondern auch minderwertig – das »zweite Geschlecht«, wie der Theologe Karl Barth im 20. Jahrhundert notierte. Die Niederschrift dieser patriarchalischen Idee in der Bibel spiegelt eine archaische Gesellschaft wider, in der der Mann als Jäger und Sammler die Rolle des Versorgers und Beschützers übernahm, während die Frau die Kinder gebar und nährte.

Gott bezichtigt Adam, die Frucht vom Baum der Erkenntnis gegessen zu haben. Der aber schiebt die Schuld auf Eva, die wiederum der Schlange den Schwarzen Peter zuschiebt.

Hinzu kommt, dass die Vertreibung aus dem Paradies in der Bibel negativ besetzt ist: Arbeit und Sexualität – schließlich hat Eva Adam verführt – erscheinen als Fluch. Obwohl im Bibelbericht ursprünglich wohl nur der Unterschied zwischen einer guten Schöpfung und der Realität eines bäuerlichen Palästinas im 6. vorchristlichen Jahrhundert gezeigt werden sollte, wurden in der christlichen Tradition Elemente, die die Frau unterdrückten, besonders hervorgehoben. Das Motiv des schuldigen Weibs zieht sich wie ein roter Faden durch die gesamte abendländische Kirchen- und Kulturgeschichte. Jahrhundertelang galt die Frau als minderwertig und unrein. Die Kirche wies ihr einen klar

definierten Platz innerhalb der Familie zu – als Hüterin von Haus und Herd. Bis zum Beginn der Emanzipation war sie vielerorts rechtlos und meist ohne jeden Einfluss auf das politische und gesellschaftliche Geschehen. Dieser Haltung trägt auch das Frauenbild in Kunst und

Literatur Rechnung. Im »Sündenfall« des mittelalterlichen Künstlers Hugo van Goes etwa trägt die Schlange das Antlitz Evas – so als seien beide gleichzusetzen. War Eva, das Weib, wirklich an allem schuld? Sie hat sich mit der Schlange, dem Teufel, eingelassen und Gottes Mahnung ignoriert. Welche Macht tatsächlich hinter der Schlange steckt, die Eva verführt, wird erst mit der Offenbarung des Neuen Testaments richtig deutlich: Es ist der Satan selbst, die »alte Schlange«. Er ist ursächlich für die Vertreibung des ersten Menschenpaares aus dem Paradies verantwortlich. Doch ist dies nur die heilsgeschichtliche Seite der Deutung. Wo aber lokalisiert heute die Wissenschaft den Ursprung des ersten Menschen?

DIE SCHWARZE EVA

Schon im Jahr 1758 stellte Carl von Linné den Menschen mit den Affen auf die Stufe von Primaten. Wie Biologen herausgefunden haben, teilt der Mensch immerhin 95 Prozent seines genetischen Erbguts mit den Menschenaffen. Der Anfang der gemeinsamen Geschichte reicht sechs bis sieben Millionen Jahre zurück, so das Ergebnis von DNS-Untersuchungen bei Mensch und Affe. Damals muss der letzte gemeinsame Vorfahre von Mensch und Affe gelebt haben. Bislang suchen Forscher vergeblich nach fossilen Funden aus jener Zeit. Die ältesten bislang entdeckten Knochen eines »Urmenschen« sind »lediglich« 4,4 Millionen Jahre alt und stammen aus Äthiopien. Da Über-

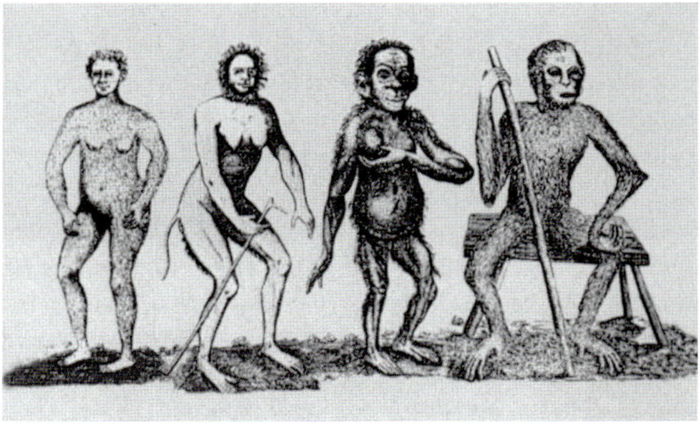

So skizzierte Carl von Linné die Entwicklung vom Affen zum Menschen.

reste solcher »Urmenschen« der letzten fünf Millionen Jahre fast ausschließlich in Afrika gefunden wurden, bezeichnen Wissenschaftler den Kontinent als »Wiege der Menschheit«. Unterschiedliche Fossilienfunde beweisen letztlich, dass der Mensch wesentlich älter ist, als die 6000 Jahre Menschheitsgeschichte, die der Bibel zugrunde liegen.

Die Geschichte der Hominiden, den Vorgängern des modernen Menschen, begann vor mindestens dreieinhalb Millionen Jahren. Immer wieder sorgten in der Vergangenheit fossile Neufunde für Schlagzeilen. 1974 machte etwa der amerikanische Paläontologe Donald Jahanson in der Steinwüste Nordäthiopiens, im Afar-Tal, eine sensationelle Entdeckung: Er fand ein dreieinhalb Millionen Jahre altes Skelett. Als »Lucy« gelangte es zur Berühmtheit. Mehr als einen Meter groß, mit überlangen Armen und gebogenen Fingerknochen wanderte die »Australopithecus afarensis«-Dame, so ihr wissenschaftlicher Name, bereits aufrecht wie ein Mensch, konnte aber noch klettern wie ein Affe. Der aufrechte Gang hatte den Vorteil, dass sie über die Grasnarbe der Savanne schauen konnte und die Hände für das Sammeln von Nahrung frei hatte. Sie ist menschenähnlich, aber noch kein Mensch. Allein von ihrer Art gibt es über 360 Funde, die alle aus dem östlichen und südlichen Afrika stammen.

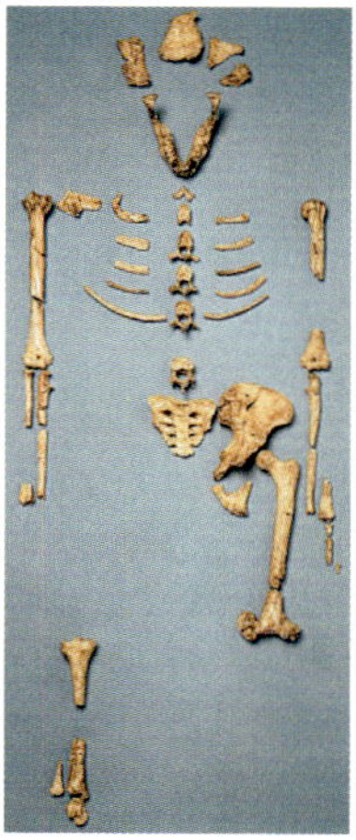

»Lucys« Knochen sind schon dreieinhalb Millionen Jahre alt.

»Lucy« folgte vor drei bis zwei Millionen Jahren vor unserer Zeitrechnung der »Australopithecus africanus«, dessen erste fossilen Überreste bereits im Jahr 1924 in einer Höhle bei Taung in Südafrika gefunden worden waren. Von dieser Spezies zweigten weitere Linien ab. Fossilienfunde haben bewiesen, dass sich die Hominiden schon zu früher Zeit in eine Vielzahl von Arten aufgespaltet haben. Damit war »Lucy« nicht länger einzige Ahnin des »modernen Menschen«. Im Verlauf der letzten 100 000 bis 200 000 Jahre tauchte in Afrika dann der »Homo sapiens« auf, dessen Skelettaufbau ihn grundsätzlich von seinen hominiden Vorgängern unterscheidet. Auf die flachen, langen Schädel der archaischen Hominiden folgten die hohen und abgerundeten Köpfe des anatomisch »modernen Menschen«. Klimatische Veränderungen in Afrika verliehen dem Menschen schließlich seine endgültige Gestalt und zwangen ihn wohl auch dazu, den Kontinent zu verlassen. Bereits zuvor hatten frühe moderne Menschen dies offenbar schon mehrmals versucht. Manche gelangten über den Nilkorridor nach Ägypten und Israel, wo sich ihre Spur verliert. Die Eiszeit und ihre Fol-

Die Vormenschen im tansanischen Laetoli gingen aufrecht durch die Vulkanasche. Diese versteinerten Fußabdrücke werden dem so genannten Australopithecus afarensis zugeordnet.

gen, die sich ausbreitende Wüste, trieb die Auswanderer immer weiter. In einer Höhle bei Nazareth entdeckten Forscher 1933 Knochenreste dieser »Verlorenen«, die schon vor über 100 000 Jahren Afrika verlassen hatten. In Europa tauchte der »Homo sapiens« dagegen erst vor 30 000 bis 40 000 Jahren auf. Auch in Asien und Australien lassen sich zu jener Zeit Spuren des »modernen Menschen« nachweisen.

Die ältesten Zeugnisse menschlicher Zivilisation sind zweieinhalb Millionen Jahre alt und stammen vom »Homo rudolfensis«, der fast zur gleichen Zeit wie der »Homo habilis« in Afrika lebte. Primitive Steinwerkzeuge, die am Gona-Fluss in Äthiopien ausgegraben wurden, erleichterten den Frühmenschen das Leben. Auf den »Homo habilis« folgte der »Homo erectus«, der als erster Mensch seine Umwelt erforschte, auf Großwildjagd ging, vermutlich sprechen konnte und das Feuer beherrschte. Dann tauchte wie aus dem Nichts die Spezies des »Homo sapiens« auf, zu der auch der heutige Mensch gehört. Doch wo kam er so plötzlich her und warum starben »Homo habilis« und »Homo erectus« aus? Möglicherweise ist die Ursache auf einen Klimawechsel zurückzuführen: Mit der einsetzenden Eiszeit verschärften sich die Lebensbedingungen, nur die anpassungsfähigsten Arten konnten sich dauerhaft durchsetzen.

Nach langer Suche entdeckte das Grabungsteam von Tim White im November des Jahres 1997 in der Nähe des Dorfes Herto im äthiopischen Awash-Tal frühmenschliche Schädelknochen. Auf einer Fläche von 400 Quadratmetern fanden sie 200 Knochenfragmente, die vermutlich von zwei Männern und einem Kind stammen. Ihr Hirnvolumen entsprach schon weitgehend dem des heutigen Menschen. Erst nach fünfjähriger Analyse gelang es den Forschern, das Alter der Hominiden zu datieren: Mit 154 000 bis 160 000 Jahren handelt es sich um die bislang ältesten Fossilien des »modernen Menschen« aus Afrika. Eine Sensation, denn in jener Zeit soll der »moderne Mensch« den Kontinent verlassen haben, um die Erde zu besiedeln. Dabei verdrängte er vermutlich andere Menschenarten, wie etwa den Neandertaler in Europa. Übrig blieb nur der »Homo sapiens sapiens«.

GLAUBE CONTRA WISSENSCHAFT?

Überraschende Unterstützung erhielt die »Out-of-Africa-These« von der Molekulargenetik. Im Jahr 1987 warteten die Wissenschaftler Allan Wilson, Rebecca Cann und Mark Stoneking von der amerikanischen Universität Berkeley mit einer Sensation auf, die als absoluter Durchbruch in der molekularen Anthropologie gefeiert wurde. Unter dem Titel »Mitochondrial DNA and Human Evolution« veröffentlichten sie ihre jüngsten Forschungsergebnisse, die darauf schließen lassen, dass Eva, die Urmutter aller Menschen, aus Afrika stammte.

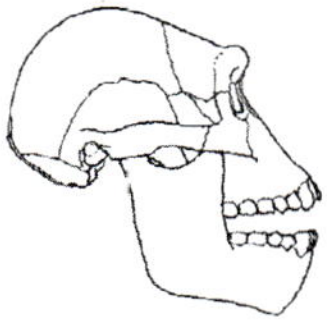

A. afarensis

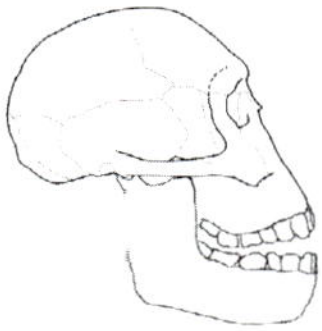

H. habilis

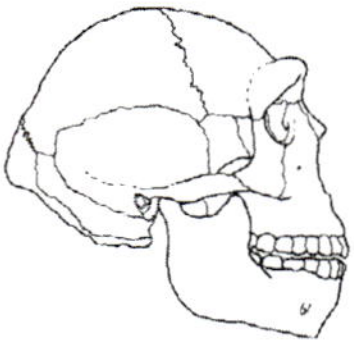

H. erectus

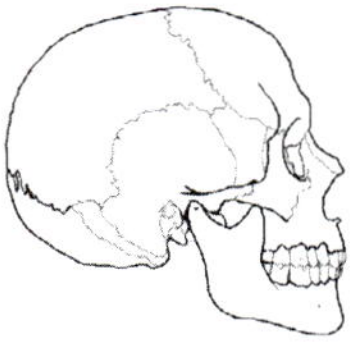

H. sapiens

Die Entwicklung des Schädels vom Urmenschen zum »Homo sapiens«.

Am Anfang war das Paradies

Lucas Cranach der Ältere (1472–1553) stellte im 16. Jahrhundert die Geschichte des ersten Menschenpaares detailliert von ihrer Erschaffung durch Gott bis zur dramatischen Vertreibung aus dem Paradies dar. Während die Tiere nach wie vor friedlich miteinander im Garten Eden leben dürfen, verweist Gott mit einer entschiedenen Handbewegung Adam und Eva aus dem himmlischen Garten. Wie groß Gottes Zorn über den menschlichen Ungehorsam gewesen sein muss, zeigt Bosch in einem Detail des Bildes links oben sieht man, wie ein Engel mit gezücktem Schwert das sündige Paar vor sich hertreibt.

Der Genanalyse kam dabei der glückliche Umstand zugute, dass alle lebenden Organismen im Kern jeder Zelle über Gene verfügen. Diese Gene werden bei der Vererbung weitergegeben und sorgen für die Ausprägung bestimmter Merkmale von einer Generation zur nächsten. Diese Kern-DNS, der Bauplan des Lebens, unterscheidet sich von einer zweiten DNS, die sich außerhalb des Zellkerns, im Plasma der Eizelle aufhält: die Mitochondriengene. Wie kleine Kraftwerke versorgen sie die Zelle mit Energie, haben aber keinen Einfluss auf den so genannten Phänotyp, die Summe aller äußeren Merkmale eines Menschen, die einen Menschen eindeutig identifizierbar machen. Im Vergleich zur Kern-DNS ist sie wesentlich übersichtlicher gebaut: Statt über dreißig Millionen Basenpaare, verfügt sie nur über etwas mehr als 16 000, die leicht zu isolieren sind. Der entscheidende Punkt aber ist, dass sie sich nur über die mütterliche, und niemals über die väterliche Linie vererben. Hinzu kommt, dass sich die mitochondriale DNS nicht mehrmals innerhalb verschiedener Generationen teilt, sondern über Jahrtausende unverändert bleibt. Diesen Umstand machten sich Forscher bei der Rekonstruktion evolutionärer Verwandtschaftsverhältnisse zunutze: Abweichungen durch Mutationen in einer bekannten mitochondrialen DNS können theoretisch bis zur Urmutter zurückverfolgt werden.

Gregor Mendel, Biologe und Augustinermönch, ist der Urvater der Genforschung.

Die Molekulargenetiker Wilson, Cann und Stoneking, die das Variationsmuster dieser DNS-Form auf der ganzen Welt untersuchten, gelangten zu einem erstaunlichen Ergebnis: In Afrika gibt es wesentlich mehr Varianten der mitochondrialen DNS als in Europa und damit die längste Geschichte genetischer Veränderung. Durch die Rückverfolgung der Mutationen konnten sie einen gemeinsamen Vorfahren bestimmen, der vor etwa 150 000 bis 200 000 Jahren gelebt haben muss. Und da diese spezifische DNS nur über die mütterliche Linie vererbt wird, muss es sich dabei um eine Frau gehandelt haben.

Doch wie sah die Mutter der Menschheit, die »mitochondriale Eva«, wie sie von einem Journalisten getauft wurde, aus? Wer waren ihre Vorfahren? »Eva war schwarz, hatte dunkles krauses Haar, volle, fast wulstige Lippen, eine flache, breite Nase und buschige Augenbrauen«, so der Wissenschaftler Stephen Oppenheimer nach der Rekonstruktion eines 120 000 Jahre alten Schädels. Erst nach dem Auszug aus Afrika, mit der Besiedlung der nördlichen Breitengrade, reduzierte sich der Anteil der Hautpigmente, um die Bildung des lebenswichtigen Vitamins D3 zu ermöglichen. War die afrikanische Eva dem archaischen Menschen schlichtweg überlegen und setzte sich deshalb langfristig durch? Und war sie mit unserer »mitochondrialen Eva identisch?

»Was immer auch Eva gewesen sein mag, sie unterschied sich wahrscheinlich in keiner Weise von tausenden von Frauen, die ihr vorangegangen waren oder auf sie folgten. Sie ist für die Forschung gegenwärtig nicht mehr als ein nützlicher genetischer Marker für eine Stammlinie, in der sich später einige äußerst folgenreiche größere evolutionäre Veränderungen ereigneten«, meint Robert Foley.

Im November 2000 schreckte ein Forscherteam im Fachmagazin *Nature Genetics* die Fachwelt schließlich mit der Behauptung auf, die genetisch identifizierbare Urmutter Eva habe etwa 84 000 Jahre früher gelebt als der genetische Urvater aller Menschen, der »Homo sapiens sapiens« oder »Y-Chromosom Adam«, wie er in der Fachwelt auch genannt wird. Wer saß aber dann mit Eva am Lagerfeuer?

Wie Peter Underhill und seine Kollegen von der Stanford Universität bei einer breitangelegten Genanalyse feststellten, gehen heute sämtliche männlichen Y-Chromosome auf das Erbgut eines einzigen Urvaters zurück. Proben von 1062 Männern aus 22 unterschiedlichen Regionen der Welt ergaben, dass der erste genetisch identifizierbare Mann vor rund 59 000 Jahren in Afrika gelebt haben muss. Damit war er entschieden zu jung für Eva.

Aus den verschiedenen Erbinformationen schlossen die Molekulargenetiker weiter, dass die beiden Exemplare des Ur-Homo-sapiens mindestens zehn Söhne und 18 Töchter in die Welt gesetzt hatten. Von einem Teil dieser Töchter ist der Lebensraum genauer bekannt: Sie waren vor etwa 40 000 bis 60 000 Jahren von Afrika nach Asien gewandert und schließlich nach Europa gelangt. In unseren Breitengraden tauchten sie demnach etwa vor 51 000 bis 39 000 Jahren auf. Die mitochondriale Eva lebte allerdings schon in der Zeit vor 172 000 Jahren plus minus 50 000 Jahren. Und das heißt, dass Eva damit die Urmutter des genetischen Adams wäre. Umstritten ist jedoch noch immer, ob der moderne Mensch von Afrika aus die Erde besiedelte oder ob sich »Homo erectus« unabhängig voneinander zu »Homo sapiens« entwickelt und vermischt hat.

Für viele Gläubige sind solche Erkenntnisse wenn nicht reine Blasphemie, so doch ein schwerer Schock. Sind Adam und Eva, das erste Menschenpaar der biblischen Schöpfungsgeschichte, also eine reine Erfindung? »Lasst uns den Menschen machen nach unserem Bilde«, sprach Gott in der Genesis. Inzwischen hat die Forschung für die evolutionäre Entwicklung der Menschheit plausible und wissenschaftlich nachvollziehbare Erklärungen gefunden.

Theologen und Bibelforscher haben längst die naturwissenschaftlichen Fakten akzeptiert, ohne die heilsgeschichtliche Dimension aus den Augen zu verlieren. Der bekannte Theologe Hans Küng bringt die Besonderheit der Erschaffung des Menschen auf den Punkt: »Ich glaube, dass wir davon ausgehen müssen, dass der Mensch aus einem gewaltigen Evolutionsprozess heraus entstanden ist. Da gibt es eigentlich unter ernsthaften Wissenschaftlern keine Diskussion mehr. Wir haben tausende von Generationen gebraucht, bis wir den »Homo sapiens«, den heutigen Menschen, vor Augen hatten und es ist klar, dass dies die Geschichte des Paradieses unmöglich macht. Im Grunde war diese Erzählung ja auch nie so gemeint. Hier geht es um mehr als nur die Frage, wie sich der Mensch am Anfang entwickelt hat. Das kann der Mensch selbst ergründen. Die Bibel weist aber noch auf eine Besonderheit hin – nämlich auf eine ganz persönliche Beziehung des Menschen zu Gott. Der Mensch ist das Bild Gottes. Und das an sich ist schon eine ungeheure Aussage.«

Die Grandval-Bibel aus Tours aus dem 9. Jahrhundert enthält eine der frühesten Illustrationen der Schöpfungsgeschichte.

Naturwissenschaftliche Erkenntnis und Glaube an ein göttliches Universum stehen deshalb heute nicht unbedingt in Widerspruch zueinander. Die Evolution wird vielmehr als Teil des göttlichen Schöpfungsplans verstanden.

HANS-CHRISTIAN HUF

71

ADAM UND EVA
DIE ERSTEN MENSCHEN

In omni tribulatiõe ⁊ angustia: suc currat nob' virgo maria. Amen. Lã ii.

Et sic i Syon firmata sum: Et i civitate sanctificata similiter requievi: et i ih'rlm potestas mea: Et radicavi in populo honorificato. Et i partes dei mei hereditas illius et i plenitudine sanctorum detentio mea. Tu autem dñe miserere nobis. Deo gratias. Beata es virgo M[a]. q[ue] dominum portasti Creatorem mundi. Genuisti q[ui] te fecit ⁊ i eternum permanes virgo. Ave M[a] gra plena dñs tecum. Genuisti. ube topie be dicte. Per virginẽ matrem concedat nob' dominus Salutem et pacem. Amen.

NOAH
UND DIE RETTUNG DER GERECHTEN

Der Himmel verfinstert sich. Schwere dunkle Wolken kündigen das Unheil an, das sich am Horizont zusammenbraut. Grelle Blitze, tiefes Donnergrollen, dann öffnen sich die Himmelspforten und ein fürchterlicher Sturmregen setzt ein. Zur gleichen Zeit brechen die Quellen der Urflut auf. Es regnet vierzig Tage und Nächte, 150 Tage lang wütet die alles verschlingende Flut. Bäume werden entwurzelt, Häuser von den Wellen mitgerissen. Selbst die höchsten Berggipfel versinken im Wasser. Menschen und Tiere ertrinken jämmerlich – das Strafgericht Gottes über die Sünder ist gnadenlos.

Nur wenige Privilegierte überleben das Inferno an Bord eines hermetisch abgeschlossenen Holzbootes. Anführer dieser Schicksalsgemeinschaft ist der hochbetagte Noah. Neben ihm befinden sich seine Frau, seine drei Söhne Sem, Ham und Jafet, deren Frauen und ausgewählte Tiere in dem schwimmenden Holzkasten, der Arche Noah. Rechtzeitig vor dem großen Wassereinbruch hatte Gott Noah mit dem Bau des Schiffes beauftragt: »Bau dir eine Arche aus harzigem Holz, mache sie aus Rohrgeflecht und überziehe sie innen und außen mit Pech«, heißt es in Genesis 2. Noah tat, wie ihm geheißen wurde und errichtete eine mehrstöckige überdachte Arche aus Zypressenholz, die 300

Die Arche Noah in einer mittelalterlichen Illustration aus dem Stundenbuch Ludwigs von Orleans, dem späteren König von Frankreich.

Ellen lang, fünfzig Ellen breit und dreißig Ellen hoch war. Legt man einer Elle etwa fünfzig Zentimeter zugrunde, dann war die Arche 150 Meter lang, 25 Meter breit und 15 Meter hoch. Damit hatte sie in etwa die Maße eines modernen Ozeandampfers. Durch eine seitliche Eingangstür gelangte man in das dreistöckige Innere mit verschiedenen Kammern auf jeder Etage – reichlich Platz für die Bootsflüchtlinge.

Der Herr bewahrte Noah und die seinen, weil er ein »gerechter und untadeliger Mann« war, heißt es in der Bibel. Alle anderen Menschen sollten sterben, und mit ihnen die Tiere. Doch was hatte Gottes Zorn so sehr erregt, dass er seine eigene Schöpfung vernichten wollte? Die Antwort steht im 1. Buch Mose: »Als Jahwe sah, dass die Bosheit der Menschen auf Erden groß war und alle Gedankengebilde ihres Herzens allezeit nur auf das Böse gerichtet war, da reute es Jahwe, dass er die Menschen auf Erden gemacht hatte, und er grämte sich in seinem ganzen Herzen.«

Also beschloss er, alles Leben zu zerstören: »›Alles, was auf der Erde ist, soll umkommen‹, sprach Gott zu Noah, ›ich will die Flut, das Wasser, über die Erde kommen lassen, um alles Fleisch, in dem Lebensodem ist, unter dem Himmel zu vertilgen.‹«

Die Menschen versuchen, sich in letzter Minute vor den Fluten zu retten. Doch am Ende wird nur die Familie Noahs und ausgewählte Tiere überleben.

Der geniale Renaissancekünstler Michelangelo verstand es wie kein anderer, diese elementare Episode des Alten Testaments in ihrer ganzen Dramatik darzustellen. Sie ist Teil des Schöpfungszyklus, den er im Auftrag von Papst Julius II. auf das Deckengewölbe der Sixtinischen Kapelle malte. Im Hintergrund des Freskos sieht man die Arche in

Gestalt eines festungsartigen Tempels in den Fluten treiben. Einige Menschen versuchen verzweifelt, an den Holzplanken der Arche hinaufzuklettern. Andere retten sich mit ihren Habseligkeiten auf das noch vermeintlich sichere Ufer. In Todesangst klammert sich ein Mann mit aller Kraft an einen sich im Sturm biegenden Baum. In der Bildmitte droht ein Boot voller Menschen zu kentern, die mit brachialer Gewalt auf all diejenigen einschlagen, die noch an Bord wollen – eine Szene wie beim Untergang der »Titanic«. Auf der rechten Seite des Freskos hat eine kleine Gruppe einen noch trockenen Felsen erklommen, der mit einem notdürftigen Zelt versehen ist. Zwei Alte strecken einem Mann, der einen toten oder verletzten Jüngling trägt, die Hände entgegen. Die Szenen erschüttern; sie zeigen die ganze Bandbreite menschlichen Leids. In den Gesichtern der Flutopfer spiegelt sich pure Verzweiflung, Trauer, aber auch dumpfe Ergebenheit. Von den Geretteten auf der Arche ist nichts zu sehen, sie haben sich in den Rumpf des Bootes zurückgezogen. Nur eine Taube, Symbol der Hoffnung, thront auf dem Dach des Schiffes.

STAMMVATER EINER NEUEN MENSCHHEIT

Kaum ein Erzählstoff hat die Menschheit über Jahrhunderte so in Bann gezogen wie die Sintflut. Neben der Vertreibung Adams und Evas aus dem Paradies war die Sintflut die schwerste alttestamentarische Bestrafung, die Gott über die sündige Menschheit schickte. Im Gegensatz zum Sündenfall gibt es diesmal allerdings Hoffnung: Die Gerechten werden gerettet werden. Deshalb wurde die Arche in der christlichen Theologie mit der Zeit auch zum Sinnbild für die gnadenreiche Kirche.

Doch wer war dieser Noah, den die Bibel als »gerechten und untadeligen Mann« bezeichnete und mit dem Gott einen Bund schloss? Aus dem 1. Buch Mose kennen wir Noahs Vater: »Lamech war hundertzweiundachtzig Jahre alt, da zeugte er einen Sohn. Er gab ihm den Namen Noah; ›denn‹, sagte er, ›dieser wird uns Trost verschaffen in unserer Arbeit und der Mühsal unserer Hände aus dem Ackerboden, den Jahwe verflucht hat.‹« Als Sohn Lamechs war Noah zugleich ein Enkel Methusalems und direkter Nachfahre Kains, der einst seinen Bruder

Abel erschlagen hatte. In zehnter Generation also stammte Noah von Adam und Eva ab, mit deren Vertreibung aus dem Paradies das Übel der Menschheit seinen Anfang genommen hatte. Trug folglich nicht auch Noah noch den Keim der Erbsünde in sich? Ist es dann nicht ein Widerspruch in sich, dass Gott ausgerechnet mit ihm einen Bund einging, während er die anderen Menschen vernichtete?

Gott, so die Logik der Bibel, braucht einen Mann wie Noah, damit die Menschheit langfristig erlöst werden kann. Er ist Teil seines Heilsplans, der durch die Verfehlung von Adam und Eva ausgelöst wurde.

Noah baut die Arche, so wie es ihm Gott befohlen hat.

Durch sie kam die Sünde in die Welt; andere Sünder wie Kain und Abel folgten, denen wiederum Männer wie Noah oder Mose gegenüberstanden. Ein Karussell aus Schuld und Vergebung, das sich bis zum Erlöser Jesus weiterdreht. Nach Ansicht einiger Theologen wäre ohne die Erbsünde die Fleischwerdung Gottes im Menschensohn überhaupt nicht notwendig gewesen.

Hat es aber Noah, diese maßgebliche Figur des göttlichen Heilsplanes, wirklich gegeben oder entspringt seine Gestalt der blühenden

Phantasie von Schriftgelehrten oder einer dramaturgischen Notwendigkeit?

Noah, Stammvater einer neuen Menschheit, erscheint im Bibelbericht als gottergebener, alter weiser Mann von 600 Jahren, der sich in seinem langen Leben nichts hat zu Schulden kommen lassen. Darüber hinaus erfahren wir nur, dass er nach dem Ende der Flut sesshaft wurde, Wein anbaute und im stolzen Alter von 950 Jahren starb. Der Theologe Bernhard Lang ist bei der Suche nach dem historischen Vorbild des Noah zu einer interessanten Erkenntnis gelangt: »Hinter der Gestalt des Noah verbirgt sich eigentlich ein Kulturheld, ein Kulturbringer, der den Weinbau erfunden und eingeführt hat. Diese Gestalt wurde später interessanterweise in eine andere, ältere Erzählung integriert – in den Sintflut-Mythos. Man geht heute davon aus, dass der Held in einer Urform dieser Erzählung in Israel Henoch hieß. In der christlichen Tradition verschmolz der Erfinder des Weinbaus, Noah, mit dieser Figur. Den Noah, so wie wir ihn aus der biblischen Überlieferung kennen, hat es so sicher nie gegeben. Es bleibt also nur die Frage, ob sich die Sintflut in biblischer Zeit ereignet hat.«

Im Bug des Schiffes waren die Tiere untergebracht, oben Noahs familie.

DAS KEILSCHRIFT-PUZZLE

Seit Jahrhunderten forschen Wissenschaftler nach Spuren der gigantischen Überschwemmungskatastrophe. Gab es diese eine globale Flut wirklich, wie es die Bibel nahe legt? Die Christenheit war lange davon überzeugt, dass der biblische Bericht über die große Flut ein einmaliges Dokument ist. Zwar gab es Stimmen, die den Bericht für ein Lehrstück hielten, eine erfundene Geschichte, die Raum zum Moralisieren bot. Doch dass es eine weitaus ältere Flutlegende gab, die in Mesopotamien, dem Land zwischen Euphrat und Tigris, ihre Ursprünge hat, war eine sensationelle Neuigkeit und erschütterte manchen Gläubigen bis ins Mark.

An einem nebligen Londoner Herbstmorgen des Jahres 1872 kam George Smith, ein junger Angestellter des Britischen Museums in Lon-

Wo heute nur noch Ruinenhügel stehen, befand sich einst der mächtige assyrische Königspalast von Ninive.

don, der Weltsensation auf die Spur. Mit zäher Ausdauer hatte der Autodidakt in seiner kalten, fensterlosen Kammer die Scherben von Keilschrifttafeln sortiert und wie ein Puzzle in mühevoller Kleinarbeit zusammengefügt. Monatelang schon hatte er versucht, die Inschriften zu enträtseln, die mesopotamische Schreiber in Tontafeln geritzt hatten. An jenem schicksalhaften Morgen gelang es ihm im flackernden Schein einer Öllampe, die ersten Worte zu entziffern. Sie erzählten von einem Mann, der eine große Flutkatastrophe überlebt hatte. Bis ins Detail schienen die Textfragmente mit Teilen des biblischen Berichts über die Sintflut übereinzustimmen.

Britische Forscher hatten die Bruchstücke zusammen mit über 20 000 anderen Keilschrifttafeln in den Ruinen der berühmten Bibliothek von Ninive geborgen. König Assurbanipal hatte das Gebäude einst im 7. Jahrhundert v. Chr. hoch über den Ufern des Tigris in der assyrischen Hauptstadt erbauen lassen. Die Archäologen hatten seinerzeit offenkundig keinen blassen Schimmer vom wahren Wert ihres Schatzes. Nur so lässt sich erklären, dass die zerbrochenen Tafeln unbeachtet in den endlosen Regalen im Archiv des Britischen Museums in London verschwanden. Erst Jahrzehnte später brachte besagter George Smith die Tonplatten endlich zum Sprechen.

Schon mit 14 hatte der Engländer seine Leidenschaft für die Archäologie entdeckt. Er verschlang jedes Buch, das er zu diesem Thema in die Finger bekam, und Mesopotamien, das Land an Euphrat und Tigris, wurde zum Ziel seiner Träume. Längst vergangene Städte – die

Ruinen von Ninive, die Hauptstadt des assyrischen Reiches, und Nimrud, das biblische Kalach –, beflügelten seine Phantasie. Jede freie Minute verbrachte er in den Räumen des Britischen Museums, um die Überbleibsel antiker Kulturen zu studieren. Zufällig wurden die Assyriologen des Britischen Museums auf das seltene Talent des jungen Mannes, alte Schriftzeichen zu entziffern, aufmerksam und boten ihm eine Arbeitsstelle an. Ohne auch nur eine Sekunde zu zögern, sagte Smith zu und hängte seinen Job als Kupferstecher an den Nagel.

Die Keilschrifttafeln, die der Dechiffrier-Experte in der Folgezeit entzifferte, waren in Akkidisch, der Diplomatensprache des Vorderen Orients, geschrieben und offenbarten einen einzigartigen Einblick in die Geistesgeschichte des 12. vorchristlichen Jahrhunderts: babylonische Lieder, Hymnen, Königslisten und das erste große Epos der Weltgeschichte: die Legende vom sumerischen Helden Gilgamesch. Vorlage für diesen Helden soll ein sumerischer König gewesen sein, der vermutlich in der ersten Hälfte des 3. Jahrtausends v. Chr. gelebt hat.

Seine Geschichte erfahren wir aus 300 Vierzeilern, die in massige Tontafeln geritzt waren: Als König der ersten Dynastie von Uruk ließ Gilgamesch die Stadt mit einem neun Kilometer langen Mauerring umgeben. Seinem Volk erlegte er dafür schwere Frondienste auf, womit er die Götter erzürnte. Sie hetzten zunächst den Wildmenschen Enkidu auf ihn, doch schon bald verband die beiden eine tiefe Freundschaft. Da trat die Göttin Ischtar auf den Plan, die sich in Gilgamesch verliebt hatte. Unglücklicherweise war die Zuneigung nur einseitig, und als Gilgamesch die Göttin von sich wies, forderte die Gekränkte den Tod ihres Angebeteten. In dieser lebensbedrohlichen Situation erinnerte sich der Bedrängte an seinen Vorfahren Utnapischtim, der unsterblich war. So begab sich Gilgamesch auf die gefährliche Reise zu seinem Verwandten, um von ihm das Geheimnis des ewigen Lebens zu erfahren. Als er die Insel endlich erreichte, auf der Utnapischtim mit seiner ebenfalls unsterblichen Frau lebte, erzählte ihm der weise Mann, wie es ihm einst gelungen war, eine furchtbare große Flut zu überleben, die von den Göttern gesandt worden war. Genau an der Stelle aber, an der es spannend wurde, brach die Erzählung abrupt ab – die entscheidenden Textfragmente fehlten!

Diese Kolossalstatue aus dem 8. Jahrhundert v. Chr. soll den assyrischen Helden Gilgamesch abbilden.

Smith war verzweifelt. Er musste die fehlenden Tontafeln um jeden Preis finden, denn nur so konnte er beweisen, dass die biblische

Sintflutlegende nicht die älteste und einzige war. Als die britische Tageszeitung *Daily Telegraph* ihm schließlich die erforderliche Summe von 1000 Pfund für eine Expedition nach Ninive zur Verfügung stellte, machte er sich unverzüglich auf den Weg ins Land seiner Träume: Mesopotamien. Gewaltige Ruinenhügel kennzeichnen den Ort, an dem sich einst die im Jahre 612 v. Chr. von den Medern und Chaldäern zerstörte sumerische Hauptstadt befand. Smith ahnte, dass die Suche nach den Tafeln in den Trümmern der Ruinenstadt der Suche nach der Nadel im Heuhaufen gleichen würde. Doch schon am Abend des fünften Grabungstages konnte er überglücklich eine Depesche nach London senden: »Habe ein neues Fragment gefunden, in dem es um den Befehl zum Bau der Arche geht.«

Zurück im Britischen Museum in London setzte Smith die Fragmente zusammen. Stück für Stück, Zeichen für Zeichen entschlüsselte er in den folgenden zehn Jahren das sumerische Gilgamesch-Epos. Am Ende hatte er zwölf Tafeln zusammengefügt. Die Ereignisse, von denen die elfte Tafel erzählt, stimmen auf verblüffende Weise mit der biblischen Sintflutlegende überein: »Schon seit langer Zeit bestand die

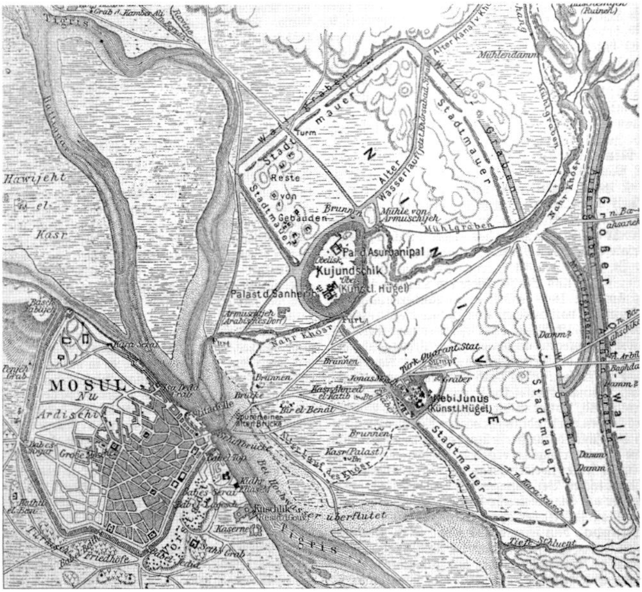

Lageplan der Ruinen von Ninive in der Nähe des heutigen Mosul.

Stadt Schurupak am Euphrat, als die Götter beschlossen, die Erde durch eine Sintflut zu überschwemmen«, heißt es im Keilschrifttext. »Ea, der Gott des Wassers, der an dem Rat der Götter teilnahm, beschloss, Utnapischtim zu warnen. Er begab sich zur Hütte aus dürren Zweigen und getrocknetem Lehm, die die Behausung der Schützlinge war, und sagte leise: ›Mauer, Mauer, höre. Mann aus Schurupak, erbaue dir ein Schiff, gib den Reichtum auf, um dein Leben zu retten; trage auf das Schiff alle Arten von Sämereien. Die Maße des Schiffes, das du dir bauen wirst, seien wohlberechnet.‹« Utnapischtim erzählt dem jungen Helden, was anschließend geschah: »Ich brachte meine ganze Familie und Verwandtschaft auf das Schiff. Die Tiere des Feldes, die kleinen Haustiere, alle Knechte brachte ich auf das Schiff. Ich betrat das Schiff und schloss die Türe. Kaum dämmerte der Morgen, als von der Grundfeste des Himmels eine schwarze Wolke aufstieg. Adad [der Wind] brüllte in ihr. Adads Wut erreichte den Himmel und verwandelte das Licht in Finsternis.«

Während außerhalb der Arche alles Leben ausgelöscht ist, warten im Innern des Kahns die von Gott Auserwählten auf das Ende der Sintflut.

Verblüffende Parallelen: Auch hier überlebt eine Familie mit einigen Tieren den Sturm, auch hier strandet die Arche auf einem Berg. Und während Utnapischtim als der zehnte in der Reihe der babylonischen Urkönige gilt, war Noah der zehnte der biblischen Urväter. Der Name »Noah« enthält noch einen weiteren Hinweis, taucht er doch bereits in altbabylonischen Schriften auf. Heute wird vermutet, dass die Geschichte des Weinbauers mit der zweiten großen semitischen Wanderungswelle um 2000 v. Chr. nach Mesopotamien und Syrien-Palästina gelangte. All diese Ähnlichkeiten ließen für George Smith nicht den geringsten Zweifel zu: Das Gilgamesch-Epos war die Vorlage des biblischen Sintflutberichts. Und da es sich offensichtlich um einen Tatsachenbericht handelte, musste sich die Naturkatastrophe im Euphrat- und Tigristal ereignet haben.

Smith erntete zu Lebzeiten nur wenig Anerkennung für seine Entdeckung. Der Engländer, der auf seiner dritten Reise nach Ninive im Alter von nur 36 Jahren an der Ruhr starb, hatte am Selbstverständnis der Kirche gekratzt, die ja den Anspruch auf den einzig wahren Sintflutbericht erhob, nämlich den biblischen. Die Erzählung vom Strafgericht Gottes konnte und durfte keine Kopie sein. Wenigstens darin waren sich die katholische und die protestantische Kirche einig. Irving Finkel, der Konservator des Britischen Museums, erklärt das Dilemma, in das Smith geraten war: »Wenn die Bibel von Gott stammt, wie soll man den Menschen erklären, dass es ältere Kopien dieser Texte gibt? Viele empfanden diese Erkenntnis als direkten Angriff auf ihre religiösen Überzeugungen. Heute wissen wir, dass die Bibel ein Werk ist, in das unterschiedliche Traditionsströme eingeflossen sind. Damals konnte man das noch nicht akzeptieren.«

KATASTROPHEN, KATASTROPHEN

Inzwischen gilt als gesichert, dass auch die elfte Tafel des Gilgamesch-Epos ihrerseits einen Vorläufer hatte – im altbabylonischen Atrachasis-Epos aus dem 18. vorchristlichen Jahrhundert. »Das Atrachasis-Epos ähnelt der biblischen Überlieferung am stärksten. Dort begegnen wir einem Menschen, Atrachasis, dessen Name ›der Weiseste‹ bedeutet. Er wird von Gott gewarnt, dass die anderen Götter die Menschheit durch eine große Flut auslöschen wollen, weil sie zu laut

und zu störend sei. Atrachasis baut sogleich eine gewaltige Arche und bringt darin verschiedene Tierpaare unter, um die Arten zu retten – also ganz so wie Noah in der Bibel. Dieser Text ist mehr als nur eine Parallele zum Alten Testament, er stimmt sogar bis ins Detail damit überein. Der einzige Unterschied ist, dass in der biblischen Legende von der großen Flut alle polytheistischen Elemente getilgt sind, und nur noch von einem Gott die Rede ist.« Lag aber nun dem Atrachasis-Epos ein Augenzeugenbericht zugrunde, wie viele glauben? Konnte nur ein Mensch, der eine solche Katastrophe auch selbst erlebt hatte, diese so zutreffend schildern? Oder war die Gefahr einer großen Flut im Zweistromland so topaktuell, dass sie immer wieder aufgegriffen und weitergeformt wurde?

Hat es wirklich diese eine gewaltige Flut gegeben? Oder verschmolzen mehrere zu einer Legende?

Sowohl die babylonische Saga als auch der Bibel-Bericht schildern übereinstimmend die geographischen und meteorologischen Begebenheiten, die zur Katastrophe führten. Utnapischtim spricht von einem Südsturm, wie er für die Gegend an Euphrat und Tigris nicht untypisch ist: »Einen Tag lang wehte der Südsturm, eilte drein zu blasen, die Berge ins Wasser zu tauchen, wie eine Schlacht zu überkommen die Menschen. Nicht einer sieht den anderen. Nicht sind die Menschen erkennbar im Himmel. ... Sechs Tage und sieben Nächte geht weiter der Wind: Die Sintflut.« Auch die Begleiterscheinungen des Sturms – Aufsteigen schwarzen Gewölks unter Tosen, eine Art Sonnenfinsternis und das Brausen des Südsturms – sind heute für Meteorologen bekannte Vorzeichen eines Wirbelsturms. Den Menschen vor vielen tausend Jahren mögen solche Naturphänomene jedoch wie die Ankündigung des Weltuntergangs erschienen sein.

Auf einer Tafel, die Smith entschlüsselt hatte, wurde der Ort »Schurupak« erwähnt, der einer Inschrift zufolge »an den Ufern des Euphrat« lag. Tatsächlich wurden Archäologen auf dem Hügel von Tell al Muqayyar im heutigen Südirak fündig: Keilschrifttafeln bezeichneten die

Assyrische Keilschrifttafeln erzählen eine jahrtausendealte Geschichte.

Stadt als das Ur der Chaldäer – der Bibel zufolge der Geburtsort des Erzvaters Abraham. Dort begann der britische Archäologe Sir Charles Leonard Wooley 1922 systematisch nach Beweisen für die Sintflut zu graben. Sumerische Tempel mit Magazinen, Fabrikationsstätten, Gerichtshöfe und Wohnhäuser aus der Zeit um 2800 v. Chr. wurden dabei freigelegt. Der prachtvollste Fund gelang aber mit der Ausgrabung des Königsfriedhofs von Ur mit seinen unvorstellbar kostbar ausgestatteten Gräbern: Goldene Trinkgefässe, Goldkämme aus Lapislazuli, Harfen und Lyren zeugen von der einstigen Pracht Babyloniens.

Sieben Jahre nach Beginn der Grabung stießen die Archäologen unter den Königsgräbern auf eine fast drei Meter dicke Lehmschicht, die Wooley als Zeugnis der Sintflut deutete. Er wusste, dass schon vor der vermeintlichen Naturkatastrophe ein altes Volk im Zweistromland gelebt hatte. Tatsächlich fanden sie in dieser tieferen Erdschicht auch Töpfe und Schalen, die aus dem 3. Jahrtausend v. Chr. stammten. Von größerem Interesse war allerdings, dass die rund zwölf Meter dicke Bodenschicht, durch die man sich nun grub, aus reinem Lehm bestand, der sich nur durch Ablagerungen im Wasser bildet. Zunächst vermutete Wooley darin als Ursache Sedimente des Euphrat, der einst dicht an Ur vorbeigeflossen war. Nach genauen Messungen musste er seine Meinung allerdings revidieren: Das Bodenniveau lag viele Meter über dem Wasserspiegel des Euphrat.

Doch der Forscher ließ sich nicht beirren und ließ weiter graben. Nach knapp drei Metern war die Lehmschicht zu Ende und eine neue Bodenschicht trat zu Tage, in der überraschenderweise Spuren menschlichen Lebens aus der Steinzeit lagerten. Für Sir Charles Leonard Wooley gab es nur eine Erklärung für die dicke Lehmschicht, die die zwei unterschiedlichen Besiedlungsschichten trennte: eine gewaltige Überschwemmungskatastrophe. Noahs Flut musste hier gewütet und alles Leben unter sich ertränkt haben. Aufgeregt telegrafierte der Archäologe nach England: »Wir haben die Sintflut gefunden!«

SPURENSUCHE IM SCHLAMM

Die Weltsensation verbreitete sich wie ein Lauffeuer und jahrzehntelang galt die Schlammschicht von Ur, die man auf 3200 v. Chr. datierte, als geologischer Beweis für die historische Glaubwürdigkeit der Bibel. Heute interpretieren Geologen die Schlammschicht längst nicht mehr als das Ergebnis einer einzigen Flut, sondern gehen von mehreren kleineren Überschwemmungen aus, wie sie alljährlich in Mesopotamien stattfanden. Durch diese »Kleinfluten« wurde fruchtbarer Schlamm über das Land verteilt. Eine nützliche Einrichtung der Natur, die viel ruhiger verlief, als in den Flutmythen beschrieben wird. Hinweise auf haushohe Sturmwellen sucht man jedenfalls vergebens. Fand die Sintflut, wie sie die Bibel beschrieben hat, also doch woanders statt, wie viele Archäologen vermuten?

Der bulgarische Ozeanologe Petko Dimitrov aus Varna jedenfalls glaubt, dass das Unheil der Sintflut im Schwarzen Meer, das einst als todbringend bezeichnet wurde, seinen Ursprung genommen hatte. Die tiefe Senke, die das Gewässer mit dem Marmara-Meer verbindet, könnte nach Dimitrovs Meinung entstanden sein, als sich gewaltige Wassermassen einen Weg bahnen mussten.

Sechzig Jahre nach Sir Wooleys Grabung begab sich der Ozeanologe mit seinem kleinen Tauchboot auf Spurensuche ins Schwarze Meer. Vor der bulgarischen Küste entnahm er mithilfe eines ferngesteuerten Roboterarms Proben vom Meeresboden und förderte dabei algenverkrustete Muschelschalen zu Tage, die aus großer Tiefe stammen mussten. Moderne Radiocarbonmessungen ergaben ein Alter von 9500 Jahren. Dimitrovs Forschertrieb war geweckt: Er ließ sein Tauchboot mit einem speziellen Bohrarm für die Entnahme von Sedimentproben ausstatten. Die Analyse der Gesteinsproben aus einer Tiefe von etwa 120 Metern ergab ein sensationelles Ergebnis: Sie enthielten Reste von Muschelschalen und Pflanzen, die einst in einem Süßwassersee gelebt hatten. Die Vermutung lag nahe, dass der See irgendwann in grauer Vorzeit von einer großen Flutwelle aus dem Mittelmeer überspült worden war. So bahnbrechend aber die Erkenntnis hinsichtlich einer Naturkatastrophe war – es fehlten die Beweise für Siedlungsplätze in der Küstenregion des Süßwassersees.

Im März 1993 wandte sich Dimitrov Hilfe suchend an die amerikanischen Geologen Walter Ryan und William Pitman. Die beiden New Yorker charterten das russische Forschungsschiff »Aquanaut«, um mit modernen High-Tech-Methoden Dimitrovs Entdeckung zu überprüfen. Dazu führten sie auch Kernbohrungen am Meeresboden durch. Vier Meter lange Gesteinsproben wurden in Stahlzylindern an Bord gehievt, vermessen, fotografiert und der Länge nach zerlegt. Die Proben belegten eindeutig die Existenz eines Süßwassersees, der sich zum Salzwassermeer gewandelt hatte.

LAND UNTER AM BOSPORUS

Ausgestattet mit einem Unterwassersonar untersuchten die Forscher nun die Bodenstruktur der Unterseewelt. Sie staunten nicht schlecht, als sie in einer Tiefe von etwa 150 Metern, vor der Straße von Kertsch, den Küstensaum eines alten Sees mit meterhohen Dünen und Unterwasserschluchten entdeckten. Dimitrov hatte Recht behalten, das Schwarze Meer war ursprünglich ein Süßwassersee, der mit Salzwasser aus dem Mittelmeer überschwemmt worden war. Die Forscher benannten den neu entdeckten See aus der Eiszeit nach dem Namen, den das Schwarze Meer bei den antiken Griechen hatte: Pontos Euxinos.

Was aber hatte zu dieser Überschwemmungskatastrophe am Bosporus geführt, die manche Forscher für die biblische Sintflut halten? Nach Erkenntnissen von Geologen und Meteorologen bahnte sich das Unheil jedoch bereits in der letzten Eiszeit vor über 120 000 Jahren an. Bis zu 3500 Meter hohe Gletscher hatten sich damals in der Arktis gebildet, wodurch die Meeresspiegel weltweit um etwa 120 Meter sanken. In der Folge verlor das Schwarze Meer den Kontakt zum Mittelmeer und wurde zum Binnengewässer. Als dann die Gletscher durch die globale Erderwärmung wieder langsam abtauten, strömten enorme Massen eiskalten Wassers in die Flüsse, die in den Binnensee mündeten. Diese Wassermassen brachten das Becken des Schwarzen Meeres nach Westen über das Marmara-Meer ins Mittelmeer zum Überlaufen. Vor etwa 8200 Jahren kam es schließlich zu einer neuen Kälteperiode, die dazu führte, dass der Euxinos-See langsam austrocknete. Vom Wasserzulauf abgeschnitten, sank der Wasserspiegel auf ein Niveau, das 150 Meter tiefer lag als das des Mittelmeers. Gleichzeitig ließen Wassermassen aus dem Norden den Mittelmeerpegel weiter ansteigen. Als das Wasser die Dammkrone aus Sandstein, die schmale Landverbindung zwischen Europa und Asien, erreichte, kam es zur Katastrophe – zum Dammbruch und zur »Flutung« des tiefer liegenden Binnensees. Fünfzig Milliarden Kubikmeter Salzwasser, das entspricht in etwa dem Inhalt des Bodensees, stürzten Tag für Tag mit der 200-fachen Wucht der Niagarafälle in den tiefer liegenden Euxinos-See hinab. Mit ungeheurer Kraft fraß sich die Flut ins Gestein hinein und riss alles mit sich. Das hereinbrechende Salzwasser verdrängte das Süßwasser so rasch, dass keine Vermischung stattfand. Der abflusslose See versalzte, alles Leben starb, während der Wasserspiegel täglich um 15 Zentimeter anstieg. Die Folgen dieser Öko-Katastrophe sind noch heute spürbar: In der tiefen Senke des Euxinos-Sees herrscht ein eklatanter Sauerstoffmangel. Ein riesiges Depot von konzentriertem Schwefelwasserstoff, einem tödlichen Gas, macht jedes Leben zunichte. Bei aufgewühlter See kann dieses Gas auch in die oberen Wasserschichten eindringen; schon einige wenige Atemzüge des Giftstoffes genügen, um einen Menschen umzubringen.

An der flachen Nordküste des Sees gingen täglich ein bis zwei Kilometer Land verloren. Archaische Tempelanlagen, Lehmhütten und Backöfen der Bewohner versanken im Wasser. Menschen und Tiere mussten vor der vorrückenden Flut in höher gelegene Gebiete entweichen. Nach einem Jahr waren etwa 100 000 Quadratkilometer Ackerland überschwemmt. Im Osten schwappten die Wellen bis zum Kaukasus. Seit dieser Katastrophe gibt es an der Südküste des Schwarzen Meeres keine Landverbindung mehr zwischen Asien und Europa.

War das die große Flut, von der die Keilschrifttexte des Gilgamesch-Epos berichten? Für Ryan und Pitman ist klar, dass die Überlebenden mit ihren traumatischen Erfahrungen nur fertig werden konnten, indem sie darüber sprachen. Im Laufe der Zeit, so die Geologen, sei aus diesen Erzählungen der Sintflut-Mythos geboren worden. Eine These, die in Fachkreisen umstritten ist, wenngleich heute kaum noch jemand die Schwarzmeerflut als solche in Frage stellt. Nur der Zeitraum wurde mittlerweile korrigiert, auf 7000 v. Chr.

DIE GROSSE FLUCHT DER FLUTOPFER

Wie müssen wir uns die Verhältnisse in der Schwarzmeerregion vorstellen, als der Damm am Bosporus brach? Im bulgarischen Drama, etwa achtzig Kilometer von der Schwarzmeerküste entfernt, legten Forscher ein vorsintflutliches Dorf frei. Dort lebten schon Menschen in rechteckigen Lehmhütten; sie hüteten Rinder, Schafe und Ziegen. Heute wissen wir, dass sich weite Teile der europäischen Bevölkerung damals in einer Umbruchphase befanden. In der südlichen Schwarzmeerregion gab es bereits Orte mit hunderten von Bewohnern. In Çatal Hüyük in Westanatolien, dessen Anfänge um 7250 v. Chr. liegen, wohnten sogar einige tausend Menschen, die von einer spezialisierten Form der Jagd lebten: Die Tiere wurden in eine Riesenfalle getrieben, die von langen Mauern umgeben war. In die Enge getrieben, konnten sie dann einfach erlegt werden. Erst diese Form der Sesshaftwerdung machte den späteren Anbau von Getreide möglich. Tatsächlich findet man in der Nähe solcher Siedlungen auf dem Gebiet der heutigen Südosttürkei und in Syrien die ältesten angebauten Sorten – Kichererbse, Gerste und Linse.

War Noah der Bibel zufolge nicht auch ein Acker- und Weinbauer? Der Wandel der Lebensform von der Jagd zum Ackerbau war für die Menschen so tiefgreifend, dass er sich auch an verschiedenen Stellen im Alten Testament niederschlug: Als Adam das Paradies, dessen Grenze der Euphrat markiert, verlassen muss, ist er gezwungen »im Schweiße seines Angesichts« Feldfrüchte zu ernten. Und im ersten Bruderzwist der Geschichte wird der nomadische Hirte Abel vom sesshaften Bauern Kain erschlagen – Reaktion auf den Widerstreit zweier Wirtschaftsformen?

Weil Gott Abels Opfer dem seines Bruders Kain vorzieht, tötet dieser in einem Anfall rasender Eifersucht den jüngeren Bruder.

Um das Jahr 7000 v. Chr. verließen die ersten Ackerbauern vom Oberlauf des Euphrat den »Fruchtbaren Halbmond«, jene Region, die sich von Ägypten über die Mittelmeerländer Palästina und Syrien bis nach Mesopotamien an den Persischen Golf erstreckte, um Richtung Norden über den Bosporus hinweg nach Europa zu ziehen. Der Grund für diese Wanderbewegung hängt für die Forscher Ryan und Pitman mit der großen Flut zusammen. Das Schwarzmeergebiet sei in der Kälteperiode vor der Naturkatastrophe zu einer Art Auffangbecken für Umweltflüchtlinge geworden: Durch Trockenheit und Kälte waren ihre Felder verkarstet, das Vieh verdurstet. In dieser Situation soll der Euxinos-See mit seinem Süßwasserreservoir und blühenden Feldern die Siedler wie ein Magnet angezogen haben. Mit der Zeit hätten sich die Neusiedler mit den Ureinwohnern vermischt und ihre kulturellen Errungenschaften ausgetauscht. Das Ergebnis sei ein ungeheuerer Innovationsschub für die Landwirtschaft, das Handwerk und den Handel gewesen. Trifft die Vermutung des Forscherduos zu, dann hätte die Wanderungswelle der Schwarzmeerbauern wirklich einen wahren Modernisierungsschub für das mesolithische Europa zur Folge gehabt. Nach Meinung des britischen Archäologen Douglas Bailey gab es nach der großen Flut tatsächlich eine regelrechte Kulturexplosion – Hüttenbau und Ackerbautechniken –, ausgelöst durch die traumatische Flucht aus der ältesten Kornkammer der Welt. Um den Kreis der Sintflutlegenden zu schließen, gehen die beiden amerikanischen Geologen bei ihrer Argumentation aber noch einen Schritt weiter: Die Bewohner der südlichen Schwarzmeerregion seien vom Ort der Katastrophe bis weit ins Landesinnere von Ägypten und Mesopotamien geflohen. Als Belege führen sie an, dass im Land der Pha-

Die Wasser des Nil bescherten Ägypten gleich zwei reiche Ernten im Jahr.

raonen plötzlich neue Nutztierrassen und Getreidesorten aufgetaucht seien und im bis dahin weitgehend unbesiedelten Mesopotamien die neue Hochkultur der Sumerer entstanden sei. Auch auf die Frage, warum es fast in jeder Kultur eine Überlieferung der Sintflutlegende gibt, haben die beiden Forscher eine Antwort parat: Die Geschichten seien mit den verschiedenen Fluchtbewegungen in die Welt getragen worden und mit dem babylonischen Gilgamesch-Epos und später dem biblischen Sintflutbericht erstmals schriftlich fixiert worden – eine mögliche Erklärung für die Parallelen der beiden Geschichten, aber keine zwingende.

VON MONDFRAUEN UND REGENBOGENSCHLANGEN

Überschwemmungskatastrophen hat es in nahezu allen Regionen zu allen Zeiten gegeben. Erd- und Seebeben konnten damals wie heute gigantische Wellen, so genannte Tsunamis, auslösen. Diese Riesenwellen entwickeln eine ungeheure Eigendynamik und können ganze Küstenabschnitte unter sich begraben. Versteinerte Muscheln, Meeresschnecken und Fische, die Forscher heute fernab der Küste im Landesinnern und sogar in Gebirgsregionen finden, lassen sich so erklären.Für die gottesfürchtigen Gelehrten des Mittelalters waren versteinerte Fische und Muscheln, wie sie in den Alpen vorkamen, Überbleibsel der großen Flut. Wie sonst sollten die Meerestiere auf die Gipfel der Alpen gekommen sein? Schließlich heißt es in der Schöpfungsgeschichte ja auch: »Immer noch mächtiger wurde das Wasser über der Erde, so dass alle hohen Berge unter dem ganzen Himmel bedeckt wurden.« Wer dies negierte, lief wie der Philosoph Giordano Bruno im Jahr 1600 Gefahr, auf dem Scheiterhaufen verbrannt zu werden. Ein Jahrhundert später dagegen konnte der französische Philosoph Voltaire (1694–1778) die urzeitlichen Erscheinungen in den Alpen ketzerisch als Gegenstände bezeichnen, die Pilger verloren hätten. Das moralische Lehrstück von der Arche Noah passte einfach nicht in das Weltbild der Aufklärung. So stritten die Gelehrten des christlichen Abendlandes noch Jahrtausende nach der vermeintlichen biblischen Katastrophe darüber, ob das dramatische Ereignis überhaupt stattgefunden habe.

Fossilien stellten die Menschen lange vor ein Rätsel: Wie kamen versteinerte Muscheln in die Alpen?

In den Mythen vieler Völker finden sich Geschichten von der alles vernichtenden Flut – so auch bei den Aborigines in Australien.

In anderen Ländern und Religionen scheinen derlei Mythen für weniger Wirbel zu sorgen. Tatsächlich finden sich diese Geschichten in fast allen Kulturkreisen der Erde. So unterschiedlich die insgesamt rund 500 Erzählungen auch sein mögen, allen liegt die Vorstellung zugrunde, dass die ersten Menschen verdorben waren und deshalb von den Göttern in einer großen Flut vernichtet wurden: Die Maya glaubten an eine große Schlange, die sintflutartigen Regen über das Volk brachte; in der indischen Mythologie war es der Stammvater Manu, der die Sintflut überlebte, im griechischen Mythos das erste Menschenpaar Deukalion und Pyrrha. Die Germanen dichteten das Edda-Lied, dessen Verse von der nahenden Katastrophe erzählen: »Himmelszeichen künden von einer großen Flut. Die Sonne verlischt. Das Land sinkt ins Meer. Vom Himmel stürzen die heiteren Sterne. Hohe Hitze steigt himmelan.« Und für die Delawaren kam die Rettung in Gestalt einer Mondfrau. Bei den Havasupai, die im Gebiet des Grand Canyon siedeln, ist der Glaube an die alles vernichtende Katastrophe bis heute lebendig. Forschern ist rätselhaft, woher die Indianer die Sintflutlegende kennen, leben sie doch inmitten einer staubtrockenen Schluchtenlandschaft, die der Colorado in Millionen Jahren in den Fels gefressen hat.

Die Suche nach Spuren der ältesten Religion, die eine Sintflutlegende kennt, führt aber aus Amerika weg auf den Fünften Kontinent, nach Australien. Nirgendwo ist der Glaube der Ureinwohner, die seit 40 000 Jahren hier leben, so gegenwärtig wie in den Felszeichnungen der Njamal, eines Stammes der Aborigines am Oberen Yule-Fluss in Nordwestaustralien. Die Zeichnungen zeigen ein von einem Speer durchbohrtes Reptil mit Pferdekopf und langem Schwanz – die »Regenbogenschlange«. Die älteste Abbildung dieses mythischen Wesens ist nach Meinung der Forscher etwa 8000 Jahre alt. Nach dem Glauben der Aborigines schläft die Regenbogenschlange im Erdinnern, von wo aus sie über all die Kräfte wacht, die den Menschen gefährlich werden können. Der Versuch des Menschen, nach diesen Kräften zu greifen, soll Unheil bringen. Die Ureinwohner verehrten dieses merkwürdige Fabelwesen, das Wasser steigen und Land überfluten lassen konnte.

Der australische Archäologe Paul Tacon sieht in der Regenbogenschlange eine große Ähnlichkeit zu einem Seepferdchen. Doch woher sollten die Aborigines dieses Meerestier gekannt haben? George Chaloupa, der Konservator der Felszeichnungen, hält einen Zusammenhang mit einem globalen Naturphänomen für wahrscheinlich: Durch den Anstieg des Meeresspiegels nach der letzten Eiszeit ging nicht nur die Landbrücke zwischen Australien und Neuguinea verloren. Starke Regenfälle hatten zu Überschwemmungen geführt und die Ureinwohner in Bedrängnis gebracht. Etwa ein Fünftel der nordaustralischen Landmasse versank damals für immer im Wasser. Es ist also durchaus denkbar, dass die australischen Felsmaler das Seepferdchen während dieser großen Flut zu Gesicht bekommen haben.

TOD AUS DEM WELTALL

Brachte das Trauma solcher verschiedenen Untergangsszenarien, wie sie in Australien und am Schwarzen Meer stattfanden, die Überlebenden dazu, ihre Erlebnisse von Generation zu Generation weiterzuerzählen, bis der Mythos von der einen großen Flut mit globalen Ausmaßen fest in der Erinnerung der Völker verankert war? Oder liegt all diesen Berichten doch eine weit entfernte kollektive Erinnerung zugrunde? Wenn ja, welche geologischen Kräfte hätten eine solche Ur-Katastrophe auslösen können?

»Um 3 Uhr früh mitteleuropäischer Zeit traf zu Beginn des Nordherbstes, an einem 23. September vor 9545 +/– wenigen Jahren bei Neumond ein gewaltiger Komet die Erde«, so die ungeheure These des österreichischen Geologen Alexander Tollmann. Den theoretischen Ablauf der Katastrophe beschreibt er bis ins kleinste Detail: Ein gewaltiger Komet von einem Kilometer Durchmesser raste mit unvorstellbarer Geschwindigkeit auf die Erde zu. Dabei zog er einen grellen von der Erde aus deutlich sichtbaren Feuerschweif hinter sich her. Bei einer Kollision mit dem Planeten Jupiter zerbrach das kosmische Projektil in sieben große Fragmente und mehrere kleine Splitter, die unaufhaltsam Kurs auf die Erde nahmen.

Das Unheil bringende Himmelsereignis fand in den Überlieferungen der Völker rund um den Erdball Widerhall. Augenzeugen berichteten von einer mächtigen gezackten Fontäne aus Feuer, und im Gilgamesch-Epos heißt es dazu: »Die Geister der Tiefe erhoben ihre Fackeln, mit ihrem grauen Glanz das Land zu entflammen.« Andere Sintflut-Mythen erzählen von Feuer speienden Drachen: »Flammen schmelzen die Sterne, sie regnen wie Metall auf die Erde.« Nur die Schöpfungsgeschichte der Bibel schweigt sich über dieses Naturereignis leider aus. Tollmann hält dennoch an seiner Theorie vom Kometen-Crash fest: Die Bruchstücke des zerborstenen Himmelskörpers seien allesamt ins Meer gestürzt und hätten eine gewaltige Explosion verursacht. Britische Forscher haben errechnet, dass durch einen derartigen Einschlag eine bis kilometerhohe Monsterwelle entstanden sein könnte, die alles Leben mit sich riss.

Am Baikalsee untersuchte der österreichische Wissenschaftler Spuren eines Meteoriteneinschlags, die seine Theorie zu stützen schienen: Im Sommer des Jahres 1908 war dort ein heller Feuerball am Himmel gesichtet worden. Die Explosion beim Aufprall war noch tausend Kilometer weit zu hören, die Feuersäule konnte man in 450 Kilometer Entfernung noch sehen. Nach fünf Stunden hatte die Druckwelle England erreicht, und überall auf der Erde hatten Seismographen das Beben registriert, das der nur hundert Meter große Kometensplitter verursacht hatte. Diese Daten legte Tollmann seinen Berechnungen über das Ausmaß der biblischen Katastrophe zugrunde.

Der Aufprall des Kometen habe zu einem sintflutartigen Regen geführt, der auch die Gebiete überschwemmte, die von der mörderischen Welle selbst nicht erfasst wurden. Nachbeben erschütterten die Erde, Vulkane spuckten Lava und durch chemische Reaktionen bildeten sich lebensbedrohliche Giftwolken am Himmel. Roter Regen aus Salpetersäure färbte Flüsse und Bäche blutrot. Ein Hitzeorkan fegte über das Land, entwurzelte die Bäume und trieb eine gewaltige Feuerwalze vor sich her. Eine Katastrophe diesen Ausmaßes musste doch irgendwo auf der Welt ihre Spuren hinterlassen haben!

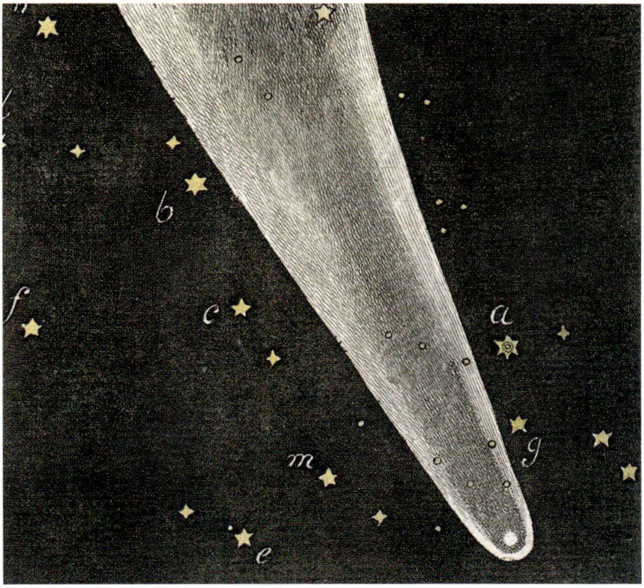

Kometen versetzten die Menschheit immer wieder in Angst und Schrecken, galten sie doch als Vorboten nahender Katastrophen.

An der felsenzerklüfteten Ostküste Australiens glaubte Tollmann endlich fündig geworden zu sein. Dort gab es jede Menge Tektiten, knopfgroße dunkle Kiesel, wie sie sich beim Einschlag von Meteoriten herausbilden. Eine Altersbestimmung aus den sechziger Jahren des 20. Jahrhunderts, der Tollmann sich anschloss, hatte das Alter der Tektite irrtümlich auf etwa 20 000 Jahre datiert und festgestellt, dass die Kiesel nicht zu den übrigen Bodenproben passten. Sie mussten also nachträglich, von »außen« kommend, dorthin gelangt sein. Spätere Analysen kamen dagegen zu einem ernüchternden Ergebnis: Bei der neuerlichen Untersuchung wurden die Tektite selbst verdampft und konnten anhand des Zerfalls von bestimmten radioaktiven Isotopen genau datiert werden. Die Tektite waren demnach bereits vor 760 000 Jahren entstanden. Sie konnten also nicht von einem Kometencrash herrühren, der die Erde angeblich vor über 9000 Jahren erschüttert hatte. Ein niederschmetternder Befund für Tollmanns Theorie, der ohnehin kaum ein anderer Wissenschaftler folgen mochte.

Insgesamt spricht vieles dafür, dass lokale Sintfluten überall auf der Welt wüteten. Das Ende der Eiszeit und der damit verbundene

Anstieg des Meeresspegels, der zu weitflächigen Überschwemmungen führte, mag ein Auslöser gewesen sein, wie die Flutkatastrophe am Bosporus gezeigt hat. In ihrer Wirkung waren die Fluten für die Betroffenen jeweils so gewaltig, dass sie unabhängig voneinander das Potenzial dazu hatten, in die Sagenwelt der Völker einzugehen.

DER REGENBOGEN-BUND

Die Sintflut fand also statt – nur nicht überall und nicht zur gleichen Zeit. Der biblische Held Noah jedenfalls schickt am Ende der Flut, ganz wie sein Gegenpart aus dem Gilgamesch-Epos, einen Vogel ins Freie, der Land anzeigen soll. Die ersten beiden Versuche verlaufen erfolglos; erst nach sieben Tagen kommt die Taube mit dem frischen Blatt eines Ölbaums im Schnabel zurück. Kurz darauf setzt die Arche auf festem Boden auf: Es ist die Spitze des Bergs

Noah will Gewissheit, ob das Wasser auch zurückgegangen ist und entsendet eine Taube.

Ararat. Da sprach Gott zu ihm: »Gehe aus der Arche, du und mit dir deine Frau, deine Söhne und die Frauen deiner Söhne. Alles Lebende von allen Wesen, die bei dir sind, Vögel und Vieh und alles Gewürm, das auf dem Boden kriecht, lass mit dir herausgehen, damit sie wimmeln auf der Erde, fruchtbar sind und sich mehren auf der Erde.«

Aus Dankbarkeit errichtet Noah einen Altar und bringt dem Herrn ein Brandopfer dar. Milde gestimmt fasst Gott folgenden Beschluss: »Ich will die Erde nicht wieder um des Menschen willen verfluchen, denn das Gedankengebilde des Menschenherzens ist böse von Jugend an. Nicht noch einmal will ich alle Lebewesen vertilgen, wie ich es getan habe.« Der Herr segnet Noah und seine Söhne und spricht zu ihnen: »Seid fruchtbar und mehret euch und erfüllet die Erde.« Zum Zeichen seines Bundes mit den Menschen und seinem Versprechen, die Erde nie wieder durch eine Sintflut zu vernichten, erschafft er den Regenbogen. Wann immer er am Himmel erscheint, sollen die Menschen der Versöhnung mit Gott gedenken – da ist er wieder, der Regenbogen, der auch in anderen Flutlegenden eine Rolle spielt.

SCHIFF AHOI

Auch wenn heute fest steht, dass es die biblische Sintflut so nicht gegeben hat, ist der Mythos von Noah und seiner Arche so übermächtig, dass noch immer viele Menschen nach dem Wrack des Schiffes suchen. Auf dem Berg Ararat soll die biblische Arche auf Grund gelaufen sein. Der 5165 Meter hohe schneebedeckte Gipfel überragt die anatolische Hochebene im Osten der Türkei, unweit der iranischen Grenze. Ein uralter Pilgerpfad führt heute noch durch unwirtliche Geröllhalden zum Gipfel, dem vermeintlichen Ankerplatz Noahs, von dem schon Marco Polo berichtete: »Ihr müsst wissen, dass in diesem Lande Armenien die Arche Noah noch auf dem Gipfel eines bestimmten hohen Berges ruht, auf dem der Schnee so lange liegen bleibt, dass keiner den Berg besteigen kann.«

Am Fuß des Ararat liegt das armenische Dorf Bayzit. Es heißt, ein kurdischer Hirtenjunge sei eines Tages in höchster Erregung den Berg heruntergelaufen und habe erzählt, er hätte den Bug der Arche Noah gesehen. Die Geschichte verbreitete sich wie ein Lauffeuer. Mehrere Expeditionen haben sich seitdem auf den Berg Ararat begeben, doch

Dem Herrn sei Dank

Nach dem Ende der Sintflut öffnet Noah die Luke der Arche, alle gehen von Bord. Außer ihm und seiner Frau haben die drei Söhne Ham, Sem und Jafet sowie deren Frauen als einzige Menschen die Flutkatastrophe überlebt. Zum Zeichen seiner tiefen Dankbarkeit errichtet der treue Diener Gottes seinem Herrn einen Altar und bringt ihm von allen reinen Tieren und allen reinen Vögeln ein Brandopfer dar. Gott schließt daraufhin einen Bund mit Noah und dessen Söhnen: Nie wieder soll es eine solche Flut geben. Dieser Bund ist der erste, den Gott mit den Menschen schließt.

Der Blick auf den schneebedeckten Gipfel des Bergs Ararat in der Türkei. Hier soll die Arche Noah gestrandet sein.

niemand brachte einen Beweis für die Existenz des biblischen Schiffes mit. 1892 hatte der Erzdiakon für Jerusalem und Babylon, Dr. Nouri, eine Entdeckungsreise zu den Quellen des Euphrat unternommen. Zurück in der Heimat, erzählte er seinen Mitmenschen begeistert von einem Schiffswrack im ewigen Eis: »Das Innere war voller Schnee. Die Außenwand zeigte eine dunkelrote Verfärbung.« Der Nächste, der die Arche gesehen haben wollte, war der russische Pilot Roskowitzkij, der im Ersten Weltkrieg auf einem Erkundungsflug den Ararat überflogen hatte. Aufgeregt habe er an die Bodenstation gemeldet: »Auf dem Südhang des Berges Ararat, in Armenien, die Reste eines merkwürdigen Schiffes gesichtet.« Angeblich habe Zar Nikolaus II. mitten im Krieg sofort einen Erkundungstrupp zum Ararat geschickt, der das Wrack vermessen und fotografiert hatte. Die Beweise, so hieß es später, seien aber in den Wirren der Oktoberrevolution verloren gegangen. Ja, selbst die Identität des Augenzeugen Roskowitzkij erwies sich später als zweifelhaft. Keiner seiner Kameraden wollte ihn gekannt haben.

Als schon niemand mehr ernsthaft damit rechnete, die Arche Noah doch noch zu finden, machte der Franzose Fernand Navarra mit einem sensationellen Fund auf sich aufmerksam. Am Morgen des 6. Juli 1955 hatte er am Gipfel des Ararat Holzstücke entdeckt, die aus dem ewigen Eis ragten. Eine erste Datierung brachte ein erstaunliches Ergebnis: Die Holzteile schienen älter als 7000 Jahre zu sein. Eine genauere Analyse brachte aber auch hier schnell Ernüchterung. Vier Jahre später wiederum fotografierten Piloten der türkischen Luftwaffe in 3000 Metern Höhe eine ovale Felsformation am Ararat, die als versteinerte Arche gedeutet wurde. Eine wissenschaftliche Untersuchung belegte zweifelsfrei, dass es sich nur um einen bootsähnlich geformten Stein handelte. Nichts deutet also bis heute darauf hin, dass hier einst ein Schiff gestrandet war.

All diese enttäuschenden Erkenntnisse halten Abenteurer und Bibelgläubige jedoch nicht davon ab, nach wie vor zum Ararat zu pilgern, um dort nach der Arche Noah zu fahnden. Es ist wohl der Traum von der wunderbaren Rettung – dem erlösenden Wunder, der die Menschen nicht ruhen lässt und sie immer wieder auf den »heiligen« Berg treibt. Wo der unerschütterliche Glaube eines gerechten Mannes über die in uns tief verankerte Angst vor den todbringenden Wasserfluten triumphierte.

HANS-CHRISTIAN HUF

Exo: xx: cap
Hoort toe Israel
I
Ghy en sult geen ander
Goden beneven my hebben
II
Ghy en sult u geen Beelde
III
Ghy en sult den Naeme
IIII
Ghedenckt des Sabbathdach
Deut: v: cap
V
VI
VII
Ghy en sult niet
VIII
IX
X
Ghy en sult niet
Somma vande gheheele

MOSE
EIN MANN MACHT GESCHICHTE

Sein Name ist untrennbar verknüpft mit dem Auszug aus Ägypten, dem zentralen Ereignis in der Geschichte des jüdischen Volkes. Ohne Mose hätte es kein Volk Israel gegeben, denn erst durch die Massenflucht der israelitischen Sklaven aus dem Land der Pharaonen und dem Marsch nach Kanaan wurde aus stammesmäßig verwandten Sippen ein eigenes Volk mit eigener Religion und eigenen Gesetzen – so lautet die vorherrschende Meinung. Der Exodus, lateinisch für »Auszug«, spielte in der Vergangenheit immer wieder eine wichtige Rolle. Zuletzt im Jahr 1947: Als Überlebende des Holocaust nach Palästina auswanderten, hieß eines ihrer Schiffe »Exodus«. Die Menschen an Bord verstanden den Auszug wie einst ihre Vorfahren in Ägypten als Aufbruch in ein neues Leben. Aber auch sie mussten erfahren, dass die Ankunft im Gelobten Land keineswegs der Beginn eines sorgenfreien Lebens war.

Mose präsentiert die Gesetzestafeln, die er von Gott erhalten hat. Sie sind Sinnbild des göttlichen Bundes mit dem Volk Israel.

WIE MOSE NACH ROM KAM

Welchen Stellenwert Mose im kollektiven Gedächtnis von Juden und Christen hat, zeigen die Wandfresken in der Sixtinischen Kapelle in Rom. Nur wenigen ist es vergönnt, sie in Ruhe, ohne die lärmenden Touristengruppen aus aller Welt, zu studieren. Doch wer früh aufsteht und einen Ausweis für die Vatikanische Bibliothek vorzuweisen hat, kann durch einen Trick die Menschenmassen umgehen. Ein Stockwerk über der Vatikanischen Bibliothek gibt es eine geheime Tür, die den schnellen Zugang zur Sixtinischen Kapelle ermöglicht. Bis sich die ersten Touristengruppen vom Eingang des Museums durch die langen Gänge gekämpft haben, vergehen rund zwanzig Minuten – wertvolle Zeit, die man für eine kontemplative Betrachtung nutzen kann.

Selbst wer noch nicht in der Sixtinischen Kapelle war, kennt Michelangelos grandiose Deckenfresken sowie seine beeindruckende Darstellung des Jüngsten Gerichts an der Rückwand der Kapelle, aus Bildbänden und von Postkarten. Weniger Beachtung finden dagegen die kunst- und kirchengeschichtlich außerordentlich interessanten Wandfresken: Die beiden Bilderzyklen zeigen die wichtigsten Momente im Leben der beiden Heilsbringer Mose und Jesus. Die berühmten italienischen Renaissance-Maler Botticelli, Perugino, Rosselli, Ghirlandaio und Signorelli waren gerade gut genug, diese Schlüsselfiguren der jüdisch-christlichen Geschichte zu malen. Mose wird dabei als Vorläufer

Nach seiner Flucht erhält Mose vor dem brennenden Dornbusch von Gott den Auftrag, das Volk Israel aus Ägypten heraus in das Gelobte Land zu führen.

Michelangelos Mose-Statue, die der Bildhauer für das Grab Papst Julius II. geschaffen hatte.

Jesu dargestellt und so auf eine Stufe mit dem Erlöser der Christenheit gehoben. Die Fresken zeigen ihn während des dramatischen Zuges seines Volkes durch das Rote Meer, jener symbolträchtigen Episode aus der Geschichte des Exodus. Man sieht wild durcheinander stürzende Ägypter, die bei der Verfolgung der Israeliten in der einsetzenden Flut ums Überleben kämpfen. Das Ende ist bekannt: Die Truppen des Pharao ertrinken jämmerlich, während sich die Israeliten trockenen Fußes auf die andere Seite des Ufers retten können. Diesem eindrucksvollen Fresko folgen weitere Abbildungen von den Prüfungen des Mose, seiner Reise nach Ägypten, der Bestrafung der Rotte Korah und der Anbetung des Goldenen Kalbs. Auch die letzten Ereignisse seines Lebens und der Raub seines Leichnams, der nicht in den Fünf Büchern Mose, sondern erst im Neuen Testament, im Buch Judas erwähnt wird, sind in bestechender Form ins Bild gesetzt.

Eine andere berühmte Darstellung des Mose kann man in der altehrwürdigen Kirche S. Pietro in Vincoli in Rom besichtigen. Mächtig thront Mose auf seinem marmornen Sockel, die zwei Tafeln mit den Zehn Geboten fest in der kraftvollen Hand. Aus seiner Stirn erwachsen ihm zwei Hörner, ein langer Bart verdeckt die muskulöse Brust. Sein Blick ist bestimmt und geht doch ins Unerreichbare, denn er hat Gott gesehen. Michelangelo hat ihn so in Stein gemeißelt. Ursprünglich für das Grabmal des Renaissancepapstes Julius II. bestimmt, gehört die Skulptur zu den beeindruckendsten Werken des Künstlers. Wie wir heute wissen, gehen die eigentümlichen Hörner, die ihn so archaisch aussehen lassen, auf einen Übersetzungsfehler zurück. In der hebräischen Fassung des Exodus steht, dass Mose mit strahlendem Gesichtsausdruck vom Berg Sinai zu seinem Volk zurückkehrte. Nun sind im Hebräischen die Worte für »Lichtstrahlen« und »Hörner« sehr ähnlich. Der Übersetzer ins Lateinische hat schlicht das falsche Wort gewählt: Aus dem strahlenden Mose wurde in der Kunst ein gehörnter.

SCHWIERIGE QUELLENLAGE

Alles Wesentliche, das wir über Mose wissen, steht in vier der Fünf Bücher Mose geschrieben. Im Griechischen »Pentateuch« genannt, künden sie nicht nur von seinen Taten, sondern sind auch die wichtigsten Schriften, aus denen das Judentum und

Joseph empfängt den geliebten Vater Jakob und einige seiner Brüder nach Jahren der Trennung.

der moderne Staat Israel seine Legitimation bezieht. Bis heute bildet die Thora, wie die Fünf Bücher Mose auf Hebräisch genannt werden, die religiöse und gesellschaftliche Grundlage des Judentums.

Doch gab es den biblischen Helden Mose, den Religions- und Identitätsstifter wirklich? Seine Geschichte, so wie sie im Buch »Exodus« erzählt wird, liest sich wie das Drehbuch zu einem großen Drama. Allein schon die Anfangsszene vor der Kulisse des Nils ist spektakulär: Verborgen hinter dem dichten Schilf des Ufers legt eine Mutter ihr drei Monate altes Kind in einen Binsenkorb und übergibt es dem Fluss und einem ungewissen Schicksal. Sie reagiert auf den grausamen Befehl des Pharaos, nach dem alle männlichen Neugeborenen der Hebräer sofort zu töten sind.

Zu diesem Zeitpunkt, so die Bibel, lebt das Volk der Hebräer schon seit 430 Jahren in Ägypten. Jakobs Lieblingssohn Joseph soll dort einst als erster Israelit sesshaft geworden sein. Nomadische Kaufleute hätten ihn auf Betreiben seiner neidischen Brüder verschleppt und an den Kämmerer des Pharaos verkauft. In Ägypten sei Joseph aufgrund seiner außergewöhnlichen Fähigkeiten in Rekordzeit vom Sklaven zum obersten Verwalter des Reiches aufgestiegen. Dank seiner Umsicht sei es ihm sogar gelungen, die Ägypter vor einer siebenjährigen Hungerskatastrophe zu bewahren, während im benachbarten Kanaan Not und Elend herrschten. Als Josephs Brüder mit der Bitte um Hilfe am königlichen Hof vorsprachen, soll dieser die Hungernden mit Getreide versorgt und später sogar bei sich aufgenommen haben. Zum Wohlgefallen des Pharao, so der biblische Chronist, siedelten die Söhne Jakobs in der Region Goschen im östlichen Nildelta.

Über 400 Jahre später, so heißt es weiter, hat sich die Lage geändert. Der neue Machthaber Ägyptens fürchtet die einstigen Zuwanderer aus dem Osten, die inzwischen zu einer bedeutsamen Bevölkerungsgruppe angewachsen sind. Er zwingt sie in die Sklaverei und lässt die Nachkommen Jakobs harte Fronarbeiten verrichten. Doch trotz der unerträglichen Lebensbedingungen steigt die Zahl der Hebräer weiter – und der Pharao verfügt kurzerhand den staatlich verordneten Kindermord. Mose aber wird vor dem Tod bewahrt: Die Tochter des Pharao hört das weinende Kind, das in seinem Binsenkorb flussabwärts treibt, und rettet den Knaben. Obgleich sie sich, wie die Bibel berichtet, über seine hebräische Herkunft im Klaren ist, adoptiert sie ihn und gibt ihm den Namen Mose.

Die Tochter des Pharao rettet den Knaben aus den Fluten des Nil.

HELDENGESCHICHTE UND GRÜNDUNGSMYTHOS

Eines Tages, der Adoptivsohn der Prinzessin ist längst erwachsen, sieht Mose, wie ein ägyptischer Aufseher einen hebräischen Sklaven fast zu Tode peitscht. In einem Anfall von Jähzorn erschlägt er den Peiniger und verscharrt den

Leichnam anschließend im Wüstensand. Als die Tat entdeckt wird, flieht Mose in ein fernes Land, das in der Bibel »Midian« genannt wird. Dort führt er zunächst ein Leben als einsamer Hirte, bis er den Priester Jetro kennen lernt, dessen Tochter Zippora er später heiratet.

Erst weitere vierzig Jahre später – Mose ist bereits achtzig Jahre – trägt sich jenes bedeutsame Ereignis zu, das ein religionsgeschichtlicher Meilenstein werden sollte: Mose sieht einen lodernden Dornbusch, der trotz der Flammen nicht verbrennt. Kurz darauf offenbart sich dem Staunenden eine Stimme als Gott seiner Väter: »Ich habe das Elend meines Volkes, das in Ägypten ist, wohl gesehen, und ihr Schreien über ihre Treiber habe ich gehört; ja, ich kenne ihre Leiden. Darum bin ich herabgestiegen, um es aus der Gewalt der Ägypter zu befreien und es aus diesem Land herauszuführen in ein schönes und geräumiges Land, in ein Land, darin Milch und Honig fließt.«

Im Auftrag Gottes soll Mose das Volk der Israeliten aus der Knechtschaft befreien. Doch der zaudert: »Wenn sie mir aber nicht glauben und nicht auf mich hören?« Auch sei er kein guter Redner und »von schwerer Zunge«. Erst, als Gott seinen Namen offenbart, JHWH, »Ich bin, der Ich-bin«, seine Größe mit einem Wunder zeigt und zusichert, dem Abgesandten wider Willen seinen redegewandten Bruder Aaron zur Seite zu stellen, ist Mose überzeugt. Gemäß Jahwes Wunsch sollen die beiden Brüder nach Ägypten zurückkehren, vor den Pharao treten und die Freiheit der israelitischen Stämme erwirken.

Szenen aus dem Leben des Mose: Die Erscheinung Gottes im brennenden Dornbusch ist zugleich Berufung des Mose und Offenbarung des Gottesnamen. Mose nimmt auf dem Berg Sinai die Gesetzestafeln entgegen. Josua, der ihn auf dem Weg dorthin ein Stück weit begleitet hat, wartet auf ihn.

Mit dieser Begegnung nimmt die dramatische Geschichte vom Auszug der Israeliten aus Ägypten ihren Lauf. Im Buch Exodus wird sie so erzählt: Den Brüdern gelingt es tatsächlich, beim ägyptischen Herrscher vorzusprechen. Mose, der weiß, dass er nicht einfach die Entlassung der israelitischen Sklaven fordern kann, versucht es mit einer List: Er bittet den Pharao, die Sklaven an einem Opferfest in der Wüste teilnehmen zu lassen. Doch der Pharao denkt nicht daran, dieser Bitte stattzugeben. Vielmehr verschärft er die Lebensbedingungen für die Hebräer ein weiteres Mal. Da befiehlt Gott dem Mose, noch einmal vor den Pharao zu treten und ihm mit schlimmen Plagen und Seuchen zu drohen, falls er sich dem göttlichen Wunsch weiterhin verweigern sollte. Als der Ägypter immer noch nicht einlenkt, schickt Gott nacheinander zehn Plagen über das Land. Über Nacht verwandelt sich das Nilwasser in Blut; Frösche, Stechmücken, Ungeziefer und eine geheimnisvolle

Si come moyses uit dieu ou buissun.
Si come moyses ala qerre les tables de la loi

Die Plagen, die Gott über Ägypten schickt, wie hier das Sterben der Tiere und die Finsternis, werden in der Kunst relativ selten dargestellt.

Seuche, die das Vieh dahinrafft, befallen Ägypten. Mensch und Tier leiden unter Beulen und Geschwüren, Hagel verwüstet die Ernte auf den Feldern. Nach jeder Katastrophe tritt Mose erneut vor den Pharao – vergebens. So sendet Gott eine verheerende Heuschreckenplage und lässt das Land für mehrere Tage in völliger Dunkelheit versinken. Die zehnte Plage schließlich ist die schrecklichste: Alle Erstgeborenen sollen nach dem Willen des Herrn erschlagen werden. Die Israeliten fordert Gott auf, ein Lamm zu schlachten und mit dem Blut die Türen ihrer Häuser zu bestreichen – ein Zeichen, welches Haus verschont werden soll. Das auserwählte Volk soll sich sieben Tage vom Fleisch des geschlachteten Lamms und von ungesäuertem Brot ernähren und sich für den nahen Aufbruch rüsten. Auf diese Vorschrift geht bis heute das wichtigste Fest des Judentums, das Passahfest, zurück.

Nach der zehnten Plage, der auch der Sohn des Pharao zum Opfer fällt, dürfen die Israeliten mit ihren Schafen und Rindern Ägypten verlassen. So ziehen »600 000 Mann zu Fuß« unter der Führung der Brüder

Mose und Aaron aus dem Nildelta in die Wüste. Gott weist ihnen tagsüber in Gestalt einer Wolkensäule und nachts als Feuersäule den Weg nach Osten. Da er weiß, dass sich die Israeliten vor Kämpfen mit den Philistern fürchten – durch deren Gebiet führt die direkte Route nach Kanaan –, lässt er sie einen Umweg über das Schilfmeer einschlagen.

SPURLOSE FLUCHT

In Ägypten hat sich das Blatt schon wieder gewendet. Der wankelmütige Pharao bereut seine Entscheidung und setzt den Flüchtenden mit seiner gewaltigen Streitmacht nach. Am Schilfmeer holt er sie schließlich ein. Als die Israeliten die Verfolger bemerken, stimmen sie in heller Aufregung und Todesangst heftige Klagen gegen Mose an: »Gab es in Ägypten keine Gräber, dass du uns fortgenommen hast, damit wir in der Wüste sterben?« Mose versucht, das Volk zu beruhigen: »Fürchtet Euch nicht und ihr werdet die Hilfe Jahwes sehen.« Zum Beweis streckt er die Hand über das Meer und teilt es, sodass die Israeliten trockenen Fußes über den Meeresboden gehen können. Über den Soldaten des Pharao stürzen kurz darauf dagegen die gewaltigen Wassermassen zusammen.

Nach diesem großartigen Sieg führt Mose das Volk weiter durch die Wüste, vorbei an zahlreichen Orten, die in der Bibel zwar akribisch aufgelistet werden, aber heute nicht mehr zu identifizieren sind. Für die Auswanderer sind die Gefahren für Leib und Leben damit aber längst nicht gebannt. Die Wüste ist karg und unwirtlich, es gibt weder Nahrung noch Wasser. Erneut machen die Fliehenden Mose schwere Vorwürfe: »Wären wir doch durch die Hand Jahwes in Ägypten gestorben, als wir vor Fleischtöpfen saßen und uns satt aßen am Brot.« Nur ein weiteres Wunder kann die aufgebrachte Menge besänftigen: Nachdem Gott erst das Wasser eines faulen Brunnens in Trinkwasser verwandelt hat, lässt er fortan jeden Morgen Manna vom Himmel regnen, abends schickt er den Hungernden Unmengen von Wachteln, die plötzlich im Wüstensand liegen, sodass sie nur zugreifen müssen. Lediglich am Sabbat gibt es weder das eine noch das andere, dafür aber am Tag zuvor die doppelte Ration von allem.

Drei Monate später erreichen sie den Berg Sinai. Während das Volk im Tal wartet, erklimmt Mose den Gipfel, auf dem Gott seinem Pro-

Wunder gibt es immer wieder

Mit Moses als Anführer verlassen die Israeliten, **»600 000 Mann zu Fuß«**, Ägypten in Richtung Wüste. Das gewaltige Heer des ägyptischen Pharao setzt ihnen mit Hunderten Streitwagen nach. Am Roten Meer kommt es schließlich zur Entscheidung: Auf Gottes Geheiß streckt Mose seine Hand über das Meer und teilt es, so dass das Volk der Israeliten trockenen Fußes hindurch gehen kann.

Als sich alle unversehrt auf der anderen Seite des Ufers eingefunden haben, streckt Mose erneut seine Hand über das Meer aus. Und tatsächlich: Die Wasser strömen zurück und stürzen über der Streitmacht des Pharao zusammen.

pheten verkündet, dass er einen Bund mit den Israeliten schließen will. Diese neue Allianz soll alle Israeliten einbeziehen, nicht nur eine einzige Sippe wie im Fall des Erzvaters Abraham. Der Bund soll mit einer ganzen Reihe von Vorschriften untermauert werden, die Mose auf zwei steinernen Tafeln übergeben werden – die Zehn Gebote. Dieser Verhaltenskodex, der »Dekalog«, bestimmte fortan das religiöse und gesellschaftliche Leben der Israeliten. »Und nicht nur das«, so der Schweizer Theologe Hans Küng, der sich sehr für die interreligiöse Ökumene einsetzt. »Das Spezifikum der hebräischen Bibel ist ja, dass diese Zehn Gebote, die Teil eines allgemeinen Menschheitsethos sind, unter die Autorität des einen Gottes gestellt werden: ›Ich bin der Gott, der dich aus Ägypten herausgeführt hat. Du sollst nicht morden, stehlen‹, und so weiter. Das ist das, was ich Urkern des Menschheitsethos nennen möchte. Übernommen wurde es vom Christentum und im Koran – also ein ganz großes Geschenk des Volkes Israel an die Menschheit.«

GESETZ UND ORDNUNG

Als Mose sich nach vierzig Tagen zum Abstieg rüstet, ist es im Tal bereits zu ersten Unruhen gekommen. Die Israeliten, so die Bibel, fühlen sich von ihrem Anführer im Stich gelassen und fordern von Aaron die Erlaubnis, wieder zu den Göttern der Vorzeit beten zu dürfen. Nach einigem Zögern gibt Aaron nach und lässt aus dem Goldschmuck des Volkes einen goldenen Stier, das klassische Götterbild der heidnischen Welt, formen. Das Gold reicht jedoch, wie der biblische Erzähler spottet, nur für ein Kalb.

Bei seiner Rückkehr ins Lager erblickt Mose wild tanzende Menschen, die dem »Goldenen Kalb« huldigen. Rasend vor Zorn zerschmettert er die beiden Tafeln mit den Zehn Geboten, lässt auf der Stelle 3000 Männer hinrichten und kehrt auf den Sinai zurück. Dort erhält er noch einmal die Gesetzestafeln, die er zum Schutz in einer mit Gold verzierten Truhe aus Akazienholz aufbewahren soll. Die Priester sollen diese Truhe, die so genannte Bundeslade, auf der weiteren Route bis ins Land Kanaan dem Zug der Israeliten vorantragen. Der Theologe Walter Dietrich beschäftigt sich seit Jahren mit dem Phänomen der Bundeslade, die seit jeher die Phantasie der Menschen beflügelt hat: »Vermutlich war die Truhe leer. Manche glauben aber auch, dass eine

Als Mose nach vierzig Tagen ins Lager zurückkommt, huldigt das Volk einem Goldenen Kalb. Außer sich vor Zorn zerschmettert er die Tafeln mit den Zehn Geboten.

Götterstatue darin aufbewahrt wurde. Letzten Endes ist weder das eine noch das andere nachweisbar – aber es ist auch nicht zu widerlegen. In ihrer Schlichtheit, Verwechselbarkeit und Vergänglichkeit ist die Lade jedenfalls ein eher rätselhaftes Symbol für die Präsenz und Allmacht Gottes. Aber zu diesem Symbol wurde sie letzten Endes weniger durch das Gold und die heiligen Zeremonien, sondern durch die Vorstellungskraft der Menschen. Wer die Bundeslade besitzt, der hat Gott bei sich und kann so auch in Kämpfen bestehen.«

Ein wichtiger Aspekt, denn bevor die Israeliten ins Gelobte Land einziehen dürfen, müssen sie – so das Selbstverständnis der wandernden israelitischen Stämme – die in Kanaan lebenden Völker besiegen. Mose schickt zwölf Kundschafter aus, die nach vierzig Tagen mit erschreckenden Nachrichten zurückkehren: Das Gelobte Land sei von starken Völkern bewohnt, die in mächtigen, befestigten Städten lebten. Außerdem gebe es dort Riesen, die Anakiter. Nur zwei der Kundschafter, Josua und Kaleb, sind zuversichtlicher. Doch ihre Berichte finden kein Gehör bei den verzagten Israeliten, die wieder einmal Mose die Schuld an ihrem Unglück geben. Schon überlegen einige, sich einen neuen Führer zu suchen und nach Ägypten zurückkehren, als Jahwe zornig eingreift. Er droht, die Generation, die er aus der Sklaverei befreit habe, werde das Gelobte Land niemals betreten. Die Unwürdigen sollten weitere vierzig Jahre durch die Wüste ziehen und zu guter Letzt dort auch sterben. Um seine Aussage zu untermauern, lässt Gott die Kundschafter, die mit ihren Berichten für Panik gesorgt haben, auf der Stelle tot umfallen. Nur Josua, den Diener Mose, und Kaleb verschont er.

Die Bundeslade mit den neuen Gesetzestafeln wird den Israeliten vorangetragen.

AUSSER KONTROLLE

Nach vierzig Jahren Wüstenwanderung spürt Mose, dass seine Zeit gekommen ist. Im Ostjordanland, in den Ebenen von Moab, in Sichtweite des verheißenen Landes, offenbart er den Israeliten den Wortlaut der göttlichen Gebote und beschwört sie, diese genau zu befolgen, denn nur dann dürften sie eines Tages in Kanaan leben. Die Gesetze sind im Fünften Buch Mose, dem so genannten Deuteronomium beschrieben. Deuteronomium heißt übersetzt »zweites Gesetz« – ein Verweis auf die Zweitausfertigung der Zehn Gebote, die Mose auf dem Sinai empfangen hat. Darüber hinaus legt Mose die Feiertage fest, warnt vor der Abgötterei und fixiert eine soziale Gesetzgebung. Anschließend bestimmt er Josua zum Befehlshaber für die Einnahme Kanaans. Dann steigt er auf den Berg Nebo im heutigen Jordanien und stirbt an dem Tag, an dem Josua den Jordan überschreitet. Nach vielen Kämpfen wird Josua schließlich das israelitische Volk ins

Die Israeliten trauern dreißig Tage lang um Mose. Niemand kennt den Ort seines Grabes.

verheißene Land Kanaan führen und dem nomadischen Leben der Israeliten ein vorläufiges Ende bereiten.

Die vierzig Jahre dauernde Wanderschaft, an deren Anfang der Auszug aus Ägypten und an deren Ende die Landnahme in Kanaan stehen, ist für den Theologen Hans Küng bis heute das entscheidende Ereignis in der jüdischen Geschichte. Der Gott, der diesen Prozess in Gang gebracht hat, ist dabei für ihn kein Gott der Willkür, der beherrschen will, sondern ein Gott, der befreit: »Und das gibt dem Volk Israel bis heute eine Identität und eine Legitimation.« Mose kommt in diesem Zusammenhang die Funktion des Ausführenden, des Gesetzgebers und Religionsstifters zu. Er ist das Bindeglied zwischen dem Volk und dem Allmächtigen, der sich zum ersten Mal allen Israeliten als universaler einziger Gott zu erkennen gibt.

REALITÄT ODER FIKTION?

Mose ist die zentrale Figur in den Erzählungen über die Identitätsfindung des israelitischen Volkes und die Begründung des Jahwe-Glaubens. Aber handelt es sich bei den Fünf Büchern Mose wirklich um Tatsachenberichte, wie uns die Bibel glauben macht? Die Forschung ist sich einig darin, dass die Erzählungen von verschiedenen Autoren aus unterschiedlichen Epochen stammen. Die älteste Quellenschrift wurde vermutlich vom »Jahwisten« in Jerusalem zwischen 1000 und 900 v. Chr. verfasst, also zur Zeit von König Salomo, auf dessen Reich sich das moderne Israel noch heute beruft. Etwas jünger, aus dem 8. Jahrhundert v. Chr., dürften die Quellentexte des »Elohisten« stammen, der die Perspektive des Nordreichs Israel mit der Hauptstadt Samaria widerspiegelt. Dabei mögen die Erfahrungen mit den siegreichen Assyrern, die das Nordreich 721 v. Chr. eroberten, mit eingeflossen sein. Das »Deuteronomium« wurde wahrscheinlich im 7. Jahrhundert v. Chr. kurz vor dem babylonischen Exil der Juden geschrieben. Die vierte Erzählung, die »Priesterschrift«, ist offenbar während des Exils, also im 6. Jahrhundert v. Chr. entstanden. Jüdische Schriftgelehrte fassten diese Quellentexte später zu den Fünf Büchern Mose zusammen und ergänzten sie noch mit eigenen Beiträgen. Seit dem 5. Jahrhundert v. Chr. schließlich liegt das Werk in seiner heutigen Form vor.

Die Tatsache, dass es sich bei den Mose-Erzählungen nicht um zeitgenössische Berichte handelt, lässt berechtigte Zweifel an der historischen Authentizität der Ereignisse aufkommen. Mose war bereits mehrere Jahrhunderte tot, als seine Geschichte aufgeschrieben wurde. Bedeutet dies aber zugleich, dass die biblischen Chronisten ihn einfach frei erfunden haben? Der Theologe Walter Dietrich glaubt an die Existenz von Mose: »Ich kann es leider nicht beweisen und es wird auch so schnell keine Inschrift geben, die das ändern wird: Andererseits ist es ein immer häufiger auftretender Irrglaube, dass nur das als bewiesen gelten kann, was nicht in der Bibel steht. Und dass alles, was in der Bibel steht, allein deswegen nicht historisch sein kann, weil es dort steht. Im Fall Mose ist es mit hoher Wahrscheinlichkeit so, dass bestimmte biblische Indizien auf einen historischen Hintergrund verweisen.«

ARCHÄOLOGEN AUF BIBLISCHEN SPUREN

Die Enträtselung der wahren Exodus-Geschichte und damit die Identifizierung des Mose zählt bis heute zu den größten und spannendsten Herausforderungen der Bibelforscher, die sich vor allem von der Archäologie neue Erkenntnisse über den Ursprung des »auserwählten Volkes« erhoffen. Die Bibel selbst gibt mit der bereits erwähnten Josephsgeschichte erste Anhaltspunkte für die Ansiedlung der Israeliten in Ägypten. Nach wissenschaftlichen Berechnungen soll sie sich um 1700 v. Chr. zugetragen haben. Archäologische Funde aus jener Zeit konnten den Hyksos zugeordnet werden, einem nomadischen Volk, das im östlichen Nildelta siedelte. Der ägyptische Historiograph Manetho beschreibt im 3. Jahrhundert v. Chr. den Stamm als aggressiven, kriegerischen Gegner, der dank einer neuartigen Waffe – Streitwagen, die von Pferden gezogen wurden – in atemberaubendem Tempo von Vorderasien bis nach Ägypten vorgedrungen war. Nach jüngsten Untersuchungen von Inschriften und weiteren archäologischen Grabungen spricht vieles dafür, dass es sich bei den Hyksos um einen westsemitischen Stamm aus Kanaan handelt. Herausgefunden hat das der Wiener Archäologe Manfred Bietak bei seinen Ausgrabungen in Tell-el-Daba. Diesen Ort im Ostdelta des Nils identifizierte er als Auaris, die alte Hauptstadt der Hyksos. Am Stil der

Keramik, Architektur und der Gräber konnte der Wissenschaftler den immer stärker werdenden Einfluss der Kanaanäer im Nildelta seit etwa 1800 v. Chr. ablesen. Bietak stellte fest, dass sich die kanaanäische Kultur in Auaris allerdings erst nach etwa 150 Jahren durchsetzen konnte. Seine Funde widerlegen damit die These vom aggressiven »Blitzkrieg« der Hyksos; sie sprechen vielmehr für eine friedliche, langsame Machtübernahme. Einer zeitgenössischen ägyptischen Quelle zufolge wurde die Herrschaft der Hyksos Mitte des 16. Jahrhunderts v. Chr. gewaltsam beendet. Pharao Ahmose stürmte mit seinen Truppen Auaris und jagte die Fremden bis nach Südkanaan, dem heutigen Gaza.

Zu diesem Bericht passt auch der archäologische Befund: Die Hauptstadt Tell-el-Daba/Auaris wurde tatsächlich Mitte des 16. Jahrhunderts v. Chr. verlassen. Was die biblische Überlieferung anbelangt, fällt die Parallele zwischen dem Schicksal der Hyksos und der Exodus-Geschichte auf: Es sind Semiten, die zunächst von Kanaan nach Ägypten einwanderten und nach mehreren Jahrhunderten wieder dorthin zurückkehrten. Allerdings: Die gewaltsame Vertreibung der Hyksos fand wesentlich früher statt als der biblische Auszug aus Ägypten. Vielleicht hat das Schicksal dieses Volkes die Geschichte des Exodus ja inspiriert.

GRENZPROBLEME

Nach den Erfahrungen mit den Hyksos registrierten die ägyptischen Machthaber misstrauisch jede Bewegung an den Grenzen im Osten des Reiches – besonders an jener zwischen dem Nildelta und Kanaan. Zur Sicherung überzogen die Pharaonen die Region mit einem engen Netz von Festungen und Kontrollpunkten, die Zuwanderer zu passieren hatten. Aufhalten konnten die Ägypter den Strom von Fremden dadurch allerdings nicht. Der fruchtbare Boden und die stabilen politischen Verhältnisse lockten jede Menge Menschen aus den Nachbarländern an. Kanaan etwa, das Gebiet, aus dem auch die Hyksos kamen, wurde in der Geschichte immer wieder von Dürren und Hungerkatastrophen heimgesucht, während das Land der Pharaonen durch das Nilwasser und ein ausgeklügeltes Bewässerungssystem relativ unabhängig von den Schwankungen der Regenperioden war. Auf antiken Karten vom alten Ägypten sieht man denn auch eine extrem fruchtbare, wasserreiche Landschaft. Der Nil verzweigte sich, statt wie heute in zwei Ströme nördlich von Kairo, in sieben Hauptarme. Die östlichste Verzweigung reichte bis in den nordwestlichen Sinai. Kanäle versorgten das gesamte Gebiet mit Süßwasser. Kein Wunder also, dass sich Nomaden und Bauern aus kargen Gegenden in Scharen dort niederließen. Dass es auch Kaufleute an den Nil zog, belegen die aus dem 19. Jahrhundert v. Chr. stammenden Grabmalereien von Beni Hassan in Mittelägypten. Sie zeigen Semiten aus dem Ostjordanland, die ihre Tiere und Waren feilbieten.

Andere Angehörige des Volksstammes konnten sich dagegen nicht so frei bewegen: Von den Truppen des Pharao aus ihrer Heimat ins Nildelta verschleppt, mussten zahllose Semiten Frondienste beim Bau der Pyramiden und der gewaltigen Königsstädte leisten. Eine Parallele zur Mose-Geschichte? Wenn ja: Welcher Pharao setzte dem auserwählten Volk so zu, dass es am Ende Ägypten den Rücken kehrte?

Im Zweiten Buch Mose finden sich wichtige Hinweise für die zeitliche und geographische Eingrenzung: »Sie setzten darum über ... (das

Die Sinai-Halbinsel in einer alten colorierten Abbildung.

Volk) Fronvögte, damit sie es durch die Fronarbeiten bedrückten. Das Volk musste Vorratsstädte für den Pharao bauen, nämlich Pithom und Ramses. Aber je mehr sie es bedrückten, desto zahlreicher wurde es, und desto mehr breitete es sich aus, so dass sie vor den Israeliten ein Grauen erfasste.« Nach langer Suche gelang es Archäologen tatsächlich, diese beiden biblischen Städte im östlichen Nildelta zu finden. Etwa 100 Kilometer südöstlich von Kairo identifizierten sie das altägyptische Per-Atum als biblisches Pithom. Schwieriger gestaltete sich die Suche nach der biblischen Stadt Ramses, die man lange Zeit in Tanis vermutete. Dann entdeckten Archäologen das altägyptische Piramesse in der Nähe des Dorfes Qantier. Nach Spuren der biblischen Geschichte suchten sie in den Ruinen zunächst zwar vergeblich, unweit der Stadt stießen sie aber auf ebenjenen Ort Tell-el-Daba, in dem die Forscher die alte Hyksosstadt Auaris erkannten. Die Umgebung wäre damit nichts anderes als das biblische Goschen, das Siedlungsgebiet der Israeliten.

Auch wenn sich die Verbindung von Piramesse und dem biblischen Ort Ramses noch nicht archäologisch verifizieren lässt, so fällt doch eines auf: Ägyptische Quellen berichten, dass Piramesse, was soviel wie »Haus des Ramses« bedeutet, von Ramses II. erbaut wurde. Der berühmte Pharao, der für seine exzessive Bautätigkeit bekannt war, regierte von 1279 bis 1213 v. Chr. Wenn er der skrupellose Herrscher war, der seine hebräischen Fronarbeiter in den Exodus trieb, müsste Mose im 13. Jahrhundert v. Chr. gelebt haben.

Aufschluss erhofften sich Archäologen von einer Inschrift auf der Grabstele des Pharao Merenptah (1224–1204 v. Chr.), dem Sohn und Nachfolger von Ramses II. Der Sensationsfund war dem britischen Archäologen Flinders Petrie schon 1896 bei Ausgrabungen in Theben gelungen. Die Inschrift, die um 1207/1220 v. Chr. datiert wird, berichtet von einem vernichtenden Feldzug Merenptahs in Kanaan, der dem Volk »Israel« so zugesetzt haben will, dass sein »Samen dahin« sei. Heute weiß man, dass es im Bergland zu jener Zeit tatsächlich erste Siedlungen gab, die sich den frühen Israeliten zuschreiben lassen. Auf der Stele findet sich auch die einzige zeitgenössische Nennung einer als »Israel« bekannten Volksgruppe in Kanaan. Daraus könnte man nun ableiten, dass die Israeliten Ägypten um 1207/20 v. Chr. bereits verlassen hatten – ein weiterer Verweis auf die Zeit Ramses II., den Zeitpunkt des Exodus und die Lebensdaten des Mose.

Schlüsselfigur Ramses

In der 5000-jährigen Geschichte Ägyptens gibt es keinen Herrscher, der mehr gebaut hat als Ramses II. Unzählige Kolossalskulpturen, Inschriften und Tempel – der Pharao ließ sich tausende Male verewigen, denn im Jenseits konnte nur bestehen, wer sich und seine Taten in möglichst großer Zahl in Stein festhielt. Sein gigantischer Totentempel in Theben, die Säulenhalle des Amun-Tempels von Karnak und die Tempelanlagen von Abu Simbel sind stumme Zeugen dieser Jenseitsvorsorge.

Ramses II. setzte sich selbst in zahlreichen Tempeln und Abbildungen ein ewiges Denkmal.

Für seine gigantischen Projekte benötigte er unzählige Zwangsarbeiter, die unter größten Anstrengungen auf Großbaustellen Millionen von Ziegeln herstellen mussten. Wie das vonstatten ging, zeigen die Malereien im Grab des Großwesirs Rechmire aus dem 15. Jahrhundert v. Chr., die der Archäologe Percy A. Newberry westlich der Königsstadt Theben entdeckte: Sklaven schöpfen Wasser aus einem Teich und befeuchten damit die Erde. Dann wird die Masse zu einem zähen Teig geknetet, mit gehäckseltem Stroh vermischt, zur Formung in Holzkästchen gegeben und in der Sonne getrocknet. Die Zustände auf den Baustellen waren hart, die Prügelstrafe an der Tagesordnung. Es gibt zwar keinen historischen Beleg dafür, dass auch hebräische Sklaven unter Ramses zu leiden hatten, aber unwahrscheinlich ist es nicht. In der Bibel heißt es dazu: »Deshalb zwangen die Ägypter die Israeliten zur Arbeit und verbitterten ihnen das Leben durch harte Fron in Lehm und Ziegeln.«

Das Ägypten zur Regierungszeit Ramses II. war eine Weltmacht, die sich im Norden bis nach Syrien und Palästina und im Süden bis in den Sudan erstreckte. Mit seinen Feinden, den Hethitern, hatte Ramses einen dauerhaften Frieden durch den ersten Nichtangriffspakt der Geschichte geschlossen und führte das Land dadurch in eine Phase der Stabilität. Der Reichtum und Wohlstand der Ägypter war zu jener Zeit unerreicht: Die Goldminen in den südlichen Provinzen und in Nubien waren schier unerschöpflich und das jährliche Hochwasser des Nils bescherte den Bauern fruchtbare Felder und bis zu zwei Ernten im Jahr. Tausende von Beamten und Schreibern verwalteten das Land, das Ramses II. zu einem gigantischen Imperium ausgebaut hatte.

Doch am Ende sollte es den Städten und Tempeln des legendären Pharao nicht anders ergehen als denen seiner Vorgänger: In kürzester Zeit

wurde das, was für die Ewigkeit gedacht war, von seinen Nachfolgern geschleift und dem Erdboden gleichgemacht. Auch von der Pracht des strahlenden Piramesse, an deren Erbauung die Israeliten möglicherweise mitgewirkt haben, sind nur klägliche Trümmer geblieben. Neuere Ausgrabungen zeichnen ein Bild von dieser Stadt, die Ramses auf dem Reißbrett hatte entwerfen lassen: Im Zentrum lag die gewaltige Palastanlage des Königs, östlich davon befanden sich die Quartiere des Militärs und westlich die herrschaftlichen Häuser der hohen Würdenträger und Prinzen. Handwerker, Händler und Beamte bewohnten jeweils ein eigenes Stadtviertel. Strategisch günstig gelegen, konnte der Herrscher von hier aus bequem Feldzüge nach Palästina oder andere Nachbarregionen starten. Hat er von Piramesse aus auch den Befehl zur Verfolgung der Israeliten gegeben? Eine Frage, die Forscher noch immer nicht eindeutig beantworten können.

In Hollywood zumindest zweifelt niemand daran. In dem Filmklassiker »Die Zehn Gebote« zieht Yul Brunner als Ramses der Große gegen Mose-Charlton-Heston den Kürzeren. Ganz so, wie es in der Bibel geschrieben steht ...

Die Wandmalerei aus dem Grab des Hofbeamten Rechmire in Luxor-Theben zeigt mit Obst beladene Sklaven – ein Verweis auf die Fruchtbarkeit Ägyptens.

EIN PSYCHIATER VERSPRICHT AUFKLÄRUNG

Sigmund Freud, der Begründer der Psychoanalyse, vertritt in seinem Werk »Der Mann Mose und die monotheistische Religion« eine erstaunliche These zur historischen Einordnung des biblischen Mose. Seine Aufmerksamkeit gilt dabei zunächst dem Namen, der im Hebräischen »Mosche« lautet und sich mit der semitischen Wurzel für »Herausholen« verbinden lässt. Im zweiten Buch Mose begründet die ägyptische Prinzessin in einem etymologischen Wortspiel die Namenswahl: »... denn ich habe ihn aus dem Wasser gezogen«. Freud hält es jedoch für höchst unwahrscheinlich, dass die ägyptische Prinzessin einen hebräischen Namen für ihren Adoptivsohn wählte. Vielmehr vermutet er, wie einige andere Wissenschaftler auch, dass sich »Mose« vom ägyptischen Wort für »gebären« ableitet. Als Bestandteil findet sich Mose etwa in den Namen Ah-mose, Thut-mose (Tothmes) und Ra-mose-su (Ramses). Nach dieser Theorie wäre der historische Mose kein Hebräer, sondern ein Ägypter, der wohl aus einer vornehmen Familie stammte und erst durch die Sage zu einem Juden gemacht wurde.

Echnaton opfert dem Gott Aton., Flachrelief um 1350 v. Chr.

Eine gewagte These, die Freud noch weiter ausführt: Er hält den späteren Anführer der Israeliten für einen »überzeugten Anhänger der neuen Religion« des monotheistischen Pharao Amenophis IV. (etwa 1391–1353 v. Chr.), der um 1375 v. Chr. die Herrschaft übernahm und als »Ketzer von Amarna« in die Geschichte einging. Amenophis IV., der erste Verfechter des Monotheismus in Ägypten, hatte mit seinen religionspolitischen Maßnahmen am Nil für Aufruhr gesorgt: Er erhob den Sonnengott Aton zum einzig wahren, universalen Gott und verbot jede kultische Verehrung der alten Tiergottheiten. Für die tiefgläubigen Ägypter muss das ein schwerer Schock gewesen sein. Mit der Schließung des großen Amun-Tempels in Karnak entmachtete Amenophis IV. die Priester und revolutionierte damit nicht nur den Glauben, sondern erschütterte das ganze Machtgefüge des Staates. In seinem sechsten Regierungsjahr legte der Pharao sogar seinen Namen ab, in dem »Amun« enthalten war, und nannte sich fortan Echnaton. Um seine Unabhängigkeit gegenüber den Amunpriestern zu demonstrieren, verließ er Theben und gründete nahe des mehrere Tagesreisen entfernten Tell-el-Armana eine neue Residenz: Achetaton, »Horizont des Aton«. Als er nach 17 Jahren Regierungszeit starb, brachten seine Feinde das Land wieder unter ihre Kontrolle und tilgten jede Erinnerung an ihn und den Sonnengott Aton. Mose habe sich, so Freud, als Anhänger Echnatons nach dem Tod des Pharao gezwungen gesehen, mit seinen israelitischen Anhängern aus Ägypten fortzuziehen.

So reizvoll die Deutung des Psychoanalytikers auch sein mag, für seine These gibt es bislang keinen historischen Beleg. Zu viele Argumente, nicht zuletzt der Unterschied zwischen dem Glauben des Mose und dem Echnatons, sprächen gegen einen direkten Bezug, erklärt der Ägyptologe und Mose-Experte Jan Assmann: »Es gibt nur einen echten Berührungspunkt zwischen Mose und Echnaton: Die Abschaffung der anderen Götter. Bei Mose geht es jedoch um eine völlig andere Form von Einheit als bei Echnaton. Der Pharao fordert eine ›kosmologisch-physikalische Form‹ von Einheit; er glaubt, dass die Sonne nicht nur das Licht, sondern auch die Zeit hervorbringt. Die Gesamtheit der Wirklichkeit kann man damit als ein Resultat des Lichts erklären. Alles, was wir sehen, alles was sich in der Zwischenzeit entwickelt, ist eine Schöpfung der Sonne. Die logische Konsequenz daraus ist, dass es nur den einen Gott, den Sonnengott, geben kann. Bei Mose wiederum geht es um die Einheit der Bindung und nicht die des Ursprungs. Die Welt kommt aus dem Einen. Und dieser Eine ist es, dem wir vertrauen, den wir lieben müssen, mit ganzer Seele, ganzer Kraft, an den wir uns in einer radikalen Ausschließlichkeit binden müssen. Also ein Monotheismus der Bindung und der Entscheidung und nicht etwa ein Monotheismus der Erkenntnis, der physikalischen Welterklärung.«

WISSENSCHAFT IM DUNKELN

Wenn man versucht, die verschiedenen Überlegungen der heutigen Mose-Forscher auf den kleinsten gemeinsamen Nenner zu bringen, dann müssten Mose und die

Israeliten das Land am Nil im Zeitraum von Echnatons Tod, also von 1353 v. Chr., bis zur ersten schriftlichen Erwähnung des Volkes Israel um das Jahr 1207/1220 v. Chr., verlassen haben. Unklar bleibt, ob der berühmte Held der Bibel ein ägyptisch erzogener Hebräer, ein Ägypter aus der Oberschicht oder ein hebräischer Beamter mit ägyptischen Namen war und welcher Pharao tatsächlich der des Exodus war.

Wer auch immer damals geherrscht haben mag, freiwillig hat er seine billigen Arbeitskräfte sicher nicht ziehen lassen. In der Bibel heißt es, die von Gott gesandten Plagen hätten den Pharao mürbe gemacht. Bei fast allen beschriebenen Geißeln handelt es sich um Naturkatastrophen, die im Land am Nil nicht ungewöhnlich waren. Bis zum Bau des Assuanstaudamms verfärbte sich der Fluss noch immer gelegentlich rot bis dunkelbraun, wenn Sinkstoffe aus äthiopischen Seen aufgeschwemmt wurden. Stechmücken, Heuschrecken und anderes Ungeziefer bedrohen immer wieder die Existenz der Bauern. Auch Hungersnöte sind in der Region denkbar. Nur der plötzliche Tod aller Neugeborenen lässt sich kaum als gewöhnliches Naturphänomen erklären – ein dramaturgischer Kunstgriff des biblischen Chronisten?

Dass davon hin und wieder Gebrauch gemacht wurde, davon ist der Theologe und Exodus-Experte Walter Dietrich überzeugt: »Dass der Auszug aus Ägypten mit einer Reihe gewaltiger Zeichen einhergeht, ist einerseits wunderbar literarisch, andererseits könnten all diese Plagen auch tatsächlich eingetreten sein. Das Gleiche gilt für die wundersame Speisung der Flüchtlinge in der Wüste. Dass aber Hunderttausende über längere Zeit auf diese Weise versorgt wurden, ist schlicht unmöglich. Vom biblischen Standpunkt betrachtet sollte es natürlich genauso sein, schließlich handelte es sich um Wunder.«

Abgesehen von der kritischen Versorgungslage bleibt die Frage, ob eine derartige Massenflucht zur Zeit Ramses II. überhaupt möglich war: »Die Israeliten brachen von Ramses nach Sukkot auf, an 600 000 Mann zu Fuß.« Rechnet man Frauen und Kinder mit ein, kommt man auf über zwei Millionen Menschen, dazu jede Menge Rinder und Schafe. Die Grenze zwischen Ägypten und Kanaan galt zu jener Zeit als die bestbewachte des Reiches und die parallel zum Mittelmeer verlaufende, gut ausgebaute Küstenstraße vom Delta über den nördlichen Sinai nach Palästina wurde von ägyptischen Truppen scharf kontrolliert. Das engmaschige Netz der Patrouillen hätten die Israeliten nie unbemerkt

Wüstenwanderung und
Einzug ins verheißene Land
Der Weg Israels ist nicht mehr
mit Sicherheit zu bestimmen.
Die gestrichelten Linien geben in
neuerer Zeit erwogene Routen an.
BASCHAN
Hule-See
See Kinneret
Jordan
KANAAN
AMMON
Nebo
Jericho
Heschbon
Mittelmeer
Gaza
Hebron
Totes Meer
MOAB
NIL-DELTA
Horma
Busiris
Avaris
(Ramses, Zoan)
Migdol
Bach Ägyptens
GOSCHEN
Wüste Zin
Sukkot
Pitom
Wüste Schur
Timsah-See
Kadesch-Barnea
Punon
ÄGYPTEN
Bitter-Seen
Araba
EDOM
Heliopolis (On)
Makhelot
Wüste Paran
Memfis (Nof)
Jotbata
Nil
HALBINSEL SINAI
Ezjon-Geber
Mara
Elim
Wüste Sin
Arabische Wüste
MIDIAN
Rotes Meer
Golf von Aqaba
Bazerot
Refi-dim
Sinai
(Horeb)
0
100 km

passieren können. Die Bibel weist zwar tatsächlich auf die Risiken hin, die mit der Benutzung der Küstenstraße verbunden waren – deshalb wählten die Israeliten wohl auch den Weg südwärts durch die menschenfeindliche Weite der Sinai-Halbinsel – nur: Warum berichtet kein einziges zeitgenössisches Dokument über die Verfolgungsjagd? Lag es tatsächlich daran, dass in der Außendarstellung der Ägypter kein Platz für Niederlagen war?

TRAMPELPFAD ZUM HEILIGEN BERG

Die Flüchtlinge, so berichtet die Bibel, ziehen zunächst von der Stadt Ramses am östlichen Deltaarm nach Sukkot, mit dem das altägyptische Tjeku im Wadi Tumilat gemeint sein könnte. Um die Ägypter zu täuschen, schickt Gott das Volk am Rand der Wüste von Etam nach Pi-Hahirot, das sich zwischen Migdol und dem Meer vor Baal-Zefon befunden haben soll. Archäologen gelang es, in Abu Hasan, 25 Kilometer nördlich von Suez, die Überreste der Festung Migdol, die die Karawanenstraße vom Süden her schützen sollte, freizulegen. In dieser Gegend muss sich demnach auch das geheimnisvolle Schilfmeer befunden haben, das Mose auf wundersame Weise teilte, um die Israeliten vor den nachrückenden Truppen des Pharao zu retten. Bei der Spurensuche stößt die Wissenschaft wieder einmal auf Übersetzungsprobleme. Das hebräische Wort »Yam suph« wird sowohl mit »Rotes Meer« als auch mit »Schilfmeer« übersetzt. Am Roten Meer wächst aber kein Schilf. Erschwert wird die Suche nach dem Schau-

Die Ägypter ertrinken jämmerlich in den reißenden Fluten des Roten Meeres.

platz des Meerwunders durch den Bau des Suezkanals im 19. Jahrhundert, durch den gleich mehrere Seen verschwanden und die Landschaft nachhaltig verändert wurde. In der Epoche Ramses des Großen führte eine Wasserstraße vom Golf von Suez bis zu den nördlichen Bitterseen hinauf. Vermutlich reichte sie sogar bis zum Timsahsee, dem so genannten Krokodilssee. Dort fanden Wissenschaftler Spuren eines Schilfmeers, das je nach Wetterlage durch mehrere Furten passierbar war. Für dieses Phänomen gibt es sogar eine naturwissenschaftliche Erklärung: Starke Winde drängten das Meer von den seichten Stellen ab. Bei einem Wetterumschwung flutete dann das Wasser zurück, die eben noch begehbaren Wege waren in kürzester Zeit überschwemmt. So könnte sich das Wunder ereignet haben.

Die Oase Wadi Feiran am Fuß des Bergs Serbal. Manche Bibelforscher halten sie für das biblische Refidim.

Nach der Durchquerung des Schilfmeers beginnt die lange Wanderschaft am Rand der Wüste entlang über karges Steppenland von Wasserstelle zu Wasserstelle. Mehr als zwanzig Kilometer am Tag wird die Gruppe mit ihren Rindern, Schafen und Ziegen wohl nicht geschafft haben. Im 4. Buch Mose, den »Numeri«, ist die Reiseroute detailliert beschrieben: zunächst in südlicher Richtung bis zur Wüste Sinai, dann in Richtung Nordosten. Schon seit 3000 v. Chr. existiert ein Trampelpfad, den Arbeiter und Sklaven benutzten, um zu den Türkis- und Kupferminen von Serabit el-Chadem in den Bergen Sinais zu gelangen. Ramses II. hatte sie einst wieder in Betrieb nehmen lassen. Auf dieser Route könnten auch Mose und die Israeliten in den Süden gelangt sein. Von Suez aus mussten siebzig Kilometer ohne Brunnen oder Quellen bewältigt werden. In der Bibel heißt es: »Drei Tage wanderten sie in der Wüste, ohne Wasser zu finden. Als sie nach Mara kamen, konnten sie das Wasser nicht trinken, weil es bitter war.«

Forscher glauben, das biblische Mara in Ain Hawara gefunden zu haben. Tatsächlich gibt es dort einen Brunnen mit salzigem, stark schwefelhaltigem Wasser. Zudem liegt Ain Hawara etwa siebzig Kilometer vom Nordzipfel des Roten Meers entfernt, was in etwa drei

Tagesmärschen entspricht. 24 Kilometer weiter südlich, im Wadi Garandel, befindet sich auch die erste Oase mit Trinkwasser. Mit ihren schattigen Palmen und zahlreichen Wasserstellen erscheint sie aus der Ferne wie eine Fata Morgana. Liegt hier das biblische Elim, die zweite Station der Israeliten?

VON DER HAND IN DEN MUND

Südlich an Elim grenzt die Wüste Sin, die in der Bibel als der Ort erwähnt wird, an dem die Unzufriedenheit der Flüchtlinge mit Mose und Aaron wieder einmal eskaliert.

Für den Erzähler des Buches Exodus ist es Gott der Allmächtige, der erneut durch ein Wunder für rasche Abhilfe beim Versorgungsengpass sorgt: »Und wirklich, am Abend kam ein Wachtelschwarm heran und bedeckte das Lager. Am Morgen aber war tauender Nebel rings um das Lager. Als der tauende Nebel aufstieg, da lag auf dem Boden der Wüste etwas Feines, Körnerartiges, fein wie Reif auf der Erde. Die Israeliten sahen es und sagten zueinander: ›Was ist das?‹ Denn sie wussten nicht, was es war. Da sprach Mose zu ihnen: ›Das ist das Brot, das Jahwe euch zu essen gibt.‹«

Die beiden wundersamen Erscheinungen haben ganz natürliche Ursachen. Seit Menschengedenken ziehen Zugvögel, von Afrika kommend, über das Rote Meer. Haben sie die Sinaiküste erreicht, lassen sie sich nieder, um für den Weiterflug über das Mittelmeer neue Kräfte zu sammeln. Die erschöpften Vögel können mitunter sogar mit der Hand gefangen werden. Was das göttliche Manna anbelangt, so hat es die biblische Beschreibung des Himmelbrots den Wissenschaftlern recht leicht gemacht: »Es war weiß wie Koriandersamen und schmeckte wie Honigkuchen.« Der deutsche Botaniker Christian Gottfried Ehrenberg hatte schon 1823 herausgefunden, dass es sich beim Manna um nichts anderes als das weiße, harzartige Sekret einer im Sinai heimischen Schildlausart handelt, die bevorzugt auf Tamariskenbäumen lebt. War er für diese Erkenntnis von seinen Zeitgenossen noch belächelt worden, bestätigte eine Expedition unter der Leitung von F. S. Bodenheimer im Jahr 1927 seine Beobachtung. Die erste Fotografie des Himmelsbrotes zeigt weiße Kügelchen in den Zweigen eines Tamariskenbaums. Bodenheimer ließ es sich nicht nehmen, selbst davon zu kosten. Er

Die Israeliten sehen voll Staunen Manna vom Himmel fallen und sammeln es in Weidenkörben.

fühlte sich an kristallisierten Honig erinnert – Honigkuchen nannten es die Autoren der Bibel.

Bodenheimer fand bei seiner Expedition noch weitere Übereinstimmungen mit dem Exodus-Bericht: »So lasen sie es Morgen für Morgen auf, jeder nach seinem Bedarf. Sobald aber die Sonne zu glühen begann, zerschmolz es.« Der Wissenschaftler hatte auch dafür eine einfache Erklärung: Sobald die Temperatur in der Wüste über 21 Grad Celsius stieg, krochen Scharen von hungrigen Ameisen aus ihren Löchern, um sich das süße Manna zu holen. Für die Beduinen des Sinai ist das harzartige Sekret noch heute eine wertvolle Ergänzung ihrer eher eintönigen Nahrung. Sie müssen früh aufstehen, um den gierigen Ameisen zuvorzukommen. Je nach Niederschlagsmenge sammeln die Beduinen bis zu anderthalb Kilo pro Kopf. Daraus kneten sie dann einen Teig, der sich, luftdicht verpackt, längere Zeit hält. »Und Mose befahl Aaron: ›Nimm einen Krug, tue einen Omer Manna hinein und

In der linken Bildhälfte dieser Illustration schlägt Mose mit einem Stock auf einen Felsen, aus dem sogleich eine Quelle sprudelt.

stelle ihn vor Jahwe, damit es für die künftigen Geschlechter aufbewahrt werde.‹« Lässt man die weißen Harzkügelchen jedoch auf dem Boden liegen, verfärben sie sich und werden ungenießbar. Vermutlich sollten die Israeliten deshalb jeden Morgen nur eine Tagesration davon nehmen. »Sie hörten jedoch nicht auf Mose, sondern einige hoben etwas bis zum anderen Morgen auf. Es war aber voll Würmer und stank. Da wurde Mose zornig auf sie.«

Auf den ersten Blick kurios mutet auch die biblische Wassersuche an. Mose soll mit seinem Holzstock auf einen Felsen geschlagen haben, der sofort Quellwasser hervorsprudeln ließ. Aber auch hierfür kann man naturwissenschaftliche Ursachen anführen. So gibt es im Sinai Nomaden, die mit Stöcken auf Felsen schlagen, um verborgene Wasseradern ausfindig zu machen. Eine zugegebenermaßen seltene Gabe, die schon der britische Gouverneur C. S. Jarvis in den dreißiger Jahren beobachtet hat. In einem seiner Berichte heißt es: »Einige Männer des Sinai Kamel-Corps waren in einen trockenen Wadi geritten, um im Sand am Fuß eines Felsens zu graben. Sie waren schon eine Weile damit beschäftigt, als Besh Shawish, der farbige Seargent meinte: ›Lasst mich mal‹. Er nahm die Schaufel ... und begann wie wild loszugraben. ... Einer seiner heftigen Stöße traf dabei den Felsen. Die Oberfläche des verwitterten Kalksteins brach auf und fiel herab. Der darunter liegende weiche Stein wurde freigelegt und aus seinen Öffnungen schoss ein kraftvoller Wasserstrahl. Der Sudanese, der mit den Geschichten der

Propheten offenbar gut vertraut war, aber seinem Vorgesetzten offensichtlich nur wenig Respekt zollte, überschüttete den Sergeant mit Spott: ›Schaut ihn an: Der Prophet Mose.‹«

DIE BOTSCHAFT VOM BERGE

Die Landschaft des Sinai, durch die Mose und sein Volk einst gewandert sein soll, hat sich im Lauf der Jahrhunderte kaum verändert: Strahlend gelbe Sanddünen, so weit das Auge reicht, hier und da spärlicher Kameldorn. Je weiter man nach Süden gelangt, umso deutlicher zeichnen sich die Konturen eines großartigen Bergmassivs ab, das die Wüste von Norden und Süden einrahmt. Ein grandioser Anblick: Die gesamte Farbpalette der Natur strahlt von den Hängen und Schluchten herab. Felsen aus rötlichem Granit stehen neben bernsteinfarbenen und schwefelroten Wänden, die, von dunkelgrünen und blaugrauen Mineralienflözen durchzogen, steil in den blauen Himmel ragen. Die Oberfläche des Gesteins ist so verkrustet, dass der wenige Regen nicht versickert, sondern sich in natürlichen Zisternen sammelt. Bis heute tränken Beduinen auf diese Weise ihre Herden.

In der unwirtlichen kargen Landschaft gibt es nur wenige Bergoasen, die sich für den längeren Aufenthalt einer größeren Gruppe eignen. Der Wadi Feiran, die Perle des Sinai, ist eine solche Stelle. Umgeben von diesem gewaltigen vielfarbigen Felsmassiv wirkt sie mit ihren Schatten spendenden Palmen wie ein idealer Zufluchtsort. Auch für Mose und sein Gefolge? Der britische Archäologe Flinders Petrie, der sich 1905 im Rahmen einer Sinai-Expedition mit über dreißig Wissenschaftlern auf Spurensuche begab, hielt Feiran für das biblische Refidim und die Amalekiter, die die Flüchtlinge bedrängten, für Nomaden, die ihre kostbare Oase vor den Eindringlingen verteidigen wollten. Einen überzeugenden Beweis blieb Petrie aber schuldig.

In der Erinnerung der Gläubigen jedenfalls erhielt dieser Ort einen festen Platz: Schon in frühchristlicher Zeit ließen sich in der Oase

Blick auf die kargen Berge des Sinai.

zahlreiche Mönche und Einsiedler nieder und bauten eine Kirche. Nur vierzig Kilometer weiter südlich, am Fuß des 2285 Meter hohen Gebel Musa, dem so genannten Moseberg, errichteten sie eine Kapelle, und zwar genau an der Stelle, an der Mose der Überlieferung nach den brennenden Dornbusch sah. Neben dieser Kapelle ließ die achtzigjährige Mutter Kaiser Konstantins, die heilige Helena, 327 n. Chr. einen Zufluchtsturm für die Siedler errichten, die immer wieder Übergriffen durch die einheimischen Nomaden ausgesetzt waren. 200 Jahre später, 527 n. Chr., erweiterte der oströmische Kaiser Justinian die Anlage um einen starken Festungswall.

Im Mittelalter wurde das St.-Katharinen-Kloster dann zu einem wichtigen Wallfahrtsort für Pilger. Es muss ein erhebendes Gefühl gewesen sein, nach langer entbehrungsreicher Wanderschaft endlich am Berg des Mose angekommen zu sein. Das atemberaubende Panorama, gewaltige Felsmassen aus Granit, Porphyr und Syenit, die sich hinter dem Kloster zu einer eindrucksvollen Kulisse auftürmen, die wertvolle Ikonen- und Handschriftensammlung, der mythische Ort ...

Das Katharinenkloster, einst einer der wichtigsten Wallfahrtsorte für Pilger im Heiligen Land.

Nur: Welcher Berg ist denn nun der, auf dem der Anführer der Israeliten den heiligen Bund mit Gott schloss? Die meisten Gläubigen halten den von Kaiserin Helena ausersehenen 2285 Meter hohen Gebel Musa für den heiligen Berg. Manche Forscher fragen aber berechtigterweise, warum Mose nicht gleich auf den um 350 Meter höheren, unmittelbar benachbarten Gebel Katharina gestiegen sei, wo er Gott noch näher gewesen wäre. Als dritte Möglichkeit gesellt sich noch der 2070 Meter hohe Gebel Serbal hinzu, der sich über der Oase Feiran erhebt. In der Oase hätten die Israeliten sicher »bequemer« auf die Rückkehr von Mose warten können als im kargen Bergland des Gebel Musa oder Gebel Katharina.

Ein einziger Gott?

Auf einem dieser Gipfel also soll Mose den heiligen Bund mit Gott geschlossen haben – der wichtigste Augenblick in der gesamten Exodus-Erzählung und zugleich der jüdischen Religion. Mit dem Bündnisschluss adelt Gott das auserwählte Volk Israel. Der einigende Gedanke, der Glaube an den einen Gott, der in den Zehn Geboten zum Ausdruck kommt, unterscheidet die jüdische von den anderen zumindest ansatzweise monotheistischen Religionen der Zeit, von Echnaton mit seiner Konzentration auf den Sonnengott Aton oder von den Mesopotamiern mit ihrem allumfassenden Kriegsgott.

Die neuesten Erkenntnisse der Forschung belegen aber, dass es mit dem jüdischen Glauben an den einen Gott nicht immer so weit her war, wie die Heilige Schrift vermuten lässt. Noch bis ins 6. Jahrhundert v. Chr. war im alten Israel der Polytheismus weit verbreitet. Jahwe war ein altorientalischer Volksgott neben vielen, dem man auf manchen Inschriften sogar eine »Gattin« namens Aschera zuschreibt. Die Hinwendung zum Monotheismus war ein Jahrhunderte währender Prozess. Vor diesem Hintergrund erhält auch der Tanz um das Goldene Kalb eine andere Dimension. Wählten die Israeliten das Kalb in Anlehnung an den in Ägypten als Gott verehrten Apis-Stier? Oder hat der biblische Chronist das Kalb nur als Metapher für den Hang der Israeliten zum Polytheismus verwendet? Für den Theologen Walter Dietrich versinnbildlicht der Tanz um das Goldene Kalb »die Versuchung Israels, sich von diesem einen Gott wieder abzuwenden, zurück zur weiten Welt des Götzendienstes. Das Tier ist ja auch noch golden und übt dadurch einen besonders großen Reiz aus; für den Leser der Bibel soll dadurch die Gefahr, die von einer ›falschen‹ Religion ausgeht, deutlich werden.« ¶

Mose weist entsetzt auf das Goldene Kalb, das aus eingeschmolzenem Schmuck geformt wurde.

VERWIRRUNG IN DER WÜSTE

Nach einem einjährigen Aufenthalt im Sinai sollen die Israeliten in nördlicher Richtung am Westufer des Golfs von Akaba entlang zur Wüste Paran gezogen sein. Von dort ging es weiter »in die Wüste Zin, und das Volk ließ sich in Kadesch nieder«. Die meisten Wissenschaftler halten die wasserreichen Oasen von En-el Quedeis und En-el Quedeirat im Nordosten der Sinaihalbinsel für das biblische Kadesch-Barnea. Hier, in einer ungewöhnlich üppig bewachsenen Gegend des rauen Negev, sollen die Israeliten 38 Jahre, also fast die gesamte Zeit der Wanderschaft, gelebt haben. Und dennoch haben Archäologen vergeblich nach Überresten der einstigen Siedler gegraben. Keine einzige Tonscherbe aus der Spätbronzezeit konnten sie, trotz modernster Technik, zu Tage fördern. Nachdem auch Untersuchungen an einem zweiten als sicher identifiziert geltenden Lagerplatz in Ezjon-Geber erfolglos verlaufen waren, stehen die Forscher wieder vor einem Rätsel.

Die Bibel selbst stiftet Verwirrung – die Chronisten benennen zwei unterschiedliche Wege, auf denen Mose die Israeliten ins Gelobte Land geleitet haben soll. Der eine führt von der Stadt Ramses über die gefährliche Hauptstraße an der Mittelmeerküste entlang, die Ägypten und Palästina verband. Der andere verläuft durch den südlichen Sinai. Da es kaum vorstellbar ist, dass Mose die Flüchtlinge in zwei Gruppen teilte, muss es einen anderen Grund für die Diskrepanzen geben. Der Historiker Herbert Donner meint dazu: »Eine auch nur einigermaßen vernünftige und verständliche Route ist nicht zu rekonstruieren. Diese Wüstenwanderung ist das Ergebnis eines komplizierten überlieferungsgeschichtlichen und vor allem literarischen Prozesses. Historisch ist damit so gut wie gar nichts anzufangen.«

Was bleibt also übrig vom biblischen Exodus? Ist die Erzählung doch nur der lebhaften Phantasie späterer Chronisten entsprungen? Die israelischen Archäologen Israel Finkelstein und Neil A. Silberman gingen dieser Frage nach und gelangten zu erstaunlichen Erkenntnissen: Einige der im Buch Exodus beschriebenen Orte waren schon vor der Zeit Mose bekannt, andere wurden erst später gegründet. Ausgerechnet zum Zeitpunkt des Auszugs aus Ägypten waren die meisten dieser Schauplätze aber menschenleer. Die glaubwürdigsten geographischen Einzelheiten des Exodus wiederum wurden aus der Perspektive des 6. Jahrhunderts v. Chr. geschrieben. Es scheint also so, als hätten die Chronisten bedeutende Orte und Städte dieser Epoche eins zu eins in ihre Erzählung übernommen, die sich in einer mehr als 600 Jahre weiter zurückliegenden Phase der Geschichte zugetragen haben soll.

VISION EINES EIGENEN LANDES

Am Ende seiner langen Wanderung, wo immer sie exakt verlief, war es dem Anführer der Israeliten nicht mehr vergönnt, selbst ins Heilige Land einzuziehen. Sein Auftrag war erfüllt, sein Nachfolger Josua schon bestellt, doch von der Ferne, vom Berg Nebo in Moab, so heißt es in der Bibel, durfte Mose noch nach Kanaan schauen. Und Jahwe sprach zu ihm: »Das ist das Land, welches ich Abraham, Isaak und Jakob mit den Worten zugeschworen habe: Deinen Nachkommen will ich es geben!«

27 Kilometer südlich von Amman, der Hauptstadt Jordaniens, liegt der heilige Berg, ein rund 600 Meter über dem Meeresspiegel liegendes

Josua lässt fünf Amoriterkönige hängen.

Plateau. Im 6. Jahrhundert wurde hier eine Kirche mit einem Kloster errichtet, deren Ruinen teilweise noch erhalten sind. Von dort oben hat man einen herrlich weiten Blick auf das glitzernde Salzmeer, die braunweißen Kalkberge Judäas, das Hochland von Samaria, Galiläa und die Jordansenke. Vor den aufsteigenden Westjordanbergen kann man sogar die Oase Jericho erkennen. Das Gelobte Land vor Augen verstarb Mose und wurde der Bibel nach von seinem Herrn ins Tal getragen. Ein Grab wurde bis heute allerdings nicht gefunden.

Nun sprach Gott zu Josua: »Mose, mein Knecht, ist tot. Nun auf und zieh über den Jordan, du und dieses ganze Volk, in das Land, das ich den Israeliten gebe. ... Von der Wüste und dem Libanon bis zum großen Strom, dem Euphrat, und bis zum Großen Meer gegen Sonnenuntergang.« Was nun folgte, war die gewaltsame Eroberung des Landes im Kampf gegen die militärisch überlegenen Kanaanäer.

Wie schon bei den Geschichten vom Auszug aus Ägypten stießen die israelischen Archäologen Finkelstein und Silberman auch bei der biblischen Beschreibung der Landnahme von Kanaan auf eine Reihe von Unstimmigkeiten. Jüngere Ausgrabungen haben eindeutig bewiesen, dass es damals keineswegs die großen befestigten Städte gab, wie es die Bibel nahe legt, sondern lediglich befestigte Verwaltungssitze für die Führungsschicht. Die Mehrheit der Bevölkerung lebte verstreut auf dem Land, fern jeglicher Schutzmauern, die man erstürmen musste. Das Land, in dem seit der Vertreibung der Hyksos die Pharaonen das Sagen hatten, war durch hohe Tributzahlungen geschwächt. Immer mehr Siedlungen wurden aufgegeben, und am Ende waren in Kanaan wohl kaum mehr als hunderttausend Menschen sesshaft.

Natürlich gab es immer wieder kriegerische Auseinandersetzungen in der Region, aber was die archäologischen Befunde in Kanaan betrifft, so weist vieles auf einen allmählichen Niedergang hin. Die Städte, die Josua erobert haben will, sind jedenfalls nicht infolge einer einzigen Schlacht zerstört worden, sondern eher im Verlauf von über hundert Jahren. Jericho fällt dabei nur insofern aus dem Rahmen heraus, als dass es zur Zeit der angeblichen Eroberung überhaupt nicht besiedelt war. »Was in Wirklichkeit eine chaotische Serie von Aufruhren war, verursacht durch viele verschiedene Faktoren und ausgeführt von vielen unterschiedlichen Gruppen, wurde viele hundert Jahre später zu dieser glänzend gesponnenen Sage einer Gebietsnahme mit Gottes Segen und unter seinem direkten Befehl«, so die Archäologen Israel Finkelstein und Neil A. Silberman.

DIE MACHT DER ERINNERUNG

Tatsächlich schrieb der Chronist die Geschichte von der Landnahme Kanaans nach Meinung Finkelsteins erst im 7. Jahrhundert v. Chr. aus »gesamtisraelitischer« Sicht auf – eine ähnliche Situation wie bei der Erzählung vom Auszug aus Ägypten. Der Exodus ist ja kein zeitgenössischer Tatsachenbericht, sondern wurde in Erinnerung an ein großartiges Ereignis der Vorzeit von mehreren Chronisten verfasst. Zwischen der schriftlichen Niederlegung und der beschriebenen Epoche liegen mehr als 500 Jahre – Zeit genug, um die mündlichen Überlieferungen mit eigenen Ausschmückungen zu versehen. So mögen sich auch einige Diskrepanzen erklären, andere Knackpunkte wiederum waren für die Bibelautoren schlicht unwichtig. Denn sie haben die Mose-Geschichte nicht historisch, sondern heilsgeschichtlich verstanden: Durch den heiligen Bund mit Gott wird Mose Sinnstifter einer neuen Religion. Ohne ihn hätte es kein Volk Israel gegeben, ohne den Exodus keine Identität als auserwähltes Volk und kein Gelobtes Land.

Für uns scheint die Person des Mose allerdings unerreichbarer denn je. Der Ägyptologe Jan Assmann hält es durchaus für möglich, dass Mose nur eine Figur der mythischen Erinnerung ist: »Ich will gar nicht bestreiten, dass es mal jemanden gab, der möglicherweise so hieß oder eine ähnliche Rolle spielte. Auf keinen Fall kann es jemanden gegeben haben, der all das verkörperte, was die Bibel auf die Figur Mose projiziert. Das ist unmöglich. Für mich ist Mose eine Erinnerungsfigur – eine Figur, die losgelöst von ihrer historischen Existenz zum Kristallisationspunkt eines ganz bestimmten Überlieferungskomplexes wurde.« Das einzig Unbestreitbare an Mose ist, dass seine Strahlkraft weitaus größer ist als die biblischen Chronisten ahnen konnten: Denn mit den Zehn Geboten führte Mose den ethischen Konsens der gesamten zivilisierten Welt herbei.

HANS-CHRISTIAN HUF

DAVID
DIE VERWEHTEN SPUREN EINES KÖNIGS

Am 16. August 1501 schloss der damals dreißigjährige Bildhauer Michelangelo Buonarroti einen Vertrag mit dem Rat der Stadt Florenz – und ließ sich damit auf ein gewagtes Abenteuer ein. Seit vielen Jahren stand ein Tonnen schwerer, über vier Meter hoher Marmorblock in der Stadt, unter enormen Kosten aus dem berühmten Steinbruch von Carrara herangeschleppt. Eine monumentale Skulptur des biblischen Königs David sollte aus dem gewaltigen Brocken entstehen. Ein anderer Künstler, der ursprünglich mit dieser schwierigen Aufgabe betraut worden war, hatte auf halbem Wege aufgegeben. Jetzt also sollte Michelangelo retten, was noch zu retten war. Nach fast drei Jahren ist das Werk endlich vollbracht. Und was für eines! Was der Bildhauer geschaffen hat, machte nicht nur seine Zeitgenossen sprachlos vor Bewunderung; bis heute gilt Michelangelos David als eines der bedeutendsten Kunstwerke der Menschheit. Und nicht nur das: Mit seinem Geniestreich hat der Renaissancekünstler etwas hinterlassen, das noch 500 Jahre später gefeiert wird – einen zeitlosen Maßstab männlicher Schönheit. Eine ästhetische Norm, die in Werbeclips so gegenwärtig ist wie in Fitnessstudios, wo junge Männer mit schweißtreibender Verbissenheit an Muskeldefinitionen arbeiten.

Der berühmteste Zweikampf der Weltgeschichte: Davids Sieg über den Riesen Goliat.

Der schöne Held: Michelangelos David, das Maß aller Dinge in der Bildhauerei.

Aber warum David? Was inspirierte einen Künstler des 16. Jahrhunderts, ausgerechnet diesen biblischen König zum Inbegriff eines schönen Helden zu stilisieren? Der Grund dafür ist eine der berühmtesten Geschichten aus dem Buch der Bücher: Davids Kampf mit dem Riesen Goliat. Eine Erzählung, die an Dramatik kaum zu überbieten ist: Im Bergland Judäas belauern sich seit Tagen zwei Heere. Die Israeliten stehen mächtigen Feinden gegenüber, die in der Bibel »Philister« heißen. Beide Parteien misstrauen ihrem Kriegsglück und zögern die Schlacht hinaus, bis aus den Reihen der Philister ein hünenhafter Krieger hervortritt und die Israeliten als Schwächlinge verhöhnt. Dann macht er ihnen ein Angebot: Ein Zweikampf solle den Krieg entscheiden. Aber selbst nach vierzig Tagen hat sich noch kein Krieger gefunden, der dem »Riesen« im Kampf Mann gegen Mann entgegentreten will.

In dieser prekären Situation trifft ein Hirtenjunge im israelitischen Heerlager ein, um Essen für seine Brüder zu bringen. Der Junge, gerade erst dem Kindesalter entwachsen, hört von der demütigenden Lage, bittet um eine Audienz beim König und erklärt dem verblüfften Herrscher, dass er die Herausforderung Goliats annehmen wolle. Der kecke Knirps amüsiert den König und seine Generäle. Was will dieser Hänfling schon gegen den Hünen ausrichten? Doch David bleibt hartnäckig und der König hat schließlich keine andere Wahl. In seiner Hirtenkleidung – die schweren Rüstungen der Krieger sind ihm zu groß – will der Knabe dem Philister gegenüber treten. Seine einzige Waffe: eine aus Bast geflochtene Schleuder, die er mit tödlicher Präzision einzusetzen versteht. Als Goliat mit seinen eisernen Waffen auf den ungleichen Gegner losstürmt, schleudert ihm David einen Stein ins Gesicht und streckt den Furcht einflößenden Krieger zu Boden. Dann nimmt er das Schwert des Wehrlosen und schlägt ihm damit den Kopf ab. Davids Kampf gegen Goliat ist das wohl berühmteste Duell der Weltgeschichte und bis heute eine Metapher geblieben für eine Auseinandersetzung zweier ungleicher Gegner.

Auch die weitere Biographie Davids, wie die Bibel sie schildert, ist reich an dramatischen Ereignissen. Der Sieg über den Philister verschafft dem Jungen aus armen Verhältnissen zunächst einen Platz in der Nähe des Königs, den er vor allem mit seiner Stimme verzückt. Saul, so erzählt die Bibel, ist »von einem bösen Geist Gottes besessen«. Heutzutage würde man diesen Zustand wahrscheinlich als manisch-

David nimmt nur mit einer Steinschleuder bewaffnet, den Kampf gegen Goliat auf. Nach dem Sieg bringt er Saul den Kopf seines Gegners.

depressiv bezeichnen. Der Gesang Davids besitzt die Kraft, die dunklen Stimmungen des Königs aufzuhellen. Doch bald bemerkt Saul, dass der anmutige und charismatische junge Mann zu einem ernst zu nehmenden Konkurrenten um die Macht im Staat heranwächst. Denn er macht zunehmend auch als glänzender Heerführer von sich reden. Schon singen die Frauen am Hof ein Lied, das in den Ohren Sauls wie eine Verhöhnung klingen musste: »Saul hat tausend Feinde getötet, David derer aber zehntausend«. In einem unkontrollierten Wutausbruch schleudert der Herrscher einen Speer nach David – und verfehlt ihn nur knapp. Überstürzt flieht David vom Hof. Seine Karriere, die so vielversprechend begonnen hatte, scheint damit beendet.

Von jetzt an führt er das Leben eines Outcasts. Er schart eine Art Freischärlertruppe um sich, man könnte auch sagen, eine Räuberbande, mit der er sich im judäischen Bergland herumtreibt. Ein »warlord«, der die Bewohner der Dörfer gegen feindliche Übergriffe verteidigt und dafür Schutzgelder entgegennimmt. Er sucht sogar den Kontakt zu seinen Erzfeinden, den Philistern, und erhält eine Siedlung von ihnen als Lehen. Einige Jahre lang laviert er geschickt zwischen den verfeindeten Lagern und wartet auf seine Chance. Sie scheint gekommen, als ihm Saul durch einen Zufall hilflos ausgeliefert ist. Der Bezwinger Goliats hält sich mit seinen Leuten in einer Höhle versteckt, die der König aufsucht, um seine Notdurft zu verrichten. Der junge Krieger verschont Saul in seiner demütigenden Lage. Für den Herrscher sollte dies aber nur ein kurzer Aufschub sein: Er fällt einige Zeit danach in einer Schlacht gegen die Philister.

Saul schleudert im Zorn einen Speer gegen David, dessen Karriere bei Hofe damit zunächst zu Ende ist.

Jetzt ist der Weg frei für David, der beim Volk noch immer große Popularität besitzt. Er zieht zur Stadt Hebron und lässt sich vom Ältestenrat Judas zum König salben. Nachdem es ihm gelungen ist, auch die nördlichen Stämme Israels zu unterwerfen, wird er zum ersten König von ganz Israel gesalbt. Schließlich, etwa um das Jahr 1000 v. Chr., erobert er eine Stadt, die von einem Volk bewohnt wird, das die Bibel »Jebusiter« nennt. Der Name der Stadt: Jerusalem. David bezieht eine Residenz in der starken Festung und lässt die so genannte Bundeslade dorthin überführen. Jene heilige Truhe, die nach der biblischen Überlieferung die Gesetzestafeln enthielt, die Mose von Gott auf dem Berg Sinai erhalten hatte, macht Jerusalem zum zentralen Kultplatz der jüdischen Religion. David selbst avanciert zum Größten aller Könige. Er wird zum Symbol der politischen Einheit aller Hebräer, die vor ihm nicht existierte, und schon mit seinen Enkeln wieder untergehen wird. David ist sozusagen der eigentliche Gründer Israels – von ihm leiten moderne jüdische Nationalisten noch immer territoriale Ansprüche in Palästina ab, und es ist kein Zufall, dass die Flagge Israels heute vom »Davidstern« geschmückt wird.

Der »Davidstern«

Er ist das berühmteste Symbol der jüdischen Geschichte und ziert heute die Flagge Israels: der »Davidstern«. Dabei hat das »Hexagramm«, wie es auf Griechisch heißt, eigentlich gar nichts mit dem biblischen König zu tun. Die Karriere des sechseckigen Zeichens als jüdisches »Logo« beginnt nämlich erst im Mittelalter. Damals kursierte die Legende, David habe auf seinem Schild das Zeichen aus zwei ineinander geschobenen Dreiecken getragen und mit dessen Hilfe über seine Feinde gesiegt. Daher wird das Symbol auf Hebräisch auch als »Magen David«, als »Schild Davids« bezeichnet. Vor jener Zeit war das Hexagramm nur ein magisches Zeichen unter vielen und in der ganzen antiken Welt verbreitet. Ähnlich wie dem Pentagramm, dem fünfeckigen Stern, schrieb man ihm übersinnliche Kräfte zu, zum Beispiel bei der Abwehr böser Geister. In der christlichen und der islamischen Welt taucht das Symbol ebenfalls immer wieder auf. In den verschlungenen Ornamenten arabischer Architektur verstecken sich oft »Davidsterne«, die hier meist als »Siegel Salomos« bezeichnet werden. Nach einer alten Legende besaß Salomo, den auch die Muslime verehren, einen Ring, in den das Zeichen eingraviert war und der die Macht besaß, Dämonen zu bannen. Wie sich das magische Symbol im Lauf des Mittelalters schließlich zum Erkennungszeichen des Judentums wandelte, lässt sich im Einzelnen nicht nachverfolgen. Zum ersten Mal taucht es in dieser Funktion jedenfalls im 16. Jahrhundert in Prag auf. Ein Jahrhundert später stellte man in Wien einen Grenzstein auf, der auf einer Seite ein Kreuz, auf der anderen den »Davidstern« eingemeißelt trug. Er trennte christliches und jüdisches Viertel der Stadt voneinander. Seitdem verwendet man

Dieser »Davidstern« ziert einen jüdischen Grabstein.

das Hexagramm auch als dezidiert religiöses Symbol, vergleichbar dem christlichen Kreuz und dem islamischen Halbmond.

Ende des 19.Jahrhunderts schließlich wurde die religiöse Bedeutung noch um eine politische erweitert: Die von Theodor Herzl gegründete Bewegung des Zionismus, die für

In den verschlungenen Ornamenten dieser mittelalterlichen Buchmalerei ist ein Davidstern versteckt.

die Schaffung eines jüdischen Nationalstaates in Palästina eintrat, versammelte ihre Anhänger unter der Fahne mit dem »Magen David«. Und nach dem Zweiten Weltkrieg und den Schrecken des Holocaust wurde der sechseckige Stern zum Inbegriff des Überlebenswillens des jüdischen Volkes. Heute ziert er die israelische Nationalflagge. Auf dem Staatswappen ist dagegen ein viel älteres jüdisches Symbol zu sehen: die »Menora«, der charakteristische siebenarmige Leuchter.

MÄCHTIGER HERRSCHER ODER KLEINER HÄUPTLING?

Soweit die »Erfolgsstory« Davids. Aber der strahlende Held, die Bibel verschweigt das auch nicht, hat eine dunkle Seite. Er schreckt zum Beispiel nicht vor einem niederträchtigen Mord zurück. Uria, sein treuer Offizier, hat eine außergewöhnlich attraktive Frau mit Namen Bathseba, die David heimlich beim Baden beobachtet. Er verführt die Schöne, die prompt schwanger wird. David beschließt, den lästigen Ehemann aus dem Weg zu räumen. Er befiehlt einem Vertrauten, dafür zu sorgen, dass Uria den nächsten Feldzug nicht überlebt. Der Mordplan gelingt und David heiratet Bathseba. Der gemeinsame Sohn sollte nicht weniger berühmt werden als sein Vater: Salomo, der Erbauer des Tempels von Jerusalem.

Der gespaltene Charakter und die merkwürdigen Umwege in seiner Biografie geben dem biblischen Helden eine menschliche Dimension, die ihn von anderen Figuren der Bibel deutlich abhebt. Dass seine Existenz als historische Figur belegt ist, steht außer Zweifel. Doch lange ging man auch davon aus, dass sich hinter den plastischen, detailreichen Erzählungen präzise historische Informationen verbergen. Heute sieht die Sache anders aus: Zu deutlich weisen die biblischen Davidgeschichten Merkmale kreativer Erzählkunst und literarischen Gestaltungswillens auf, als dass man sie als Tatsachenbericht werten könnte.

Beliebtes Motiv für Maler aller Jahrhunderte: die schöne Bathseba im Bade.

Dass es sich bei Gestalten wie Noah oder den Erzvätern Abraham, Isaak und Jakob um mythologische Figuren handelt, daran haben sich Theologen und gläubige Juden wie Christen mittlerweile gewöhnt. Selbst Mose, die große Vatergestalt, der Befreier aus der ägyptischen Sklaverei und Überbringer der Zehn Gebote, wurde von zahlreichen Exegeten und Archäologen zu einer symbolischen Figur mit kaum mehr greifbaren historischen Konturen erklärt, ohne dass ein Aufschrei durch die jüdisch-christliche Welt ging. Aber David? Der große Staatsgründer und sein berühmter Sohn Salomo schienen bisher vor derartigen Angriffen gefeit. In jüngster Zeit gerieten allerdings auch sie in die Mühle der »Entmythologisierung«, die seit hundert Jahren beinahe systematisch den historischen Bestand der Bibel zermahlt. Es sind vor allem Archäologen, die sich daran machen, diese Bastion biblischer Wahrheit zu stürmen.

Israel Finkelstein empfängt uns an der Hebrew University in Jerusalem. Der 54-jährige Archäologe ist längst ein Profi im Umgang mit den Medien. Seit der Veröffentlichung seines Buches *Keine Posauen vor Jericho* gilt er als Shooting-Star der Bibel-Archäologie. Für die Aufzeichnung des Interviews führt er uns in den Raum, der seiner Erfahrung nach von den meisten Fernsehteams für diesen Zweck bevorzugt wird: in die Restaurierungswerkstätte der Archäologen. Auf endlos langen Tischen ist ein gigantisches Puzzle aus Keramikbruchstücken ausgebreitet, die von den Mitarbeitern Finkelsteins in mühevoller Geduldsarbeit wieder zu Gefäßen zusammengesetzt werden. Ein äußerst passender Rahmen für unser Gespräch, denn folgt man Finkelsteins Thesen, dann bleibt von der biblischen Geschichte tatsächlich nicht viel mehr als ein Scherbenhaufen zurück. Nicht zuletzt seine Demontage König Davids hat ihm den Ruf eingebracht, mit der Abrissbirne gegen die Bibel vorzugehen. »Dabei bin ich in manchen Bereichen sogar zurückhaltender als andere Kollegen«, erklärt er uns. »Sie behaupten sogar, dass David gar nicht existiert hat. Meines Erachtens gibt es aber gute Gründe für die Annahme, dass es eine historische Figur mit Namen David gab. Auf die Frage, ob er nun über ein großes Reich regierte, so wie es die Bibel beschreibt – also über ein Reich, das damals um 1000 vor der Zeitrechnung auch nur annähernd den Vergleich mit Ägypten oder Assyrien ausgehalten hätte – auf diese Frage kann ich allerdings nur antworten: Dem widersprechen sämtliche archäologischen Funde.«

Das Reich König Davids nur ein bescheidenes Provinzfürstentum, das keinem Vergleich mit den benachbarten Hochkulturen standhält? Ein Herrschaftsgebiet, das, glaubt man Finkelstein, sogar viel kleiner war als das moderne Israel? Kein Wunder, dass das Enfant terrible der Bibelarchäologie heftigen Anfeindungen ausgesetzt ist. Orthodoxen Juden gilt er als Nihilist und Bibel-Leugner, zionistischen Hardlinern als

Nestbeschmutzer, der das Heimatrecht der Juden im »Land der Väter« leugne. Auch unter Fachkollegen bleiben seine Thesen nicht ohne Widerspruch. Die Hauptkritik gilt dabei seiner Argumentationsweise: Finkelstein habe die Tendenz, das Fehlen von Beweisen für ein bestimmtes Ereignis als einen Beweis dafür zu werten, dass das Ereignis nicht stattgefunden habe. Bibelwissenschaftler halten ihm wiederum vor, dass er sich als Archäologe zu weit auf das Gebiet der wissenschaftlichen Textanalyse vorwage, die aber ganz anderen Gesetzen gehorche als die Archäologie.

Keine Frage: Am Thema »König David« scheiden sich die Geister. Der archäologische Befund ist äußerst dünn und das Wenige, das man aus der Epoche Davids vorfindet, ist unter den Forschern in seiner Bedeutung und Aussagekraft auch noch heftig umstritten. Die Kontroverse entzündet sich dabei weniger an der Historizität des biblischen Königs als an seiner Bedeutung. Denn für die Existenz eines Herrschers mit dem Namen David gibt es zumindest einen archäologischen Hinweis: Eine Stele, die 1993 bei Ausgrabungen in Tel Dan im Norden Israels zutage gefördert wurde. Im Text der Inschrift, die auf die Mitte des 9. Jahrhunderts v. Chr. datiert wird, rühmt sich der König von Damaskus, einen Herrscher »aus dem Haus Davids« getötet zu haben. Ein Beweis dafür, dass es auf dem Gebiet des heutigen Israel eine Reihe von Herrschern gab, die sich von einem Mann mit Namen David ableitet. Die Tatsache, dass dieser Text von einem Feind der Könige Israels verfasst wurde, erhöht seine Bedeutung noch, wenngleich die Inschrift nicht David selbst, sondern lediglich seine Dynastie erwähnt.

Und eben hieran entzündet sich der gegenwärtige Forscherstreit. Was war das für eine Dynastie, die er begründet hat? Wie sah sein Königtum aus, das die Bibel in so strahlenden Farben schildert? Seit Jahren suchen Archäologen nach Überresten dieser glänzenden Epoche. Wenn es so war, wie die Bibel erzählt, dann müssten zumindest an einigen Stellen die Spuren vergangener Pracht zu finden sein. Schließlich zeichnet sich ein Reich dieser Größenordnung durch eine Infrastruktur aus, durch Bauten, die imperialen Glanz ausstrahlen, durch Städte, mächtige Befestigungsanlagen und dergleichen.

Als der israelische Archäologe Yigael Yadin in den fünfziger Jahren die Stadt Hazor freilegte, war er der festen Überzeugung, auf Beweise für ein goldenes Zeitalters um 1000 v. Chr. gestoßen zu sein. Die

David Superstar

Im christlichen Mittelalter wurde König David zum Ideal und Vorbild aller europäischen Monarchen stilisiert. In Frankreich ahmte man sogar bei der Königsweihe bis ins Detail das feierliche Ritual nach, das die Bibel als die »Salbung Davids zum Herrscher über Israel« beschreibt.
Die Identifikation mit dem alttestamentlichen Helden ging aber noch weiter: In der prachtvoll ausgestatteten »Kreuzritterbibel« Ludwig des Heiligen aus dem 13. Jahrhundert wird der Kampf König Davids gegen die Philister als eine Schlacht unter mittelalterlichen Rittern dargestellt. Die Botschaft ist eindeutig: So wie einst David den Philistern das Heilige Land entriss, sollen die europäischen Krieger im Zeichen des Kreuzes aufbrechen und die Muslime aus Palästina vertreiben.

Umstrittene Steine: Um die Datierung der Ruinen von Hazor ist eine Forscherkontroverse entbrannt.

mächtigen Mauern und Stadttore schienen ihm eine Bestätigung der biblischen Überlieferung. Denn das Buch der Könige berichtet, dass Davids Sohn Salomo einige bedeutende Städte, darunter auch Hazor, erheblich ausgebaut habe. Da diese Städte dem Reich Sauls aber noch nicht angehört hatten, müsste David sie erobert haben.

Amnon Ben Tor, der seit einigen Jahren die Ausgrabung in Hazor fortführt, teilt die Überzeugungen seines Vorgängers und widerspricht damit vehement den Thesen Finkelsteins: »Die Frage ist doch nicht wie groß das Reich Davids war. Natürlich übertreibt die Bibel in dieser Hinsicht. Die Frage ist vielmehr: Können wir zur Zeit König Davids, also im 10. Jahrhundert, von einem Staat sprechen? Die Minimalisten sagen: Nein. David war für sie nur ein kleiner Häuptling irgendwo in den Bergen. Aber wie definiert man Staatlichkeit? Ein wichtiger Aspekt ist für mich die Existenz einer Zentralgewalt, die in der Lage ist, große Bauvorhaben zu planen, zu finanzieren und durchzuführen – und zwar über ein größeres Territorium verteilt. In Hazor, Megiddo und einigen anderen Städten belegt die monumentale Architektur, die wir hier ausgegraben haben, die Existenz eines Staates. Den Leuten, die das leugnen, bleibt nichts anderes übrig, als zu behaupten, dass diese Bauten aus späterer Zeit stammen. Dann müssten sie konsequenterweise aber jede monumentale Struktur aus dem 10. Jahrhundert in eine jüngere Epoche schieben.« Genauso wie das Israel Finkelstein und die Anhänger seiner Theorien tun. Für ihn sind die großen Bauten in Hazor nicht zur Zeit Salomos, sondern ein knappes Jahrhundert später entstanden und können daher als Beweis für das Königreich Davids nicht herangezogen werden.

Dass der Ausgang dieses Forscherstreits ungewiss ist, verwundert kaum. Denn wenn man den Archäologen bei den Ausgrabungen über die Schulter sieht, begreift man schnell, wie schwierig es sein muss, zwischen diesen Haufen aus Bruchsteinen und Scherben zu eindeutigen Beurteilungen zu kommen. Viele der so genannten »Tels« wie die alten, besiedelten Hügel im Nahen Osten heißen, waren oft kontinuierlich bewohnt – von der Steinzeit bis ins 20. Jahrhundert. Jede Epoche hinterließ ihre Spuren, man baute über und zwischen die Ruinen der Vorgänger oder verwendete die Überbleibsel der alten Architektur als Steinbruch für neue Gebäude. So legen die Spaten der Ausgräber ein Puzzle frei, das nur schwer wieder zusammenzusetzen ist. Grabungsbefunde lassen – wie auch im Fall König Davids – natürlich Spielraum für Interpretation. Der Bezwinger Goliats scheint bis auf weiteres in einen Forscherstreit um komplizierte Datierungsmethoden in Hazor und anderen Stätten verstrickt zu bleiben.

Die Ruinen von Megiddo. Gehörte die Stadt einst zum Herrschaftsbereich König Davids?

Wie aber verhält es sich mit Jerusalem, der Stadt, die David der biblischen Überlieferung nach erobert und zur Hauptstadt seines Reiches gemacht hat? Sollten sich nicht wenigstens hier, im Zentrum seiner Macht, eindeutigere Spuren seines Wirkens erhalten haben?

DAVIDS STADT?

Wir sind bei einer Grabungsstelle in der »Davidstadt« verabredet, einer Zone südlich des Tempelbergs, die heute zum Großteil wie eine Art archäologischer Park für Touristen zugänglich ist. Treppen und Wege führen durch ein Gewirr unscheinbarer Gebäudereste, die zu den ältesten Siedlungsspuren in Jerusalem gehören.

Unser Wagen folgt der Straße durch das arabische Stadtviertel, das sich an den steilen Südhang des Tempelbergs schmiegt. Hier wohnten bis vor einigen Jahren ausschließlich Palästinenser; jetzt weht über dem Gebäude neben dem Eingang zum Freilichtmuseum der »Davidstadt« die israelische Flagge. Die Demonstration jüdischer Präsenz an diesem Ort ist kein Zufall. Jede Scherbe, die eine Kontinuität seit den Zeiten der Bibel beweist, dient Nationalisten zur Rechtfertigung ihrer Besitzansprüche. Eine schwierige Situation auch für die Archäologen. Auf der einen Seite schauen ihnen Politiker misstrauisch über die Schulter, auf der anderen Seite machen ihnen religiöse Extremisten das Leben schwer. Die Ultraorthodoxen nehmen die Heilige Schrift wörtlich und lehnen jede Form von wissenschaftlicher Beschäftigung mit der Vergangenheit als Gotteslästerung ab.

Der Tempelberg von Jerusalem. Unter dem arabischen Stadtviertel im Vordergrund liegen die Reste der »Davidstadt«.

Unser Fahrer hält in der Senke am Fuß der »Davidstadt«, über der in etwa 500 Metern Höhe die mächtige Südostflanke des Tempelbergs thront. Von dort machen wir uns auf den Weg zur Ausgrabung – das große schwarze Sonnensegel, das die Archäologen vor der Gluthitze der Augustsonne schützt, ist uns ein guter Wegweiser. Aus der Nähe gibt es den Blick frei auf einen etwa zehn Meter tiefen Schacht, durch den die Archäologen eine Mauer aus mächtigen Natursteinen freigelegt haben. Die Wände der Grube sind von Bändern aus Keramikbruchstücken durchzogen. Ein regelrechter »Scherbenkalender«, der von unserem Jahrhundert bis in die Bronzezeit zurückreicht. Könnte nicht auch David auf einem Streitwagen an dieser freigelegten Mauer entlang gefahren sein? Könnte sie Zeuge einer Begebenheit gewesen sein, von der die Bibel erzählt? Vielleicht hat David hier die feierliche Prozession zum Einzug der Bundeslade in Jerusalem vorbeigeführt. Dabei soll er so wild vor dem Schrein hergetanzt haben, dass er sich entblößte, wie es nur die »losen Leute« tun, berichtet das 2. Buch Samuel.

Die Mauer, die das Team des Jerusalemer Archäologen Ronny Reich freigelegt hat, ist zweifellos ein Teil der ehemaligen Stadtbefestigung. Doch dem großen berühmten Helden der Bibel sind die Wissenschaftler damit nicht näher gekommen: »Ich habe jahrelang an verschiedenen Stellen in der ›Davidstadt‹ gegraben, aber was ich bis jetzt vorweisen kann, sind nur ein paar Hände voll Scherben, die man mit einiger Sicherheit auf das 10. Jahrhundert datieren kann. Dass dieses Areal ›Davidstadt‹ heißt, hat für sich genommen auch keine wissenschaftliche Relevanz; der Name belegt nur, dass man hier die ältesten Teile Jerusalems vor sich hat. Wenn es überhaupt Spuren von David gibt, müsste man sie eigentlich in diesem Bereich finden. Aber bislang lässt nichts darauf schließen, dass der König hier war.«

Nur wenige Mauerreste aus der Epoche Davids haben Archäologen in Jerusalem freigelegt.

Nur in einem Punkt stimmen die archäologischen Befunde mit dem biblischen Bericht überein: Dort heißt es, David habe Jerusalem erobert. Und das haben die Grabungen von Ronny Reich und seinen Vorgängern bestätigt. Jerusalem war demnach schon lange bevor die Israeliten auf den Plan traten, ein befestigter Ort. Die imposantesten Überreste alter Befestigungsanlagen, die aus gewaltigen, tonnenschweren Steinen gefügt waren, stammen dabei sogar aus einer Zeit, die einige Jahrhunderte vor der Epoche Davids lag. »Wir wissen«, so Reich, »dass hier tatsächlich eine große Stadt existierte, aber 800 Jahre vor David! In der Mittelbronzezeit war Jerusalem für damalige Verhältnisse eine Metropole. Dann allerdings ging es mit der Stadt bergab. Es scheint, dass sie teilweise über einen längeren Zeitraum nicht bewohnt war. Aber all die großen Befestigungen und das ausgeklügelte Wassersystem waren schon da, als David um 1000 vor der Zeitrechnung hier ankam. Warum wir ausgerechnet aus dieser Zeit keine nennenswerten Zeugnisse finden, ist wirklich merkwürdig.«

Was bleibt aus wissenschaftlicher Sicht also übrig von König David? Dass ein König dieses Namens gelebt hat, daran zweifelt kaum jemand. Aber sein angebliches gewaltiges Imperium scheint immer kleiner auszufallen, je mehr historische Stätten Israels unter den Spaten der Ausgräber ans Tageslicht kommen. Für Ronny Reich kann die Epoche Davids längst nicht die Großartigkeit besessen haben, die die Bibel ihr zuschreibt: »Davids Herrschaft ist der Anfang des Königtums in Israel. Und ein Anfang ist eben ein Anfang. Er kann nicht imposant sein, sondern braucht Zeit, sich zu entfalten. Hier übertreibt die Bibel meines Erachtens gewaltig. Papier ist geduldig, das gilt für die Vergangenheit genauso wie für die Gegenwart. Die interessante Frage bleibt allerdings, warum die Bibel diesen kleinen Anfang so groß macht und warum sie ihn ausgerechnet mit einer Figur wie David in Verbindung bringt.«

Eine Frage, die noch weiter in die Geschichte zurückführt. Denn glaubt man der Bibel, dann markiert die Herrschaft Davids den krönenden Abschluss einer mehrere Generationen währenden Phase des Krieges, die mit der Eroberung des »Gelobten Landes« ihr siegreiches Ende findet.

DIE POSAUNEN VON JERICHO

Und als das Volk den Hall der Posaunen hörte, erhob es ein großes Kriegsgeschrei. Da fiel die Mauer um, und das Volk stieg zur Stadt hinauf, ein jeder stracks vor sich hin. So eroberten sie die Stadt und vollstreckten den Bann an allem, was in der Stadt war, mit der Schärfe des Schwerts, an Mann und Weib, jung und alt, Rindern, Schafen und Eseln.« In dieser bekannten Erzählung aus dem Buch Josua bringt Posaunenklang die Mauern Jerichos zum Einsturz. Jericho, die alte Stadt am Toten Meer, ist nach der Überlieferung der erste befestigte Ort, der den Israeliten nach ihrem Auszug aus Ägypten in die Hände fällt. Dieser Eroberung folgen weitere, eine Stadt nach der anderen muss sich dem Volk, das aus der Wüste kommt, geschlagen geben. Die einheimische Bevölkerung, sofern sie nicht in den Kämpfen ums Leben kommt, wird vertrieben oder versklavt. Am Ende dieser erfolgreichen Kampagne ist das Land Kanaan nahezu vollständig besetzt. Anschließend, so erzählt es die Bibel, teilt Josua das eroberte Land, das in etwa dem modernen Israel entspricht, unter den einzelnen Stämmen des Volkes auf.

Der Überlieferung nach ließ David die Bundeslade feierlich nach Jerusalem überführen.

Von Dan bis Beerscheba

»Da zogen die Israeliten aus, und die Gemeinde versammelte sich wie ein Mann von Dan bis nach Beerscheba«, heißt es in der Bibel. Die geographische Eingrenzung bezeichnet die Nord-Südausdehnung des alten Israel. Eine Grenzziehung, die sich mehr oder weniger bis in die Gegenwart erhalten hat. Beerscheba war zu biblischen Zeiten die letzte größere Ansiedlung vor der menschenarmen Wüste Negev, an die sich im Süden das Herrschaftsgebiet der Ägypter anschloss; der Ort ist auch heute noch die größte israelische Stadt in der Region. Tel Dan wiederum markierte den nördlichsten Außenposten Israels – auch daran hat sich nichts geändert. Mitten in der antiken Stadt mit ihren beeindruckenden Mauern, die von israelischen Archäologen freigelegt wurden, entspringt eine der Hauptquellen des Jordan, die Lebensader der gesamten Region. Tel Dan ist noch immer von großer strategischer Bedeutung. In der Umgebung der antiken Stätte erinnern Panzerwracks, Stacheldraht und Schilder, die vor Minenfeldern warnen, daran, dass der Ort auch im 20. Jahrhundert mehrfach Schauplatz blutiger Kämpfe war. Denn Tel Dan liegt unmittelbar an der Grenze zu Syrien, am Fuße der Golan-Höhen, die seit dem Jahr 1973 vom israelischen Militär besetzt sind.

Obwohl das Land zwischen Dan und Beerscheba seit Jahrtausenden keinen Frieden findet und die Besitzverhältnisse mehr denn je umstritten sind, wurde es schon früh auch von seinen Nachbarn als eine geographische und kulturelle Einheit angesehen. Allerdings bürgerte sich in der antiken Welt ein Name ein, der sich nicht von Israel oder dem Volk der Juden ableitet, sondern von ihren biblischen Gegnern, den Philistern. Das Land der Philister, die in assyrischen Texten »Pilaschtu« heißen, wurde von Herodot, dem berühmten griechischen Vater der Geschichtsschreibung, »Palaistina« genannt. Die Römer schließlich machten daraus »Palaestina«. Nach der blutigen Niederschlagung des letzten jüdischen Aufstandes unter Bar Kochba 135 n. Chr. setzten die Sieger diesen Begriff als offizielle Bezeichnung für ihre neue Provinz durch, die bis dahin »Judäa« genannt wurde. Ein für alle Mal sollte alle Erinnerung an das aufsässige jüdische Volk, das den Römern so viele Probleme bereitet hatte, getilgt werden.

Dann verschwand der Name jahrhundertelang in der Versenkung und

Die Reiche Israel und Juda
Die wichtigsten Orte der Zeit von Sauls Königtum bis zum Fall Jerusalems 587 v. Chr.
Grenzfestungen Rehabeams
Straßen in alttestament. Zeit
Sidon
Libanon
Hermon
Ijon
Tyrus
Abel-Bet-Maacha
Dan
PHÖNIZIEN
ARAM
Kedesch
Hule-See
Hazor
Akko
Galiläisches Meer
Mittelmeer
Jarmuk
Tabor 562
Ebene Jesreel
Schunem
Megiddo
Jesreel
Bet-Schean
Ramot in Gilead
Jibleam
Dotan
Tisbe
Krit
AMMON
Scharon-Ebene
Samaria
Tirza
Jordan
Sichem
Jabbok
Mahanajim
Pnuël
ISRAEL
Jafo
Mizpa
Bethel
Gilgal ?
Mizpa
Rabba (t-Ammon)
Jabneel
Gibbeton
Gibeon
Jericho
Ajalon
Kirjaf-Jearim
Geba
Rama
Gilgal ?
Elale
Zora
Heschbon
Ekru
Jerusalem
Aschdod
Timna
Bet-Schemesch
Medeba
Aseka
Bethlehem
Etam
Socho
Aschkelo
Adullam
Tekoa
Gat
Marescha
Totes Meer
MOAB
Jabaz
Lachisch
Bet-Zur
Kirja-tajim
Hebron
Dibon
Adorajim
Aroër
Gaza
Sif
En-Gedi
Arnon
PHILISTÄA
Maon
JUDA
Beerscheba
0
30 km
Kir-Heres

Der siegreiche König David keht aus der Schlacht zurück.

tauchte erst im 20. Jahrhundert wieder auf. In einem Brief an Lord Rothschild erklärte der britische Außenminister Arthur Balfour im Jahr 1917: »Die Regierung Seiner Majestät betrachtet mit Wohlwollen die Errichtung einer nationalen Heimstätte für das jüdische Volk in Palästina und wird ihr Bestes tun, die Erreichung dieses Zieles zu erleichtern.« Ein Scheiben mit Folgen. Die »Balfour-Deklaration« markierte den Beginn einer politischen Entwicklung, die mit der Gründung des modernen Staates Israel in jenem »Palästina« genannten Gebiet endete. Seit damals bezeichnet man auch die arabischen Einwohner der Region als Palästinenser und somit praktisch als Nachkommen der biblischen Philister. Mit der Proklamation Israels im Jahr 1947 schloss sich der Kreis einer 3000-jährigen Geschichte – mit tragischen Konsequenzen. Denn der Krieg, den König David einst mit den Philistern um das Land zwischen »Dan und Beerscheba« führte, wird auch nach der Rückkehr der Juden in das »Land der Väter« mit unverminderter Härte fortgesetzt. ❡

Jahrelang haben Archäologen vergeblich nach einer Bestätigung für diesen Eroberungskrieg gesucht – vergeblich. »Die Eroberung Jerichos fand, so wie sie die Bibel beschreibt, mit Sicherheit niemals statt. Denn die Stadt war damals gar nicht befestigt und es ist zweifelhaft, ob dort überhaupt ein Mensch wohnte. Mit anderen Worten: Es gab mit aller Wahrscheinlichkeit weit und breit nichts zu erobern außer Hügeln und nackten Felsen. Hinzu kommt Folgendes: Wenn man vom Zeitpunkt der ersten, etwa in assyrischen Archiven überlieferten, historischen Aufzeichnungen zurückrechnet, dann müsste die Eroberung des Heiligen Landes im 13. Jahrhundert v. Chr. stattgefunden haben. Damals herrschten die Ägypter im Land, die aber in der Bibel mit keinem Wort erwähnt sind. Wohingegen sich die älteste Erwähnung des Namens Israel auf einer ägyptischen Stele findet. Sie stammt vom Sohn des Pharao Ramses II., der eine militärische Expedition nach Kanaan unternommen hatte und lässt sich auf das Jahr 1207 v. Chr. datieren. Auf der Stele tauchen neben Israel eine ganze Reihe anderer Stämme in Kanaan auf; also keine Spur davon, dass die Israeliten das Land damals unterworfen hatten. Nach allem, was man anhand der archäologischen Funde heute sagen kann, gab es keine Eroberung des ›Gelobten Landes‹«.

Ramses II. erschlägt die Feinde seines Reiches, das zur Zeit der »Landnahme« auch Kanaan miteinschloss.

An dieser Einschätzung des Archäologen Israel Finkelstein zweifelt mittlerweile in der internationalen Gemeinde der Archäologen niemand mehr. Die Einnahme Kanaans durch ein Volk, das aus der Wüste kam, hat nicht stattgefunden. Doch woher stammt dann das Volk der Israeliten, über das David um 1000 v. Chr. seine – mehr oder weniger bedeutende – Herrschaft antrat? »Wir kamen nicht von außen, wir waren schon hier«, lautet zumindest das Credo der meisten israelischen Archäologen. Da es weder für den Auszug aus Ägypten noch für die anschließende Einnahme Kanaans hieb- und stichfeste außerbiblische Hinweise gibt, muss der politische Aufstieg der Israeliten zu einer dominierenden Macht in der Region andere Gründe haben. Gründe, die im Land selbst zu suchen sind. Die Hebräer, darin sind sich die Forscher heute einig, sind in Wirklichkeit ein Teil der alten Völkerfamilie Kanaans, Menschen, deren genetische Spuren nach Mesopotamien verweisen: »Wenn ich als Anthropologe die Bevölkerung Israels untersuche, dann stelle ich fest, dass die Menschen untereinander genetische Ähnlichkeiten aufweisen, egal ob sie nun aus Polen, den USA, Marokko oder sonst woher stammen. Und diese Ähnlichkeiten haben sie gemeinsam mit heutigen Irakern. Das heißt, dass unsere Wurzeln, wie die aller Völker Kanaans, in Mesopotamien liegen. Genetisch betrachtet haben also auch Juden und Palästinenser einen gemeinsamen Ursprung«, erklärt der Anthropologe Yossi Nagar vom Jerusalemer Rockefeller Museum.

Vor dem Hintergrund dieser Erkenntnisse gewinnt die Geschichte vom »Erzvater« Abraham, der laut biblischer Überlieferung aus der Stadt Ur im Zweistromland in das Land am Jordan zog, überraschenden Realitätsgehalt. Doch wie wurden aus den Einwanderern aus dem Zweistromland »Israeliten«? Das Bild, das moderne Archäologen von der Entstehung des Volkes Israel entwerfen, ist nicht weniger dramatisch, als die biblische Darstellung: Im 13. Jahrhundert v. Chr. war das Land zwischen Mittelmeer und Jordansenke in einer Vielzahl von kleinen Stadtstaaten organisiert. Ihre Fürsten huldigten dem ägyptischen Pharao, der die Region als Vorhof seines Reiches betrachtete und jede Unbotmäßigkeit mit eiserner Faust bestrafte. Dennoch gab es vor allem in der nördlichen Grenzregion des ägyptischen Herrschaftsgebiets immer wieder Schwierigkeiten. Pharao Thutmosis III. marschierte nicht weniger als 18 Mal durch Kanaan, um mit den Mitanni, einem Volk, das aus dem heutigen Iran stammte, Krieg zu führen. Auch unter Ramses II. wurde die Nordgrenze nicht ruhiger. Die Hethiter, die um 1300 v. Chr. im Norden Syriens und der heutigen Türkei ein mächtiges Reich errichtet hatten, bedrohten die ägyptische Vorherrschaft. 1285 v. Chr. In der Schlacht von Kadesch brachten sie mit ihren gefürchteten Streitwagen einer Armee

Pharao Thutmosis III. konnte die Grenzregion nicht befrieden.

Glaubt man der Bibel, so wanderte Abraham mit seinen Herden von Mesopotamien nach Palästina.

des Pharao eine Niederlage bei. Zwar ließ sich Ramses II. auf Reliefs als strahlender Sieger verherrlichen, aber die historische Wahrheit sah anders aus: Die Hethiter beherrschten nun unangefochten die Gebiete nördlich Kanaans.

Die ständigen kriegerischen Auseinandersetzungen blieben nicht ohne Auswirkung auf die Region. Die Lage als Pufferstaat und Aufmarschgebiet fremder Armeen stand einer politischen Einheit jahrhundertelang im Weg und Kanaan blieb in winzige Stadtstaaten aufgesplittert, die durch wechselnde Allianzen mit den Großmächten zu überleben suchten. Um 1200 v. Chr. schließlich begann ein merkwürdiger Prozess, für den Archäologen an vielen Stellen Belege gefunden haben: Ein allgemeiner Niedergang der Städte, gefolgt von einer Wanderungsbewegung ins unwegsame Bergland.

Diese dramatische Umwälzung hatte mit dem Auftauchen mysteriöser Krieger zu tun, die übers Meer kamen und die ganze Region in Chaos stürzten. Unter dem Namen »Seevölker« sind sie in die Geschichtsschreibung eingegangen. Die Herkunft der rätselhaften »Piraten«, die sogar mehrfach Ägypten angriffen, ist nicht ganz geklärt. Offenbar stellten sie ein Gemisch verschiedener Völker von den Küsten und Inseln der Ägäis dar. Auch die Bibel hat die Erinnerung an die große Bedrohung bewahrt. Das Volk Goliats, die »Philister«, sind eine Gruppe jener Krieger, die im 12. Jahrhundert v. Chr. die Küsten des Nahen Osten unsicher machten. Die Philister sind aber nicht nur erfahrene und wagemutige Seeleute, sie verfügen auch über eine neuartige Technologie, die sie als Krieger überlegen macht: eiserne Waffen. Dass sie auch durch ihre schiere Körpergröße Furcht einflößten, könnte an ihrer europäischen Herkunft liegen. Wobei die Angabe »sechs Ellen« für die Größe Goliats, das sind in etwa drei Meter, sicherlich eine biblische Übertreibung ist. Einige der gefürchteten Krieger aus dem Mittelmeerraum traten auch in den Dienst König Davids. Die schlagkräftige Privatarmee des biblischen Herrschers soll, so die Überlieferung, sogar einen entscheidenden Anteil bei der Eroberung Jerusalems gehabt haben. Die Erinnerung an die »Kreti und Pleti« – so bezeichnet die Bibel die fremdländischen Söldner – hat sich als Synonym für »dahergelaufenes Volk« bis heute in der deutschen Sprache erhalten.

Nach gescheiterten Attacken auf Ägypten siedelten sich die Philister um das Jahr 1175 v. Chr. an der Küste des heutigen Palästina an und gründeten dort einen Bund aus fünf Städten: Asdod, Askalon, Ekron, Gat und Gaza, ein Gebiet, das in etwa dem heutigen Gazastrei-

Dieses alte ägyptische Relief zeigt gefangene Philister, die man an den Haaren zusammengebunden hat.

fen entspricht. Damit hatte Ägypten endgültig seine Kontrolle über die Region verloren – mit katastrophalen Folgen. Es war eben diese Bedrohung durch die Philister, die dazu führte, dass viele Menschen aus den Städten Kanaans ins schwer zugängliche Bergland flohen. Diese Flucht ist nach Meinung heutiger Forscher die wahre Geschichte hinter den Erzählungen des »Exodus«.

REPORTAGE, GESCHICHTSSCHREIBUNG ODER ROMAN?

In der kargen Bergregion begannen die zusammengewürfelten Flüchtlinge mit der Zeit sich zu organisieren und den Philistern die Stirn zu bieten. Aus dem Waffenbündnis entstand schließlich eine Art politische und kulturelle Identität – das Volk Israel. Doch waren die Israeliten wirklich jemals unter einem König vereint, einem Herrscher mit Namen David?

Die Spurensuche nach dem legendären Helden führt aus den Grabungsstätten der Archäologen zurück zum Buch der Bücher. Wer hat die berühmten Geschichten über den großen König aufgeschrieben, wann wurden sie verfasst und vor allem zu welchem Zweck? Die Erzählungen finden sich in den Samuel-Büchern und am Anfang des 1. Buchs der Könige. Sie sind Teil eines großen Geschichtswerkes, das den Weg Israels von der Landnahme bis zum Babylonischen Exil beschreibt. Die letzten Teile des Textes sind also erst rund 500 Jahre nach David entstanden. Immerhin, die Forschung geht davon aus, dass die Verfasser auf ältere Quellen zurückgreifen konnten. Aber woher diese Quellen stammen und in welchem Umfang sie genutzt wurden, ist Gegenstand kontroverser Diskussionen. Die Entstehungszeit und damit auch die Bedeutung der Daviderzählungen als historisches Dokument variiert je nach Forscher erheblich. Manche Exegeten betrachten sie als Teil eines während des babylonischen Exils oder noch später entstandenen Geschichtsromans. Andere wiederum halten das ausgehende 7. Jahrhundert für das entscheidende Datum.

Zu jener Zeit, in der sich ein weltgeschichtlicher Umbruch ereignete, regierte in Juda König Josia (639–609). Das neuassyrische Großreich, das ein Jahrhundert lang von seinen Kernlanden am Tigris aus den Vorderen Orient in Atem gehalten, das Königreich Israel von der Landkarte getilgt und Juda zum Vasallen gemacht hatte, brach scheinbar urplötzlich in sich zusammen. Für Israel Finkelstein ein Schlüsselereignis: »Josia sah das mächtige assyrische ›Reich des Bösen‹ vor seinen Augen zusammenbrechen. Das war etwas Ungeheuerliches, vergleichbar vielleicht mit dem Kollaps der Sowjetunion. Niemand hatte damit gerechnet. Josia erwachte eines Morgens und hatte keine Feinde mehr! Jetzt war die Gelegenheit gekommen, die politisch-religiöse Utopie von Juda in die Tat umzusetzen«.

Diese Utopie war laut Finkelstein nichts anderes als die Bibel. Ihre Erzählungen seien allesamt dramatische Ausschmückungen eines religiös-politischen Programms, das im Deuteronomium, dem 5. Buch Mose, zum Ausdruck kommt. Es lautet: Ein Gott, ein Tempel in Jerusalem und ein König, der über beide Reiche herrscht. Gott – das ist die weitere Botschaft der Erzählungen – ist auf der Seite Judas. Während nach dem Tod Salomos das Reich wieder auseinander brach und in Israel Schurkenkönige wie Ahab regierten, herrschten in Juda überwiegend gute Könige, allesamt aus dem Hause Davids. Gott, so der Hintergrund, hat die Könige des Nordens hart dafür bestraft, dass sie anderen Göttern huldigten.

Die Macht König Davids – nur eine Erfindung der Bibel?

Aber wer soll die Bevölkerung des Nordens aus diesem Dilemma führen? Wer soll in Zukunft über diesen Teil des Reiches herrschen? Die Antwort auf diese Frage, so Finkelstein, sei ganz einfach: Josia ist der heimliche neue David, der ausersehen ist, Nord und Süd wieder zu vereinen. Die Geschichten über David und sein Großreich wären demnach Teil einer Herrschaftsideologie, die in einer bestimmten politischen Situation in Juda entstand: »Die Bibel sagt: ›Seht her, vor vielen Jahren regierte schon einmal einer unserer Könige, nämlich David, über den Norden. Wir in Juda haben einen historischen Anspruch auf dieses Gebiet.‹ Das Königtum Davids ist also ein Konstrukt, hinter dem eine klare Absicht steht: Die historisch verbrämte Rechtfertigung für König Josia, der das Nordreich schlucken will.«

Während der Herrschaft König Josias im 7. Jahrhundert v. Chr. wurden Teile der biblischen Überlieferung erstmals zusammengefasst.

Eine Hypothese, die von den meisten Exegeten allerdings nicht mitgetragen wird. Nach Auffassung von Walter Dietrich, Bibelwissenschaftler an der Universität Bern, ist die Entstehung der David-Erzählungen ein viel komplexerer Prozess: »Ganz augenscheinlich stammen große Teile der biblischen Davidgeschichten nicht erst aus der Zeit Josias oder gar des Exils, sondern sind wesentlich älter. Einzelne Erzählungen, bestimmte Listen, alte poetisch geformte Lieder reichen wahrscheinlich sogar bis in die Zeit Davids und Salomos zurück. Anhand dieser Quellen fügten Sammler größere Sagen- und Erzählstränge zusammen, schrieben ambitionierte Literaten zahlreiche Novellen, schufen begnadete Schriftsteller aus den ihnen überlieferten Materialien große Erzählbögen – von Samuel zu Saul, von Saul zu David, von David weiter zu Salomo – ehe schließlich in der Zeit vor dem oder während des babylonischen Exils der entstandene Großtext nochmals gründlich überarbeitet und in den weiteren Kontext der Geschichte Israels gestellt wurde.« Mit anderen Worten: Die Tatsache, dass Archäologen kaum eindeutige Spuren Davids finden, muss noch lange nicht bedeuten, dass alle Berichte über ihn späte und tendenziöse Erfindungen sind. Wie allerdings die biblischen Berichte über die frühe Königszeit wirklich zustande gekommen sind, wird man kaum mehr in allen Details herausfinden können.

BIBLISCHES RECHENEXEMPEL

Eines ist, schwierige Beweislage hin oder her, nicht von der Hand zu weisen: Die biblische Darstellung Davids hatte erhebliche Folgen. Denn der Herrscher bleibt das historische Vorbild und Ideal aller Großen Israels. Wenn über tausend Jahre später ein Mann mit Namen Jesus von sich reden macht und die Evangelisten daran gehen, seine Taten für die Nachwelt festzuhalten, dann versäumen sie nicht, die Verwandtschaft des »Messias« mit dem berühmten König zu betonen. Es ist kein Zufall, dass Jesus gerade in Bethlehem zur Welt kommt, der Stadt Davids. Der Evangelist Matthäus geht sogar noch weiter: Er zählt den »vollständigen« Stammbaum Jesu auf, nach dem Joseph, der Ehemann Marias, ein direkter Nachkomme des biblischen Königs ist. Als ob das nicht reichte, drückt Matthäus die Verwandtschaft zwischen David und Jesus noch einmal symbolisch aus: »Alle Glieder von Abraham bis zu David sind vierzehn Glieder. Von David bis zur babylonischen Gefangenschaft sind vierzehn Glieder. Von der babylonischen Gefangenschaft bis zu Christus sind vierzehn Glieder.«

Ein weiters Exempel für biblische Zahlenspiele: Der Name David besteht im Originaltext lediglich aus den drei Buchstaben DWD, da nur die Konsonanten geschrieben werden. Im Hebräischen können alle Zahlen durch Buchstaben ausgedrückt werden, sodass man den gesamten Text der Bibel auch als eine Folge von Ziffern lesen kann. Das D ist der vierte und das W der sechste Buchstabe des hebräischen Alphabets. Somit ergibt sich für »David« die Zahlenfolge 4-6-4. Bildet man daraus die Quersumme, erhält man 14. Sie ist die »Zahl Davids«, eine Art Synonym oder Symbol für den jüdischen König. Wann immer ein frommer Jude die Zahl 14 liest, wird er an den legendären Begrün-

Ein Evangelist als Ahnenforscher: Matthäus führt Jesus und David über 14 Generationen auf Abraham zurück.

der des Reiches Israel erinnert. Diesen Umstand setzt der Evangelist Matthäus dramaturgisch geschickt ein indem er die Abstammung Jesu über David direkt auf Abraham zurückführt und dabei insgesamt dreimal 14 Generationen zählt. Die Zahl Drei wiederum steht für Vollendung. Die versteckte Botschaft des Zahlenspiels wäre demnach, dass Jesus die Herrschaft Davids über Israel wieder aufnehmen wird.

Eine Hoffnung, die sich nicht erfüllt hat. Es sollten vielmehr Jahrhunderte vergehen, bis ein anderer David mit Familiennamen Ben Gurion das Erbe des legendären biblischen Königs antreten konnte. 1948 proklamierte der jüdische Politiker den modernen Staat Israel, in dem tragischerweise so wenig Friede herrscht wie in biblischen Zeiten.

GEORG GRAFFE

SALOMO UND DAS HAUS GOTTES

Zu der Zeit kamen zwei Huren zum König und traten vor ihn. Und die eine Frau sprach: Ach, mein Herr, ich und diese Frau wohnten in einem Hause, und ich gebar bei ihr im Hause. Und drei Tage, nachdem ich geboren hatte, gebar auch sie … Und der Sohn dieser Frau starb in der Nacht; denn sie hatte ihn im Schlaf erdrückt. Und sie stand in der Nacht auf und nahm meinen Sohn von meiner Seite, als deine Magd schlief, und legte ihn in ihren Arm, und ihren toten Sohn legte sie in meinen Arm. Und als ich des Morgens aufstand, um meinen Sohn zu stillen, siehe, da war er tot. Aber am Morgen sah ich ihn genau an, und siehe, es war nicht mein Sohn, den ich geboren hatte. Die andere Frau sprach: Nein, mein Sohn lebt, doch dein Sohn ist tot. Jene aber sprach: Nein, dein Sohn ist tot, doch mein Sohn lebt. Und so redeten sie vor dem König … Und der König sprach: Holt mir ein Schwert! Und als das Schwert vor den König gebracht wurde, sprach der König: Teilt das lebendige Kind in zwei Teile und gebt dieser die Hälfte und jener die Hälfte. Da sagte die Frau, deren Sohn lebte, zum König – denn ihr mütterliches Herz entbrannte in Liebe für ihren Sohn – und sprach: Ach, mein Herr, gebt ihr das Kind lebendig und tötet es nicht! Jene aber sprach: Es sei weder mein noch dein; lasst es teilen! Da antwortete der König und sprach:

Höchst dramatische Wahrheitsfindung: das »Salomonische Urteil«.

Gebt dieser das Kind lebendig und tötet es nicht; die ist seine Mutter. Und ganz Israel hörte von dem Urteil, das der König gefällt hatte, und sie fürchteten den König; denn sie sahen, dass die Weisheit Gottes in ihm war.« Das Salomonische Urteil – bis heute Inbegriff einer weisen Entscheidung. Aber wer war dieser Herrscher, von dem die Bibel sagt, sein Verstand sei »so weit, wie Sand am Ufer des Meeres ist«?

Glaubt man der Bibel, dann unterscheidet sich Salomo in jeder Hinsicht von seinem Vater David, einem Selfmade-Mann und Kämpfertyp, der sein Leben lang nicht aus der Rüstung herauskam. Salomo, noch zu Lebzeiten des Vaters als Mitregent eingesetzt, erntete die Früchte dieses unerschrockenen Kriegers. Er herrschte in der Zeit etwa von 965 bis 926 v. Chr. über ein Reich, das er nicht mehr erobern musste, das er aber durch geschicktes politisches Taktieren mit seinen Nachbarn vor militärischen Auseinandersetzungen zu bewahren wusste. Unter seiner Regentschaft blüht der Handel, das Land, geographisch günstig zwischen Mesopotamien und Ägypten gelegen, erlebte einen bis dahin unbekannten ökonomischen Aufschwung. Vereinbarungen mit den Nachbarn bekräftigte Salomo, der »Friedensmann«, in der Regel durch die Hochzeit mit einer der Töchter seines Vertragspartners, was nicht nur das Netz seiner Bündnispartner vergrößerte, sondern auch seinen Jerusalemer Harem enorm anwachsen ließ. Glaubt man der Bibel, dann tummelten sich nicht weniger als 700 »offizielle« Ehegattinnen in seinem prunkvollen Palast und weitere 300 Nebenfrauen! Der weise Monarch hatte offensichtlich eine sehr irdische Schwäche, aus der die Heilige Schrift auch gar keinen Hehl macht: »Wende dich, wende dich Sulamit ...! Der Bug deiner Hüften gleicht einem Geschmeide, einem Werk von Künstlerhänden. Dein Schoß ist ein rundes Becken, es mangele ihm nie der gewürzte Wein! ... Deine beiden Brüste sind wie zwei Kitzlein. Wie bist du so schön und so lieblich ... Und dein Mund soll mir sein wie der edelste Wein, der fließt zu meinen Liebkosungen, meine Lippen und Zähne benetzend.«

Das Hohelied, jenes Buch des Alten Testaments aus dem diese Passage stammt, ist nichts anderes als eine Sammlung erotischer Gedichte, die aus der Feder Salomos stammen sollen. Eine Zuschreibung, die von modernen Bibelforschern allerdings nicht geteilt wird. Dennoch, auch wenn die Zahlen über Salomos Harem sicher weit übertrieben sind, vermitteln die Erzählungen über ihn ein recht klares Bild: Salomo ist

ein typischer orientalischer Potentat, ein Mann des Luxus, der in seiner Prachtentfaltung mit den Herrschern Mesopotamiens und Ägyptens wetteifern möchte. Salomos Jerusalemer Hof gibt sich mondän und wird offenbar erstmals in der Geschichte Israels auch von der großen weiten Welt wahrgenommen.

Salomo wird durch einen Priester zum König gesalbt.

Die Königin von Saba

Schön soll sie gewesen sein, klug und reich: »Und als die Königin von Saba die Kunde von Salomo vernahm, kam sie, um Salomo mit Rätselfragen zu prüfen. Und sie kam nach Jerusalem mit einem sehr großen Gefolge, mit Kamelen, die Spezerei trugen und viel Gold und Edelsteine. Und als sie zu König Salomo kam, redete sie mit ihm alles, was sie sich vorgenommen hatte. Und Salomo gab ihr Antwort auf alles, und es war dem König nichts verborgen, was er ihr nicht hätte sagen können.« Lange hielt man die legendäre Königin von Saba, die Salomo um das Jahr 950 v. Chr. mit ihrem Besuch beehrt haben soll, für eine Schöpfung der Phantasie. Archäologen hatten zwar die eindrucksvollen Reste einer rätselhaften Hochkultur im Süden der arabischen Halbinsel entdeckt, die unter Umständen als Heimat der berühmten Königin in Frage käme. Aber was dort ausgegraben wurde, stammte alles aus einer wesentlich späteren Epoche. Erst in jüngster Zeit lassen Ausgrabungen des Deutschen Archäologischen Instituts im Jemen den Bericht über die sagenhaft reiche Königin von Saba wieder glaubhaft erscheinen.

Der Besuch der Königin von Saba: Archäologische Ausgrabungen im Jemen werfen neues Licht auf eine berühmte Erzählung der Bibel.

Das Reich der Sabäer entstand nach Erkenntnissen der Wissenschaftler um 2000 v. Chr. Aber war es in der Epoche Salomos tatsächlich in der Lage, all den orientalischen Luxus hervorzubringen, mit dem die Königin Salomo beschenkte – Weihrauch, Gewürze, Gold und Edelsteine? Zumal die eindrucksvollen Überbleibsel der sabäischen Kultur aus der Zeit um 500 v. Chr., also ein halbes Jahrtausend nach Salomo, stammten. Etwa der erstaunliche Staudamm von Marib, der das Umland der Hauptstadt in eine 10 000 Hektar große Oase verwandelte. Aber auch andere Großbauten wie der gewaltige Mondtempel wurden lange nach Salomo errichtet. Mittlerweile sind die deutschen Forscher jedoch in ältere Grabungsschichten vorgestoßen. Ihr Befund: Das, was die Sabäer bereits um 1000 v. Chr. bauten, kann sich durchaus sehen lassen. Zur Zeit der legendären Königin von Saba schufen sie bereits monumentale Gebäude und verfügten über raffinierte Bewässerungssysteme – Indizien für eine Hochkultur im Süden Arabiens. Wer weiß, vielleicht gab es sie ja doch, die große biblische Herrscherin aus der Wüste, die dem weisen König von Jerusalem einen Besuch abstattete.

Der aufwändige Lebensstil Salomos hat aber auch eine Kehrseite, von der die Bibel berichtet. Der Hofstaat, die umfangreichen Neubauten in Jerusalem und andern Städten verschlingen eine Menge Geld, mehr als die Ökonomie des Landes verkraftet. Die drückende Last der Fronarbeit auf den königlichen Baustellen, zu der er auch die Stämme des Nordens heranzieht, bringen das Volk gegen den König auf. Die ohnehin schwache Union, die David unter Mühen zustande gebracht hatte, droht zu zerfallen. In der Tat wird sie Salomo nicht überleben. Während die kulturelle Bilanz seiner Regentschaft sehr positiv ausfällt, ist die politische weniger günstig. Und vielleicht wäre die Erinnerung an seine Herrschaft längst verblasst, hätte er nicht eine Tat vollbracht, die ihn auf Augenhöhe mit anderen berühmten Gestalten der Bibel wie Abraham, Mose und David stellt: den Bau des Tempels in Jerusalem.

DER BIBLISCHE BAUHERR

Glaubt man der Bibel, dann hatte Salomos Vater David den größten Teil seines Lebens mit Kriegszügen verbracht. Ihm blieb wohl schlicht keine Zeit mehr, Jerusalem zu einer Residenz auszubauen und dem Gott der Hebräer einen Tempel zu bauen. Nach der Überlieferung allerdings wurde ihm dies von Gott sogar ausdrücklich verboten. Trotz aller Verdienste um die Größe des Volkes Israel schien David nicht würdig, diese große Aufgabe zu erfüllen. An seinen Händen klebte Blut, er galt als Mörder und Ehebrecher. David war nicht der richtige Mann, um Jahwe ein Haus zu errichten. Ein göttlicher Auftrag, den Salomo erfüllen sollte.

David, so berichtet das Alte Testament, hatte noch gegen Ende seines Lebens im Norden der Stadt, an der höchstgelegenen Stelle, ein Grundstück gekauft, das zum Dreschen des Getreides diente. Dieser biblische Immobilienhandel sollte die Grundlage für die 3000-jährige Geschichte des Jerusalemer Tempelbergs werden. Denn nach der Überlieferung begannen hier um 950 v. Chr. die Bauarbeiten an einem der legendärsten Gebäude der Menschheit: dem Tempel Salomos.

Die zahllosen Eroberer, die die Mauern Jerusalems im Laufe der Zeit überwanden, und die neuen Bauherren unterschiedlichen Glaubens, die sich auf dem Tempelberg verewigen wollten, haben von dem legendären Gotteshaus allerdings nicht eine Scherbe übrig gelassen.

Salomos berühmteste Tat: der Bau des Jerusalemer Tempels.

Zwar ergeht sich das 1. Buch der Könige seitenlang in minutiösen Beschreibungen des prächtigen Bauwerks, aber bisher gibt es keinen einzigen authentischen Fund, der Rückschlüsse auf das tatsächliche Aussehen des Tempels zulassen würde. Ja, mehr noch: Mit gewissem Recht durfte man bislang daran zweifeln, dass das weltberühmte Bauwerk überhaupt jemals existiert hatte.

Im Januar 2003 schien sich die Situation dann dramatisch zu ändern. Damals ging die Meldung von einem Sensationsfund um die Welt: »Beweis für die Existenz von Salomos Tempel gefunden« oder ähnlich lauteten die Überschriften, unter denen die Nachrichtenagenturen ihre Berichte um den Globus schickten. Der Gegenstand, der für so viel Aufsehen sorgte, war unscheinbar: Eine kleine Steintafel mit einem hebräischen Text, der in phönizischen Lettern geschrieben war. Die Botschaft, die Forscher darauf entzifferten, hatte es in sich. Denn die Inschrift ist zum Teil identisch mit dem Wortlaut der Bibel. So ist im 2. Buch der Könige davon die Rede, dass ein Jerusalemer Herrscher mit Namen Joas den Tempel Salomos renoviert habe. Und eben dies bestätigt das Fundstück. Wenn der Text tatsächlich authentisch ist, liefert er den ersten und bisher einzigen Beweis für die Existenz des legendären Gotteshauses. Die Folgen wären weit reichend: Die islamischen Behörden, die heute über den Jerusalemer Tempelberg wachen, leugnen bislang beharrlich, dass an dieser Stelle einst ein jüdisches Gotteshaus existiert haben soll, errichtet von Salomo, dem Sohn Davids. Vor diesem Hintergrund enthält der Fund eine enorme politische Sprengkraft, spielt er doch israelischen Extremisten in die Hand, die den Abriss von Felsendom und Al-Aksa-Moschee propagieren. Wenn die kleine Tafel wirklich echt ist, wäre sie buchstäblich ein neuer Stein des Anstoßes im Dauerkonflikt zwischen Juden und Palästinensern um die rechtmäßigen Besitzansprüche an den heiligen Stätten Jerusalems. Ja, wenn sie denn echt ist ...

Schon die Umstände ihres Auftauchens ließen viele Forscher zweifeln. Merkwürdigerweise wollten die israelischen Wissenschaftler, die mit dem Fund an die Öffentlichkeit traten, auch nicht preisgeben, wo der Stein gefunden wurde. Anonymen Quellen der Jerusalemer Tageszeitung *HaAretz* zufolge soll er bei illegalen Grabungsarbeiten der Palästinenser auf dem Tempelberg entdeckt worden sein. Später sei der brisante Stein bei einem Antiquitätensammler in Jerusalem aufgetaucht, der den Fund schließlich dem Israel-Museum zum Kauf angeboten habe. So nahm die Sensationsgeschichte ihren Lauf. Und eine hitzige Forschungskontroverse folgte prompt. Mittlerweile überwiegen die Stimmen, die den Fund als nicht authentisch betrachten. Ein Gremium der israelischen Denkmalbehörde kam zu dem Schluss, dass es sich bei dem Text um eine moderne Fälschung auf einer antiken Steintafel handelt. Dafür sprechen vor allem die Schriftzeichen, die nach Ansicht der Forscher eine Art »Stilmix« darstellen. Auch die chemische Analyse der so genannten Patina, der Kruste aus Mineralien, die sich auf Objekten, die lange im Boden liegen, absetzt, deutet auf eine Fälschung hin. Die Ablagerungen sind auf Vorder- und Rückseite des Objekts unterschiedlich, was dafür spricht, dass die Patina über dem Text künstlich hergestellt wurde. Das allerdings, wie die Forscher anerkennend feststellen mussten, mit großem Geschick.

Ein hieb- und stichfester Beweis für die Existenz des legendären Gotteshauses auf dem berühmten Plateau am Rand der Jerusalemer Altstadt, das heute von der goldenen Kuppel des Felsendoms gekrönt wird, steht also immer noch aus. Und es ist nicht abzusehen, ob dieser Beweis irgendwann einmal erbracht werden kann. Denn das würde voraussetzen, dass israelische Wissenschaftler auf dem Tempelberg graben dürfen. Dass dies in der jetzigen politischen Situation ein unerreichbarer Traum ist, das weiß auch der Jerusalemer Archäologe Ronny Reich: »Man muss sich das enorme Potenzial dieser Stätte einmal vorstellen! Der Tempelberg ist eine Art riesiger Kasten, auf den König Herodes vor 2000 Jahren seinen Tempel gebaut und darunter alles begraben hat, was vorher dort vorhanden war. Und damit sind auch sämtliche Spuren aus der Zeit Salomos getilgt. Für uns ist dieser Platz ein riesiger weißer Fleck, der größte unbekannte antike Ort in Israel mit einer Fläche von 14 Hektar. Unter der Oberfläche müssen tausende von Kubikmetern antiker Schutt liegen. Aber leider können wir dort nicht graben.« Der Dauerkonflikt zwischen Palästinensern und Israelis verhindert die Erforschung des Areals.

An der Stelle des Salomonischen Tempels erhebt sich heute der islamische Felsendom.

Dabei wird Salomo auch im Koran als einer der Verkünder des Glaubens an den einen Gott erwähnt: »Wir sandten dir Offenbarung, wie Wir Noah Offenbarung sandten und den Propheten nach ihm; und Wir sandten Offenbarung Abraham und Ismael und Isaak und Jakob und seinen Kindern und Jesus und Hiob und Jonas und Aaron und Salomo«. Doch als Bauherrn des jüdischen Tempels wollen ihn die Muslime unter keinen Umständen verstanden wissen. Im Gegenteil. Israelische Archäologen gehen heute davon aus, dass Reste der jüdischen Gotteshäuser, die bei Umbauarbeiten im Bereich der Moscheen auftauchen, von den palästinensischen Behörden bewusst vernichtet werden. So bleibt die berühmteste Hinterlassenschaft des biblischen Königs in weiten Teilen ein bis heute ungelöstes Rätsel.

VON MUTMASSUNGEN, GRABUNGEN UND DEM WORT GOTTES

Da den Forschern der Weg verwehrt ist, die biblischen Beschreibungen des Bauwerks durch Untersuchungen vor Ort zu überprüfen, sind sie auf Rückschlüsse aus anderen Gra-

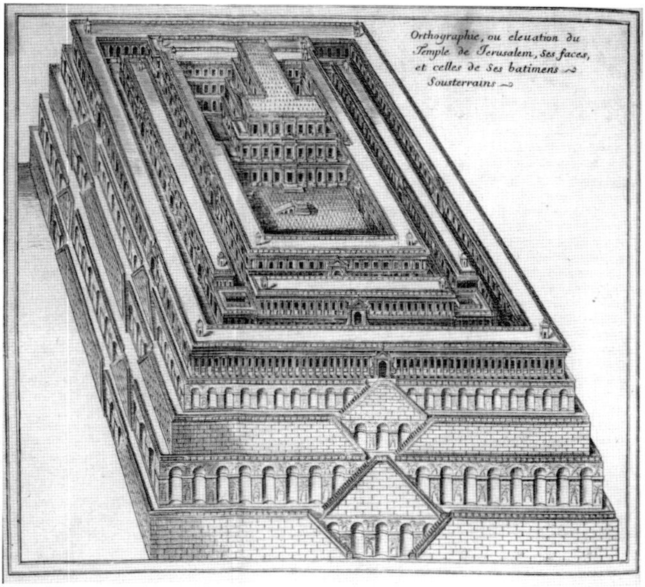

Früher malte man sich Salomos Tempel in gewaltigen Dimensionen aus. Nach dem heutigen Stand der Forschung waren seine Ausmaße sehr viel bescheidener.

bungen angewiesen. Salomos Tempel – auch wenn die Bibel den Eindruck erweckt, als stamme sein Bauplan direkt von Gott – ist natürlich nicht vom Himmel gefallen. Die Israeliten waren Teil der alten Völkerfamilie des Nahen Ostens und ihres kulturellen Erbes. Schon der Grundriss des Gotteshauses, wie ihn das Buch der Könige beschreibt, erinnert an Kultstätten, die Archäologen bei den antiken Nachbarn Israels entdeckt haben. Die meisten von ihnen wurden als dreigeteilte Hallen errichtet – ein allgemein verbreitetes Bauprinzip.

Eine besonders Aufsehen erregende Entdeckung, die bis in die Details an die biblische Beschreibung des Jerusalemer Gotteshauses erinnert, gelang 1912. Damals machte sich eine britische Expedition zu einem Ort mit Namen Karkemisch auf. Die Stadt, die der Kultur der Hethiter zugerechnet wird, liegt am Oberlauf des Euphrat, im heutigen Grenzgebiet zwischen der Türkei und Syrien. An der Kampagne nahm ein junger britischer Forscher teil, der es später noch zu einigem Weltruhm bringen sollte. Allerdings nicht als Archäologe, sondern als Guerillakämpfer. Sein Name: Thomas Edward Lawrence. Während des Ersten Weltkriegs organisierte er den Aufstand arabischer Stämme ge-

Götzendienst

Die Bibel zeichnet ein ambivalentes Bild des weisen Königs und Erbauers des legendären Tempels. So wird etwa berichtet, Salomo sei in späteren Jahren vom Glauben an Jahwe abgefallen und habe fortan fremden Göttern gehuldigt. Schuld daran seien die ausländischen Frauen des Herrschers gewesen, die ihre Kulte an den Jerusalemer Hof mitgebracht hätten. Die Wissenschaft geht heute davon aus, dass der Monotheismus zu Zeiten Salomos noch gar nicht existierte. Die Verehrung vieler Götter war vielmehr gängige Praxis. Die Geschichte von Salomos Götzendienst, die erst viele Jahrhunderte später verfasst wurde, diente offenbar dazu, die politischen Katastrophen, die nach seinem Tod einsetzten, zu erklären. Der Zerfall seines Reiches und schließlich sogar die Zerstörung des Tempels werden als Strafe Gottes für die Vielgötterei Salomos und seiner Nachfolger interpretiert.

gen die türkische Herrschaft im Vorderen Orient und wurde so als »Lawrence von Arabien« zu einer der populärsten Heldenfiguren des 20. Jahrhunderts.

Im Jahr 1912 arbeitete der hochbegabte Absolvent der Universität von Oxford im Team des bekannten Archäologen Leonard Wooley. Die Briten legten in einer mehrjährigen Grabung Palast und Tempelanlage der alten Hethiterstadt frei – eine archäologische Sensation. Vor allem die Ähnlichkeit zwischen dem Tempel des hethitischen Wettergottes und dem Jerusalemer Gotteshaus verblüffte die Ausgräber. Genau wie der Tempel Salomos besaß das Heiligtum der Hethiter einen Vorraum, der von zwei Säulen flankiert war, eine Haupthalle und dahinter einen etwas kleineren Raum. Selbst die Abmessungen waren ähnlich. Vor allem aber förderte die Grabung eine große Zahl gut erhaltener Skulpturen und Reliefs zu Tage, die bis in die Details mit den biblischen Beschreibungen übereinstimmen. Die Figuren der geflügelten Tierwesen mit Menschenkopf, mit denen auch das Haus Jahwes geschmückt war, fanden sich ebenso, wie verschiedene Bassins in der Nähe des Tempels, die zum Waschen des Opferfleischs benötigt wurden. Die erstaunlichste Parallele aber war ein Wasserbecken, das zwischen Stierfiguren ruhte. Ein solches Becken gehörte auch zur Ausstattung des Tempels in Jerusalem. Die Bibel bezeichnet die rund fünf Meter große Metallschüssel, die auf mannshohen Stierleibern ruhte, ehrfürchtig als »Bronzenes Meer«. Das Stierbecken von Karkemisch war zwar wesentlich kleiner und aus Stein gehauen, aber die Ähnlichkeit in der Gestaltung war doch zu groß, um nur zufällig zu sein.

Thomas Edward Lawrence (links) und Leonard Wooley in Karkemisch.

Tatsächlich gab es um etwa 1000 v. Chr. eine Verbindung zwischen Jerusalem und der Stadt am Oberlauf des Euphrat. Sie führte über die Küstenstadt Tyrus am Mittelmeer im heutigen Libanon. Die dort ansässigen Phönizier beherrschten als geschickte Seeleute den Mittelmeerhandel. In der Bibel heißt es, dass Salomo nicht nur bei der Lieferung von Zedern für die Deckenbalken des Tempels von der mächtigen Handelsmacht abhängig war. Er forderte sogar einen Handwerker aus Tyrus an, der die Gold- und Bronzearbeiten ausführen sollte. Der Mann mit Namen Hiram wurde, so heißt es, der maßgebliche Gestalter des Gebäudes. Der Einfluss der Phönizier reichte aber nicht nur nach Süden, sie unterhielten auch enge Verbindungen mit ihren östlichen Nachbarn, den Hethitern. Ihre königlichen Bauherren könnten wie Salomo auf Spezialisten aus Tyrus zurückgegriffen haben. So würde sich auch die Ähnlichkeit der beiden Becken erklären lassen.

Die Ergebnisse der britischen Grabung und die Fundstücke aus Karkemisch, die sich heute im Museum von Ankara befinden, lassen die biblische Beschreibung durchaus realistisch erscheinen – abgesehen vielleicht von der Menge der Verzierungen aus purem Gold, die nach der Bibel viele Tonnen gewogen haben sollen. Ignoriert man diese offensichtliche Übertreibung, kann man sich den Bau als eine Halle von etwa dreißig Metern Länge vergegenwärtigen, die von einem niedrigeren Anbau umgeben war. Darin befanden sich die Lagerräume für all die Gerätschaften, die für die rituellen Handlungen benötigt wurden, und die Schatzkammern. Den Haupt-raum hatte der Baumeister dreigeteilt. Eine von zwei mächtigen bronzenen Säulen dominierte Vorhalle führte zum Hauptraum des Tempels, in dem sich ein goldener Altar, die Tische für die Schaubrote und die Menoras, die siebenarmigen Leuchter als Symbole des Lebensbaums, befanden. Dahinter, abgeteilt durch eine Tür und nur den Hohepriestern zugänglich, lag das Allerheiligste. Hier stand die Bundeslade, jener Schrein, der nach der biblischen Überlieferung die steinernen Tafeln mit den Zehn Geboten enthielt. Der Raum war mit Goldblech ausgekleidet, die Lade war flankiert von zwei imposanten Cherubim, die ihre Flügel über den Schrein ausbreiteten. Die Cherubim, von de-

Die in der Bibel erwähnten »Cherubim« muss man sich als geflügelte Stiere mit Menschenkopf vorstellen, wie sie in assyrischen Palästen gefunden wurden.

nen in der Bibel an verschiedenen Stellen die Rede ist, wurden in der christlichen Tradition als eine Art »Engel« missverstanden. Tatsächlich muss man sie sich als Mischwesen vorstellen, wie sie für die altorientalischen Kulturen typisch sind. Die eindrucksvollsten Beispiele fanden Archäologen in assyrischen Palästen: Vier Meter hohe geflügelte Stiere mit Menschenkopf als Torwärter. Ähnliche mythologische Figuren dürften auch das Allerheiligste des Jerusalemer Tempels bewacht haben, mit dem Salomo das zentrale Heiligtum der Jahwe-Religion schuf. Ein Ort, der bis heute für gläubige Juden der Nabel der Welt ist.

NICHTS ALS EIN TRÜMMERHAUFEN

Hier will ich für immer meinen Namen ruhen lassen«, hatte Gott in der Bibel zum Erbauer des Tempels gesagt. Ein Versprechen, das nicht in Erfüllung ging. Salomos legendäre Hinterlassenschaft wurde ein Opfer der politischen Katastrophen, die bald nach seinem Tod einsetzten. Sein Sohn und Nachfolger Rehabeam führte sich bei seinen Untertanen mit den Worten ein: »Mein Vater hat euch mit Peitschen gezüchtigt. Ich aber will euch mit Skorpionen züchtigen.« Das Volk begehrte auf und die brüchige Allianz der Provinzen zerfiel. Der Norden, von Samaria aus regiert, nannte sich fortan »Israel«, der Süden mit der Hauptstadt Jerusalem »Juda«.

Als hätte man damit nicht schon genug Probleme, trat in dieser Zeit auch noch eine Macht auf den Plan, vor der die damalige Welt zitterte: die Assyrer. Ihre Armee war unbezwingbar, ihre Grausamkeit sprichwörtlich. 721 v. Chr. überrannten sie das Nordreich Israel. Das Südreich entging der Vernichtung durch die Zahlung hoher Tribute. Doch es sollte nur ein kurzer Aufschub werden. Die neue Großmacht Babylon schluckte das Reich der Assyrer und streckte ihren Arm bis nach Ägypten aus. 587 v. Chr. eroberte der babylonische König Nebukadnezar Jerusalem und ließ den Tempel Salomos vollständig zerstören. Das war, so die Bibel, das Ende des legendären Bauwerks. Zwar bauten die Juden nach der Rückkehr aus dem babylonischen Exil das Haus Jahwes wieder auf, aber der Tempel war ebenso wenig von Dauer, wie Herodes' so genannter Zweiter Tempel. Den Nimbus des legendären »Ersten Tempels« erreichte keines der Nachfolgegebäude.

Hinzu kam, dass gegen Ende der Regierungszeit von Herodes ein Mann geboren wurde, der die Welt verändern sollte: Jesus. Als man ihn ans Kreuz nagelte, waren auch die Tage des Zweiten Tempels zu Jerusalem gezählt. Das unbeugsame jüdische Volk hatte die Großmacht Rom herausgefordert. Und die schlug grausam zu. Das Haus Jahwes und alle seine Schätze wurden geplündert. Doch damit nicht genug: Systematisch zerstörten sie die Stadt und ihr prächtiges Heiligtum, vertrieben die Bevölkerung oder schickten sie in die Sklaverei. Seit jener Zeit gibt es keinen jüdischen Tempel mehr. Aber den Mythos vom legendären Haus Gottes trugen die Christen nach Europa.

IM ZEICHEN DES KREUZES

Die Szene aus dem Jahr 1095 ist historisch verbürgt: Während einer Versammlung kirchlicher Würdenträger in der kleinen französischen Stadt Clermont ergreift Papst Urban das Wort und predigt zur Menge. Eine der folgenreichsten Reden, die je gehalten wurden. Das Oberhaupt der Christenheit entwirft ein düsteres Bild. Jerusalem, die Stadt des Herrn sei besudelt von den Ungläubigen. Jetzt hinderten sie sogar die Pilger am Besuch der heiligen Stätten.

Eine Predigt mit Folgen: Die Ansprache von Papst Urban II. auf dem Konzil in Clermont löste den ersten Kreuzzug aus.

Diese Schmach müsse endlich ein Ende haben! Die Christenheit müsse Jerusalem den Moslems wieder entwinden! Die Zuhörer dieser aufwühlenden, donnernden Predigt des Papstes reißen spontan rote Tücher in Streifen und hefteten sie in Kreuzform auf ihre Gewänder. Der Grundstein für eine der blutigsten Phasen in der Geschichte des Christentums war gelegt.

In zähem Kampf schlugen sich die französischen und deutschen Kreuzritter bis nach Palästina durch und erreichten schließlich an einem Junitag des Jahres 1099 die Stadt des Herrn. Vor den Augen der erstaunten Verteidiger umrundete das christliche Heer dreimal in feierlicher Prozession die Mauern Jerusalems. Dann begann der Sturm. Den gepanzerten Rittern und ihren Belagerungsmaschinen war Jerusalem nicht gewachsen. Was nun folgte, läutete eines der düstersten Kapitel in der Geschichte der Stadt und ihres heiligen Berges ein. Die Raserei der Sieger, die nach unendlichen Strapazen ihre Mission erfüllt hatten, kannte keine Besinnung und keine Gnade. Sie richteten unter den Moslems und Juden ein schreckliches Blutbad an. Die entsetzten Bewohner flohen auf den befestigten Tempelberg und warfen sich mit dem Mut der Verzweiflung den Angreifern entgegen. Als ihr Widerstand immer mehr erlahmte, verwandelte sich die letzte Bastion in eine tödliche Falle. Nach einem zwei Tage andauernden Morden bedeckten Leichen den gesamten Berg. Die christlichen Ritter verschonten auch Frauen und Kinder nicht. Etwa 30 000 Menschen, so schätzt man, fielen dem grausigen Massaker zum Opfer.

Die Einnahme Jerusalems durch die Kreuzritter war der blutige Auftakt zu einer knapp hundertjährigen christlichen Herrschaft über Palästina. Eine Zeit, in die auch die Gründung einer geheimnisumwitterten Organisation fällt, die bis heute Anlass zu vielen Spekulationen gibt. Im Jahr 1120 hatten sich neun Ritter auf dem Tempelberg zu Mönchen weihen lassen. Den neu geschaffenen Orden nannten sie »Arme Ritter vom Tempel Salomos«. Er orientierte sich am Vorbild der Zisterzienser – mit einem entscheidenden Unterschied: Diese Mönche trugen unter der Kutte eine Rüstung und am Gürtel ein Schwert. Sie gelobten Keuschheit, Armut und Gehorsam, wollten die Pilger im Heiligen Land gegen Überfälle schützen und bezogen Quartier auf dem Tempelberg. Am Ende räumte selbst der König seinen Palast und überließ den Mönchsrittern das gesamte Terrain.

Die Eroberung von Jerusalem durch die christlichen Kreuzritter 1099 endete in einem Blutbad.

Eine geheimnisvolle Aura umgibt die Organisation, die aus ihren bescheidenen Anfängen bald zu einer europäischen Macht heranwächst. In allen Reichen der christlichen Welt existieren Niederlassungen des Ordens, der tausende von Mitgliedern zählt. Schon Ende des 13. Jahrhunderts besaßen die Tempelritter nicht nur politischen Einfluss, sie hatten auch enorme Reichtümer und Grundbesitz angehäuft. Und das sollte ihnen am Ende zum Verhängnis werden. Denn die notorisch geldknappen Monarchen begannen nach den Schatzkammern der Ritter zu schielen. Um das Jahr 1312 startete der französische König Philipp der Schöne einen ideologischen Vernichtungsfeldzug gegen die Templer.

Im Stil der Zeit bezogen sich die Vorwürfe in erster Linie auf die Verbreitung von Irrlehren, den Abfall vom wahren christlichen Glauben, die Anbetung von Götzen und sexuelle Verfehlungen. Solche Anschuldigungen kamen in der mittelalterlichen Welt einem Todesurteil gleich. Die Geständnisse der Angeklagten wurden in der Regel durch Folter erpresst, dutzende von Templern endeten auf den Scheiterhaufen der Inquisition, der Rest tauchte in anderen Orden unter. Die einst so mächtige Organisation aber war ausgelöscht.

DER UNSTERBLICHE MYTHOS DES TEMPELS

Dass die Templer vom legendären Gotteshaus Salomos fasziniert waren, beweist schon der Name, den sie ihrem Orden gaben. Aber auch die Architektur des Bauwerks muss es ihnen angetan haben. In Ermangelung des Originals konzentrierte sich ihr Interesse auf den Felsendom. Wahrscheinlich gingen sie davon aus, dass er sich exakt an der Stelle des salomonischen Bauwerks erhob. Im Laufe der Zeit scheint eine Art Gleichsetzung der beiden Gebäude stattgefunden zu haben. Jedenfalls finden sich die Proportionen des Felsendoms in Kirchenbauten wieder, die der einflussreiche Templerorden später in ganz Europa errichten ließ.

Das Interesse an Architektur und Mathematik mag viel zur geheimnisvollen Aura beigetragen haben, die den Templerorden umgab. Im Mittelalter lebten die Menschen nicht in einer quantifizierbaren Welt, sondern in einem Kosmos aus symbolischen Bezügen. Zahlen be-

Zeugnisse einer geheimnisumwitterten Organisation: Grabsteine der Templer in Schottland.

saßen magische Kräfte und die Beschäftigung damit grenzte an das Reich der Zauberei. Auf einigen Templergrabsteinen findet man das Symbol der Zahl Pi eingemeißelt. Auf ihr beruht die Berechnung von Kreisinhalt und Umfang. Ein Symbol der Macht, denn es ermöglichte nicht zuletzt die Konstruktion der gewaltigen gotischen Kathedralen. Das Abbild perfekter Architektur war der Tempel Salomos. Er stellte für die Menschen des Mittelalters das erste und heiligste aller Gebäude dar, denn schließlich fand sich sein Bauplan in der Bibel. Und mehr als das: Die Akribie, mit der das Alte Testament das Haus Jahwes beschreibt – seitenlang mit minutiösen Maßangaben – konnte kein Zufall sein. Sollte in diesen Zahlen am Ende doch eine geheime Botschaft Gottes versteckt sein? Der mathematische Schlüssel zur architektonischen Harmonie? Ein Gedanke, der noch Jahrhunderte später große Geister beflügelte. Selbst Isaac Newton, einer der größten Naturwissenschaftler der Menschheit, betrieb mathematische Experimente mit den Zahlen des biblischen Textes, in der Hoffnung, einer Art Superformel auf die Spur zu kommen.

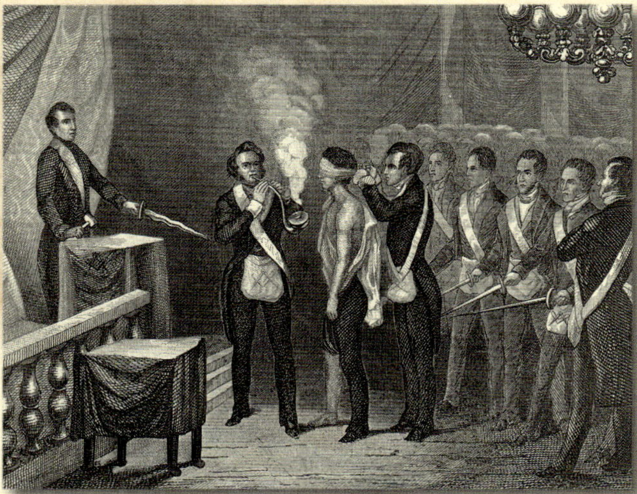

Aufnahmeritual in einer Freimaurerloge im 19. Jahrhundert.

Die geheimnisvollen Erbauer des Tempels

Der Kandidat wird hereingeführt. Seine Augen sind mit einer Binde bedeckt, sein rechtes Hosenbein ist hochgekrempelt und seine linke Brusthälfte ist entblößt. Man leitet ihn zu einem Tisch, auf dem Zirkel und Winkeleisen liegen. Dahinter stehen schweigend dunkel gekleidete Herren. Dann beginnt das Ritual. Der Vorsitzende der unheimlichen Versammlung berührt mit einem Dolch die Brust des Kandidaten und spricht eine eindeutige Warnung aus: Sollte er jemals die Geheimnisse verraten, in die er fortan eingeweiht werde, dann verfalle er dem Tod.

So oder in leicht abgewandelter Form verläuft die Aufnahme eines neuen Mitglieds in eine Freimaurerloge. Und es sind diese und andere äußerst streng gehütete Rituale, die den Freimaurern bis heute eine Aura des Geheimnisvollen und Unheimlichen verleihen. Dabei treten ihre Mitglieder für Freiheit, Menschenwürde, Nächstenliebe, Toleranz und soziale Gerechtigkeit ein. Offizielles Ziel der Logen ist es, ihre Mitglieder zu »sittlicher und geistiger Vervollkommnung und echter Menschlichkeit« anzuleiten. Ihr großes Vorbild ist dabei ein Mann aus der Bibel: Hiram, jener Baumeister aus Tyros, der den salomonischen Tempel gestaltet hat: **»Er versteht zu arbeiten mit Gold, Silber, Kupfer, Eisen, Steinen, Holz, rotem und blauem Pur-**

pur, feiner Leinwand und Scharlach, und Bildwerk zu schnitzen und alles, was man ihm aufgibt, kunstreich zu machen«, so beschreibt voll des Lobes das Alte Testament den phönizischen Architekten, den Salomo für sein ehrgeiziges Bauvorhaben engagierte. Nach der Überlieferung der Freimaurer soll der geniale Meister später von seinen drei Gesellen ermordet worden sein. Sie hätten versucht, ihm seine Berufsgeheimnisse zu entreißen. Doch er nahm sie mit ins Grab.

Der historische Ursprung der Freimaurer geht auf die mittelalterlichen Bauhütten zurück. Die hoch angesehenen Architekten und Steinmetze der Kathedralen genossen viele Privilegien und gaben sich schon früh eine eigene Berufsordnung. Als die Dombaumeister im 17. Jahrhundert arbeitslos wurden, entwickelte sich neben der praktischen »Maurerei« auch eine »Freimaurerei«. Die oft hoch gebildeten Architekten wurden zum Mittelpunkt philosophischer Zirkel, die nicht mehr handwerklich, sondern sozusagen »geistig« bauten. Die Symbolik der alten Steinmetzzunft behielten sie aber bei.

Als sich im Jahr 1717 vier solcher Zirkel in London zu einer eigenen Loge zusammenschlossen, schlug die Geburtsstunde der Freimaurerbewegung. Das Gotteshaus Salomos stand von Anfang an im Mittelpunkt ihrer Symbolik. Ihre Versammlungshäuser heißen in Erinnerung an das biblische Vorbild deshalb auch »Tempel«. Aber das salomonische Bauwerk verkörpert für sie noch viel mehr: Es steht in der Vorstellung der Freimaurer für die menschliche Gesellschaft. Sie zu perfektionieren, dazu ist jedes Mitglied einer Loge aufgerufen. Darüber hinaus verrichten die Freimaurer streng geheime »Tempelarbeiten«, die der Vervollkommnung des Individuums dienen sollen. Hat man die ersten beiden Erkenntnisstufen erreicht, kann man zum Meister und danach zum Hochmeister aufsteigen. Das Ritual zur Erlangung des Meistergrades erinnert dabei ebenfalls an den biblischen Architekten: Der zukünftige Meister legt sich dazu in einen Sarg, nachdem er zuvor symbolisch durch drei Hammerschläge auf die Stirn getötet worden ist. Er stellt damit das Schicksal Hirams nach – nur mit dem Unterschied, dass er nach seiner »Ermordung« wieder auferweckt wird. Anschließend wird der frisch gebackene Meister von einem ranghöheren Mitglied der Loge in neue Geheimnisse eingeweiht. Weltweit sind heute etwa sechs Millionen Menschen in Freimaurerlogen aktiv, in denen die Erinnerung an Salomos Tempel wach gehalten wird. ¶

Der Mythos von Salomos Tempel trieb die Menschen auch im 20. Jahrhundert noch um. Der Engländer Montagu Brownlow Parker, der 1909 nach Jerusalem reiste, wollte allerdings keinen Zahlencode knacken, er hatte handfestere Absichten, die sich um den sagenhaften Reichtum des Gotteshauses drehten. Er vermutete Teile des Tempelschatzes in einer Geheimkammer unterhalb der ehemaligen Kultstätte, dort nämlich, wo sich heute der Felsendom erhebt.

Parker, ein wohlhabender Offizier aus dem britischen Adel, der sich nicht um seinen Broterwerb kümmern musste, war für so manches verrückte Unternehmen zu haben. Er stellte eine Expedition nach Jerusalem auf die Beine und nutzte dabei seine gesellschaftliche Position, um eine beträchtliche Geldmenge zur Finanzierung aufzubringen. Den Investoren gegenüber verpflichtete er sich zur Abtretung eines bestimmten Prozentsatzes am Verkaufserlös des Schatzes.

Der Jerusalemer Tempelberg um 1900.

Jerusalem gehörte in jener Zeit noch zum türkisch-osmanischen Großreich, das den gesamten Vorderen Orient beherrschte. Die türkischen Behörden gestatteten zwar die angebliche archäologische Grabung, die Montagu Brownlow Parker als offiziellen Grund seines

Aufenthalts angab, beäugten ihn und seine Mitarbeiter aber gleichzeitig misstrauisch. Hinter den verwegenen Plan des Briten kamen sie indes nicht. Parker wollte heimlich ins Innere des Tempelbergs und damit unter die Grundmauern der Moscheen vordringen. Das war damals nicht weniger ein Sakrileg als heutzutage. Der Brite legte zunächst einen Tunnel unterhalb der »Davidstadt« etwa 500 Meter vom Tempelberg entfernt frei. Die steinerne Röhre, davon war er fest überzeugt, würde ihn direkt zum Ziel seiner Träume führen. Eine Annahme, die sich am Ende als falsch erweisen sollte. Doch bis zur bitteren Erkenntnis, dass er von seinem Grabungsgelände aus niemals ins Innere des heiligen Bezirks gelangen würde, gingen über zwei Jahre ins Land. Während dieser Zeit wühlte sich Parker mit seinen Getreuen, zu denen sich auch ein prominenter Jerusalemer Dominikanerpater gesellt hatte, durch ein komplexes Tunnelsystem. Dank Pater Vincents Aufzeichnungen von den Grabungen geriet Parkers Expedition zwar wider Willen zu einer archäologischen Pioniertat in der »Davidstadt«. Aber ihrem eigentlichen Ziel kam sie keinen Schritt näher.

Zu allem Überfluss tauchte noch ein ganz unerwartetes Hindernis auf, und zwar in Gestalt des berühmten und sagenhaft reichen Barons Edmond de Rothschild. Der in Frankreich geadelte Jude war ein glühender Anhänger des Zionismus, jener politischen Bewegung, die seit Ende des letzten Jahrhunderts für die Schaffung eines israelischen Staates in Palästina eintrat. Rothschild, der von Parkers Plänen Wind bekommen hatte, wollte verhindern, dass der Engländer wertvolles jüdisches Erbe an sich brachte. Er kaufte kurzerhand das Gelände unmittlebar neben Parkers Ausgrabungsstätte und untersagte ihm, seine Arbeiten dort fortzusetzen. Zu diesen Widrigkeiten gesellten sich mit der Zeit auch finanzielle Probleme. Parker hatte das Geld der Investoren aufgebraucht und sah sich gezwungen, alles auf eine Karte zu setzen. Ein waghalsiger Coup sollte die entscheidende Wendung bringen: Wenn es nicht möglich war, von unten in den Tempelberg einzudringen, dann musste es eben von oben versucht werden!

Der kürzeste Weg zur vermeintlichen Schatzkammer führte direkt durch den Felsendom, genauer gesagt durch den Boden der heiligen Grotte im Innern der Moschee. Die kleine Höhle, die auch heute noch über eine Treppe begehbar ist, trägt den Namen »Brunnen der Seelen«, weil sich an diesem Ort nach muslimischer Überlieferung die Toten zum Gebet versammeln. An manchen Tagen, insbesondere nach stärkeren Regenfällen, ist hier zumindest ein leises Wassergeräusch vernehmbar, das frommen Ohren als das Rauschen der Paradiesflüsse gilt. Parker kümmerte sich nicht um die tiefere Bedeutung, für ihn war hier schlicht der Zugang zum unterirdischen Tunnelsystem des Tempelbergs und damit zu den sagenhaften Schätzen des Gotteshauses.

Allerdings ließ sich der Weg durch den Felsendom nur heimlich und unter Lebensgefahr beschreiten – der Tempelberg und die Moschee waren unantastbar. Dennoch zögerte Parker nicht. Er bestach einen hohen türkischen Beamten und erkaufte sich damit den ungestörten Zutritt zum Felsendom vom Abend bis zur Morgendämmerung. In einer Mainacht des Jahres 1911 erlebte die ehrwürdige Moschee den seltsamen Auftritt von vier britischen Gentlemen nebst einem französischen Pater, die als Araber verkleidet durch das dunkle Gebäude huschten. Wie mag der erste Schlag der Spitzhacke den Männern in den Ohren geklungen haben? Wenn man sie jetzt entdeckte, würden die Moslems kurzen Prozess mit ihnen machen!

Welche Geheimnisse die fünf in jener Nacht dem heiligen Berg entrissen, wird man nie genau erfahren. Sicher ist nur, dass sie ihr Vorhaben nicht zu Ende führen konnten. Denn irgendwann vor Morgengrauen kam ein anderer Wärter am Felsendom vorbei, dessen Schweigen Montagu Brownlow Parker unglücklicherweise nicht erkauft hatte. Durch merkwürdige Geräusche aufmerksam geworden, wollte er im Dom nach dem Rechten sehen. Glück im Unglück, dass der fromme Araber die fünf Europäer, die im Schweiße ihres Angesichts einen der heiligsten Orte der islamischen Welt durchwühlten, für böse Geister hielt. Er rannte zunächst kopflos davon, bevor er dann doch Alarm schlug. Für Parkers Crew wertvolle Minuten, um im Dunkel der Nacht zu verschwinden. In letzter Minute erreichten sie ihre Yacht im Hafen von Jaffa, setzten Segel und ließen das Heilige Land hinter sich – auf Nimmerwiedersehen.

Der Vorfall sorgte damals für dicke Schlagzeilen in der Weltpresse. In Jerusalem kam es zu einem Tumult, der von Parker bestochene Beamte wurde von der aufgebrachten Menge gelyncht. In Vergessen geraten ist die Nacht- und Nebelaktion des Engländers auch heute noch nicht, wenngleich für die moderne Forschung seine jahrelangen Grabungen in der »Davidstadt« von größerer Bedeutung sind. Unter

Prolog zu den Sprüchen Salomos aus einer Gutenbergbibel des Jahres 1455.

wissenschaftlichen Gesichtspunkten betrachtet war Parkers Vorgehensweise sicher haarsträubend, doch seine Grabungen bildeten den historischen Auftakt zur Jerusalem-Archäologie. Das Gelände, auf dem der Engländer seine Arbeit begonnen hatte, ist längst bis in den letzten Winkel erforscht und für Besucher freigegeben. Das eigentliche Ziel Parkers aber, zur Stätte des legendären Tempels Salomos zu gelangen, ist für die Archäologen auch fast hundert Jahre später noch immer ein unerfüllter Traum.

GEORG GRAFFE

Iosias autem genuit iechoniam 7 fratres eius in transmigratione babylonis.

Et post transmigratione babylonis iechonia genu salathiel. Salathiel autem genuit zorobabel

Zorobabel autem genuit abiud. Abiud autem genuit elyachim.

Elyachim aut genuit azor. Azor autem genuit sadoch.

BABYLON UND DIE ERFINDUNG DER BIBEL

Nur Gott hätte die Katastrophe verhindern können. Aber Gott steht nicht länger auf der Seite seines auserwählten Volkes. Es hat ihn erzürnt, ist von ihm abgefallen, dient den Götzen anderer Völker. So erklärt die Bibel das Verhängnis, das über Jerusalem hereinbricht. Jahwe hat sein Volk oft gestraft, aber noch nie so hart wie an jenem Augusttag des Jahres 587 v. Chr., als die gefürchteten Truppen des babylonischen Königs Nebukadnezar die Mauern der Stadt erstürmen.

Es war ein Kampf mit ungleichen Mitteln gewesen, aussichtslos von Anfang an. 18 Monate lang hatten die Bewohner verzweifelt Widerstand geleistet, dann mussten sie sich dem überlegenen Gegner beugen. Für Nebukadnezar ein schäbiger Triumph, die Rache dafür, dass der kleine Staat Juda mit seiner Hauptstadt Jerusalem es gewagt hatte, zum großen Gegner der Babylonier, den Ägyptern, überzulaufen. Ein kleiner Vasallenstaat, der den Fehler beging, sich mit einer der absoluten Großmächte der Zeit anzulegen. Babylon besaß die bestorganisierte und schlagkräftigste Armee des damaligen Orients. Dutzendfach waren ihr Städte in die Hand gefallen, von den mächtigen Metropolen der Assyrer bis zu den reichen Handelsorten an der syrischen Mittelmeerküste. Und nun wollte ausgerechnet Jerusalem dieser Weltmacht widerstehen?

Die Eroberung Jerusalems durch den babylonischen König Nebukadnezar ist ein Schlüsselereignis der biblischen Geschichte.

Dieses assyrische Relief zeigt die dramatische Belagerung der Stadt Lachisch.

Die Niederlage nach Monaten der Belagerung war bitter gewesen. Wie sich das Szenario abgespielt haben könnte, zeigen die Reliefs aus dem Palast des assyrischen Königs Sanherib, der etwa ein Jahrhundert zuvor das israelitische Nordreich ausgelöscht hatte. Die Reliefs, die sich heute im Britischen Museum befinden, dokumentieren die Eroberung der hebräischen Stadt Lachisch: Man sieht, wie die Angreifer in wohlgeordneten Verbänden heranrücken. Bogenschützen und Steinschleuderer nehmen die Verteidiger auf den Zinnen unter Beschuss. Andere Truppenteile versuchen Leitern an die Mauern heranzubringen, und sogar eine Art Panzer kommt zum Einsatz. Das mit Metallplatten bewehrte Gefährt wurde auf einer künstlich aufgeschütteten Rampe gegen die Mauer vorgeschoben. Durch Schießscharten in der Panzerung konnten Bogenschützen die Verteidiger auf kürzeste Entfernung aufs Korn nehmen.

Jerusalem hatte genau wie Lachisch keine Chance, dem Ansturm der babylonischen Kriegsmaschinerie standzuhalten. Was danach für gewöhnlich folgte, auch darüber geben die Londoner Reliefs Auskunft: Die Sieger hielten ein grausiges Strafgericht. Die Anführer der Verteidiger wurden gepfählt oder bei lebendigem Leib gehäutet. Solche Gräuel sollten anderen unterjochten Völkern eine Warnung sein: Wer sich gegen die Herrscher des Zweistromlandes auflehnt, weiß, was er zu erwarten hat. Mit Jerusalem jedenfalls lässt Nebukadnezar kurzen Prozess machen. Die Stadt, der Königspalast, das prächtige Gotteshaus Jahwes werden erst gründlich geplündert und dann in Schutt und Asche gelegt. Die Bevölkerung verschleppen die Sieger an die Ufer des Euphrat, nach Babylon. Damit ist das hebräische Königtum ausgelöscht, der zentrale Kultplatz der Jahwe-Religion vernichtet. Die Stunde null des Volkes Israel.

Die Zerstörung des Tempels und die anschließende Zwangsumsiedlung von Teilen der Bevölkerung schildert die Bibel als die schlimmste Katastrophe in der Geschichte des alten Israel. Ein traumatisches Erlebnis und ein Ereignis, dem fromme Juden bis heute gedenken. Am Abend des neunten Tages des jüdischen Monats »Av«, etwa Anfang August, versammeln sich alljährlich hunderte von Gläubigen an der Klagemauer. Sie trauern um den Verlust des sagenhaften Gotteshauses, das Salomo errichtet hatte, und um das Schicksal ihrer Vorfahren. Damals, vor 2500 Jahren, hatte sich zum ersten Mal angekündigt, was zum tragischen Leitthema der jüdischen Geschichte quer durch die Jahrhunderte werden sollte: Vertreibung, Leben in der Fremde und Sehnsucht nach Heimat.

Aus der Sicht moderner Forschung hatte dieser dramatische historische Einschnitt aber noch eine ganz andere Seite. Aus dem Untergang Jerusalems entstand etwas Neues – mit epochalen Folgen: »Man kann die Bedeutung des Babylonischen Exils gar nicht hoch genug bewerten«, so der Archäologe Jürgen Zangenberg von der Bergischen Universität Wuppertal. »Es ist die Geburtsstunde des Judentums, wie es später, also nach der Rückkehr nach Palästina 600 Jahre lang bestand und in mancher Hinsicht bis heute besteht. Während des babylonischen Exils ist nicht nur ein Großteil der alttestamentlichen Literatur geschrieben worden, auch wichtige Bräuche, Riten und Institutionen wie die Feier des Sabbats und der jüdische Festtagskalender gehen auf das Babylonische Exil zurück. Nach dieser Zeit war es un-

Die Eroberung Jerusalems durch die Babylonier, dargestellt auf einem Kustwerk aus dem 17. Jahrhundert.

denkbar, dass es einen anderen heiligen Ort geben kann, als Jerusalem. Das Exil war sozusagen das Scharnier zwischen dem alten ›Volk Israel‹ und dem, was man von da an ›Judentum‹ nannte.«

Eroberung, Verschleppung, Exil – das sind die Schlüsselereignisse, die eine religiöse und kulturelle Neuorientierung auslösen, ohne die es weder die Bibel, in der Form wie wir sie kennen, noch das jüdische Volk gäbe. Doch wie war es überhaupt zu diesem folgenreichen Wendepunkt gekommen?

DER UNGEHÖRTE MAHNER

Die Bewohner Jerusalems hätten die Katastrophe vermeiden können. Denn hatte nicht ein Mann sie immer wieder gewarnt, hatte ihnen und ihren Königen das drohende Unheil in eindringlichen Worten vorhergesagt? »Die Israeliten haben mich erzürnt durch ihrer Hände Werk, spricht der HERR. …Sie, ihre Könige, Oberen, Priester und Propheten und die in Juda und Jerusalem wohnten, haben mir den Rücken und nicht das Angesicht zugekehrt, und obwohl ich sie stets lehren ließ, wollten sie nicht hören noch sich bessern. Dazu haben sie ihre greulichen Götzen in das Haus gesetzt, das nach meinem Namen genannt ist, daß sie es unrein machten, und haben die Höhlen des Baal gebaut im Tal Ben-Hinom, um ihre Söhne und Töchter für den Moloch durchs Feuer gehen zu lassen, was ich ihnen nicht befohlen habe, und es ist mir nie in den Sinn gekommen, dass sie solchen Gräuel tun sollten, um Juda in Sünde zu bringen.«

Eine Warnung Gottes aus dem Mund seines Propheten Jeremia. Kehrt um, oder Gott wird euch fürchterlich bestrafen, das ist die Botschaft, die Jeremia wie eine endlose Litanei wiederholt. Aber sie verhallt ungehört. Jahwe hatte damals scheinbar einen schweren Stand bei seinem auserwählten Volk. Die Frömmigkeit der Menschen hing an vielen Göttern. Die Bewohner Jerusalems, das beweist eine große Zahl archäologischer Funde, verehrten in ihren Häusern etwa kleine Fruchtbarkeitsidole mit ausladenden weiblichen Formen. Im Tempel Jahwes standen Baal-Statuen, »Tempelhuren« trieben sich hier herum und im Hinom-Tal, direkt unterhalb des Tempelbergs, rauchten offenbar sogar Altäre des Molochs. Die finstere phönizische Gottheit, auch Molek genannt, dürstete nach dem Blut von Neugeborenen. Die Altäre der Gottheit, die Tophets, waren der Schauplatz eines grässlichen Rituals, bei dem Kleinstkinder dem Gott zu Ehren verbrannt wurden.

Dass es sich dabei nicht um biblische Gräuelpropaganda handelt, beweisen archäologische Funde aus dem phönizischen Kulturkreis. Die »Punier«, wie sie später bei den Römern heißen, hatten rund um das Mittelmeer Kolonien gegründet. Die berühmteste wurde Karthago, die Heimat des legendären Feldherrn Hannibal. In den zwanziger Jahren des letzten Jahrhunderts entdeckten Forscher dort einen Friedhof mit tausenden von Urnen, die die verbrannten Überreste von Säuglingen enthielten. Zwar streiten die Experten darüber, ob der Fund das Indiz für einen kultischen Massenmord darstellt, oder ob es sich bei den Bestatteten in erster Linie um Totgeburten handelt. Aber der Brauch, zumindest in Zeiten großer Krisen, die Götter durch die Opferung eines Neugeborenen zu beschwichtigen, wird von den meisten Historikern nicht in Frage gestellt. Und dieser schreckliche Kult der Phönizier soll in dieser dunklen Zeit der Abwendung des auserwählten Volkes nun auch in Sichtweite des Jerusalemer Jahwe-Tempels zelebriert worden sein.

Der Prophet Jeremia: eindringlicher Warner vor dem Zorn Gottes.

Gottes Volk, daran zweifeln Bibelwissenschaftler und Archäologen nicht, ist also auch 500 Jahre nach dem angeblichen Bund Moses mit Jahwe, noch weit vom Monotheismus entfernt. Immerhin, es gibt Gegenkräfte, eine religiöse Gruppierung, die für die ausschließliche Verehrung Jahwes eintritt. Die moderne Forschung nennt sie die »Jahwe-allein-Bewegung«. Ihr Sprachrohr sind die biblischen Propheten, allen voran besagter Jeremia. Er tritt wie eine ganze Reihe seiner Kollegen als Prediger des einen Gottes und Verkünder dessen Willens auf. Aber das ist längst nicht alles. Zum »Berufsbild« eines Propheten gehört auch Wahrsagerei und Zukunftsschau. Schließlich bedeutet »Prophet«, das aus dem Griechischen stammt, so viel wie »Vorsager«.

Alle Kulturen des Alten Orients kennen Männer oder Frauen, die mit Göttern und Geistern kommunizieren, um ihnen ihre Geheimnisse

Karthagischer Friedhof mit den Grabstelen geopferter Kinder.

abzulauschen. An erster Stelle erhoffen sich die Menschen durch solche Kontaktaufnahmen die Möglichkeit, in die Zukunft zu schauen. Für die Völker früherer Zeiten steckt die Welt voll verborgener Andeutungen und Zeichen, die als Vorboten kommender Ereignisse gelten. Die Magier und Weisen des Orients blicken in den nächtlichen Himmel auf der Suche nach ungewöhnlichen Sternkonstellationen, durchwühlen die Eingeweide der Opfertiere nach Abnormitäten, analysieren die Träume der Herrschenden oder blicken mit Hilfe von Meditationstechniken und Drogen hinter den Vorhang der alltäglichen Welt. Die Stern- und Traumdeuter gehen auch an den Höfen Mesopotamiens ein und aus. Ohne ihren Rat trifft kein Herrscher eine Entscheidung von Belang. Aber auch in Jerusalem leben einflussreiche Wahrsager im Dunstkreis des Palastes. Jeremia ist einer von ihnen. Bibelwissenschaftler zweifeln nicht daran, dass der zornige Prophet wirklich gelebt hat. Sie gehen davon aus, dass die Erinnerung an Leben und Wirken des Jeremia seinem Vertrauten und Sekretär Baruch zu verdanken ist. Er sammelte seine Reden und fügte einige biographische Teile hinzu. Dieser Text wurde später einigermaßen ungeordnet – er springt mehrfach in der Chronologie vor und zurück – in das Buch der Bücher aufgenommen.

Der Visionär, der durch seine wortgewaltigen Beschimpfungen des eigenen Volkes berühmt wurde, kommt um 650 v. Chr. in der weiteren Umgebung von Jerusalem als Spross einer begüterten Familie zur Welt. Er ist ein Mann der Oberschicht, ein Gebildeter. Wer sich also einen biblischen Propheten als eine Art »komischen Heiligen« vorstellt, der in Lumpen herumläuft und wirre Sätze stammelt, liegt nicht nur bei Jeremia falsch. Die Propheten waren Männer des öffentlichen Lebens, charismatische Figuren mit einem Talent für wirkungsvolle Auftritte. Jeremia etwa zerschmettert schon einmal einen Tonkrug, um seine Vorhersage zu unterstreichen, dass Gott Jerusalem vernichten werde. Oder er schleppt sich mit einem Ochsenjoch auf den Schultern durch die Straßen Jerusalems. Ein theatralischer Effekt, dessen Botschaft lautet: »Beugt euch unter das Joch Babylons!« Die Propheten haben einen entscheidenden Anteil an der öffentlichen Meinungsbildung, sie sind Sprachrohr politischer und religiöser Parteien und Bewegungen. Sie verkehren in den Häusern der Mächtigen als Berater und nicht zuletzt auch als Kritiker. Ein nicht ganz ungefährlicher Beruf – eine Erfahrung, die auch Jeremia machen sollte.

Die Überlieferung der Reden des Jeremias verdankt die Nachwelt seinem Sekretär Baruch.

Es sind Krisenzeiten, in denen er lebt, Jahre großer Umwälzungen, in denen die Straßen Jerusalems zum Schlachtfeld werden im Kampf um die wahre Religion und im Krieg gegen mächtige Feinde. Vor diesem historischen Hintergrund muss man die Angriffe des Jeremia gegen seine Zeitgenossen bewerten. Die Jerusalemer Könige um 600 v. Chr. hatten zwei politische Optionen: Die eine hieß Ägypten, die andere Babylon. Zu schwach, sich militärisch gegen beide zu behaupten, lag die einzige Überlebenschance des kleinen Staates Juda darin, eine der beiden konkurrierenden Supermächte als Schutzmacht zu akzeptieren. Aber welche? Die Herrscher Jerusalems lavieren ständig zwischen beiden Lagern hin und her. Auch König Jojakim, Zeitgenosse des Jeremia, setzt je nach politischer Großwetterlage auf das ägyptische oder das babylonische Pferd.

Zunächst ein Vasall des Pharao, beugt er nach einer ägyptischen Niederlage das Knie vor den siegreichen Babyloniern. Einige Jahre später fällt er wieder von ihnen ab, da sich das babylonische Kriegsglück zu wenden scheint. Doch Jeremia weiß es besser: Babylon ist die kommende Großmacht und der energische, junge König Nebukadnezar wird der zukünftige Herrscher über den Orient sein.

Diese politische Überzeugung steckt hinter Jeremias' religiöser Kritik an seinen Zeitgenossen: Die Bewohner Jerusalems und ihre Könige haben durch ihre Ketzerei jeden Kredit bei Jahwe verspielt. Gott hat deshalb Nebukadnezar zum Herrn über Jerusalem bestimmt. Die einzige Möglichkeit, das Schlimmste zu verhindern, heißt, sich dem neuen Herrn zu beugen. Derlei Einmischungen in das Geschäft der Herrschenden sind nicht ungefährlich, das weiß auch Jeremia. Hat nicht Jojakim Häscher nach Ägypten gesandt, um dort den Propheten Uria aufspüren zu lassen? Nach Jerusalem zurückgeschleppt, war er von Jojakim hingerichtet worden. Seinen Leichnam, heißt es, ließ er »unter dem gemeinen Volk begraben«. Ja, auch Uria hatte es gewagt, die Politik des Königs zu kritisieren.

37 Jahre verbrachte König Jojachin in babylonischer Haft.

Jojakims Abfall von Babylon sollte sich tatsächlich rächen, wenn auch erst nach seinem Tod. Die Krone geht auf seinen Sohn Jojachin über, der mit seinen 18 Jahren der schwersten Prüfung gegenübersteht, die das Königreich Juda bis dahin heimgesucht hat. Innerhalb von wenigen Monaten marschiert Nebukadnezar im Jahr 597 v. Chr. von Babylon aus vor die Tore Jerusalems. Jojachin, der die Ausweglosigkeit seiner Lage erkennt, ergibt sich nach nur 19 Tagen. In Begleitung seiner Mutter, ihrer Sklaven und einiger hochrnagiger Beamter verlässt er den Schutz der Mauern, wirft sich vor dem babylonischen König in den Staub und legt das Schicksal der Stadt in dessen Hände.

Zum ersten Mal seit Vollendung des Tempels unter Salomo dreieinhalb Jahrhunderte zuvor betreten Fremde den heiligsten Ort der Israeliten. Diesmal begnügt sich Nebukadnezar noch damit, den Tempel und seine Schätze zu plündern, um seine Armee zu bezahlen.

Die Verschleppung ins babylonische Exil: ein Ereignis mit epochalen Folgen.

Jojachin und sein Gefolge allerdings müssen ebenso den langen Weg in die Gefangenschaft nach Babylon antreten wie sämtliche Handwerker der Stadt. Eine Maßnahme, die Nebukadnezars militärische Weitsicht widerspiegelt. Denn trotz der Niederlage ist Jerusalem militärisch gesehen eine starke Festung. Hätte Jojachin sie nicht kampflos übergeben, hätte die Belagerung leicht Monate dauern können. Und Handwerker und Schmiede spielten dabei eine Schlüsselrolle. Ihre Ausschaltung ist Teil eines Entwaffnungsprogramms, das die zukünftige Kontrolle der Stadt erleichtern soll.

Der nächste Schachzug des Babyloniers glückt nicht ganz so gut. Er übergibt den Thron einem jüngeren Bruder Jojachins, Zidikija. Doch dessen Dankbarkeit sollte nicht lange vorhalten. Schon nach zwei Jahren reißt er das politische Ruder herum und geht eine Allianz mit dem gerade inthronisierten jungen Pharao Ägyptens ein. Die Zeit scheint günstig, das Joch Nebukadnezars abzuschütteln. Doch die Reaktion lässt nicht lange auf sich warten. Zum zweiten Mal innerhalb von zehn Jahren mobilisiert der Babylonier seine Armee und marschiert nach Westen. Im Frühjahr 587 v. Chr. umzingelt er die Stadt. Diesmal, das wissen beide Parteien, geht es ums Ganze. Denn wer sich gegen den König der Könige stellt, kann nicht mit Gnade rechnen.

Wunderwerk antiker Technik

Der Schlüssel zum Überleben einer Stadt unter Belagerungsbedingungen war in biblischen Zeiten vor allem der Zugang zu frischem Trinkwasser. Jerusalem besaß zwar eine Quelle, die das ganze Jahr über reichlich sprudelte, aber sie lag außerhalb der Stadtmauern. Eine prekäre Situation im Fall einer Belagerung. Die Lösung bestand im Bau eines Tunnels, den schon ein früherer Herrscher mit Namen Hiskia in Auftrag gegeben hatte: **»Das ist der Hiskia, der die obere Wasserquelle des Gihon verschloss und sie hinunterleitete westwärts zur Stadt Davids«**, heißt es im 2. Buch der Chronik über den König, der vermutlich von 727 bis 698 v. Chr. regierte.

Die antike Wasserleitung, eine technische Meisterleistung der Ingenieure des Hiskia, hat die Jahrhunderte überdauert. Wer nicht an Klaustrophobie leidet und das kniehohe kalte Wasser nicht scheut, kann sich heute durch den erstaunlichen Tunnel führen lassen. Er ist im Durchschnitt etwa einen Meter breit und zwischen zwei und fünf Metern hoch. Nicht nur die Länge des Tunnels, der ausschließlich mit Hammer und Meißel durch massiven Fels getrieben werden musste, ist beeindruckend. Dass die Bautrupps von zwei Seiten aufeinander zuarbeiteten, das erkennt man eindeutig an den Werkzeugspuren. Aber wie war das ohne moderne Ortungssysteme in dieser Exaktheit möglich? Der israelische Geologe Aryeh Shimron hält eine überraschend einfache Antwort parat: Die Erbauer fanden die Richtung im Fels durch Klopfzeichen mit Kollegen an der Oberfläche. Das erklärt auch die merkwürdigen Schlenker, die die steinerne Röhre macht. Da die Klopfzeichen-Kommunikation nur funktionierte, wenn die Steinmassen über dem Tunnel nicht zu dick waren, konnten die Tunnelbauer nicht immer den direkten Weg einschlagen. Denn das alte Jerusalem erstreckte sich über einen nach mehreren Seiten abfallenden Hügel. Nur entlang einer genz bestimmten Höhenlinie an den niedrigeren Seiten der Anhöhe funktionierte die akustische Verständigung.

Dem israelischen Forscher gelang es auch, dem Tunnel ein weiteres Geheimnis zu entreißen: sein wirkliches Alter. Die Bibel schreibt ihn ja König Hiskia zu. Aber war eine solche Anlage um 700 v. Chr. technisch tatsächlich schon machbar? Immer wieder hatten Archäologen ebendies angezweifelt. Shimron und seine Kollegen entnahmen dem Putz, mit dem die Erbauer den gesamten Tunnel ausgekleidet hatten, Spuren organischer Materialien, die sich mit Hilfe der so genannten C14-Methode datieren lassen. Auch »Fließstein«, also Ablagerungen, die sich über die Jahrtausende auf den Tunnelwänden gebildet haben, können mit empfindlichen Hightech-Apparaten datiert werden. Das Ergebnis der Untersuchungen: Die Bibel hat Recht! Die Messungen ergaben tatsächlich, dass der Tunnel um das Jahr 700 v. Chr. erbaut worden war. Ein Ergebnis, das Aryeh Shimron mit Stolz erfüllt: »Damit ist erstmals ein in der Bibel erwähntes Bauwerk mit Hilfe moderner physikalischer Methoden eindeutig datiert worden.« ¶

Wasser für Jerusalem: der Endpunkt von Hiskias Tunnel.

Angesichts des Feindes, der vor den Toren der Stadt lagerte, drängte die pro-babylonische Fraktion in Jerusalem mit Jeremia als prominentestem Sprecher zur sofortigen Kapitulation – ohne Erfolg. Die Friedensgegner trachteten Jeremia sogar nach dem Leben, sodass ihn der König zu seinem eigenen Schutz in Haft nehmen ließ. Der aufgebrachte Mob zerrte den unbequemen Mahner jedoch aus seinem Verlies und warf ihn in eine Jauchegrube. Nur der Aufmerksamkeit eines königlichen Leibwächters war es zu verdanken, dass Jeremia nicht elendig ertrank.

Jerusalem widerstand 18 Monate lang der Belagerung durch die Babylonier.

Je mehr Zeit verstrich, umso enger wurde der Würgegriff des Belagerungsrings. Künstliche Wälle rings um die Stadt verhinderten, dass sich Flüchtlinge in Sicherheit bringen konnten, und an strategisch wichtigen Punkten hatten die Babylonier Türme errichtet, von denen immer wieder ein wahrer Geschosshagel auf die Verteidiger niederprasselte. Anfang August 586 v. Chr. schließlich überrannte die babylonische Armee die durch Hunger und Krankheiten geschwächten Verteidiger Jerusalems. Noch bis Mitternacht leisteten die Bewohner verzweifelten Widerstand, dann fiel der Tempelberg, die letzte Bastion der Stadt. Im Schein der Laternen entweihten die Befehlshaber Babylons den heiligen Ort und drangen in den Tempel und das Allerheiligste ein.

Während die Bevölkerung diese Schmach mit ansehen musste, hatte es König Zidikija vorgezogen, zu fliehen. Mit seiner Familie und einigen hohen Beamten hatte er sich durch die Gärten am südöstlichen Rand des Tempelbergs hinunter in das Kidrontal geschlagen und von dort weiter über den Ölberg in die judäische Wüste. Aber auch er würde der Rache Nebukadnezars nicht entkommen. Nach wenigen Tagen schon liefen die Flüchtigen in der Nähe von Jericho babylonischen Soldaten in die Arme. Wie mag ihnen zumute gewesen sein, als sie Nebukadnezar in seinem Hauptquartier vorgeführt wurden? Der König von Babylon, der sich besiegten Feinden gegenüber durchaus gnädig zeigen konnte, vergeudete mit einem Günstling, der ihn hintergangen hatte, keine Zeit. Zidikija musste zusehen, wie seine Söhne und enge

Vertraute auf brutale Weise hingerichtet wurden. Die grauenhaften Bilder waren die letzten, die er sah. Denn der König von Babylon ließ ihm anschließend die Augen herausreißen.

Nachdem er schreckliche Rache an der politischen Führung genommen hatte, schickte Nebukadnezar den Oberbefehlshaber seiner Garde zurück nach Jerusalem, um sein Vernichtungswerk zu vollenden: Das Haus Jahwes versank in Schutt und Asche. Seine Schätze, »die Töpfe, Schaufeln, Messer, Löffel und alle ehernen Gefäße ... die Pfannen und Becken, und alles, was gülden und silbern war« wurde an den königlichen Hof von Babylon gebracht. Nach dem Abtransport der Beute ließ Nebukadnezar, wie schon zehn Jahre zuvor, die Zwangsumsiedlung der Jerusalemer Bevölkerung organisieren – der gewaltsame Anfang einer Zeit, die als »Babylonische Gefangenschaft« in die Geschichte eingehen würde.

Doch ging damals wirklich ein ganzes Volk ins Exil? Oder trafen die Babylonier wie schon bei ihrer ersten Einnahme Jerusalems eine Auswahl nach besonderen Kriterien? Im 2. Buch der Könige heißt es dazu: »Jerusalem führte er in die Gefangenschaft, und zwar alle vornehmen und wehrtüchtigen Männer ... auch alle Schmiede und Schlosser; nur die geringen Leute unter den Bürgern des Landes blieben zurück.« Es scheint, als hätte sich die Großmacht am Euphrat ausschließlich für die gesellschaftliche Elite und »qualifizierte Fachkräfte« interessiert; damit beraubte sie den Gegner nicht nur seiner politischen Führung, sondern auch der Möglichkeit, schnell wieder aufzurüsten.

Die genaue Zahl der Deportierten findet sich im Buch Jeremia: »Dies ist das Volk, das Nebukadnezar weggeführt hat: im siebenten Jahr 3023 Judäer; im achtzehnten Jahr aber des Nebukadnezar 832 Leute aus Jerusalem; und im dreiundzwanzigsten Jahr des Nebukadnezar führte Nebusaradan, der Oberste der Leibwache, 745 Leute aus Juda weg. Alle zusammen sind 4600.« Nach dieser Liste zu urteilen, muss die größere Deportationswelle also schon bei der ersten Einnahme Jerusalems im Jahr 597 v. Chr. stattgefunden haben, denn nach der Zerstörung des Tempels ist lediglich von 832 Personen die Rede. Zahlen, die Forscher

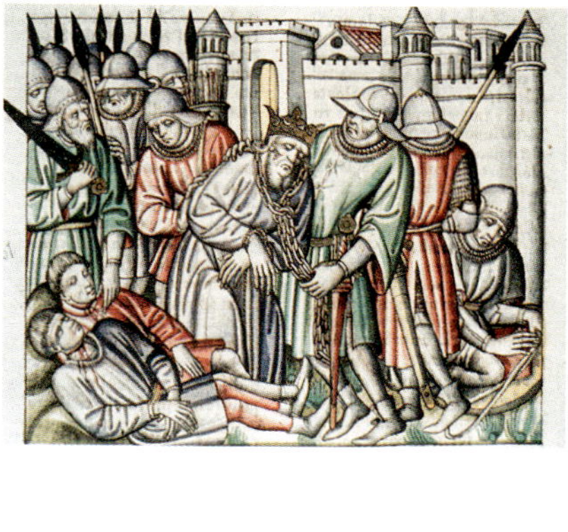

Grausame Rache: Der geblendete König Zidikija wird in Ketten gelegt und nach Babylon verschleppt.

Familien mit ihrem Hab und Gut auf dem Weg ins Exil, dargestellt auf einem assyrischen Relief.

für durchaus realistisch halten. Alles in allem gehen sie davon aus, dass nur etwa ein Sechstel der Jerusalemer Bevölkerung den Weg ins Exil antreten musste. Der Großteil blieb zurück. Unter ihnen offensichtlich auch Jeremia, der Unheilsverkünder. Glaubt man der Bibel, dann entdeckte Nebukadnezars Oberbefehlshaber den prominenten Wahrsager unter den Leuten, die nach Babylon verschleppt werden sollten. Der König schenkte dem Propheten, der den triumphalen babylonischen Sieg vorausgesagt hatte, die Freiheit. Kaum frei, sandte Jeremia den Deportierten einen Brief hinterher – ein Dokument, das seinen erstaunlichen Pragmatismus widerspiegelt: »Baut Häuser und wohnt darin; pflanzt Gärten und esst ihre Früchte; nehmt euch Frauen und zeugt Söhne und Töchter, nehmt für eure Söhne Frauen, und gebt eure Töchter Männern, dass sie Söhne und Töchter gebären; mehret euch dort, dass ihr nicht weniger werdet. Suchet der Stadt Bestes, dahin ich euch habe wegführen lassen, und betet für sie zum HERRN; denn wenn's ihr wohl geht, so geht's auch euch wohl.«

Ein Ratschlag, der weit in die Zukunft weist. Denn sich in der Fremde einrichten zu müssen, das wird das Schicksal dieses Volkes sein. Mit dem Exil in Babylon beginnt das, was man später mit dem griechischen Wort »Diaspora«, Zerstreuung, bezeichnen wird. Die Menschen, die einst »an den Flüssen Babylons« saßen, wie es in der Bibel heißt, mussten sich zum ersten Mal eine Frage stellen, die Juden seither immer wieder beantworten müssen: Wo ist meine Heimat? Dort, wo es mir »wohl geht« oder im von Gott verheißenen »Land der Väter«?

Indiana Jones & Co

Die Zerstörung des Jerusalemer Tempels nährt einen Mythos, der bis heute lebendig ist: den der sagenhaften Bundeslade. Seit der Eroberung Jerusalems gilt sie als verschwunden. Eigentlich sollte man annehmen, dass die Babylonier sie als zweifellos prominentestes Beutestück mitgenommen hatten. Aber genau an diesem Punkt enttäuscht die Bibel die Neugier der Nachwelt. Zwar zählt der Text eine ganze Reihe von Gegenständen auf, die damals geraubt wurden, aber der wichtigste, die Bundeslade mit den göttlichen Gesetzestafeln, taucht in der Liste nicht auf. Auch keine Wehklage über ihren Verlust, nicht ein einziges Wort des Bedauerns. Ging sie also in Wirklichkeit gar nicht verloren?

Glaubt man einer Passage aus dem Buch der Makkabäer, dann gelang es dem Propheten Jeremia, den Heiligen Schrein rechtzeitig vor der Zerstörung des Salomonischen Tempels im Berg Nebo am Ostufer des Toten Meeres zu verstecken. Der Bericht stammt allerdings aus viel späterer Zeit, und die Zeilen gelten Forschern als eine Legende ohne historischen Realitätsgehalt. Trotzdem nährt der Verbleib des prominenten Gegenstands seither Spekulationen verschiedenster Art. Steckt vielleicht doch ein Funke Wahrheit in der Jeremia-Geschichte? Oder gelang es den Priestern, die Bundeslade an einen sicheren Ort zu bringen, bevor die feindlichen Soldaten den Tempel stürmten? Die Belagerung der Stadt zog sich ja monatelang hin. Zeit genug, für ein gutes Versteck zu sorgen. Solche Überlegungen haben Schatzsucher immer wieder zum Spaten greifen lassen. In den zwanziger Jahren des 20. Jahrhunderts durchwühlte ein exzentrischer Amerikaner mit Namen Antonia Frederick Futterer auf den angeblichen Spuren des Jeremia den Berg Nebo. Der »Jäger des verlorenen Schatzes«, der gerne in einem selbst gestylten Mose-Gewand herumlief, wurde sogar fündig! Zumindest behauptete er das. Angeblich hatte er einen Geheimgang entdeckt, der folgende Hieroglyphen-Inschrift getragen haben soll: »Hier liegt die Bundeslade.« Als die Presse begann, sich für die spektakuläre Entdeckung zu interessieren, konnte der Amerikaner aber weder Belege für die allzu plakative Inschrift vorlegen, noch fand er den angeblichen Fundort jemals wieder.

Auch in unseren Tagen hängt so mancher seinen bürgerlichen Beruf an den Nagel, um sich der Jagd nach

Legendenumwoben: die Bundeslade aus dem Jerusalemer Tempel im Modell.

der Bundeslade zu widmen. Der prominenteste unter ihnen ist der gebürtige Texaner Vendyl Jones. Der heute über Siebzigjährige ist seit Jahrzehnten dem verlorenen Tempelschatz von Jerusalem auf der Spur. Seine Grabungskampagnen in Israel finanziert der ehemalige Prediger einer Baptistengemeinde über private Geldgeber – allerdings bis heute erfolglos. Archäologen tun seine Unternehmungen zwar als reine Spinnerei ab, doch die Kritik der Fachwelt lässt Jones unbeeindruckt: »Wurde nicht auch Heinrich Schliemann, der Entdecker Trojas, von den Fachgelehrten seiner Zeit anfangs nur ausgelacht?«, fragt der Amerikaner, der mittlerweile selbst schon zum Mythos geworden ist, selbsbewusst. Für Journalisten posiert er gerne mit breitkrempigem Cowboyhut und schlangenledernen Hosenträgern, eine Maiskolbenpfeife in den Mund geklemmt, die er nur zum Sprechen herausnimmt. Und natürlich wollen alle von ihm erfahren, ob er denn das Vorbild für »Indiana Jones« gewesen sei, den berühmten Kinowelterfolg Stephen Spielbergs mit dem Schauspieler Harrison Ford in der Hauptrolle. Davon will der Hobbyarchäologe nichts wissen: »Es gibt haufenweise Leute mit dem Namen Jones!« In dem Punkt hat er zweifellos Recht.

BABYLON, DIE VERFÜHRERIN

Die Exilierten trafen in einer Stadt ein, bei deren Anblick ihnen der Atem gestockt haben muss. Babylon, das war im damaligen Orient in jeder Hinsicht eine urbane Superlative. Nichts hielt dem Vergleich mit dieser atemberaubenden Metropole stand. Etwa eine Million Einwohner lebte nach Schätzungen heutiger Forscher in der Riesenstadt am Euphrat. Was für ein Unterschied zu dem verwinkelten Bergnest Jerusalem! Babylon ist eine Stadt wie auf dem Reißbrett entworfen. Gerade Straßen durchziehen die rechteckigen Wohnblocks mit ihren großzügigen Hausanlagen. Dazwischen öffnen sich weite Plätze, erheben sich über vierzig Tempel; nicht zu vergessen natürlich der Palast des Königs, um dessen Pracht und Reichtum sich zahlreiche Legenden ranken. Gleich zwei Weltwunder bringen antike Historiker mit dieser Metropole in Verbindung: die »Hängenden Gärten der Semiramis«, eine spektakuläre künstliche Parkanlage und die doppelte, kilometerlange Stadtmauer. Hinter ihren mächtigen Toren erstrecken sich prächtige mit Asphalt geteerte Boulevards. Der größte, die so genannte Prozessionstraße, maß allein 16 Meter in der Breite. Zu beiden Seiten warfen hohe Wände aus strahlend blau glasierten Ziegeln das Sonnenlicht zurück, ein farbiger Wall, durchsetzt mit Darstellungen von wundersamen Fabelwesen, Ehrfurcht einflößende Begleiter auf dem Weg zur Tempelpyramide des Stadtgottes Marduk. »Eine der großartigsten Straßen, die es auf Erden je gegeben hat«, schwärmte noch zweieinhalbtausend Jahre später der berühmte schwedische Asienforscher Sven Hedin beim Anblick der Überreste der Prozessionsstraße. Der deutsche Archäologe Robert Koldewey hatte die Ruinen kurz vor dem Ersten Weltkrieg freigelegt. Welchen Eindruck muss sie – unzerstört und in voller Pracht – erst auf die verschleppten Israeliten gemacht haben!

Ja, sie waren wirklich im Machtzentrum der damaligen Welt angekommen. Ein schlimmes Los? »An den Ufern von Babylon saßen wir und weinten«, heißt es in den Psalmen. Ein berühmter Vers. war das Exil tatsächlich eine Zeit der Unterdrückung, physisch und psychisch nur ertragbar durch eine einzige Hoffnung: die baldige Heimkehr nach Jerusalem? Die Wirklichkeit muss offenbar anders ausgesehen haben. Auf vier Tontafeln, die Robert Koldewey in Babylon ausgrub, sind einige Proviantrechnungen des exilierten Jerusalemer Königs Jojachin, der sich Nebukadnezar 597 v. Chr. ergeben hatte, überliefert. Aus ihnen geht hervor, dass die königliche Geisel in ihrer »Haft« auf Luxusgüter wie Salböl nicht verzichten musste. Die freundliche Behandlung durch die Babylonier war aber keineswegs auf die politische Prominenz beschränkt. Die Israeliten durften aus ihren Reihen einen Ältestenrat wählen und sich an Feiertagen zu Zeremonien versammeln. »Sie lebten in Babylon nicht als Gefangene oder Sklaven, sondern als ›Halbfreie‹, die zudem rasch lernten, sich mit den übrigen Untertanen des Königs zu verständigen. Nebukadnezar hatte weder die Absicht, die Besiegten auszurotten, noch wollte er ihr kulturelles Leben zerstören«, zieht die Wissenschaftsautorin Petra Eisele Bilanz.

Zweifellos ging es den Deportierten besser als ihren Verwandten, die in Jerusalem zurückgeblieben waren. Die boomende Weltstadt Babylon eröffnete den Handwerkern Einkommensmöglichkeiten, von denen man in der Heimat nur träumen konnte. Aber gerade darin lag auch eine Gefahr. »Vergesse ich dich, Jerusalem, so verdorre meine Rechte«, lautet ein anderer berühmter Vers der Psalmen. Drückt diese Selbstermahnung nicht schon die Angst vor der Verführungskraft der mondänen Metropole aus? Hat sie die Macht, die fremden Ankömmlinge zu absorbieren, so in ihren Bann zu ziehen, dass sie am Ende vergessen, woher sie kamen und wer sie sind? Nach Meinung des Religionswissenschaftlers Bernhard Lang reagierten die Israeliten vor zweieinhalbtausend Jahren nicht anders auf ihre Situation als moderne Exilanten: »Noch heute findet man ja unter Emigrantengruppen, die mehr oder minder freiwillig in eine fremde Umgebung kommen, zwei typische Tendenzen. Entweder gibt man die eigene kulturelle Identität völlig auf, lehnt sogar die Sprache ab, die die Väter sprechen, assimiliert sich, gleicht sich an, möchte um jeden Preis so wie die anderen sein – oder man grenzt sich völlig von der neuen Umwelt ab, hält an der eigenen Sprache und Traditionen fest, erfindet sozusagen diese Kultur immer wieder neu, indem man sich auf die Überlieferung besinnt, sie zusammensucht,

Rekonstruktion der mächtigen Mauern Babylons.

Modell des antiken Babylon mit der gewaltigen Stufenpyramide des Königs Nebukadnezar.

neu deutet in klarerer Abgrenzung gegenüber allem, was diese Kultur in irgendeiner Weise überfremden könnte. Und genau diese beiden Verhaltensweisen findet man auch unter den Israeliten im Babylonischen Exil im 6. Jahrhundert v. Chr.«

Die einen passen sich an, die anderen schotten sich ab. Aber wie kann man die eigene Identität bewahren angesichts einer durchaus attraktiven Kultur, einer fremden Religion mit ihren großen und prachtvollen kultischen Inszenierungen? Die Antwort ist die Bibel! Das Bedürfnis nach kultureller Selbstbehauptung ist der zündende Funke, der in der Konzeption eines Buches mündete, das wir heute das Alte Testament nennen. Die in der Fremde lebenden Israeliten – zumindest die, die dort auch bleiben wollten – mussten »Erinnerungsarbeit« leisten, mussten sich ihrer eigenen großartigen Geschichte versichern, mussten sie ihren Kindern, die keine persönlichen Erfahrungen mit dem Land ihrer Väter hatten, weitergeben. Dutzende fleißige Schreiber machten sich also daran, die Geschichte ihres Volkes aufzuschreiben, zu gestalten, neu zu erfinden. Bernhard Lang glaubt sogar das Datum zu kennen, an dem die Arbeit an der Bibel begann: »Der nach Babylon verschleppte Jerusalemer König Jojachin musste 37 Jahre in Haft verbringen, bis er schließlich 561 v. Chr. entlassen wurde. Dieses Ereignis nahmen die Priester zum Anlass, ein großes, rückblickendes Erzähl- und Geschichtswerk zusammenzustellen, das mit dem Buch Deuteronomium und der Gestalt des Mose begann und die ganze Geschichte Israels bis in die damalige Gegenwart, also die Zeit Jojachins, erzählt. Man kann wirklich sagen, dass die eigentliche Idee einer umfangreichen Heiligen Schrift im Babylonischen Exil konzipiert wurde. Der Kern der Heiligen Schrift, so wie wir sie heute kennen, ist im Babylonischen Exil entstanden.« Es waren also fleißige Schreiber eines gefangenen Königs, denen die Nachwelt die Überlieferung von Mose, David und Salomo zu verdanken hat.

Nebukadnezar, das erzählt das 2. Buch der Könige, hatte Jojachin sogar wieder mit Rang und Würden ausgestattet: »Er redete ihm freundliche Worte zu … und gab ihm einen Sitz oberhalb des Sitzes der anderen Könige, die bei ihm in Babel waren … Sein Lebensunterhalt wurde ihm als dauernde Gabe vom König täglich geliefert, solange er lebte.« Aber der goldene Käfig besaß offenbar nicht die Macht, die Erinnerung auszulöschen – die Bibel ist der beste Beweis dafür. Sie ist

Schwerer Gang: Juden auf dem Weg ins Exil.

ein Werk gegen das Vergessen. Ein Werk einer – wenn man so will – politisch-religiösen Gruppierung, in deren Zentrum ein Prophet stand. Der Mann mit Namen Ezechiel war im Gefolge Jojachins nach Babylon gekommen. Stärker als sein Vorgänger Jeremia ist Ezechiel ein Mensch, der in visionären, verschlüsselten Bildern spricht, die er von Gott direkt empfängt. »Der Herr tat meinem Mund auf, so dass ich nicht mehr schweigen konnte«, notiert er, nachdem er im Exil von der endgültigen Zerstörung des Tempels erfahren hat. Mit Jeremia teilt er die Überzeugung, dass die Katastrophe selbstverschuldet ist, durch den Abfall seiner Glaubensbrüder von Jahwe. Aber Ezechiel macht ihnen gleichzeitig auch Hoffnung: Wenn das Volk zum wahren Glauben zurückfindet, wird es auch Jerusalem wiedergewinnen. In einer großartigen und detailreichen Vision, die in der Bibel überliefert ist, schildert er den Exilierten die Herrlichkeit des Tempels, den sie mit Gottes Hilfe in Jerusalem wieder aufbauen werden.

Fielen die Worte bei allen auf fruchtbaren Boden, die sich um den Propheten scharten, wenn Gott aus seinem Mund sprach? Hatten nicht manche schon längst mit ihrer Vergangenheit abgeschlossen, hatten Babylonierinnen geheiratet und gingen ihren Geschäften nach? Für sie, die den Verführungen der Metropole erlegen waren, besaß der Name Jerusalem keinen sehnsuchtsvollen Klang mehr.

Der Turmbau zu Babel

Es hatte aber alle Welt einerlei Zunge und Sprache. Als sie nun nach Osten zogen, fanden sie eine Ebene im Lande Schinar und wohnten daselbst. Und sie sprachen untereinander: Wohlauf, lasst uns Ziegel streichen und brennen! – und nahmen Ziegel als Stein und Erdharz als Mörtel und sprachen: Wohlauf, lasst uns eine Stadt und einen Turm bauen, dessen Spitze bis an den Himmel reiche, damit wir uns einen Namen machen; denn wir werden sonst zerstreut in alle Länder. Da fuhr der HERR hernieder, dass er sähe die Stadt und den Turm, die die Menschenkinder bauten. Und der HERR sprach: Siehe, es ist einerlei Volk und einerlei Sprache unter ihnen allen, und dies ist der Anfang ihres Tuns; nun wird ihnen nichts mehr verwehrt werden können von allem, was sie sich vorgenommen haben zu tun. Wohlauf, lasst uns hernieder fahren und dort ihre Sprache verwirren, dass keiner des andern Sprache verstehe! So zerstreute sie der HERR von dort in alle Länder, sodass sie aufhören mussten, die

Auch in mittelalterlichen Miniaturen ist der Turmbau zu Babel ein beliebtes Motiv.

Stadt zu bauen. Daher heißt ihr Name Babel, weil der HERR daselbst verwirrt hat aller Länder Sprache und sie von dort zerstreut hat in alle Länder.«

Die berühmte Erzählung steht in Genesis, dem 1. Buch des Alten Testaments. Obwohl sie am Anfang der Bibel steht, gilt sie heutigen Forschern als einer der jüngeren Texte der Heiligen Schrift, der erst nach der Rückkehr der Israeliten aus der babylonischen Gefangenschaft zusammengestellt wurde. Bei der Geschichte vom Himmel stürmenden Turmbau stand den Autoren sicher die gewaltige Zikkurat Nebukadnezars vor Augen. Dieser Stufenturm, auf dem sich in Babylon der Hochtempel des Hauptgottes Marduk befand, verfremdeten die Autoren der Bibel für ihre Zwecke. Sie versetzten den Bau des Gebäudes kurzerhand in eine nicht datierbare Urzeit zwischen Sintflut und Abraham-Geschichte.

In der Erzählung gerät der Turm zu Babel zu einem Symbol für menschlichen Größenwahn, den Gott am Ende bestraft. Trotzdem bleibt vieles an dieser Geschichte rätselhaft. Warum verwirrt Gott zum Beispiel die Sprache der Menschen? Der Religionswissenschaftler Bernhard Lang hält eine höchst interessante Deutung dieser Textpassage bereit: »Die Geschichte von der babylonischen Sprachverwirrung spiegelt meiner Meinung nach die Auseinandersetzung zwischen Israel und den Großmächten des Zweistromlandes wider. Das Bestreben der Assyrer und Babylonier, die akkadische Sprache als Verwaltungssprache in allen unterworfenen Gebieten durchzusetzen, ist der reale Hintergrund der Erzählung. In der Schilderung des göttlichen Eingreifens verstecken die Autoren der Bibel ihren Protest gegen diese Art von ›Kulturimperialismus‹, den sie als absolute Anmaßung empfinden. Gott greift ein und bestraft die Babylonier, indem er die Völker verschiedene Sprachen sprechen lässt. Das ist meiner Meinung nach der eigentliche Sinn der Erzählung«.

Auf der rechten Seite dieser Bibelillustration sind die Anfänge des Turmbaus zu Babel zu erkennen.

Größenwahn

Der Turmbau zu Babel in einer Darstellung Pieter Breughels aus dem Jahr 1560. Der niederländische Maler übertrug die biblische Szene in seine eigene Epoche und Umgebung, um die zeitlose Bedeutung der Geschichte zu unterstreichen. Die historischen Elemente, die sich dennoch in diesem Bild finden, erinnern nicht etwa an mesopotamische Tempeltürme, die zur Zeit Breughels in Europa noch unbekannt waren, sondern an die Ruinen des Kolosseums in Rom. Das negative Image dieses Ortes als Schauplatz des Martyriums der frühen Christen wird auf den biblischen Turm zu Babel übertragen. Breughel hat aber noch andere Anspielungen in diesem Bild versteckt: Auf den ersten Blick erscheint das gewaltige Bauwerk, das aus dem massiven Fels emporwächst, solide und stabil. Doch bei genauerem Hinsehen entpuppt es sich als schief – Symbol für menschliche Selbstüberschätzung.

KEINE TRÄNEN IN BABYLON

Auch Weltreiche leben nicht ewig. Mit dem Tod des großen Nebukadnezar sank alsbald der Stern seines Reiches. Seine Nachfolger bekamen es mit einem Gegner zu tun, dem sie nicht gewachsen waren: die Perser. In einem einzigartigen Siegeszug zerschlägt König Kyros die Großmächte seiner Zeit. Das Reich des legendären Krösos im Gebiet der heutigen Türkei fällt ihm ebenso zum Opfer wie die Stadtstaaten der Griechen an der kleinasiatischen Küste. 539 v. Chr. liegen seine Truppen vor den Mauern Babylons. Im Vertrauen auf die beeindruckende Stärke ihrer Mauern und die großen Vorräte in der Stadt sehen die Babylonier einer Belagerung gelassen entgegen. Doch der geniale Stratege Kyros heckt einen raffinierten Plan aus, wie der griechische Historiker Herodot überliefert: »Er leitete durch einen Graben den Fluss in einen See ab, der eigentlich ein Sumpf war. So machte er, da das Wasser seitwärts floss, das Flussbett gangbar. Und durch das Flussbett drangen nun die Perser, die Kyros am Ufer aufgestellt hatte, in Babylon ein; denn das Wasser reichte ihnen jetzt höchstens bis zur Hälfte des Schenkels. Wenn die Babylonier rechtzeitig bemerkt hätten, was im Werke war, so hätten sie die Perser nicht in die Stadt dringen lassen, sondern sie schmählich zusammengehauen. … Aber nun waren die Perser ganz unvermutet in der Stadt. Weil Babylon so groß ist, wussten, wie man dort im Lande erzählt, die Leute inmitten der Stadt noch nichts vom Eindringen der Feinde, als die äußeren Stadtteile bereits in Feindeshand waren. Man feierte gerade ein Fest, tanzte noch und war guter Dinge, bis die Kunde endlich auch zu ihnen drang. So wurde Babylon zum ersten Mal erobert.«

Das Auftauchen der Perser besiegelt das Ende der babylonischen Dominanz und verändert die politische Landkarte des Orients nachhaltig.

Die Einnahme Babylons markiert den Aufstieg des Perserreichs zur unangefochtenen Supermacht. Über 200 Jahre lang werden sie den Orient beherrschen – von den Küsten Kleinasiens bis in die Steppen Afghanistans. Für die Bibel bedeutet das Ereignis nicht weniger als das Ende des Exils. Denn die Toleranz gegenüber religiösen und kulturellen Traditionen der eroberten Völker ist Teil der klugen Machtpolitik der persischen Großkönige, mit der sie die unterworfenen Gebiete befrieden. Auch die Juden Babylons profitieren davon. Kyros erlaubt ihnen, in die Heimat zurückzukehren.

Aber wer wollte denn eigentlich heimkehren? Alle? Oder wenigstens der größte Teil? Eine überraschende Antwort auf die Frage lieferte eine Expedition amerikanischer Archäologen im Jahr 1889. Ihr Ziel war die uralte mesopotamische Stadt Nippur im Südosten des heutigen Irak. In mehreren Grabungskampagnen förderten die Wissenschaftler bis zur Jahrhundertwende über 30 000 Keilschrifttafeln zu Tage. Einzigartige Dokumente, die Einblicke in die mythologische Vorstellungs-

Grabmal des Königs Kyros, der den Juden die Freiheit schenkte.

welt, aber auch in das alltägliche Leben im alten Zweistromland lieferten. Der sensationellste Fund war die fast komplett erhaltene Buchhaltung eines lokalen Handelshauses aus der Zeit um 450 v. Chr. Eine Familie mit Namen Murashu hatte auf den Keilschrifttafeln Geschäftsvorgänge dokumentiert und penibel archiviert. Die Murashus waren offenbar auf die Verpachtung von Ackerland, Vieh und landwirtschaftlichem Gerät spezialisiert. Ein äußerst florierender Geschäftszweig, denn die Soldaten des persischen Großkönigs erhielten häufig Landbesitz anstelle von Sold. Da sie den Boden nicht selbst bestellen konnten oder wollten, vermieteten sie ihn an die Murashus. Die wiederum gaben sie gegen eine vereinbarte Miete zur Nutzung an Landwirte weiter – eine Art antikes Leasing.

Aber das Archiv der Murashus, das sich heute im Besitz der University of Pennsylvania befindet, ist nicht nur wegen der ältesten Leasingverträge der Welt berühmt. Es gilt Bibelwissenschaftlern auch als Schlüsseldokument für die Folgen des babylonischen Exils. Bei der Entzifferung der Texte machten die Forscher nämlich eine weitere überraschende Entdeckung: »Die Texte enthalten etwa 2500 Namen aus der Zeit zwischen 550 bis 450 v. Chr.«, erklärt Mathew Stolper, der Kurator der Sammlung. »Unter diesen Personen sind etwa achtzig, bei denen wir davon ausgehen können, dass es sich um Nachkommen von Leuten handelt, die aus Judäa nach Babylon gekommen waren. Ihre Familiennamen enthalten die Silben ›Jahwe‹, also die Bezeichnung des jüdischen Gottes. Da identische oder ähnliche Namen sonst nur in biblischen Quellen oder auf archäologischen Zeugnissen aus Judäa vorkommen, können wir davon ausgehen, dass es sich tatsächlich um jüdische Familien handelt. In den Texten begegnen uns Juden, die über hundert Jahre nach dem Ende des Exils immer noch in Mesopotamien leben. Das sind Leute, die Jerusalem nur noch aus Erzählungen kannten. Sie sind assimiliert, haben es in einigen Fällen zu Wohlstand gebracht und ihren Kindern zum Teil schon babylonische Namen gegeben. Manche von ihnen besitzen Land, einige arbeiten ganz offensichtlich als Beamte der persischen Regierung im Steuerwesen, und wieder andere waren weniger erfolgreich und hatten Schulden bei den

Keilschrifttexte aus der mesopotamischen Stadt Nippur rückten das Exil in ein anderes Licht.

Murashus. Juden sind auf allen Stufen der sozialen Leiter der damaligen Gesellschaft zu finden – von sehr reich bis sehr arm. Das heißt also, dass sie sich zumindest ökonomisch in nichts von der alteingesessenen Bevölkerung unterschieden.«

Die Wegführung der Juden ins Babylonische Exil – Beginn des Lebens in der Diaspora.

Gehen oder bleiben? Die Frage, die sich nach dem Zusammenbruch des babylonischen Reiches gestellt hatte, beantworteten offenbar viele jüdische Familien mit einem Bekenntnis zur neuen Heimat. Seit damals leben Juden außerhalb Israels – eine Situation, an der sich bis heute nichts geändert hat.

RICHARD ANDREWS

JUDAS MAKKABÄUS
DER MANN, DEN SIE »HAMMER« NANNTEN

Achtundvierzig Jahre waren seit der Zerstörung des Tempels und der Verschleppung vergangen. Manch einer, der als Kind den Weg nach Babylon angetreten hatte, konnte tatsächlich den in herrlichen Visionen ausgemalten Augenblick der Heimkehr noch erleben: »Gehet ein, gehet ein durch die Tore! Bereitet dem Volk den Weg! Machet Bahn, machet Bahn, räumt die Steine hinweg«, lässt die Bibel den Propheten Jesaja sagen. Und in der Tat: Steine gab es in Jerusalem jede Menge wegzuräumen, mehr als manchem lieb war.

Die Heimkehrer hatten sich voller Hoffnung auf den Weg gemacht. Aber würde die Ankunft in Jerusalem wirklich ein Moment ungeteilter Freude werden? Schließlich tauschten sie die prächtigen Boulevards von Babylon gegen eine armselige, halb verfallene Provinzstadt. Die grünen, von Kanälen bewässerten Ebenen Mesopotamiens gegen die schroffen Berge der judäischen Wüste, die Gärten und Palmenhaine am Euphrat gegen ein von der unbarmherzigen Sonne ausgedörrtes Stück Land. Jerusalem, die Stadt Gottes, lag noch immer in Trümmern, und der Tempel war nicht mehr als eine notdürftig zusammengeflickte Ruine. Die prophetische Vision von der neuen, alten Heimat sah nach sehr viel Arbeit aus.

Die Herrschaft der Seleukiden: eine Epoche der Gewalt und Unterdrückung für die Makkabäer.

Auch die Begeisterung der daheim Gebliebenen dürfte sich in Grenzen gehalten haben. In den vergangenen Jahrzehnten war viel geschehen. Die Heimkehrer und sie hatten sich in vieler Hinsicht auseinander gelebt. Im Norden des Landes lebten mittlerweile Einwanderer aus Mesopotamien, die dort nach der Eroberung durch die Assyrer um 800 v. Chr. von den Siegern angesiedelt wurden. Nach ihrer Hauptstadt Samaria wurden sie in späterer Zeit »Samaritaner« oder »Samariter« genannt. Die Zuwanderer waren Ehen mit der hebräischen Restbevölkerung eingegangen und hatten deren Jahwe-Religion übernommen. Auf dem Berg Garizim in der Nähe des heutigen Nablus unterhielten sie sogar einen eigenen Tempel, der natürlich in Konkurrenz zum Gotteshaus von Jerusalem stand, das den Anspruch erhob, die einzige Heimstatt Gottes auf Erden zu sein. Die gemischtrassigen Samariter galten den aus dem Exil heimgekehrten Juden als unrein. Darüber hinaus waren sie nicht bereit, sich den religiösen Anweisungen aus Jerusalem zu beugen und lehnten in der Folgezeit den größten Teil der heiligen Schriften ab, die dort entstanden. Die Mehrheit der Juden verachtete daher die »Sektierer« im Norden.

Vor diesem Hintergrund gewinnen auch die Erzählungen des Neuen Testaments über die Samariter ihre besondere Bedeutung. Wenn Jesus sich einer Samariterin freundlich nähert, wie im Johannesevangelium beschrieben, dann stellt das einen regelrechten Tabubruch dar. Für die große Mehrheit der Juden war die Kluft dagegen nicht mehr zu überbrücken. Das Volk Gottes war gespalten – eine Tatsache, an der sich bis in unsere Zeit nichts geändert hat. Noch heute leben Nachkommen der Samariter in der Nähe von Nablus und in einem Vorort von Tel Aviv. Da sie nur Angehörige ihrer Glaubensgemeinschaft heiraten dürfen, sind sie mittlerweile vom Aussterben bedroht. Nur mehr rund 400 Mitglieder zählt die Gemeinde noch. Jedes Jahr am Pessachfest versammelt sich die kleiner werdende Schar auf dem Berg Garizim und opfert Lämmer. Eine Erinnerung an den alten Ritus des Tieropfers, der von der jüdischen Glaubensgemeinschaft nach der Zerstörung des Jerusalemer Gotteshauses 70 n. Chr. aufgegeben wurde.

Nicht nur die Samariter, sondern auch die Bewohner von Jerusalem und Umgebung gerieten offenbar in Konflikt mit den religiösen Eiferern aus Babylon. Die Heimkehrer hatten in der Fremde ihren Glauben neu formuliert und die Geschichte ihres Volkes aufgeschrieben, ganz so wie sie sie verstanden. Ihrer Überzeugung nach ist alles, was ihnen widerfährt, die Folge des Gehorsams oder Ungehorsams gegen Gott. »Und der Herr spricht: ›Du sollst keine anderen Götter neben mir haben.‹« In Jerusalem freilich rauchen die Altäre vieler Gottheiten. Mussten die Neuankömmlinge den Bewohnern der Stadt nicht wie lästige Störenfriede vorkommen?

Christus und die Samariterin am Brunnen – in der damaligen Zeit ein Tabubruch.

Da die daheim Gebliebenen offenbar wenig Begeisterung zeigten, daran teilzunehmen, ging der Neubau des Tempels auch entsprechend schleppend voran. Erst nach längeren Querelen konnte das renovierte Gotteshaus Salomos im Jahr 515 v. Chr. wieder eingeweiht werden. Obwohl der persische König Kyros, den die Heilige Schrift über alles lobt, der den Heimkehrern sogar Teile des einst von den Babyloniern geraubten wertvollen Tempelschatzes zurückerstattete, hielt das Gebäude offenbar bei Weitem nicht dem Vergleich mit der Pracht des ersten Tempels stand.

Aber immerhin: Jerusalem besaß wieder einen Tempel, in dem Priester den Kult Jahwes zelebrierten. Die in religiösen Angelegenheiten liberale persische Großmacht gestattete den Juden nicht nur, nach ihrem eigenen »Gesetz« zu leben, sondern gewährte ihnen noch weitere Freiheiten. Anstatt einen Statthalters des Großkönigs akzeptieren zu müssen, durften die Juden ihre eigene Regierung wählen, einen Ältestenrat, dem der Hohepriester vorstand.

Aus der Sicht moderner Bibelforschung ist diese Epoche, die nach dem babylonischen Exil einsetzt, von großer Bedeutung: Die in Babylon erstmals formulierten Schriften bekommen jetzt ihre endgültige Gestalt. Vor allem die Thora, also die Fünf Bücher Mose werden von fleißigen Redakteuren in die Form gebracht, die wir noch heute im Alten Testament vorfinden. Mit der Fixierung der Heiligen Schrift geht auch ein Wandel in der Religiosität des Volkes vor sich. Die Befolgung der in der Thora formulierten Gesetze wird zum Gradmesser dafür, ob ein Mensch zur Kultgemeinde der Juden gehört oder nicht. Damit treten erstmals andere Kriterien wie etwa die Abstammung in den Hintergrund. Jeder, der sich dem Gesetz beugt und sich beschneiden lässt, kann nun Jude werden.

Die Erbauung des Salomonischen Tempels in Jerusalem, dargestellt in einer Buchmalerei.

Die Beschneidung

In der Epoche nach der Rückkehr aus dem Exil wird die Beschneidung eine Bedeutung zum Zeichen der Zugehörigkeit zur jüdischen Glaubensgemeinschaft und gleichzeitig zum wesentlichen Unterscheidungsmerkmal von anderen Kulturen. Der Brauch selbst ist allerdings sehr viel älter und reicht weit in vorgeschichtliche Epochen zurück. Wo und wann die Entfernung der männlichen Vorhaut erstmals praktiziert wurde, lässt sich nicht mehr bestimmen. Aber die Bedeutung dieses Brauches scheint ursprünglich eine Art Initiationsritus gewesen zu sein, wie man ihn aus primitiven Stammesgesellschaften kennt: Die Heranwachsenden werden bewusst einer schmerzhaften Prozedur ausgesetzt, die sie möglichst stoisch und ruhig über sich ergehen lassen müssen; erst dann gelten sie als vollwertige Männer.

Nach einem anderen Erklärungsmodell gilt die Beschneidung als eine Art Ersatz für Menschenopfer. Die Darbringung des erstgeborenen Sohnes als Huldigung für die Götter ist aus zahlreichen alten Kulturen überliefert. Im Laufe der zivilisatorischen Entwicklung wurde die rituelle Tötung von Menschen allerdings immer weiter zurück gedrängt. Und möglicherweise trat die Beschneidung sozusagen in diese kultische Lücke: Man opferte nur noch einen kleinen Teil des Kindes, der symbolisch mit der Idee der Fortpflanzung und des Weiterbestehens der Familie und Sippe verknüpft war.

Obwohl sich schon in der Bibel eine Passage findet, nach der Abraham befahl, auf Geheiß Gottes »alles Männliche« zu beschneiden, wurde die Prozedur erst in der hellenistischen Epoche zu einem absoluten »Muss« für rechtgläubige Juden. Gemäß den Vorschriften, wie sie in den Büchern Mose formuliert sind, muss die Beschneidung gleich am achten Tag nach der Geburt stattfinden. Den Eingriff selbst nimmt heutzutage ein so genannter Mohel, ein professioneller Beschneider, vor. Bei der feierlichen Zeremonie, bei der wie bei der christlichen Taufe auch Paten eine Rolle spielen, erhalten die Jungen auch ihren Namen. ❡

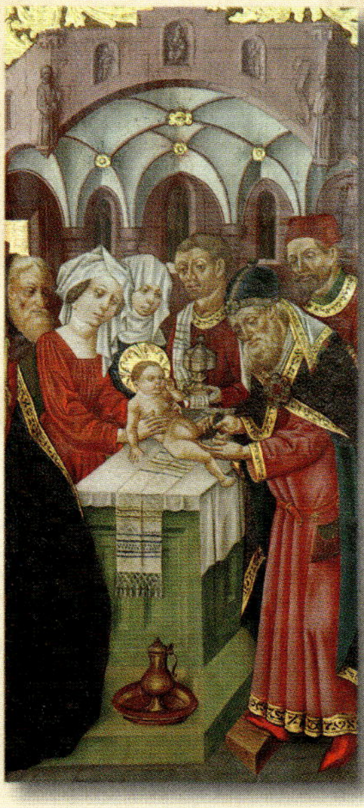

Ritual der Beschneidung: Auch Jesus wurde am achten Tag nach seiner Geburt beschnitten.

Die mosaischen Vorschriften, Ausdruck kultureller Eigenständigkeit, werden nicht von allen Juden begrüßt – Konflikte sind vorprogrammiert. Das zeigt auch die folgende Episode, die in der Bibel überliefert ist. Esra, ein Mann, der mit offiziellen Vollmachten des persischen Königs ausgestattet von Babylon nach Jerusalem zieht, fordert von seinen Mitbürgern geradezu Ungeheuerliches: »Da versammelten sich alle Männer von Juda und Benjamin in Jerusalem auf den dritten Tag, den zwanzigsten im neunten Monat. Und alles Volk saß auf dem Platz vor dem Hause Gottes, zitternd wegen der Sache und des strömenden Regens. Und Esra, der Priester, stand auf und sprach zu ihnen: Ihr habt dem Herrn die Treue gebrochen, als ihr euch fremde Frauen genommen und so die Schuld Israels gemehrt habt. Bekennt sie nun dem HERRN, dem Gott eurer Väter, und tut seinen Willen und scheidet euch von den Völkern des Landes und von den fremden Frauen. Da antwortete die ganze Gemeinde und sprach mit lauter Stimme: Es geschehe, wie du uns gesagt hast!«

Die Forderung, die eigenen Frauen und Kinder wegzuschicken, muss der Mehrheit der Bevölkerung wie die verrückte Idee eines Fanatikers vorgekommen sein. Dass ihr einhellig zugestimmt wurde, wie der Text suggeriert, ist kaum glaubhaft. Tatsächlich markiert der Bericht den Beginn eines Konflikts, der bis in die Gegenwart die jüdische Gesellschaft kennzeichnet.

ANGEPASSTE UND EIFERER

Bärtige junge Männer in schwarzen Kaftanen hasten eilig vorbei. Manche lesen im Gehen. Viele schieben Kinderwagen durch das Gedränge auf den Straßen und Gassen. Frauen tragen lange Röcke und Kopftücher. Überall Kinder, wohin man auch schaut. Manche haben den Schädel kahl rasiert bis auf die langen Schläfenlocken, die im Korkenzieherlook über den Ohren baumeln.

Die Menschen im Jerusalemer Stadtviertel Mea Shearim leben nach ihren eigenen Regeln, die weitgehend in Opposition zu allem stehen, was die moderne Welt umtreibt. Das in den zwanziger Jahren des vergangenen Jahrhunderts entstandene Einwandererviertel ist heute das Zentrum der »Chassidim«, der Frommen, der Ultraorthodoxen. Sie haben sich hier ihre ganz eigene Welt geschaffen, eine Welt, in der jeder Schritt, jede Handlung unter dem Diktat des »Gesetzes« steht. Die Buchhändler verkaufen ausschließlich religiöse Literatur und die Lebensmittelgeschäfte versichern auf Aushängen, dass die angebotenen Waren streng »koscher« nach den Vorschriften des Oberrabbinats hergestellt sind. Hier ist der gesamte Alltag Gottesdienst, denn die Gebote erstrecken sich auf alles, womit ein Mensch sich umgibt und reichen bis in die intimsten Bereiche des täglichen Lebens. Wer sich »koscher« ernähren möchte, muss nicht nur auf Schweinfleisch verzichten. Die biblische Formulierung »Du sollst das Böcklein nicht in der Milch seiner Mutter kochen«, macht das Führen eines orthodoxen Haushalts zu einer höchst komplexen Organisationsaufgabe. So dürfen weder Geschirr noch Besteck mit Fleisch oder Milchprodukten in Berührung kommen. Eine andere Vorschrift besagt, dass man keine Kleidung aus Mischgewebe, also etwa aus Wolle und Baumwolle tragen darf. Der misstrauische Käufer eines Mantels lässt die Fasern deshalb von einem Spezialisten unter dem Mikroskop prüfen. Wer alle Vorschriften der Bücher Mose befolgen möchte, hat für andere Dinge wenig Zeit. Daher leben viele orthodoxe Familien auch von staatlichen Zuwendungen – ein Ärgernis für den nichtreligiösen Teil der israelischen Bevölkerung. Und nicht nur das. Am Freitagabend, zu Beginn des Sabbat, rotten sich strenggläubige Jugendliche an manchen Durchfahrtsstraßen zusammen. Wer sich mit dem Auto dorthin wagt, riskiert eine Fahrt durch einen wahren Steinhagel. Denn am Sabbat, heißt es in der Bibel, muss man ruhen.

Ein Leben nach den alten Gesetzen: strenggläubige Juden im Jerusalemer Stadtviertel Mea Shearim.

Die Menschen von Mea Shearim verlassen ihr Stadtviertel nur, wenn sie unbedingt müssen. Am meisten scheuen sie die gottlose, verweltlichte Metropole Tel Aviv, wo sich die säkulare Gesellschaft Israels eingerichtet hat. Hier herrschen andere Gesetze, diese Welt wird von den Regeln und Rhythmen der westlichen Konsumgesellschaften bewegt. Auch wenn sie alle Juden sind, die sich in den Synagogen von Mea Shearim und den Beach-Parties von Tel Aviv drängeln, trennen

Durch den Siegeszug Alexanders des Großen gerät die jüdische Gesellschaft unter den Einfluss der griechischen Kultur.

sie Weltanschauungen und Mentalitäten, wie sie unterschiedlicher nicht sein könnten. Ein Konflikt mit Tradition, der in der Epoche nach der Rückkehr aus dem Exil zum ersten Mal aufbricht. Es war eine Zeit dramatischer Umwälzungen, die von einem jungen Feldherrn ausgelöst wurden, der in Mazedonien die Bühne der Geschichte betrat. In nur zwei Jahrzehnten erschütterte er die Welt des Orients bis in die Grundfesten. Sein Name: Alexander der Große. In einem beispiellosen Siegeszug überrollte er das persische Imperium, den gesamten Nahen Osten und Ägypten. Auch wenn das von ihm geschaffene Riesenreich unter seinen Nachfolgern wieder in Teilstaaten zerfiel, hatte der geniale Feldherr der gesamten Region doch einen Stempel aufgedrückt, der sie jahrhundertelang prägen sollte: die griechische Kultur.

Nach dem frühen Tod Alexanders im Jahr 323 v. Chr. stritten seine Generäle um das Erbe. Der eine, Seleukos, machte Antiochia in Syrien zur Hauptstadt seines Staates. Sein Rivale Ptolomäus residierte in der ägyptischen Metropole Alexandria. Nach langen wechselvollen Auseinandersetzungen gerieten die Juden schließlich unter die Herrschaft der Seleukiden-Dynastie. Das wäre an sich weiter nicht schlimm gewesen, unter der Regierung fremder Mächte zu leben war man schließlich seit Jahrhunderten gewohnt, zumal sich die griechischen Potentaten in religiösen Angelegenheiten nicht weniger liberal zeigten als ihre persischen Vorgänger. Die Gefahr, die mit den Griechen Einzug hielt, lag nicht in der Fremdheit und Anstößigkeit ihrer Kultur, sondern ganz im Gegenteil in ihrer Attraktivität. Ihr Siegeszug im damaligen

Orient lässt sich vielleicht mit dem Erfolg der amerikanischen Kultur nach dem Zweiten Weltkrieg in Europa vergleichen. Die Mode der Sieger und nicht zuletzt auch ihre Sprache waren chic, sie repräsentierten Internationalität und »Weltniveau«. Wer sie übernahm, war mondän, weltoffen, up-to-date.

Vor allem die Gebildeten und Etablierten, die »besseren Kreise«, fühlen sich vom Hellenismus angezogen, von den verfeinerten Sitten, der Kunst und Philosophie. Die jüdischen Eliten sind da offenbar keine Ausnahme. So ist es kein Zufall, dass damals auch die erste Übersetzung der Bibel ins Griechische entstand. Unter der Bezeichnung »Septuaginta« ist diese Übertragung berühmt geworden. Der Name bedeutet »siebzig«, weil der Text der Legende nach in siebzig Tagen von siebzig jüdischen Gelehrten verfasst worden sein soll.

Aber auch im Alltagsleben machen sich fremde Sitten breit, die rechtgläubigen Juden ein Gräuel sind: Die Griechen lieben bekanntermaßen sportliche Wettkämpfe, bei denen die Athleten nackt auftreten. Allein das war Zumutung genug; hinzu kam, dass sich jüdische Wettkämpfer offenbar wegen ihrer Beschneidung schämten: »Sie errichteten in Jerusalem eine Sportschule, wie es bei den fremden Völkern Brauch ist, und machten sich künstliche Vorhäute. So fielen sie vom heiligen Bund ab, vermischten sich mit den fremden Völkern und gaben sich dazu her, Böses zu tun«, erzählt voller Abscheu das Buch der Makkabäer, das in späterer Zeit in die Bibel aufgenommen wurde.

Die Bibel lässt kein gutes Haar an ihm: Antiochos IV.

Gegen die Übernahme solcher fremden Sitten formiert sich mit der Zeit der Widerstand der »Chassidim«, der Frommen, wie sie sich seit damals nennen. Die Bevölkerung Jerusalems spaltet sich in ein pro- und ein antihellenistisches Lager; ein Riss, der durch die Politik der seleukidischen Herrscher noch verstärkt wird. Als sich Antiochos IV. das Recht herausnimmt, in die Besetzung des Hohepriesteramts einzugreifen, gerät die aufgeladene Situation außer Kontrolle. Die Gesetzestreuen werfen den Kandidaten der Griechenpartei hinaus, was sich wiederum der syrische König nicht gefallen lässt. Er marschiert in Jerusalem ein und konfisziert kurzerhand den Tempelschatz. In den Augen der Rechtgläubigen ein unverzeihlicher Frevel. Nach diesem Ereignis verhärten sich die Fronten in kurzer Zeit so sehr, dass der Seleukidenherrscher schließlich zum Frontalangriff gegen die jüdische Religion bläst.

Die Vertreibung des Helidor

Da Juden eine Tempelsteuer zu entrichten hatten, sammelten sich im Jerusalemer Gotteshaus große Reichtümer an – eine Verlockung für die hellenistischen Herrscher. Schenkt man der biblischen Überlieferung Glauben, dann schickte schon einer der Vorgänger König Antiochos' IV. einen Minister mit dem Auftrag nach Jerusalem, den Tempelschatz zu konfiszieren. Aber Gott greift ein und sendet eine himmlische Truppe aus, die den Frevler mit Namen Heliodor vertreibt.
Der historische Kern hinter der biblischen Legende ist der Konflikt zwischen den seleukidischen Machthabern und großen Teilen der jüdischen Bevölkerung, ein Konflikt, der sich im Lauf der Jahre immer mehr zuspitzt.

DIE BESTIE UND DIE MÄRTYRER

Gegenüber anderen Religionen hatte sich der syrische König bislang eher tolerant gezeigt. Die Priester Mesopotamiens konnten unbehelligt ihren Göttern dienen, und die Bevölkerung der unterworfenen Länder durfte ihre Traditionen und Bräuche pflegen, ohne dass Antiochos eingriff. Warum also glaubte er, an den Juden ein Exempel statuieren zu müssen? Offenbar kamen hier zwei Dinge zusammen: Eine ganz persönliche Abneigung gegen den Monotheismus samt seinem unsichtbaren Gott und den unverständlichen Gesetzen, wie dem Sabbatgebot, mit denen sich die Juden in der antiken Welt tatsächlich den Vorwurf einhandelten, Faulenzer zu sein. Aber ausschlaggebend für die unglaubliche Brutalität, mit der Antiochos schließlich gegen die Juden vorging, waren politische Gründe. Judäa lag an der Südgrenze seines Reiches, hinter der der mächtige Gegner Ägypten lauerte. Der syrische König konnte sich in dieser Region unter keinen Umständen politischen Widerstand leisten. Da Zugeständnisse zu machen nicht dem Charakter des Machtmenschen Antiochos entsprach, setzte er auf Einschüchterung.

Im Jahr 167 v. Chr. erlässt er ein Dekret, wonach die Ausübung der jüdischen Religion ab sofort verboten ist und droht jedem Juden, der seine Kinder beschneiden lässt oder den Sabbat hält, mit der Todes-

Auftakt zu einer Epoche der Gewalt: Die Plünderung Jerusalems durch Antiochos IV.

Auf die massiven Plünderungen folgen Gewaltexzesse, denen unzählige Menschen zum Opfer fallen.

strafe. Maßnahmen, die er mit unbarmherziger Konsequenz durchsetzt. Seine Beamten lassen jüdische Bürger antreten und zwingen sie, Schweinefleisch zu essen. Um das aufsässige Volk vollends zu demütigen, befiehlt Antiochos, den Jerusalemer Tempel zu schänden, wie der jüdische Historiker Flavius Josephus überliefert: »Er plünderte den Tempel völlig, schleppte die heiligen Gefäße, die goldenen Leuchter, den goldenen Altar und die Weihrauchfässer fort ... An der Stelle des Altars ließ der König einen anderen errichten und schlachtete Schweine auf demselben.«

Doch zur Verwunderung des Despoten bleiben viele Menschen trotz der Schikanen und der angedrohten Strafen ihrer Religion treu. Diese Halsstarrigkeit treibt den Herrscher zu schrecklichen Gewaltexzessen, berichtet das 1. Buch der Makkabäer: »Frauen, die ihre Kinder hatten beschneiden lassen, wurden auf Befehl des Königs hingerichtet; dabei hängte man die Säuglinge an den Hals ihrer Mütter. Auch ihre

Familien brachte man um samt denen, die die Beschneidung vorgenommen hatten. Dennoch blieben viele aus Israel fest und stark; sie aßen nichts, was unrein war. Lieber wollten sie sterben, als sich durch die Speisen unrein machen und den heiligen Bund entweihen. So starben sie. Ein gewaltiger Zorn lag auf Israel.«

Aber auch diese brutalen Maßnahmen des Antiochos schienen ins Leere zu laufen. Ein Großteil der Bevölkerung weigert sich noch immer, den Glauben an Jahwe zu verleugnen, trotz täglicher Hinrichtungen und sadistischer Quälereien. Es war die Hoffnung auf die bald anbrechende Herrschaft Gottes auf Erden, die ein solches Massenmartyrium möglich machte. Die Menschen gingen mit der Gewissheit in den Tod, dass Gott in naher Zukunft eingreift, dass er die Frevler ausradieren und selbst die Herrschaft in Jerusalem antreten wird.

Damals entsteht auch die Vorstellung, dass ein von Gott gesandter Mensch erscheinen und die letzten Tage vor dem Jüngsten Gericht einleiten werde. Die hebräische Bezeichnung für diesen Befreier ist »Maschiach«, der »Gesalbte«, oder »Messias«. Die Griechische Übersetzung des Wortes lautet »Christos«. Ursprünglich wurde dieser Begriff synonym für die israelitischen Könige verwendet, die beim Einsetzungsritual mit Öl gesalbt wurden. In der Vorstellung des Messias schwingt daher die Idee eines »Königs der Endzeit« mit, der als Befreier des Volkes, als Retter aus großer Bedrängnis, auftritt. In späterer Zeit wird man diesen Begriff auf Jesus übertragen und umdeuten: Im christlichen Glauben wird Jesus zum Erlöser der Menschen von den Sünden. Die Form der Erlösung, die in der ursprünglichen, jüdischen Vorstellung vom »Messias« ersehnt wird, ist dagegen durchaus politisch gemeint: Er soll die nationale Befreiung und den Frieden bringen. Erst danach übernimmt Gott selbst das Regiment auf Erden, die Toten werden auferstehen und von ihm gerichtet.

»Eschatologie«, nach dem griechischen Wort »eschaton« für »Ende«, nennen Religionswissenschaftler Texte und Abhandlungen, die sich mit den »letzten Dingen« beschäftigen, mit Visionen und Vorhersagen, die meist in großen Krisenzeiten in Umlauf kommen. So auch in der Epoche des Antiochos. Aus der Hoffnung auf baldige Erlösung schöpften die Menschen Kraft. Und tatsächlich: Es sollte nicht lange dauern, bis ein Mann auftrat, der die Sache Gottes in die Hand nahm und dem Despoten die Stirn bot.

Der pünktliche Weltuntergang

In der Zeit der Bedrängung durch die Seleukiden entstand ein rätselhafter Text, der unter dem Titel »Buch Daniel« Eingang in die Bibel fand. Es ist die Geschichte eines jüdischen Propheten am Hof des babylonischen Königs Belsazar. In einer berühmten Episode wird der Wahrsager und Traumdeuter Daniel zu dem mächtigen König zitiert, der gerade ein rauschendes Fest abhält. Im Überschwang hatte er dabei geraubte Gefäße aus dem Tempel von Jerusalem als Becher benutzt. Ein Sakrileg mit Folgen. Auf der Wand des Festsaales erschien kurz darauf eine »Flammenschrift«, die der herbei zitierte jüdische Seher lesen und deuten sollte: »So aber lautet die Schrift, die dort geschrieben steht: Mene mene tekel uparsin. Und sie bedeutet dies: Mene, das ist, Gott hat dein Königtum gezählt und beendet. Tekel, das ist, man hat dich auf der Waage gewogen und für zu leicht befunden. Peres, das ist, dein Reich ist zerteilt und den Medern und Persern gegeben.« Durch den Frevel gegen den Gott der Juden – das ist die Botschaft des berühmten »Menetekels« – hat der Herrscher Babylons seine Macht verspielt.

Die Entstehungszeit der Legende verrät ihre Absicht. Die Geschichte meint in Wirklichkeit nämlich nicht den König Babylons, sondern dessen mächtigen Gegner Antiochos. In anderen Passagen schildert das Buch Daniel, dass nach einer bestimmten Abfolge von Epochen und Königreichen die Herrschaft Gottes auf Erden anbrechen wird. Auch das ist lediglich als tröstliche Botschaft gemeint, dass das verhasste Seleukidenreich eines Tages untergehen wird. Eine andere Lesart gibt es für

Diese Illustration aus dem »Buch Daniel« zeigt die Inspiration des Propheten.

Das Gastmahl Besazars – eine berühmte Episode aus der Bibel.

diesen Text nicht. Trotzdem erlagen Menschen späterer Zeiten immer wieder der Versuchung, die verschlüsselte Botschaft aus ihrem historischen Kontext zu lösen und auf ihre eigene Epoche und die ganze Welt zu beziehen. Nach ihrer Überzeugung enthält das »Buch Daniel« das Datum des Jüngsten Gerichts. Man müsse die im Text enthaltenen Zahlen und Andeutungen nur richtig interpretieren, um daraus den Tag, an dem Gott den Schlussstrich unter die Geschichte der Menschheit zieht, zu errechnen. Im 20. Jahrhundert haben vor allem die »Zeugen Jehovas« mit ihren regelmäßigen Ankündigungen des Weltendes mehrfach von sich reden gemacht. Ihre Untergangsarithmetik orientiert sich an den Prophezeiungen des Wahrsagers an den König Belsazar: **»Dein Königreich ist dir genommen, man wird dich aus der Gemeinschaft der Menschen verstoßen, und du sollst bei den Tieren des Feldes bleiben; Gras wird man dich fressen lassen wie die Rinder, und sieben Zeiten sollen hingehen, bis du erkennst, dass der Höchste Gewalt hat über die Königreiche der Menschen und sie gibt, wem er will«**, heißt es.

So weit die Bibel. Die erwähnte Spanne von »sieben Zeiten« interpretieren die Zeugen Jehovas als die Abfolge historischer Epochen von der Eroberung Jerusalems durch Nebukadnezar bis zum Beginn der von Daniel vorhergesagten Gottesherrschaft. Dabei verstehen sie die sieben Zeiten als sieben Jahre zu je 360 Tagen. Jene 2520 Tage werden wiederum Jahren gleichgesetzt. Denn heißt es nicht in der Bibel, dass vor Gott »ein Tag wie tausend Jahre ist und tausend Jahre wie ein Tag« sind? Der Rest ist einfach. Man muss lediglich vom Zeitpunkt der Zerstörung Jerusalems an 2520 Jahre zählen und erhält nicht weniger als das Datum des Jüngsten Gerichts und der anbrechenden Gottesherrschaft auf Erden. Da die Zeugen Jehovas die erwähnte Eroberung Jerusalems durch die Babylonier fälschlicherweise auf 607 v. Chr. datieren, ergibt sich für den Weltuntergang das Jahr 1914. In der Tat markiert das Datum durch den Ausbruch des Ersten Weltkriegs den Beginn einer gigantischen Katastrophe, allerdings sicher nicht in dem Sinn, den die Sekte darunter versteht. Da die Welt noch immer besteht und weit und breit vom Wirken Gottes leider wenig zu spüren ist, stellt sich natürlich die Frage, ob der Grund dafür vielleicht in einem Rechenfehler zu suchen ist. Die Antwort der Zeugen Jehovas: Keineswegs! 1914 sei tatsächlich etwas Bedeutendes geschehen. In jenem Jahr habe Jehova seinem Sohn Jesus Christus die Herrschaft abgetreten. Seit damals regiere Christus im Himmel – freilich noch nicht auf der Erde. Ganz im Gegenteil. Jesus habe bei der Gelegenheit gleich reinen Tisch gemacht und Satan samt seiner Anhänger aus dem Himmel geworfen. Seitdem treibe die finstere Schar auf der Erde ihr Unwesen – an einflussreichen Stellen in den Schaltzentralen der Macht, in Politik, Wirtschaft und den Kirchen. Das letzte von den Zeugen Jehovas durch alternative Rechenoperationen ermittelte Datum des Weltendes war im Jahr 1975. Seither ist die Sekte zumindest in dieser Hinsicht vorsichtiger geworden. Selbst das Jahr 2000, das weltweit viele Untergangspropheten auf den Plan rief, hatte für sie keine Bedeutung. In offiziellen Statements geht die Gemeinschaft mittlerweile auf Distanz zu den früheren Versuchen, das Weltende zu fixieren. Denn die hatten ihnen neben reichlich Häme nur den Vorwurf eingebracht, eine »Endzeitsekte« zu sein. ¶

Mündet der Untergang der Welt in einem Höllenschlund, wie diese Illsutration nahelegt?

ZU DEN WAFFEN!

Da kamen die Beamten, die vom König den Auftrag hatten, die Einwohner zum Abfall von Gott zu zwingen, in die Stadt Modeïn, um die Opfer durchzuführen. Viele Männer aus Israel kamen zu ihnen; auch Mattatias und seine Söhne mussten erscheinen. Da wandten sich die Leute des Königs an Mattatias und sagten: Du besitzt in dieser Stadt Macht, Ansehen und Einfluss und hast die Unterstützung deiner Söhne und Verwandten. Tritt also als erster vor und tu, was der König angeordnet hat ... Mattatias aber antwortete mit lauter Stimme: Auch wenn alle Völker im Reich des Königs ihm gehorchen und jedes von der Religion seiner Väter abfällt und sich für seine Anordnungen entscheidet – ich, meine Söhne und meine Verwandten bleiben beim Bund unserer Väter. Der Himmel bewahre uns davor, das Gesetz und seine Vorschriften zu verlassen. Wir gehorchen den Befehlen des Königs nicht und wir weichen weder nach rechts noch nach links von unserer Religion ab. Kaum hatte er das gesagt, da trat vor aller Augen ein Jude vor und wollte auf dem Altar von Modeïn opfern, wie es der König angeordnet hatte. Als Mattatias das sah, packte ihn leidenschaftlicher Eifer; er bebte vor Erregung und ließ seinem gerechten Zorn freien Lauf: Er sprang vor und erstach den Abtrünnigen über dem Altar. Zusammen mit ihm erschlug er auch den

Die Gewalttat des Mattatias wird zum Fanal des Aufstands der Makkabäer.

königlichen Beamten, der sie zum Opfer zwingen wollte, und riss den Altar nieder … Dann ging Mattatias durch die Stadt und rief laut: Wer sich für das Gesetz ereifert und zum Bund steht, der soll mir folgen. Und er floh mit seinen Söhnen in die Berge; ihren ganzen Besitz ließen sie in der Stadt zurück.«

Die Tat des Mattatias aus dem Priestergeschlecht der Hasmonäer sollte zum Fanal für den bewaffneten Aufstand gegen die Seleukiden werden. Antiochos hatte den Bogen endgültig überspannt. Hunderte von Menschen waren seinem Ausrottungswahn schon zum Opfer gefallen. Doch die Nachricht von der Heldentat des Mattatias verbreitete sich wie ein Lauffeuer; gesetzestreue Juden wurden zu Rebellen und organisierten den Widerstand. Die politische Großwetterlage war günstig für die Aufständischen. Hätten die Seleukiden ihnen ihre gesamte Militärmacht entgegenwerfen können, hätten die Juden bei allem Mut wenig Chancen gehabt. Denn die kriegserprobten Söldner des Feindes waren im gesamten Orient gefürchtet. Antiochos konnte mühelos Heere von 70 000 Mann aufstellen, disziplinierte Infanterieeinheiten, die in der Taktik der mazedonischen Phalanx geschult waren, mit der schon Alexander der Große ein Weltreich erobert hatte. Schwer bewaffnete Kavallerie, Kriegselefanten, die Panzer der Antike, Streitwageneinheiten, Schleuderer und Bogenschützen – Antiochos bot alles auf, was damalige Militärtechnologie und Taktik hergaben. Aber die politische Situation erlaubte es den Seleukiden nicht, ihre gewaltige Streitmacht an die judäische Front zu werfen. Die Hauptarmee war an der Ostgrenze des Reiches in schwere Kämpfe gegen die Parther verstrickt. In Judäa standen nur kleinere Kontingente. Aber selbst die waren der Schar der Aufständischen zumindest zahlenmäßig und vor allem an militärischer Ausbildung haushoch überlegen.

Nach dem Tod des Anführers Mattatias übernimmt dessen Sohn Judas das Kommando über die Rebellen. Der junge Mann, den schon die Zeitgenossen mit dem Namen »Makkabäus, der Hammer« ehrten, sollte einer der großen Helden der jüdischen Geschichte werden. Unter der Leitung ihres findigen Strategen wird aus der Revolte eines kleinen, zu allem entschlossenen Haufens ein nationaler Aufstand, aus der Schar schlecht bewaffneter Gläubiger entsteht eine schlagkräftige Armee. Gleich dreimal hintereinander bringt sie den weit überlegenen Truppen des Gegners vernichtende Niederlagen bei. Schließlich gelingt

Dieser Kupferstich aus dem Jahr 1670 zeigt den Sieg der Freiheitskämpfer um Judas Makkabäus.

es Judas Makkabäus sogar, Jerusalem zu erobern. Im Jahr 164 v. Chr. lässt er in einer feierlichen Zeremonie den Tempel von den fremden Kulten reinigen und den jüdischen Ritus wieder einführen. Der siegreiche Freiheitskämpfer stiftet zu diesem Anlass eine neue Menora, einen siebenarmigen Leuchter.

Der Legende nach soll sich damals ein Wunder ereignet haben. Für die feierliche Entzündung der Menora fehlte es an geweihtem Öl. Und neues hätte man nicht mehr beibringen können, da hierfür nach jüdischer Tradition ein kompliziertes religiöses Ritual befolgt werden musste. Obwohl die Menge normalerweise nicht einmal zum Entzünden ausgereicht hätte, brannten die Lampen aber acht Tage lang – bis der Nachschub von den Priestern geweiht worden war. An dieses Wunder erinnert bis heute das jüdische Lichtfest »Chanukka«, das jedes Jahr im November gefeiert wird. Zur Zeremonie des Gedenktages gehört dabei auch das feierliche Entzünden einer besonderen Menora mit acht Armen, für jeden Tag einer.

ROM MISCHT SICH EIN

Als Judas einige Jahre später in einer Schlacht fiel, vollendeten seine Nachfolger das Werk, das er begonnen hatte. In vielen Kämpfen gelingt es ihnen schließlich auch, die nördlich von Judäa gelegenen Provinzen zu erobern und das Reich Davids, in den Grenzen wie sie die Bibel beschreibt, wieder herzustellen. Um das Jahr 100 nahmen die Nachfahren des Mattatias aus dem Geschlecht der Hasmonäer offiziell den Königstitel an. Doch ihre Herrschaft stand unter keinem guten Stern: Der Krieg hatte das jüdische Volk geeint, der Friede entzweite es. Die alten Streitigkeiten zwischen den verschiedenen politisch-religiösen Gruppierungen brachen wieder auf.

Damals formierte sich innerhalb der recht großen Bewegung der »Chassidim« eine religiöse Splittergruppe, die sich »peruschim«, »die Abgesonderten«, nannte. In der griechischen Sprache wurden daraus »Pharisäer«. Der politische Erfolg der Hasmonäer, die Schaffung eines geeinten jüdischen Königreichs, war den Pharisäern ein Dorn im Auge. Ja mehr noch: Ihrer Ansicht nach war es eine geradezu gotteslästerliche Tat, mit der sich die Hasmonäer einen Titel anmaßten, der ihnen nicht zustand. König über Israel konnte nach den religiösen Vorstellungen der Frommen nur der »Maschiach«, der von Gott gesandte Mann aus dem Stamm König Davids sein. Der Konflikt verschärfte sich noch zusätzlich, als die Hasmonäer auch noch das Amt des Hohepriesters am Jerusalemer Tempel mit einem Mann aus ihren Reihen besetzten. Ein Sakrileg in den Augen der gesetzestreuen Pharisäer.

In Gestalt des Feldherrn Gnaeus Pompeius betritt Rom die Bühne der biblischen Geschichte.

Der Untergang des Hasmonäerstaates beendete die letzte Epoche der nationalen Unabhängigkeit des jüdischen Volkes – bis zur Neugründung Israels im Jahr 1948. Geschwächt von zahlreichen inneren Konflikten, war Jerusalem eine leichte Beute für die neue Großmacht Rom. Manche Forscher glauben, dass möglicherweise die Pharisäer den römischen Feldherrn Pompejus dazu aufgefordert hatten,

Neron
TITUS
Neron lempereur lors
estant en achaye ou il
se occuppoit aux chante
ries et melodies tragiques
Sachant que ses affaires
et besongnes se portoient inutilement
et non prosperement en iudee fut
tantost espris et envay de desplaisir
paour et craincte Car combien que
pardehors et en appert il simulast et
demonstrast faintement son orgueil
Si estoit il indigne desplaisant et
trouble et disoit que ces desobeissan
rebellions et aduersitez contre la
chose publicque de romme estoient
plus advenues par la negligence

in die jüdischen Thronstreitigkeiten einzugreifen und die verhassten Hasmonäer zu verjagen. Ein Blick auf die unglaubliche Erfolgsstory der Großmacht vom Tiber hätte die frommen Männer eigentlich warnen müssen. Denn hatten die Römer erst einmal ihren Fuß in ein Land gesetzt, dann gingen sie da nicht mehr weg.

Mit der Erstürmung von Jerusalem wurde die Zeit der römischen Herrschaft in Judäa eingeläutet.

Und das sollte sich auch in Judäa bewahrheiten: Im Jahr 64 v. Chr. belagerte Pompeius Jerusalem. Die Eingeschlossenen lieferten sich damals untereinander mindestens ebenso viele Kämpfe wie mit dem Feind vor den Toren. Mit ihrem Gottvertrauen läuteten die Gesetzestreuen schließlich ungewollt die Niederlage gegen die Römer ein: Ihrer Auffassung nach konnte nur noch Gott die Stadt retten. Um ihm zu huldigen, mussten seine Gebote, also auch das Arbeitsverbot am Sabbat, gerade in dieser Notsituation besonders streng eingehalten werden. Pünktlich am Freitagabend setzten sie ihre Verteidigung aus. Den Römern fiel bald auf, dass die Reihen der Gegner auf den Mauerzinnen immer samstags besonders ausgedünnt waren. Am Morgen des dreizehnten Sabbat nach Beginn der Belagerung, man schrieb das Jahr 63 v. Chr., stürmten sie die Stadt.

Seit damals bestimmte Rom die Geschicke des Landes. Mit seiner Duldung gelang es einige Jahrzehnte später einem Mann mit Namen Herodes, den Jerusalemer Thron zu besteigen. Gegen Ende seiner Regierungszeit – so erzählt die Bibel – wird in Bethlehem ein Kind geboren werden, das die Welt verändern wird. Sein Name ist Jesus.

RICHARD ANDREWS

IS·NAZORAEVS·REX·IVDEORV·

JESUS CHRISTUS
ALLES BLOSS EIN IRRTUM?

Eines vorweg: »Es gibt keinerlei archäologischen Beweis, der uns plausibel machen könnte, dass Jesus Christus wirklich gelebt hat«, stellt Privatdozent Dr. Jürgen Zangenberg, Neutestamentler an der Bergischen Universität Wuppertal kühl fest. »Aber es gibt auch keinen archäologischen Beweis dafür, dass Platon oder Sokrates wirklich gelebt haben!« Es stimmt: Den einstmals real existierenden, »historischen« Jesus können wir heute nur aus den Schriftzeugnissen der Nachwelt erschließen. Vor allem aus den vier Evangelien, deren erster Autor Markus aber erst zwei Jahrzehnte nach dem Tod Jesu zu schreiben beginnt. Analysiert man diese Schriften sorgfältig und stellt die Ergebnisse in Bezug zu dem, was man über diese Epoche der Menschheitsgeschichte weiß, dann wird dennoch einiges klar. Man erkennt vor allem, was der historische Jesus nicht sein wollte und was spätere Generationen ihm lediglich zugeschrieben haben: Ganz bestimmt wollte dieser Jesus nicht eine neue Religion gründen; schon gar nicht eine weltumspannende. Ausdrücklich hat er sich nur an »die verlorenen Schafe Israels« gewandt, nicht an die Ungläubigen, nicht an die Heiden. Und nicht einmal im Traum wäre es Jesus je in den Sinn gekommen, das jüdische Gesetz, die Thora, abzuschaffen, oder gar selbst das leibhaftige »Ende des Gesetzes« zu

Kein Ereignis der Weltgeschichte ist so oft abgebildet worden wie die Kreuzigung Christi; hier eine Darstellung mit Maria Magdalena, deren Rolle seit jeher zu Spekulationen anregte.

sein, wie später immer wieder von ihm gesagt wurde; vielmehr war ihm eher an einer Neuinterpretation dieser jüdischen Traditionsregeln gelegen. Dass man ihn später als jemanden deutete, der am Kreuz als »Lamm Gottes« für die Sünden der Menschen stellvertretend büßte, hätte ihn sicherlich zutiefst verblüfft. Ebenso, wenn man ihn als »Christen« bezeichnet hätte! Er hat ja gar nicht gewusst, was ein Christ ist! Und dass man sich ihm hätte zugehörig fühlen können, ohne selbst Jude zu sein, wäre ihm im Horizont seiner provinziellen Verwurzelung wohl nicht in den Sinn gekommen.

DER UNBEKANNTE JESUS

Der Evangelist Lukas berichtet so ausführlich vom Besuch des Erzengels Gabriel bei Maria, dass ihn der Künstler Benedetto Bonfigli als »Augenzeugen« gleich in die biblische Szene integriert hat.

Die Verwandlung des Glaubens Jesu in einen Glauben an Jesus beginnt bereits sehr früh. Schon die Evangelien berichten davon, wenn auch voller Widersprüche, die dadurch entstehen, dass die historische Figur in ein Erwartungsschema eingepasst werden soll, wie es das Alte Testament vorgibt. So musste etwa Jesus als Erlöser der Menschheit mit einem edlen Stammbaum ausgestattet werden, und die beiden Evangelisten Matthäus und Lukas geben sich auch alle Mühe, in – allerdings abweichenden – Ahnenreihen Jesus als Abkömmling des großen Königs David und des Stammvaters Abraham auszuweisen. Eine solche Herleitung der Abstammung macht es allerdings unerlässlich, die Vaterschaft des Joseph anzuerkennen. Die aber steht in massivem Widerspruch zur angeblichen Jungfraugeburt Marias. Das sind nur erste, aber durchaus gewichtige Ungereimtheiten. An vielen Stellen der Überlieferung entsteht so der Eindruck, die Jesusbiographie sei nach einem Drehbuch verfasst

Diese wunderschöne Illustration aus den Schriften des Flavius Josephus zeigt Szenen aus der Genesis.

worden, das das Alte Testament vorschreibt: Es scheint, als solle das Leben Jesu all das erfüllen, was dort so dringlich ersehnt wird. Vor allem die drängende Erwartung, dass ein göttlicher Heilsbringer, ein »Messias«, kommen müsse, soll mit ihm endlich Wirklichkeit werden. Aber welcher Jesus, welche historische Figur aus Fleisch und Blut ist hinter dieser tiefen Sehnsucht zu finden?

Kein Zeitgenosse hat auch nur eine einzige schriftliche Notiz über Jesus, sein Leben und sein Sterben hinterlassen. Der Erste, der über Jesus schreibt, ist Paulus. Den lebendigen Jesus hat er aber nie erlebt – die Aufzeichnungen dieses tiefgläubigen Menschen beginnen erst etwa zwanzig Jahre nach Jesu Tod; und sie schildern keine Szenen aus dem Leben Christi, sondern widmen sich vor allem dem Auferstandenen und seiner Anhängerschaft. Nach ihm mussten noch viele Jahre vergehen, bis die nicht-christliche Öffentlichkeit das Jesusgeschehen überhaupt zur Kenntnis nahm und schriftlich kommentierte. Erst gut siebzig Jahre nach Jesu Kreuzestod findet sich ein antiker Historiker, der Jude Flavius Josephus, der bereit ist, in seiner Geschichte des Judentums dem Leben des Jesus Christus ein paar Sätze zu widmen. Und es ist dürftig genug, was der weltliche Schriftsteller im Jahr 94 n. Chr. darüber mitzuteilen hat: »Um diese Zeit lebte Jesus, ein weiser Mensch, wenn man ihn überhaupt einen Menschen nennen darf. Er war nämlich der Vollbringer ganz ungewöhnlicher Taten und der Lehrer aller Menschen, die mit Freuden die Wahrheit aufnahmen … Er war der Christus. Und obgleich ihn Pilatus auf Betreiben der Vornehmsten unseres Volkes zum Kreuzestod verurteilte, wurden doch seine früheren Anhänger ihm nicht untreu. Denn er erschien ihnen am dritten Tag wieder lebend, wie gottgesandte Propheten dies und tausend andere wunderbare Dinge von ihm verkündigt hatten. Und noch bis auf den heutigen Tag besteht das Volk der Christen, die sich nach ihm nennen, fort«, schreibt Flavius Josephus in seinem Werk *Altertümer*.

REKONSTRUKTION

Jesus kam vom Dorf. Er hat sein Leben weitgehend in Galiläa (hebräisch »galil«, »Bezirk«) verbracht, einer naturwüchsigen Landschaft im nördlichen Teil Palästinas. Die »Welt«, die er auf seinen Wanderungen gesehen hat, entspricht von ihrer Größe her in etwa dem Flächenmaß der heutigen Stadt Berlin. Aber keineswegs war sie urban, sondern eher ländlich geprägt, wenngleich zur Zeit Jesu diese Durchgangsregion in Richtung Osten immer mehr von ganz neuen gesellschaftlichen Impulsen überrascht worden sein dürfte, wie sie die fremden Menschen, die hier vorbeikamen, mitbrachten. Die Bilder, die Jesus in seinen Gleichnissen verwendet, sind aber vor allem geprägt von der ländlichen Einfachheit seiner Lebenswelt. Die rein jüdische Kleinstadt Nazareth hat er als junger Mann offenbar niemals verlassen, um etwa das zehn Kilometer entfernte, hellenistisch geprägte Sepphoris zu besuchen. Hier hätte er einen Hauch griechisch-weltläufiger Kultur schnuppern können – aber seine traditionelle Erziehung verbot vielleicht auch derartige Grenzüberschreitungen. Hinzu kam, dass er wahrscheinlich kaum einen Brocken Griechisch oder Latein sprach. Auch später richtet er seine Predigt ausschließlich an die »Kinder Israels«, die außerjüdische Welt kommt nur in den Blick, wenn er das Versagen seiner jüdischen Zeitgenossen anprangern will.

Die kleine Synagoge in Nazareth war neben dem konservativen Handwerker-Elternhaus der Ort seiner Prägung. Hätte man den jungen Mann nach dem Mittelpunkt der Welt gefragt, hätte er sicher – wie die meisten Juden seiner Zeit – auf das etwa hundert Kilometer entfernte Jerusalem gewiesen. Hier war für ihn der Nabel der Welt, der Ort, wo die Opfer für die Sünden der Menschen gebracht wurden. Und hier würde am Ende der Tage auch der »himmlische Retter« erscheinen, so glaubte der junge Mann vom Land.

Von Kindesbeinen an, so meinen einige Historiker, habe sich Jesus in eine Außenseiterrolle gedrängt gefühlt, die ihm später den ungewöhnlichen Ausstieg aus seiner behüteten Umgebung erleichtert habe. Er sei, so vermuten sie aufgrund der Berichte von der Jungfrauengeburt, unehelich geboren – zweifellos ein schwerer Makel in der konservativen Provinz. Ob diese Vermutung zutrifft, lässt sich heute allerdings nicht mehr ausreichend untermauern. Der endgültige Ausstieg aus der

Palästina zur Zeit Jesu
Orte
Straßen
Grenzen
0
30 km
Tarsus
Antiochia
Salamis
ZYPERN
Sidon
Tyrus
Caesarea
Jerusalem
Sidon
Sarepta
Tyrus
Damaskus
Libanon
Hermon (2759m)
Parpar
Caesarea Philippi
PROVINZ SYRIEN
SYRO-PHÖNIZIEN
TETRARCHIE DES PHILIPPUS
Hule-See
GALILÄA
Chorazin
Kapernaum
Betsaida
Ptolemaïs
Magdala
Kana
Tiberias
Galliläisches Meer
Sepphoris
Hippos
Dion
Raphana
Jarmuk
Nazareth
Tabor (562m)
Nain
Gadara
Abila
Ebene Jesreel
Megiddo
Caesarea
DEKAPOLIS
Skythopolis
Ginäa
Pella
Salim
Krit
Mittel-meer
Scharon-Ebene
SAMARIA
Sebaste
Ebal (938m)
Sychar?
Sichem
Jakobsbrunnen
Garizim (868m)
Jordan
Jabbok
Gerasa
Joppe
Arimathäa?
Ephraim
Lydda
Modeïn
Philadelphia
Betanien jenseits d. Jordan
Jamnia
JUDÄA
Jericho
Livias
Emmaus
Ölberg (818m)
Jerusalem
Betanien
Aschdod
Bethlehem
Aschkelon
Herodeion
Totes Meer
Machärus
NABATÄA
Hebron
Gaza
IDUMÄA
Masada
Beerscheba
Halbinsel Lisan

heimatlichen Sphäre dürfte von einem Prediger motiviert worden sein, der damals in dramatischer Rede am Ufer des Jordans zu Buße und Umkehr aufrief, und der vor allem unter einfachen Menschen eine gewisse Berühmtheit genoss: Johannes der Täufer; ein Endzeitprophet, der von den Evangelisten ein halbes Jahr älter als Jesus gemacht und später zum Vorläufer Jesu stilisiert wird. Ihm, dem Spross einer angesehenen Jerusalemer Priesterfamilie, hatte sich der Handwerkersohn zunächst angeschlossen. Und von ihm übernahm er auch das zentrale Motiv seiner Verkündigung, die Botschaft vom unmittelbar bevorstehenden Reich Gottes: Die drängende Erwartung, dass Gott die bedrückenden Verhältnisse der Welt völlig neu ordnen würde.

Die Anzahl der Jünger ist nicht zufällig gewählt: Sie repräsentieren die 12 Stämme Israels, die durch sie in alter Kraft und Stärke erneuert werden sollen.

Schon bald aber gingen beide offenbar wieder getrennte Wege. Jesus zog jetzt mit seiner eigenen Anhängerschaft vor allem durch seine Heimatregion Galiläa. Dabei entdeckte er anscheinend seine besondere Fähigkeit, die ihn beim Volk berühmt machen sollte: Er konnte Dämonen vertreiben und Krankheiten heilen, was in der Vorstellung der jüdischen Antike auf das Gleiche herauskommt. Der Höchste dieser Geister war in Jesu Vorstellungswelt Satan, mit dem er den direkten Kampf aufnahm. Irgendwann sah er »Satan wie einen Blitz vom Himmel fallen« – für ihn ein ganz klares Zeichen, dass Gott die endgültige Oberherrschaft über den Himmel errungen hatte. Ganz offensichtlich war das Reich Gottes schon angebrochen, und es würde sich in allernächster Kürze auch auf Erden durchsetzen.

Jesus und seine Jünger erhofften in dieser neuen Weltordnung eine besondere Rolle zu spielen: Mit ihrer Hilfe würden die zwölf

Stämme Israels wieder in ihrer alten Pracht erstehen und die goldene Ordnung wiederhergestellt werden; eine Ordnung, die ja schon bereits 700 Jahre zuvor durch die kriegerischen Eingriffe der Assyrer empfindlich gestört worden war und die sich jetzt unter der römischen Besatzungsmacht langsam aber sicher in Luft aufzulösen begann. Die Menschen, die Jesus und den Zwölfen begegneten, werden diese Botschaft wohl verstanden und aus ihr neue Hoffnung geschöpft haben. Der Zulauf vor allem aus den sozialen Randbereichen war jedenfalls enorm – Jesus hatte offensichtlich den Nerv dieser zutiefst verunsicherten Gesellschaft auf den Punkt getroffen.

In der so genannten Bergpredigt, die er in jener Zeit offenbar hält, kommt zum Ausdruck, wozu sich Jesus von Gott, den er zutiefst personal und liebevoll mit »Abba«, »Pappa« anredet, berufen fühlt: Zur wahren Auslegung des göttlichen Gesetzes; zur wahren Deutung der Thora. In vielen Punkten verschärft er den Ton: So verbietet er radikal jede Form von Ehescheidung und treibt das Liebesgebot auf die Spitze: »Du sollst auch deine Feinde lieben!« Im Großen und Ganzen zentriert er die starren Gesetzesregeln aber auf die Bedürfnisse der Menschen und widerspricht damit der formalistischen Gesetzestreue der Pharisäer, der damals herrschenden jüdischen Partei. Er war geprägt von der drängenden Erwartung, dass die Veränderung der Welt als Aufrichtung des Gottesreiches unmittelbar bevorstehe, ja prozesshaft bereits ablaufe. Die Liebe, die Gott damit den Menschen entgegenbringe, müsse daher eine Entsprechung in einem neuen liebenden Umgang der Menschen untereinander haben.

Bei aller revolutionären Energie, die Jesus verströmte, hat er doch immer konsequent eine kompromisslose Gewaltlosigkeit vorgelebt. Dass er dabei zuletzt selbst der religiösen Aggression zum Opfer fiel, ist vor allem darin begründet, dass er seine Absage an die bestehenden Verhältnisse nach Jerusalem trug – hinein in jenen zentralen Herrschaftsbereich, den ausschließlich die Priesteraristokratie für sich reklamierte. Vielleicht hat er die hierarchischen Mechanismen der Großstadt unterschätzt. Am fernen See Genezareth hätte man ihn sicherlich unbehelligt predigen lassen und wäre von staatlicher Seite erst eingeschritten, wenn er sich dezidiert politisch geäußert hätte; so wie das sein Lehrer Johannes der Täufer tat, dessen massive Kritik an der Führungsspitze des Landes ihn schließlich den Kopf kostete.

Jesus aber starb, ohne dem politischen Vorwurf, den man ihm machte, nämlich sich zum »König der Juden« aufgeschwungen zu haben, ausdrücklich entgegenzutreten oder diesen Sachverhalt zu bestätigen. Für die damalige römische Justiz kam sein Schweigen einem Schuldeingeständnis gleich. Die Verurteilung erfolgte daher durchaus im Einklang mit den rechtlichen Gepflogenheiten dieser Zeit. Der Tod am Kreuz aber war wider Erwarten nicht das Ende der Geschichte Jesu, sondern in Wirklichkeit ihr Anfang.

JESUS IM KOPF

Großmutter hatte das Bild im Schlafzimmer aufgehängt, gleich neben der alten Waschkommode, dort, wo am frühen Morgen der erste Blick hinfiel und am Abend der letzte. Das Bild war schwarz-weiß, wenngleich die Vorlage dafür wahrscheinlich ein farbiges Gemälde des 19. Jahrhunderts war. Ein Druck, golden und dennoch schlicht gerahmt, oval, in etwa so groß wie ein Handteller, schon etwas verblichen. Er zeigte einen schönen Mann, einen, der mit milden Augen nach links oben blickte, in ein Licht, das vom Himmel herabstrahlte. Sein Haupt selbst war umleuchtet von einer Gloriole, einer strahlenden Lichterscheinung, die ihn sofort als Heiligen kenntlich machte. Er trug einen Bart und lange, glatt zurückgestrichene Haare, die ihm fast auf die Schulter fielen; dunkle Haare, die das Weiß eines faltenreiches Gewandes berührten, von dem man ahnen konnte, dass es wohl wie ein altertümliches Nachthemd aussah.

Solche Darstellungen fanatisierter Juden unter dem leidenden Christus am Kreuz leisteten vor allem im Mittelalter der christlichen Judenfeindlichkeit Vorschub. Dabei wurde übersehen, dass auch Jesus und seine Familie Juden waren.

Dieser etwa dreißigjährige Mann wirkte so ganz anders als all die Männer, die auf der Straße vor dem Haus der Großmutter vorübergingen; ja, niemand im weitesten Bekanntenkreis der Großmutter glich auch nur annähernd dieser Gestalt, und doch war dieser Mann tief vertraut und vertrauenswürdig. In unzähligen Darstellungen hatte ich ihn schon gesehen, als Statue, als farbiges Ganzkörperbild, in Kirchen, in Museen, in Kunstprospekten. Dieser Mann hieß Jesus, und man betete allabendlich zu ihm.

So sah er also aus. Der Erlöser. Der Heiland. Der, der für unsere Sünden am Kreuz gestorben war, um so das himmlische Heil für uns zu erlangen. Der »liebe Herr Jesus«, der alle Schmerzen und Leiden ertragen hatte und der zuletzt noch am Kreuz, diesem schrecklichen Marterwerkzeug der Römer, um Nachsicht und Verzeihen für seine Peiniger zu Gott gebetet hatte: »Vater, vergib ihnen, denn sie wissen nicht, was sie tun.« Das war der Mann, der es sogar fertig brachte, seine Feinde zu lieben – und der allen Menschen die schwere Aufgabe auflud, es ihm nachzutun. Jesus – das Vorbild. Der Held.

Der Held? Sah so ein Held aus? Das war ja keine Figur aus einem Ritter- oder Cowboyroman, wie man sie kannte und liebte. Jesus trug weder Schwert noch Colt – und manches Mal war es für uns Kinder schwer gewesen, dass dieser Held anscheinend alle Demütigungen und Erniedrigungen der bösen Menschen ertrug, ohne sich endlich den Weg freizuschießen und die Gerechtigkeit triumphieren zu lassen. »Wenn Du Gottes Sohn bist, so steig doch vom Kreuz herunter!«, so hatten seine Feinde ihn spottend aufgefordert, und man hätte sich doch so sehr gewünscht, dass er dieser Aufforderung sogleich nachgekommen wäre. Was für ein Triumph wäre das gewesen! Es war ja kaum zu ertragen, dass den furchtbaren Spöttern nicht sogleich die frechen Mäuler gestopft wurden. Warum war er nicht »heruntergestiegen«, ja geradezu heruntergesprungen?

Dass die »Waffe« Jesu seine unendliche Liebe war, die Liebe zu den Menschen gleichviel wie die Liebe zu Gott, wurde uns dann feierlich erklärt. Unbefriedigend war die Sache

Die Vorstellung, die man sich vom Aussehen Jesu machte, hat sich in zwei Jahrtausenden erstaunlich wenig verändert. Das Bild, das bei der Großmutter hing, ist den frühesten Darstellungen nicht unähnlich.

Die Macht der Bilder

Bis weit ins Mittelalter hinein lagen die Evangelientexte hauptsächlich in der lateinischen Fassung vor, die der Kirchenvater Hieronymus Ende des 4. Jahrhunderts aus dem Griechischen übersetzt hatte. Sowohl die Verbreitung der kostbaren Handschriften wie auch die Lesefähigkeit der Gläubigen muss bis zur Erfindung des Buchdrucks im 15. Jahrhundert als äußerst gering eingestuft werden. So war es nur natürlich, dass die Menschen vom Leiden und Sterben Jesu vor allem durch bildliche Darstellungen erfuhren. Die »biblia pauperum«, die »Bibel der Armen«, der Ungebildeten, führte vor allem das Geschehen um die Kreuzigung drastisch und eingängig vor Augen: Von der Ergreifung Jesu und seiner Passion bis hin zur Darstellung des Jüngsten Gerichts lösten die Bilder bei den Gläubigen sicher jene emotionale Erschütterung aus, wie sie heute vielleicht nur noch das Kino zu vermitteln vermag.

aber irgendwie doch, und man war froh, wenn dann endlich, endlich, nach dem schrecklich langen Sterben am Kreuz, der Vorhang im Tempel zerriss, die Erde bebte, der Himmel dunkel wurde, und angesichts solch dramatischer Naturerscheinungen selbst der letzte Soldat begriffen haben musste, was sie da alle miteinander angerichtet hatten.

Aber las man dann im Neuen Testament weiter, in diesen detaillierten Berichten der angeblichen Augenzeugen – denn waren es nicht die Apostel Jesu selbst, die die Evangelien geschrieben hatten? – so schlich sich schnell wieder das alte Unbehagen ein. Offenbar hatten doch nicht alle Zuschauer dieser Hinrichtung mitbekommen, wer Jesus in Wirklichkeit war. Jedenfalls wurde kein Staatsbegräbnis angeordnet, um den offensichtlichen Justizirrtum zumindest öffentlich zu sühnen, von einer späten Reue der Verantwortlichen war überhaupt nicht die Rede, von den Tätern und ihrem weiteren Schicksal auch nicht. Was geschah denn zum Beispiel mit den bösen »Pharisäern«? Und wie stand es um die ersehnte Bestrafung des Statthalters Pontius Pilatus, der das ganze grausige Schauspiel rechtlich zu verantworten hatte? Dies hätte man doch wirklich sehr gerne gewusst.

Die Auferstehung muss die Anhänger Jesu völlig überrascht haben. Apostel Thomas soll von seinem Zweifel so weit getrieben worden sein, dass er die Seitenwunde des Auferstandenen berührte, um sich von dessen leiblicher Realität zu überzeugen.

Gewiss, die Auferstehung! Sie war der endgültige Beweis, der endgültige Triumph. Unbefriedigend nur, dass wieder einmal die »Täter« kaum etwas davon mitbekamen. Die Wachsoldaten der römischen Besatzungsmacht schliefen einfach ein, und der auferstandene Jesus zeigte sich nur seinen eigenen Leuten, statt sogleich in den Palast des Statthalters zu stürzen, was sicherlich einen großartigen Effekt gehabt hätte. Ja, und offenbar waren nicht einmal alle Jünger von der Auferstehung überzeugt, wie die Geschichte vom ungläubigen Thomas beweist, der erst die Nagelwunden des Gekreuzigten besehen will und dann auch noch skeptisch dessen Seitenwunde befühlt. Als ob man einen guten Freund eher an seinen Verletzungen als an seinem Aussehen und an seiner Stimme erkennen würde! Die ganze Geschichte war durchaus etwas undurchsichtig.

Und was war mit Jesus selbst? Hatte er nicht am Kreuz noch dem Verbrecher, der gleich neben ihm hing, versprochen: »Wahrlich, ich sage Dir: Heute wirst Du mit mir im Paradiese sein!« Nun aber war Jesus leiblich auferstanden. »Was suchet ihr den Lebendigen bei den Toten?«, hatten nach dem Evangelisten Lukas die Engel unmissverständlich vor dem leeren Grabe den fragenden Trauergästen gesagt: »Er ist auferstanden!« Wie aber konnte Jesus unter den Lebenden wandeln, wenn er doch zugleich seine Anwesenheit im Paradies zugesagt hatte? Irgendetwas war falsch. Nicht nur an der Dramaturgie der ganzen Geschichte. Es haperte auch überall mit den Einzelheiten, die sich nicht nur an dieser einen Stelle widersprachen.

DER LANGE WEG ZUM HISTORISCHEN JESUS

Die Großmutter haben all diese Fragen und Widersprüche nicht angefochten. Ihr ging es da wie den Abermillionen von Menschen, die in den 19 Jahrhunderten nach Jesu Tod und Auferstehung nicht im Traum daran dachten, die Bibel, das »Wort Gottes«, sachlich in Frage zu stellen. Es ist noch gar nicht lange her – erst gut 350 Jahre – da machten sich einzelne verwegene Wissenschaftler zum ersten Mal daran, den Gehalt der Heiligen Schriften auf ihre logische Stringenz zu überprüfen und nach den Ursprüngen der Texte zu forschen. Zuvor hatte man über Jahrhunderte glücklich mit so offensichtlichen und massiven Widersprüchen gelebt, wie sie vor allem das Alte Testament beinahe auf jeder Seite bereithält.

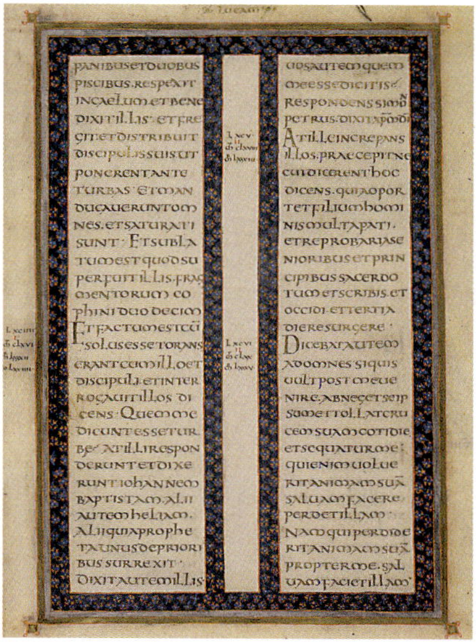

Selbst die Textseiten der frühen Ausgaben der Bibel waren mit zahlreichen Schmuckelementen versehen.

Das ist nicht allzu verwunderlich, wenn man bedenkt, dass im gesamten Mittelalter bis etwa zur Zeit Luthers die Bibel im kirchlichen Alltag eine eher untergeordnete Rolle spielte. Gewiss war sie auch in dieser Zeit offiziell die Grundlage allen Glaubens, aber doch mehr formal. Wer von den zumeist analphabetischen

Gläubigen besaß schon eine der wenigen Bibelhandschriften, die höchstens in Klöstern und unter Gelehrten kursierten? Und wer von den Gläubigen war der lateinischen Sprache mächtig, um die »Vulgata« überhaupt zu verstehen – die im Katholizismus einzig anerkannte »Volksübersetzung« der Heiligen Schrift, die Kirchenvater Hieronymus bereits im 4. Jahrhundert nach Chr. in lateinischer Sprache als verbindlich vorlegte. Der »Otto Normalbürger« des Mittelalters kannte biblische Geschichten lediglich aus den Predigten der Priester und den bildlichen Darstellungen der Altäre. Viel stärker als die Bibel wirkte zu dieser Zeit die geltende Kirchenlehre auf die Menschen, der Kultus von Messe, Beichte, Buße und die zahlreichen Kirchenfeste.

Das geschriebene Wort Gottes fand erst mit der Erfindung des Buchdrucks Verbreitung außerhalb der Klostermauern.

Erst mit Luthers Rückbesinnung auf die Schrift und die Verbreitung der Bibeltexte durch den aufkommenden Buchdruck Ende des 15. Jahrhunderts rückt die Bibel in den Focus christlichen Lebens. Die Kenntnis biblischer Inhalte in ihrem genauen Wortlaut und in ihrer griechischen und hebräischen Urfassung nimmt schlagartig zu und entwickelt sich im Lauf der Zeit zum eigentlichen Mittelpunkt der theologischen Ausbildung, zumindest in den evangelischen Glaubensgemeinschaften. Immerhin aber dauert es nach Luther noch ein ganzes Jahrhundert, bis die zunächst in den Rang einer ewigen Wahrheit gerückte Bibel nunmehr zaghaft einer kritischen »Demontage« unterzogen wird.

Die Anfänge dieser vernunftgesteuerten Revision muten uns heute wundersam selbstverständlich an. So folgert etwa der englische Philosoph Thomas Hobbes im Jahr 1650 aus der Tatsache, dass im letzten Kapitel des 5. Buch Mose so detailreich über den Tod desselben berichtet wird, Mose könne doch gar nicht der Autor dieses Buches sein, denn es wäre ihm doch unmöglich gewesen, seinen eigenen Tod literarisch zu schildern. Keinen Menschen scheint diese Tatsache bis dahin irritiert zu haben.

Als Vater der »historisch-kritischen Exegese«, dessen Bezeichnung sich übrigens aus seinem im Jahr 1678 geschriebenen Hauptwerk *Histoire critique du Vieux Testament* ableitet, gilt heute der französische Priester Richard Simon. Er beginnt die Widersprüche und Ungereimtheiten zu systematisieren und ringt um Erklärungen. Für ihn sind die Fünf Bücher Mose das Ergebnis vieler »Schreiber« und »Verbesserer«; nur so seien zum Beispiel die vielen Wiederholungen und konträren Aussagen in der Sintflutgeschichte zu erklären – von den tief greifenden stilistischen und sprachlichen Unterschieden innerhalb der Texte ganz zu schweigen. Und am Matthäus-Evangelium erkennt er schnell, dass nicht ein leibhaftiger Jünger Jesu Autor des Berichts sein konnte, denn der hätte mit Sicherheit in der ihm vertrauten aramäischen oder hebräischen Sprache geschrieben, sondern stattdessen ein späterer griechischer »Bearbeiter«.

Diese und andere Selbstverständlichkeiten kosten Simon schnell seinen Job als Philosophieprofessor, und das zeigt, warum das zarte Pflänzchen der Bibelforschung in einem Umfeld, in dem man unverändert glaubte, die Heilige Schrift sei sozusagen vom Himmel gefallen, so zögerlich gedieh. Die 12 000 frisch gedruckten Exemplare seiner »Kritischen Geschichte« werden Simon unter den Händen weg in der Druckerei beschlagnahmt. Der Pariser Bischof Bossuet, Berater und Prinzenerzieher des Sonnenkönigs Ludwig XIV., lässt derartiges »Seelengift« kurzerhand durch die Pariser Polizei verbrennen.

Aber mit der Aufklärung gewinnt dennoch die Vernunft die Oberhand über eine bloße, althergebrachte Behauptung, mag diese sich auch mit noch so viel Gewalt rüsten. Eine der schönsten Gottesgaben, das menschliche Hirn, verlangt nun immer dringender sein Recht, nachdem man erst einmal sein freimachendes Potenzial entdeckt hat.

Ein gutes Beispiel für die zunehmend »coole« Art und Weise, wie bereits das aufgeklärte Bürgertum des späten 18. Jahrhunderts mit den heiligen Werten biblischer Überlieferung umgeht, gibt Dichterfürst Goethe. In seinen »Abhandlungen zum Westöstlichen Diwan« klopft der Weimarer Universalist die literarische Qualität der Fünf Bücher Mose kritisch ab: Mindestens die vier letzten Bücher seien »durch eine höchst traurige, unbegreifliche Redaktion ganz ungenießbar«, urteilt er vernichtend über die Hauptschriften des Buches der Bücher. »Den Gang der Geschichte sehen wir überall gehemmt durch eingeschaltete, zahllose Gesetze, von deren größtem Teil man die eigentliche Ursache und Absicht nicht einsehen kann, wenigstens nicht, warum sie in dem Augenblick gegeben wurden, oder, wenn sie späteren Ursprungs sind, warum sie hier angeführt und eingeschaltet werden.« Die Bibel, das »Wort Gottes« – ein dramaturgisches Wirrwarr, das es dem Leser nicht leicht macht. »Ganz ungenießbar« eben!

VIELE KÖCHE UND EIN BREI

Die meisten, die heutzutage gutwillig die Bibel zur Hand nehmen, um mit dem Elan des Kulturinteressierten endlich einmal das Buch der Bücher, dieses Fundament der abendländischen Kultur, »von vorne bis hinten« durchzulesen, kommen zumeist gar nicht bis zu den von Goethe gebrandmarkten »letzten vier Büchern Mose«; oft stockt der Lesefluss schon nach drei Seiten, beim 5. Kapitel des 1. Buches, da, wo in endloser Genealogie »das Geschlecht Adams« heruntergebetet wird.

Gleichwohl: Dass viele Köche den Brei verdorben haben, das mochte innerhalb der theologischen Wissenschaft lange Zeit niemand so recht wahrhaben. Die Bibel galt als göttliche Offenbarung und durfte als solche von menschlicher Kritik nicht erreicht werden. Selbst noch im Jahre 1882 verliert der führende Kopf alttestamentlicher Forschung Julius Wellhausen seine Professur, weil er in den Mose-Büchern vier unterschiedliche Textquellen ausmacht, die von späteren »Redakteuren« offenbar mehr schlecht als recht vermischt worden sind, wie er meint. Heute wird seine »Vier-Quellen-Theorie« von keinem ernst zu nehmenden Wissenschaftler noch bestritten, wenn man einmal davon absieht, dass Wellhausens Grundansatz immer mehr verfeinert, erweitert und modifiziert wurde.

Genauso steht es mit der »Zwei-Quellen-Theorie«, die das merkwürdige Phänomen erhellt, warum wir im Neuen Testament gleich vier Mal die im Grunde immer gleiche Geschichte von Leben und Tod Jesu lesen, und warum in all diesen Überlieferungen sowohl auffällige Parallelen, als auch deutliche Unterschiede auszumachen sind. Dem dreißigjährigen Heidelberger Professor Julius Holzmann kommt das Verdienst zu, im Jahr 1863 dieses Dickicht von Rätseln mit einem einzigen Schlag gelichtet zu haben. Der Kern seiner »Zwei-Quellen-Theorie« besagt, dass der Evangelist Markus der Erste war, der etwa um 70 n. Chr., also gut vierzig Jahre nach dem Kreuzestod Jesu, die mündlichen Überlieferungen der wachsenden christlichen Anhängerschar schriftlich fixierte. Die beiden Evangelisten Lukas und Matthäus wiederum schöpften beide aus dieser allerersten Quelle, als sie Jahre später, vermutlich unabhängig voneinander, ihre viel längeren Evangelienberichte verfassten. So kommt es auch, dass bestimmte Passagen des »Markustextes« fast wortgetreu bei Matthäus und Lukas auftauchen, wenngleich auch an unterschiedlichen Stellen der Lebensgeschichte Jesu. Zieht man nun den »ganzen Markus« von beiden Evangelien ab, so verbleibt nebst umfangreichen Sonder-Inhalten, die darauf schließen lassen, dass Lukas und Matthäus über zusätzliche Überlieferungen verfügten, noch ein weiterer Bestand gemeinsamen Materials. Es sind dies vor allem »Herrenworte«, also Zitate Jesu. Man hat diese zweite, frühe Quelle, die sowohl Matthäus wie Lukas, nicht aber Markus vorgelegen haben muss, einfach »Q«, eben »Quelle«, oder auch »Spruchquelle« genannt. Selbst wenn diese Sammlung von Jesu Zitaten niemals als Dokument aufgefunden wurde und offenbar in den Stürmen der Geschichte schon früh verloren ging, so kann man sie heute doch ziemlich wortgetreu rekonstruieren, zieht man die Überlieferung der beiden Evangelisten Lukas und Matthäus heran.

Der Evangelist Lukas betont die Seriosität seines Berichts: Er sei »allem Geschehen von vorne an genau nachgegangen«, damit man auch erkenne, »dass die Lehren sicher verbürgt sind«.

So wichtig die frühe Überlieferung »Q« auch bei der Suche nach der Identität Jesu auf Anhieb erscheinen mag, weil sie doch die offenbar älteste Überlieferung repräsentiert: Schon früh stellte sich bei Bibelforschern Skepsis ein, was die »hautnahe« Authentizität dieser wortwörtlichen Rede des Menschen Jesus angeht; denn schließlich können seine Sätze, wenn es denn wirklich die seinen sein sollten, auf keinen Fall so von ihm gesprochen worden sein, nämlich in der griechischen Sprache. Jesus hatte – und das belegt auch die allerfrüheste Bezeichnung der ersten Christen als »Nazoräer« – vor allem in Nazareth gelebt, einem kleinen, galiläischen Flecken fernab der weltläufigeren Küste Palästinas, in dem zwar sogar eine Synagoge stand, in das sich aber kaum einmal ein nicht-jüdischer Ausländer verirrte. Griechisch oder Latein wird man hier, auf dem Dorfe, kaum gehört und schon gar nicht gelernt haben. Und darauf, dass Jesus eher in einer besonders konservativen Familie aufwuchs, in der man Fremdsprachen sicher nicht pflegte, weist auch die Tatsache, dass seine vier Brüder ausnahmslos altehrwürdige Patriarchennamen trugen, wie Markus in Vers 6,3 eher beiläufig verrät: »Ist er nicht … der Bruder des Jakobus und Joses und Judas und Simon?«

Jesus kann also die Zitate, die ihm zugeschrieben wurden, niemals tatsächlich so im Munde geführt haben. Der Mann sprach lediglich Aramäisch! Zwar lässt er sich als »Rabbi«, als klassischer jüdischer

Jesus und sein Vater Joseph als Menschen aus dem einfachen Volk – vor allem die reformatorische Theologie hat die Verwurzelung der Familie Jesu im Handwerkermilieu betont, um die Pracht der Papstkirche als unchristlich zu entlarven.

Lehrer und Schriftgelehrter von seinen Jüngern ansprechen, verhält sich aber in auffälliger Weise nonkonform: Weder nimmt er teil an der unter Schriftgelehrten allgemein üblichen Diskussion, der »Halacha«, die er einfach beiseite schiebt, indem er eigene konkrete Weisungen ausspricht, noch lässt er sich von Schülern aufsuchen; stattdessen bestimmt er die Personen seiner Nachfolge durch unmittelbare mündliche Berufung selbst: »Folge mir nach!« Ein Verfahren, das der jüdischen Rabbi-Tradition völlig fremd ist und als eigenartige Spezialität Jesu gelten darf. Auffällig ist auch, dass in den Evangelien keine einzige Szene beschrieben wird, in der Jesus schreiben oder auch nur zum Studium der alten Schriften auffordern würde. Ganz unwahrscheinlich ist es daher, dass die Worte Jesu aus seiner eigenen Feder stammen könnten.

Der Verdacht drängt sich auf, dass in den Jahrzehnten munterer und mündlicher Traditionsbildung, wie sie nach dem Tode Jesu unter der Anhängerschaft ins Kraut schoss, doch manches verändert, vieles verklärt und einiges uminterpretiert wurde. Wer das Spiel »Stille Post« je einmal gespielt hat, ahnt, was mit einer Geschichte passieren mag, die über zwanzig Jahre von Ohr zu Ohr, von Mund zu Mund wandert, zumal wenn diejenigen, die diese Geschichte erzählen, glühende Anhänger der Hauptperson sind, um die sich alles dreht. Von der verfälschenden Wirkung übersetzungstechnischer Übertragungen ganz zu schweigen!

Die Auferstehung gehört zu jenem Erzählbestand, den alle vier Evangelisten überliefern. Die »leibliche Auferstehung von den Toten« wurde so einheitlicher Glaubensinhalt aller christlichen Religionen.

Das Turiner Leichentuch

Nach dem Bericht des Markus soll ein gewisser Joseph von Arimathia, Mitglied des Hohen Rates, Pilatus um den Leichnam Jesu gebeten haben: »Er wickelte ihn in ein Linnen und setzte ihn in einem Felsengrab bei«, so der Evangelist im 23. Kapitel.

Auch wenn Jesus als die meist abgebildete Person des Abendlands gelten darf, so kann doch nichts darüber hinwegtäuschen, dass die ersten Darstellungen von ihm erst Jahrhunderte nach seinem Tod entstanden. All diese Bilder können keinen Anspruch auf Authentizität erheben. Umso begieriger hat die Christenheit nach Zeugnissen gesucht, die möglichst nahe an die geschichtliche Wirklichkeit Jesu heranrücken. Die Evangelisten nährten den Jagdinstinkt: Bei Johannes ist ausdrücklich von einem Schweißtuch die Rede, »das Jesu um das Haupt gelegt war«. Und Markus erzählt von einem Mann namens Joseph von Arimathia, der Jesus zu Grabe trug und zuvor »den Leichnam in ein Tuch wickelte«. Könnten auf diesen Tüchern, wenn man sie denn fände, nicht auch Spuren und Abdrücke des historischen Jesus zu entdecken sein?

Tatsächlich war die Legende vom »Schweißtuch der Veronica« schon im 4. Jahrhundert verbreitet. Den Namen jener Frau, die Jesus auf dem Weg zum Kreuz das Schweißtuch gereicht haben soll, sucht man in den Evangelien jedoch vergebens. »Vera icon« ist lediglich ein Wortspiel, das übersetzt »wahres Bild« heißt. Eine leibhaftige Veronica hat es wohl nie gegeben. Dennoch kursierten im reliquiensüchtigen Mittelalter gleich mehrere Tücher, die alle den Anspruch erhoben, das wahre Antlitz Jesu abzubilden. Viele spätere Maler haben dieses Sujet beeindruckend umgesetzt: Der Jesuskopf erscheint auf diesen Darstellungen immer in brillanter Schärfe, gleichsam wie eine Fotographie des Gestorbenen auf der Leinwand, die jene sagenhafte Veronika in Händen hält.

Die Realität der Schweißtuch-Abbildungen sah viel dürftiger aus: Das kirchlich anerkannte Veronika-Tuch, das 1527 bei der Plünderung Roms verloren ging und das später angeblich wieder aufgefunden wurde, trägt keinerlei Bildnis. Auf dem viereckigen vergilbten Stück Stoff sind lediglich zwei schwach rostbraune Flecken zu sehen, angeblich blutiger Schweiß. Heute wird das Tuch, das allerlei Anlass zu kritischen Spekulationen bietet, im Allerheiligsten des Vatikans, der Kapelle des Papstes, verwahrt. Bislang haben sich die kirchlichen Behörden aber standhaft geweigert, Alter und Echtheit dieses Tuches wissenschaftlich prüfen zu lassen.

Anders steht es mit dem »Turiner Grabtuch«. Auf einer Fläche von 4,36 mal 1,10 Meter ist deutlich das lichtbildartige Ganzkörperbild eines bärtigen Menschen zu erkennen. Im Jahre 1988 erlaubten die katholischen Behörden die wissenschaftliche Untersuchung dieser Reliquie, die seit dem Jahre 1578 in der Kathedrale von Turin aufbewahrt wird und dort vor acht Jahren um Haaresbreite einem Großfeuer zum Opfer gefallen wäre. Die Untersuchung erfolgte nach allen Regeln wissenschaftlicher Kunst und schien zunächst auch die Frage nach der Echtheit ein für alle Mal zu beantworten: Drei Gewebeproben des Materials wurden von drei renommierten, unabhängigen Instituten sorgfältig analysiert. Das Ergebnis dieses Radiokarbon-Tests war eindeutig: Das Leinengewebe war irgendwann zwischen 1260 und 1390 entstanden, also gut 1300 Jahre nach dem Ableben Jesu!

Gleichwohl beendete das Untersuchungsergebnis die Diskussion um die Echtheit nicht, eher im Gegenteil: Ein Kirchenbrand im Jahr 1532, bei dem das Tuch durch verschmelzendes Silber empfindlich beschädigt wurde und seitdem auf Fotos die auffälligen weißen Flecken aufweist, wurde dafür verantwortlich gemacht, dass der Radiokarbon-Test Makulatur sei. Der Ruß, der sich auf dem Gewebe festgesetzt habe, so besonders glaubensstarke Kritiker, habe die Ergebnisse der Zeitberechnung verfälscht. Die Antwort der Wissenschaftler, dass eine Fehldatierung um 1300 Jahre nur möglich sei, wenn mindestens 88 Prozent der Probenmenge aus purem Ruß bestanden hätte und dass die Leinwandprobe vor dem Test ausgiebig gereinigt wurde, konnte die Stimmen der Skeptiker aber nicht zum Schweigen bringen. Diese berufen sich unter anderem auf die Ergebnisse einer fragwürdigen Pollenuntersuchung, bei der der Züricher Privatforscher Max Frei Spuren von Pflanzen aus Palästina und der Gegend um Jerusalem auf dem Gewebe ausgemacht haben will. Aber selbst wenn sich der Befund von Max Frei, der übrigens die gefälschten Hitler-Tagebücher ebenfalls für echt erklärte, erhärten sollte, so ist mit Blütenpollen zwar auf den Ort der Herstellung und der Aufbewahrung des Tuches zu schließen, nicht aber auf dessen Alter. Die Pflanzenreste könnten ebenso gut aus dem Mittelalter stammen – und viele Historiker sind ohnehin der Meinung, dass das Tuch einst im Orient, wahrscheinlich irgendwo in der heutigen Osttürkei, entstanden sein könnte. Dafür spricht auch die Technik und Webart des Tuches, ein Fischgrätmuster, das nachweislich schon zur Zeit Christi im syrischen Raum hergestellt sein könnte, das freilich noch sehr viel häufiger im Mittelalter vorkommt, wie Funde der Wikingerzeit beweisen.

Ganz verwegene Anhänger der Grabtuch-Jesu-Theorie meinen sogar, dass beim Prozess der Auferstehung Christi eine so große Zahl von Neutronen losgeschleudert wurde, dass deswegen die Radiokarbon-Methode gänzlich versagen musste. Solche eher gewagten Hypothesen werden nur noch überboten von denen, die glauben, das Grabtuch sei in Wirklichkeit das »Krankentuch Jesu« gewesen, will sagen: Das Tuch beweise aufgrund der reichen Blutspuren und des »lebendigen«, keineswegs totenstarren Ausdrucks der Abbildung, dass Jesus seine Kreuzigung überlebt habe.

Die Lust an solchen Mutmaßungen scheint in dem Maße zuzunehmen, wie das Christentum sich in unserer Gesellschaft von einer gelebten Religion allmählich in einen abgelegten Mythos verwandelt. Das Turiner Grabtuch wird so zum zündenden Funken für sensationelle, medienwirksame »Entdeckungen«, aber immer weniger eine Sache für ernsthafte Wissenschaftler.

Der »letzte Schrei« in Sachen Grabtuch, der unlängst durch die Presse wirbelte: Nicht Jesus habe die Spuren auf dem Tuch hinterlassen, sondern Jakob von Molay, der letzte Großmeister des Templerordens, der Anfang des 14. Jahrhunderts aufgrund einer päpstlichen Intrige unter der Folter das Tuch mit seinem Schweiß durchtränkte. Immerhin würde bei dieser Theorie die Radiocarbon-Datierung zutreffen.

Es scheint so, als gäbe es kaum einen besseren Gegenstand für immer »neue Beweise«, wie sie zuletzt wieder Maria Siliato in ihrem Buch *Und das Grabtuch ist doch echt* vorgelegt hat. Dabei gehen die Forscher bei ihren aktuellen Untersuchungen weniger vom Tuch selbst aus. Vielmehr gerät die rätselhafte Darstellung in den Fokus der Aufmerksamkeit. Die

Frage, die bis heute tatsächlich ungelöst ist, richtet sich darauf, wie die merkwürdige Abbildung überhaupt zustande gekommen sein könnte: Modernste Wissenschaft vermag nämlich bis heute nicht die »Technik« der Abbildung zu erklären. Schweiß und Blut sind da immer noch die wahrscheinlichsten chemischen Substanzen, die über Jahrhunderte ein solches Bild in den Leinenstoff »hineingeätzt« haben könnten.

Dagegen allerdings spricht, dass die Flüssigkeiten offenbar nicht so tief in das Gewebe eingedrungen sind, wie es forensisch zu erwarten wäre – und vor allem: dass die Abbildung nicht so verzerrt ist, wie es bei einem auf einem dreidimensionalen Körper liegenden Tuch der Fall sein müsste. Die klaren Konturen und die Schärfe der Darstellung machen eher den Eindruck, als sei das Bildnis auf das Tuch projiziert und irgendwie fotographisch festgehalten worden, ähnlich wie es ein Vergrößerungsgerät in einem Fotolabor tut. Einige Historiker haben daher den – vergeblichen – Versuch gestartet, den Beweis dafür anzutreten, dass ausgefuchste mittelalterliche Fälscher es so weit gebracht haben könnten, mittels optisch-chemischer Technik ein Leichentuch Christi zu faken.

Andere Wissenschaftler wieder wollen statt Blut und Schweiß lediglich Farbspuren entdeckt haben und halten das Ganze für ein geschicktes Kunstwerk, das einem Universalgenie wie Leonardo Da Vinci zuzutrauen wäre. Freilich haben sich im Labortest die vermeintlichen Farben längst als wirkliche Blutspuren herausgestellt. Ob das allerdings die von Jesus Christus sind, bleibt dahingestellt. Ein Beweis in dieser Richtung würde in der Tat die Religion des Christentums schwer erschüttern: Beim heutigen Stand der medizinischen Technik hätte man mit dem Blut Christi ja sozusagen den Gen-Code Gottes in der Hand!

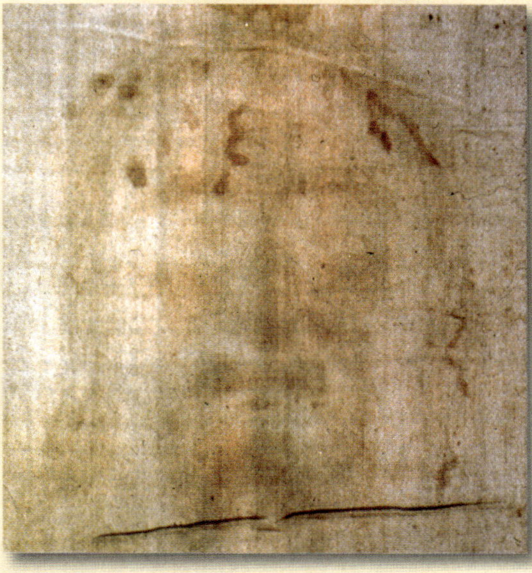

Von den Gläubigen verehrt, von den Skeptikern als üble Fälschung gebrandmarkt: das Leichentuch von Turin.

VERLORENE GEWISSHEIT

Die intensive Forschung an den überlieferten Bibeltexten musste also tatsächlich über kurz oder lang genau dahin führen, wohin ihre ärgsten Gegner, wie der Bücher verbrennende Bischof Bossuet etwa, sie von Anfang an hellsichtig treiben sahen: zur fundamentalen Infragestellung der christlichen Überlieferung – und schlimmer noch: zum Zweifel, ob Jesus Christus historisch wirklich so existiert hat, wie ihn die Heilige Schrift zeichnet.

Es ist gar keine Frage: An der gegenwärtigen Aushöhlung biblischer Wahrheiten, an der radikalen Entwertung christlicher Überzeu-

Johannes berichtet, dass Maria Magdalena versuchte, den Auferstandenen zu berühren. Jesus aber wehrte mit jenem Ausspruch ab, der diesem Bildtypus seitdem seinen Namen gegeben hat: »Noli me tangere«, »berühr mich nicht!«

gungen, wie sie in unserer Gesellschaft immer weiter voranschreitet, hat die aufgeklärte theologische Wissenschaft selbst ihren wesentlichen Anteil. Die exegetische Revolution hat sozusagen nicht nur ihre eigenen Kinder gefressen – einige der aus christlichen Motiven forschenden Wissenschaftler wurden später zu größten Glaubensskeptikern – sondern auch noch ihre älteren Vorfahren: Der gesamte eherne Traditionsbestand christlichen Glaubens gerät in Gefahr, wenn das Fundament historischer Verbürgtheit aufweicht.

Aber wie hätte sich diese zwangsläufige und notwendige Entwicklung verhindern lassen? Doch sicher nicht so, wie es noch Papst Leo XIII. im Jahre 1893 versuchte, als er zum nörgelnden Rundumschlag gegen die »Moderne« im Ganzen und die »freie Wissenschaft« im Besonderen ausholte: »In der Tat ist ihnen (den modernen Wissenschaftlern) nichts mehr heilig – weder die Offenbarung, noch die Inspiration, noch die Schrift, das alles ist nur Menschenwerk, menschliche Erfindung«, so mäkelt er in seinem Bibelrundschreiben »Providentissimus Deus«. Und er wettert ziemlich undifferenziert weiter: »In den heiligen Schriften findet man nicht den wahrheitsgetreuen Bericht wirklicher Ereignisse, sondern unwirkliche Fabeln oder Lügengeschichten … Schließlich weist man die Evangelien und die apostolischen Schriften anderen Verfassern zu. Solche ungeheuren Irrtümer stürzen, wie sie meinen, die unangreifbare Wahrheit um. Solche Irrtümer verkünden sie als die unfehlbaren Sätze einer gewissen neuen ›freien Wissenschaft‹.«

Solche und andere offizielle Verlautbarungen waren es, mit denen sich die katholische Kirche spätestens am Ende des 19. Jahrhunderts eigenständig von der Gegenwart abkoppelte und die katholische Theologie immer mehr ins wissenschaftliche Abseits geriet. Das Feld der Forschung blieb weitgehend dem Protestantismus, der Archäologie und den Orientwissenschaften überlassen. Geholfen haben die päpstlich verordneten Scheuklappen der Sache des Glaubens gleichwohl nicht.

Zumal die Bibelforscher des 19. Jahrhunderts ihrerseits alles andere als glaubensfeindlich eingestellt waren! Es war doch bei den meisten eher umgekehrt: Auch sie traten zumeist mit konservativen Hoffnungen und besten Absichten an, die ganz dem Anliegen des Papstes entsprachen, »den Glauben zu stärken« – auch wenn es weitgehend Protestanten waren, die sich dieser liberal-kritischen Bibelbetrachtung öffneten. Sie wollten die gläubigen Vorstellungen, die man sich von Jesus und seinen Jüngern über Jahrhunderte machte, eher festigen und schärfen. Sie wollten noch näher an Jesus heranrücken, alle Details seiner erlösenden Botschaft ausloten. Vor allem wollten sie die Folgen hegelscher Philosophie abwehren, die, etwa mit David Friedrich Strauß, im 19. Jahrhundert auf das Christentum so sehr Einfluss nahm, dass die Person Jesus Christus mehr und mehr in den Hintergrund trat zugunsten der favorisierten »Idee« eines »ewigen Geistes« als dem eigentlichen Stifter der Glaubenswahrheit.

Jesus sollte mit der Bibelforschung wieder in das Zentrum von Theologie und Glauben gerückt werden. »Wir dürfen es vielleicht als den schätzbarsten Gewinn unserer Untersuchungen bezeichnen«, so schreibt noch Exeget Holtzmann am Ende seiner Ausführungen hoffnungsfroh und positiv, »dass wir durch sie in Stand gesetzt sind, ein irgendwie bestimmtes Bild von dem historischen Charakter der Person Jesu und des seinen Lebensrahmen erfüllenden Inhaltes zu geben.«

Das war im Jahr 1863. Kaum mehr als vierzig Jahre später vollendete der große Menschenfreund, Organist, Arzt und Theologe Albert Schweitzer ein Werk, das den aktuellen Stand der historischen »Leben-Jesu-Forschung« zusammenfasste und im Vorwort zu einem doch reichlich resignativen Schluss gelangte: »Dieses Buch kann zuletzt nicht anders, als dem Irrewerden an dem historischen Jesus, wie ihn die moderne Theologie zeichnet, Ausdruck zu geben, weil dieses Irrewerden ein Resultat des Einblicks in den gesamten Verlauf der Leben-Jesu-Forschung ist.«

Das »Irrewerden am historischen Jesus« – damit war ganz einfach gemeint, dass die historische Person des Heilands geradezu zwischen den Fingern zerrinnt, je mehr man sich bemüht, ihre Umrisse zu erkennen; dass die Gestalt Jesu seit jeher als Projektionsfläche für unterschiedlichste Glaubensintensionen herhalten musste, schon vom allerersten Anfang an; und dass hinter der vielfältigen und wahrlich ausschmückenden »Kreativität« der frühesten Christenheit die wirkliche Historie des Mannes aus Nazareth verborgen bleibt.

Spätestens mit der Entzauberung des ältesten Kronzeugen Markus durch den Neutestamentler Karl Ludwig Schmidt im Jahr 1919 (»Auch Mk gibt kein zuverlässiges historisches Bild von Jesus«) ist so etwas wie Enttäuschung und Krise im europäischen Christentum spürbar, auch wenn sie als solche nicht direkt benannt wird, weil die wissenschaftliche Theologie ganz gut mit der Infragestellung ihrer eigenen Grundlage leben kann. Aber nicht zuletzt zeigt die schrumpfende Zahl der Gläubigen, dass die christliche Botschaft an Überzeugungskraft verloren hat – und immer noch verliert. Die frühesten Inhalte christlicher Überlieferung erweisen sich unter dem Ansturm moderner Erkenntnisse als immer weniger verlässlich, was ihren historischen Kern angeht.

RETTUNGSVERSUCH

Verstehbar, wenn man retten will, was noch zu retten ist. Zum Beispiel durch einen Wechsel der Perspektive. Eigentlich sei die Frage nach dem historischen Jesus einigermaßen irrelevant, entdeckte etwa der Neutestamentler Rudolf Bultmann im Jahr 1926 in seinem bahnbrechenden und mitreißenden Jesusbuch, das im 20. Jahrhundert großen Einfluss auf mehrere Theologengenerationen hatte. Im Grunde, so Bultmann, komme es im Christentum nur auf den Glauben an und nicht auf das historische Wissen von Jesus: »Ob sein Wort Wahrheit ist, ob er von Gott gesandt ist, das ist die Entscheidung, in die der Hörer gestellt ist.«

Solche Versuche, das Jesusgeschehen nicht zu historisieren, sondern stattdessen zu existenzialisieren, wirken freilich wie eine mehr oder minder geschickte Flucht nach vorn. Kann denn die Christenheit, kann die gläubige Großmutter tatsächlich den Abschied von einem konkreten historischen Jesusbild schadlos nachvollziehen? Können die Gläubigen damit leben? Kann die Kirche ohne eine historisch gefestigte Jesusvorstellung bestehen? Oder verliert sie damit nicht entscheidend an wesentlicher Strahlkraft?

Zuletzt erscheint es fast wie eine fantastische Ironie, dass ausgerechnet die Person, die dem Abendland und vielleicht sogar der ganzen Welt in den letzten 2000 Jahren die vielleicht stärkste kulturelle Prägung verliehen hat, wie ein ungreifbarer Nebelhauch verweht. Hat Jesus von Nazareth überhaupt gelebt? Selbst dieser allerletzte Fakt ist angezweifelt worden, sozusagen als Höhepunkt des modernen Skeptizismus. Die Gründe für diese radikale Infragestellung sind nicht einmal völlig von der Hand zu weisen. Denn neben den biblischen Berichten, deren historische Glaubwürdigkeit so nachhaltig beschädigt

ANDREAS.
JUDAS.
PETRUS.
JOHANNES.
JESUS-

Das letzte Mahl

Am Abend vor seiner Ergreifung begeht Jesu im Kreise seiner Jünger das Abendmahl – die neben Kreuzigung und Auferstehung wohl zentralste Szene der christlichen Überlieferung. Selbst die sakramental eher zurückhaltende reformierte Kirche hat am »Herrenmahl« als Mittelpunkt des Gottesdienstes festgehalten, wenn auch in einer anderen Ausdeutung des sakramentalen Geschehens. Leonardo da Vinci zeigt in seinem berühmtesten Gemälde eigentlich kein wirkliches »Mahl«. Niemand nimmt Speisen zu sich oder trinkt etwas. Die Szene ist vielmehr von aufgeregter Unruhe bestimmt. Der Künstler hat genau den Moment einzufangen versucht, in dem Jesus seinen Jüngern verkündet: Einer von euch wird mich verraten! Ungläubiges Erstaunen und Ratlosigkeit sind die Folge. Dabei sieht man im linken Bildteil, dass der Verräter Judas den Geldbeutel mit dem Lohn seines Verrats schon fest in seiner Hand hat wurde, hält man vergebens Ausschau nach »wertfreien«, »objektiven« zeitgenössischen Quellen zum Leben Jesu. Stattdessen haben »unzählige Christen sich seit den Anfängen der Kirche bis heute auf Jesus berufen und dabei nur ihre eigenen Wünsche in Jesus hineingelegt«, so resümiert bitter der Professor für Evangelische Theologie Gerd Lüdemann und übertitelt das alles mit »Der große Betrug«. Enttäuschung und Ratlosigkeit über die vielen, vielen »falschen« Jesusbilder, welche die Zeit über Jahrhunderte hinweg munter ausgestoßen hat.

Aber besteht zu einer so vollständigen Selbstzerfleischung des Glaubens wirklich begründeter Anlass? Könnte es nicht sein, dass hier viel »Ideologie« im Spiel ist; viel moderne Kirchenskepsis, die die günstige Gelegenheit beim Schopfe packt, um »wissenschaftlich« die Sache des Glaubens ein für alle Mal zu erledigen? Eine solche Intention entspräche durchaus der materialistischen Tendenz unserer Zeit. »Wissen« hat da nun einmal Vorrang vor »Glauben«. Und »Kirche« ist für viele ohnehin ein negatives Reizwort geworden.

Aber ganz sachlich gesprochen: Muss aufgrund einer enttäuschenden Quellenlage gleich das Kind mit dem Bade ausgeschüttet werden? Mag es auch zugegebenermaßen kein objektives Zeugnis dafür geben, dass Jesus beispielsweise wirklich über das Wasser des Sees Genezareth schritt – so gibt es doch auch keinen Beweis dagegen. Mit welchem Argument will man die Möglichkeit von Wundertaten völlig ausschließen? Und von wem sollten die vielen Gleichnisse und die seinerzeit anstößigen Aussprüche denn in ihrer Grundsubstanz stammen, wenn nicht von demjenigen, von dem das die Evangelien so ausführlich erzählen?

»Man muss wirklich aufpassen, die Möglichkeiten der Wissenschaft nicht zu überdehnen«, meint auch Privatdozent Dr. Zangenberg. »Es gibt nun einmal Bereiche des Glaubens, die die Wissenschaft nur beschreiben, aber nicht erklären kann. Die Wissenschaft kann aber vieles im Umfeld dieses Glaubens erhellen!« Die neuerliche, von Aufklärungskämpfen unbelastete Revision der Evangelienberichte bietet eigentlich zum ersten Mal die Chance, unbefangen einiges an historischer Substanz zum Leben Jesu zu destillieren, und die freimütige Einbeziehung neuer wissenschaftlicher Erkenntnisse aus den Feldern Archäologie, Sprach- und Geschichtswissenschaft, aber auch Orientalistik, Psychologie und Soziologie eröffnet ganz neue Deutungsfelder.

Unter allen Wundertaten ist das »Wandeln auf dem Wasser« des Sees Genezareth bis heute das populärste, wenngleich auch das fragwürdigste Wunder geblieben.

Plötzlich lässt sich doch manches sagen zur historischen Gestalt des Jesus Christus. Und vielleicht ist das Bild von Jesus, das an der Wand der Großmutter hing, gar nicht so falsch ...

BESTANDSAUFNAHME

Jesus hat gelebt und er starb am Kreuz – davon ist nach Sichtung des gesamten Traditionsbestandes auszugehen. Nicht nur dass man im Laufe der letzten Jahre eine ganze Reihe von archäologischen Nachweisen fand, die immerhin das Szenario der historischen Situation bestätigen (so fand man etwa eine Inschrift, die belegt, dass seinerzeit tatsächlich ein Pontius Pilatus Statthalter in Palästina war, wie die Evangelien schreiben), sondern auch mehrere »unverdächtige«, weltliche Historiker der Antike bestätigen dieses grund-

Auf dem Allendorfer Altar bildet der Künstler Motive ab, die sich auf Textstellen des Alten Testaments beziehen.

legende Faktum eher, als dass sie es in Frage stellen. Darüber hinaus sind die biblischen Schilderungen des Neuen Testaments so reich an eher unwichtigen und sogar »unerwünschten«, weil anstößigen Details, dass es nach psychologischen Gesichtspunkten ganz auszuschließen ist, die ganze Geschichte sei ein reines Konstrukt der Phantasie. Warum auch? Ein Motiv für die Kreation bloßer Erfindungen ist nicht zu erkennen – und es gibt eigentlich keinen Grund, den biblischen Autoren mit übertriebener Skepsis entgegenzutreten.

Einzelne Details der Geschichte freilich sind mit Vorsicht zu genießen, was ihren historischen Wert angeht: Dass etwa Jesus in einer

Krippe zu Bethlehem geboren wurde, ist sicherlich der alttestamentlichen Überlieferung geschuldet. Solche Übertragungen alttestamentlicher Bedeutungen in das neutestamentliche Geschehen gibt es zuhauf, sie verleihen der Jesusgestalt innerhalb der jüdischen Welt Autorität. Für unser modernes Bewusstsein erscheinen sie historisch unkorrekt, für den antiken Leser aber sind sie nicht falsch, sondern haben erhellende Aussagekraft. Sachverhalte wie »Jungfrauengeburt«, »Stern zu Bethlehem«, »Jesus als Davidsohn«, »Erfüllung von Prophetenworten« und dergleichen mehr sind auf diesem Hintergrund zu bewerten. Sogar der uns so vertraute Hoheitstitel »Christus« – eine griechisch-lateinische Übertragung des hebräischen Wortes »Messias«, der »Gesalbte« – bezieht sich auf die alttestamentliche Prophezeiung eines kommenden, neuen König David, der die guten alten Zeiten wiedererrichten würde. Eine Hoffnung, die durchaus politisch gemeint sein konnte, die in der Bevölkerung als Hoffnung weit verbreitet war und die man wohl schon zu dessen Lebzeiten auf Jesus übertrug, der seinerseits aber niemals diesen Titel benutzte, vielleicht gerade wegen der gefährlichen politischen Implikation, die damit verbunden war.

Man muss sich ja immer vor Augen halten, dass die Predigt Jesu und auch die nachfolgende Deutung seines Todes und die Verkündung seiner Auferstehung zunächst und zu allererst an jüdische Zuhörer gerichtet war. Für diese Zuhörerschaft war es nun wichtig, dass sich im Jesusgeschehen bereits Vorgesagtes und längst Erwartetes erfüllte. Der Wunsch, im Neuen Testament die Wahrheiten des Alten aufschimmern zu sehen, hat dann übrigens Schule gemacht – auch noch viel später, als sich das Christentum längst als eigenständige Religion etabliert hatte. Die aufkommende geistliche Poesie des 14. Jahrhunderts entwickelt geradezu eine Leidenschaft dafür, die großen Bilder des Alten Testaments allegorisch auf das neutestamentliche Geschehen zu übertragen. Ein besonders schönes bildliches Beispiel dafür gibt der Meister des Allendorfer Altars, der um 1490 die Verkündigung des Engels an Maria mit 18 malerischen Symbolen »bepflastert«, die er alle dem Alten Testament entnimmt. Man darf davon ausgehen, dass die Menschen des Mittelalters ebenso wie die Juden zu Zeiten Jesu und die frühen Christen mit dieser »Sprache der Allegorie« höchst vertraut waren und deren Bezüge unmittelbar verstanden. Hier wurde nicht Geschichte verfälscht, sondern allegorisch verdeutlicht.

Der Kindermord von Bethlehem

Die archäologische Ausgrabung im ehemaligen Hafenviertel des israelischen Ashkelon, einer bekannten antiken Bäderstadt gute fünfzig Kilometer vom heutigen Tel Aviv entfernt, förderte Schreckliches zutage: Der Ausgräber Larry Stager entdeckte in einer Abfallgrube die Knochen von mehr als hundert Kindern, die hier vor gut zwei Jahrtausenden »entsorgt« worden waren.

Die genaue Untersuchung der Gebeine wirft ein bizarres Licht auf die gesellschaftlichen Verhältnisse im Palästina der Zeit um Jesu Geburt und führt den ganzen Horror des historischen Geschehens vor Augen: Als unerwünschter Nachwuchs von Prostituierten waren die Säuglinge offenbar zunächst auf ihre weitere Verwendbarkeit hin klassifiziert worden: Die Jungen ließ man verhungern, die Mädchen sortierte man aus, wahrscheinlich um sie möglichst bald der Prostitution zuzuführen. So kommt es auch, dass bei der archäologischen Spurensuche fast nur die Überreste männlicher Kinderleichen in der Abfallgrube gefunden wurden.

Die antike Bäderstadt Ashkelon in der Nähe von Tel Aviv: Hier gelang Archäologen jener makabere Fund, der den Kindermord von Bethlehem in neues Licht rückte.

Die biblische Erzählung vom Kindermord zu Bethlehem, die uns heute in ihrer absurden Grausamkeit so legendenhaft erscheint, ist durch diesen Fund um einiges vorstellbarer geworden. Dass der König dieses Landes, Herodes, aus Furcht vor Konkurrenz tatsächlich zwei komplette Säuglings-Jahrgänge auslöschen ließ, wie der Evangelist Matthäus berichtet, ist somit immerhin denkbar. Freilich ist die ganze Erzählung von der Reise Maria und Josephs nach Bethlehem anlässlich einer Volkszählung, genauso wie die Geburt Jesu im Stall, den drei Weisen aus dem Morgenland und der Flucht der Jesusfamilie vor den mordenden Schergen des Herodes sehr romanhaft gestaltet und einigermaßen schlecht bezeugt: Nur Lukas und Matthäus erzählen sie. Der früheste Evangelist, Markus, weiß ebenso wenig davon wie der Apostel Paulus, der die ersten schriftlichen Zeugnisse vom Leben Jesu überliefert hat.

Vieles klingt in dieser Erzählung auf den ersten Blick plausibel, ist bei näherem Hinsehen aber unglaubwürdig: So stimmt es zwar, dass Volkszählungen im riesigen Römischen Reich stattfanden; aber dass dazu der Geburtsort aufgesucht werden musste, ist keineswegs belegt. Im Jahre 4 v. Chr., das sich mit einiger Wahrscheinlichkeit als Geburtsjahr Jesu vermuten lässt, hat außerdem eine solche Zählung nachweislich nicht stattgefunden. Der nächstgelegene Termin für eine Volkszählung, lateinisch »census«, wäre im Jahr 6 n. Chr. anzusetzen. Würde man dieser Datierung folgen, dann wäre Jesus zehn Jahre jünger gewesen, als allgemein angenommen.

Schließlich ist zu fragen, was eine alteingesessene Familie aus Galiläa im judäischen Bethlehem zu suchen hat. Auch in seinem späteren Leben hat Jesus in Galiläa seinen ständigen Lebensmittelpunkt und zu Judäa eigentlich keinerlei erkennbare Beziehungen. Dass die Geschichte zusätzlich mit jeder Menge legendenhafter Elemente angereichert wird – der Stern von Bethlehem, die Weisen aus dem Morgenland und eben der Kindermord, der doch sehr an das Mose-Geschehen im Alten Testament erinnert – macht die Sache nicht unverdächtiger. Dazu kommt noch die auffällige sozialrevolutionäre Komponente des Berichts: Die ganze Tendenz der Botschaft Jesu wird hier schon von ihrem Anfang her betont. Nicht die Spitzen der jüdischen Gesellschaft sind Zeugen der Geburt des Gottessohnes, nicht die politische und priesterliche Elite des Landes, sondern die einfachen Geschöpfe Gottes: Bauern, Hirten und Tiere des Feldes. »Dass die Überlieferung gerade Bethlehem für die Geburt Jesu ausgewählt hat, ist wahrscheinlich ganz einfach zu erklären«, meint Jürgen Zangenberg. »Bethlehem war die Stadt des legendären König David. Und mit dieser größten Autorität wollten die frühen Christen Jesus in Verbindung bringen.«

Nur ein einziges Argument könnte dennoch dafür sprechen, dass Jesus in Bethlehem geboren wurde und der Kindermord tatsächlich stattgefunden hat: Der üble Charakter des König Herodes! Der jüdische Geschichtsschreiber Flavius Josephus informiert im Detail über die »Herrscherqualitäten« dieses Königs: Drei seiner Söhne ließ er ebenso umbringen wie seine Frau Mariamne und deren Verwandtschaft. Als ein Günstling von römischen Gnaden, der als gebürtiger

Eine erschütternde Szene: König Herodes ordnet die Ermordung aller Säuglinge der Stadt Bethlehem an. War Herodes wahnsinnig, machtversessen, oder ist alles bloß Legende?

Edomiter bestenfalls als Halbjude galt, war er seinen jüdischen Untertanen verhasst und regierte wohl nicht zuletzt deshalb mit härtester Hand – allerdings wirtschaftlich höchst erfolgreich: Den Tempel in Jerusalem ließ er prächtig ausbauen und Judäa kam im Großen und Ganzen wieder an den Glanz alter Zeiten heran. Ein Glanz, den Herodes allerdings eifersüchtig mit seiner Person verband: Testamentarisch soll er festgelegt haben, dass bei seinem Tod aus jeder Familie des Volkes ein Mitglied im Stadion umgebracht werden solle, damit das ganze Volk zeitgleich und wahrhaftig trauere. Glücklicherweise setzten seine Verwandten nach seinem Tod diesen letzten Wunsch sogleich aus. »Ein Mann wie Herodes war ohne Weiteres imstande, jede Opposition mit Stumpf und Stil auszurotten«, meint Professor Carsten Peter Thiede.

Außerdem war der König schwer krank, wie Flavius Josephus mitteilt. Der amerikanische Medizinhistoriker Jan Hirschmann hat die von Josephus beschriebenen Symptome der Krankheit zusammengetragen und systematisiert. Nach seiner Feststellung litt Herodes an einer sehr unangenehmen Streptokokkeninfektion des uretralen Systems; sprich: Blase und Niere schmerzten, und die nicht abgebauten Harnstoffe im Blut führten zu unerträglichem Hautjucken. Einem derart übelgelaunten Diktator könnte sogar ein Massaker unter Kindern durchaus in den Sinn kommen. »Aber ich bin letzten Endes doch sehr skeptisch, ob der Kindermord wirklich stattgefunden hat«, zieht Dr. Zangenberg Bilanz. »Denn Flavius Josephus, der »neutrale« Chronist dieser Jahre, erzählt davon mit keinem Wort. Warum hätte er bei allen Details, die er sonst mitteilt, gerade auf diese Geschichte verzichten sollen, wenn sie denn wirklich passiert wäre?« ¶

ENDZEIT

Man kann sich aus der Perspektive unserer modernen Wohlstandsgesellschaft die Depression, die in dieser Zeit weite Teile der Bevölkerung Palästinas erfasst hat, vielleicht kaum extrem genug vorstellen – in all ihrer Dramatik und Heftigkeit. Nicht von »Krise« oder »wirtschaftlicher Talsohle«, nicht von »Reform« oder »Sozialumbau« ist hier die Rede; nein, viele sehen angesichts der unerträglichen gesellschaftlichen Verhältnisse wahrhaftig

Während die Zeitgenossen Jesu unter der Perspektivlosigkeit ihrer Gegenwart litten, fürchtete man etwa im Mittelalter eher das bevorstehende göttliche Gericht.

das Ende der Zeit gekommen, sehen den zürnenden Gott augenblicklich zum endgültigen Weltgericht ziehen. Seitdem die Römer im Jahre 63 v. Chr. das Land besetzt haben, herrscht in Palästina Untergangsstimmung. Zu Jesu Zeiten wird der Schrei nach Gerechtigkeit geradezu apokalyptisch drängend – viele Juden erwarten jetzt unmittelbar den Endkampf der guten und bösen Mächte, der mit dem Sieg und dem Gericht Gottes enden wird, so glauben sie – und Johannes der Täufer schürt am Jordanufer diese brennende Naherwartung mit allem Nachdruck. Gott müsse doch, so meint er, das Versprechen, Israel beizustehen, endlich einlösen! Der Staat, hauptsächlich verkörpert von der römischen Besatzungsmacht, hält brutal dagegen, so gut es eben geht.

Jesus unterwirft sich dem Ritual der Taufe, das der Endzeitprophet Johannes am Jordan praktiziert.

Uns mag es heute gelingen, in einer sachlichen Analyse zahlreiche Gründe auszumachen, woran die Gesellschaft damals so fundamental krankte: Vor allem an ihrer begrenzten Perspektive, an ihrer eingeschränkten, traditionalistisch geprägten Nabelschau – für die Römer war Palästina sowieso nicht mehr als der unverstehbare, querulantische Außenrand ihres riesigen Reiches, der lediglich eine strategische Bedeutung hatte; und natürlich daran, dass die römische Besatzungsmacht die alte Kultur unverständig, rücksichtslos und profitgierig zwischen ihren erbarmungslosen Händen zerrieb; zuletzt wohl auch daran, dass deswegen der alte Anspruch der Juden, Gottes auserwähltes Volk zu sein, der erlebten Realität inmitten des Niedergangs so ganz und gar nicht entsprach.

Aber für die Menschen der Zeit gibt es keine politische Weltkarte, die Palästina als lokale Krisenzone kenntlich machen würde und die

Begrenztheit des Konflikts verdeutlichte. Es gibt keine soziologische Großwetterlage, kein komplexes Krisen-Management. Die Bedrückung wird als unmittelbar, existenziell, global und ausweglos erlebt. Wie gewaltig muss die Verunsicherung und Verzweiflung im subjektiven Empfinden dieser Menschen gewesen sein!

Auch Jesus ist von Johannes und seiner radikalen Bußbotschaft fasziniert. Er lässt sich taufen, spricht hinfort nur noch in höchsten Tönen von ihm (»der Größte unter den von einer Frau Geborenen«), verlässt ihn später aber wieder. Vielleicht ist für zwei so charismatische Persönlichkeiten am gleichen Ort auf Dauer kein Platz. Und charismatisch ist Jesus ohne Zweifel. Er bindet eigene Jünger an sich, und auch Frauen sind in seinem Gefolge, die namentlich sogar benannt werden – eine anstößige Ungeheuerlichkeit in einer Welt, in der Frauen grundsätzlich nicht zum Studium des jüdischen Gesetzes zugelassen sind, ja, in der man im Allgemeinen davon ausgeht, dass Frauen weder eine Seele haben, noch erlöst werden können.

Apropos »Frauen«: Dass Jesus verheiratet gewesen sein soll, dass er mit der »Sünderin« Maria Magdalena einen Sohn hatte, ja dass Jesus sogar zweimal verheiratet war und drei Kinder hatte, wie eine australische Theologin Mitte der neunziger Jahre behauptete, ist nichts als reine Spekulation. Die historischen Quellen berichten nichts von alledem – und es wäre verwunderlich, wenn nicht spätestens im Prozess gegen Jesus dieser Sachverhalt thematisiert worden wäre, wenn er denn zuträfe. Gleichwohl ist es interessant, dass sich vom Mittelalter bis heute um das Geheimnis möglicher Jesusnachkommen zahlreiche okkulte und obskure Legendenbildungen ranken, die auch heute in mehr oder minder geheimen Zirkeln gepflegt werden. Solche Sensationsnachrichten sind eben nicht nur gut, um die Auflage von Jesusbüchern zu steigern; sie halten sich vor allem deshalb so hartnäckig, weil sie einen wirklichen theologischen Sinn entfalten: Sie betonen nachhaltig die menschliche Seite Jesu und bilden so seit Jahrhunderten ein rebellisches Gegengewicht gegen die Vereinnahmung des »entschwundenen« Heilands durch seinen Stellvertreter, den Papst, und dessen Amtskirche. Jesus, der jeder Art von weltlicher Großorganisation skeptisch gegenüberstand, hätte für diese Art von Legendenbildung vielleicht wohlwollendes Verständnis gezeigt …

Jesus und Maria Magdalena

Auch eine durch männliche Sichtweisen geprägte 2000 Jahre alte Kirche kann nicht verhehlen, dass Frauen Schlüsselstellen in der Verkündigung einnehmen: Sie sind es, die Jesu Kreuzigung bis zuletzt mit ihm durchstehen, während die männlichen Jünger längst geflohen sind; sie sind es auch, die als Erste zu Zeugen des Auferstandenen werden – und das in Zeiten, wo üblicherweise Zeugenschaft als alleinige Domäne der Männer galt. Wollen die Evangelien hier ein Zeichen setzen? Frauen spielen im Neuen Testament eine größere Rolle als ihnen später zugebilligt wurde: Paulus spricht in seinem Brief an die Korinther ganz unbefangen von den Ehefrauen und weiblichen Begleitern der Apostel. Dass die meisten von ihnen ganz nach der Sitte der Zeit verheiratet waren, gilt den Historikern heute als ausgemacht. Ein Zölibatsgesetz kennt die frühe Christenheit nicht.

Und was ist mit Jesus? Die Evangelien erwecken den Eindruck, er sei unverheiratet gewesen. »Das wäre zumindest sehr untypisch«, stellt der Neutestamentler Prof. Dr. Dr. Hartmut Stegemann fest. »Üblicherweise gibt es das nicht in dieser Zeit, dass ein junger Mann nicht heiratet. Das übliche Alter dafür lag damals bei 17 Jahren.« Die Spekulationen über mögliche Frauenbeziehungen Jesu sind gerade in jüngster Zeit kräftig ins Kraut geschossen. Im Bestseller *Sakrileg* suggeriert Autor Dan Brown, Maria Magdalena wäre die geheime »Frau Jesus« gewesen – eine Spekulation, die übrigens schon im Mittelalter in Sektenkreisen umging. Sogar gemeinsame Kinder sollen aus dieser Beziehung hervorgegangen sein.

Wie keine andere eignet sich die geheimnisvolle Maria aus der Stadt Magdala beim See Genezareth für Mutmaßungen dieser Art. Maria Magdalena erscheint als die geheimnisvolle Frau des Neuen Testaments, deren Rolle von den Evangelisten so knapp beschrieben wird, dass weiter Raum bleibt für die Projektionen der Nachwelt. Künstler aus allen Jahrhunderte haben denn auch ihren Phantasien freien Lauf gelassen: Maria Magdalena, diese schöne Verführerin, die Sünderin, die Büßende, die rehabilitierte Hure. Wer aber war sie wirklich?

Nach den Evangelisten zu urteilen, gehörte sie zu den »etlichen« Frauen, die Jesus und den Jüngerkreis in Galiläa begleiteten, und die offenbar mit der Hilfe Jesu von »sieben Geistern« befreit worden war;

Maria Magdalena – Sünderin, Heilige, oder beides? In diesem Bild von Tizian vermischen sich die widersprüchlichen Attribute.

weiter wird erzählt, sie sei eine Augenzeugin nicht nur von Kreuzigung, sondern auch von Grablegung und Auferstehung Jesu gewesen. »Auf jeden Fall war sie eine starke Frau!«, meint Jane Schaberg, Professorin für Religionswissenschaft an der Universität Detroit. »Allein schon die Tatsache, dass sie nicht, wie zu ihrer Zeit üblich, den Namen eines Mannes oder einer Sippe führte, sondern nach der Stadt benannt war, aus der sie kam, zeigt ihre Selbständigkeit und Stärke an.« Vielleicht hat sie die Jesus-Gemeinschaft nicht nur ideell, sondern auch finanziell unterstützen können, wie einige Wissenschaftler glauben. »Dass sie als Frau in den Evangelien zur ersten Zeugin der Auferstehung gemacht wird, kann gar nicht hoch genug eingeschätzt werden. Es zeigt jedenfalls, wie sehr die Evangelisten sich bemühten, diese Frau besonders auszuzeichnen – warum auch immer. Unter den Aposteln ist sie zweifellos mehr als bloß eine Mitläuferin.«

Maria Magdalena salbt Jesus die Füße – Szenen wie diese nähren Spekulationen über die Rolle, die Maria Magdalena im Leben des Wanderpredigers Jesus spielte.

Und in der Tat: In einigen außerbiblischen, gnostischen Schriften späterer Zeit wird ihre Führungsrolle unter den Aposteln sogar so weit ausgebaut, dass sie geradezu als Konkurrentin von Petrus erscheint. Und als engste »Paargefährtin« von Jesus, »die er oft küsste«. Und zwar »auf den Mund« wie das gnostische Evangelium Philippi aus dem 3. Jahrhundert n. Chr. geheimnisvoll ergänzt: **»Der Heiland liebte sie mehr als alle Jünger, und er küsste sie oft auf ihren Mund. Die übrigen Jünger kamen zu ihr und machten ihr Vorwürfe. Zu ihm sagten sie: ›Weswegen liebst du sie mehr als uns alle?‹ Er antwortete: ›Weswegen liebe ich euch nicht so wie sie?‹«**

Alles nachträgliche Verformungen? Dichtung statt Wahrheit? Vielleicht. Aber ein Sachverhalt ist höchst real: Maria Magdalena wurde bald schon von der Mehrheit der christlichen Amtsträger als Bedrohung empfunden. »Sie gefährdet mit ihrer Stärke und Selbständigkeit auf ganz sublime Art die Kontrolle der Männer über die Kirche«, meint Jane Schaberg. Sie entwertet damit die viel spätere Zeugenschaft der männlichen Apostel, vor allem die des Petrus. Daher habe man ihr schnellst möglichst »eine schlechte Reputation« angehängt: Die namenlose Sünderin bei Lukas in Vers 7,37 hat man einfach mit ihrer Person verschmolzen.

Genauer: Papst Gregor war es, der im Jahr 591 eine Rede hielt, in der er die biblischen Frauengestalten »kombinierte«: Die starke Zeugin Maria Magdalena war jetzt zugleich die namenlose, weinende Sünderin, die bei Lukas im 7. Kapitel demütig die Füße Jesu küsst und sie mit ihren Haaren trocknet. Damit war Maria Magdalena defensiv eingeordnet und kirchlich domestiziert. »Es war dann wie eine Lawine, die immer gewaltiger wurde und alles überrollte – bis der Name Maria Magdalena schließlich in Kunstgeschichte und Legende vollkommen mit der Vorstellung von der reuigen Prostituierten durchtränkt war«, stellt Jane Schaberg fest.

Und was war wirklich? »Darüber lässt sich faktisch nicht mehr sagen, als bereits gesagt worden ist«, stellt der Neutestamentler Carsten Peter Thiede lakonisch fest. »Die wenigen, historischen Quellen geben einfach nicht mehr her. Wenn aber wirklich Jesus ein sexuelles Verhältnis mit Maria gehabt haben sollte, so kann man mit Sicherheit davon ausgehen, dass die Gegner Jesu diesen Sachverhalt sofort als Munition gegen ihn verwendet hätten. Sie hätten bestimmt mit aller Gewalt versucht, sein Verhältnis propagandistisch auszuschlachten. Und sie hätten sich dabei noch nicht einmal besonders viel Mühe geben müssen. Die Grenzen einer Beziehung zwischen Mann und Frau waren ja in dieser Gesellschaft sehr eng gesteckt. Noch klarer: Mit Sicherheit hätte ein Liebesverhältnis das sofortige Ende der Verkündigung Jesu bedeutet – denn das wäre in dieser jüdisch-antiken Welt der Skandal schlechthin gewesen!«

Die Tatsache, dass kein Pharisäer auch nur den Hauch eines Verdachts gegen Jesus und Maria hat anklingen lassen, spricht also letztlich gegen die voyeuristischen Spekulationen der Nachwelt. »Und das ist vielleicht auch ganz gut so«, meint der amerikanische Religionswissenschaftler John Dominic Crossan aus Chicago: »Lasst uns Maria nicht so runterreden, als wenn ihre einzige Bedeutung darin läge, Geliebte Jesu gewesen zu sein«, appelliert er. »Maria Magdalena ist nicht deswegen interessant, weil sie »Frau Jesus« war. Sie ist bedeutend gewesen aus sich selbst heraus!«

Etwa ein Jahr lang zieht Jesus predigend durch Galiläa – und er findet seine Zuhörer nicht in Lehrhäusern und Synagogen, sondern auf der Straße, hauptsächlich in dörflicher Umgebung. Die von der heutigen Forschung als eindeutig »echt« herausdestillierten Jesusworte zeigen, dass der Wanderprediger Jesus in einfachen, eindringlichen Worten gesprochen haben muss. Seine Art der »Volkspredigt« erreicht die Ohren vieler Menschen, vor allem solcher aus der ländlichen Unterschicht. Das Haus des Fischers Simon in Kapharnaum am See Genezareth scheint Jesus und seinen Jüngern dabei als eine Art Basislager gedient zu haben.

Jesus bricht Tabus – und das am laufenden Band. Vor allem: Er wischt die strengen Regeln der Thora, des jüdischen Gesetzbuches, einfach zur Seite, indem er sie radikal ins Absurde steigert – und hält auffälligerweise selbst seine mitziehenden Schüler niemals dazu an, diese »Bibel« auch nur aufzuschlagen. Stattdessen verkündet er ihnen seine kompromisslosen Weisheiten. Er heilt Kranke am Sabbat, beschwört Dämonen, hält kritischen Umgang mit dem Teufel, spricht von Gott als dem »Vater«, setzt sich über Reinheitsgebote hinweg, indem er Umgang mit Huren und Zöllnern pflegt, macht Front gegen das einträgliche Geschäft vor und im Tempel, wirft die letzten Reste der brüchigen Ordnung über den Haufen, kurz: er brüskiert die Autorität; vor allem die Religionsgruppen der Pharisäer und Sadduzäer, die überaus einflussreich sind und die oberste Priesterschaft stellen. In heftigem Gegensatz zu Jesus verstehen diese Männer das jüdische Gesetz wortwörtlich und folgen dessen Regeln buchstabengenau.

Ein Wanderprediger aus der Provinz als »Ordnungsmacht« im Jerusalemer Tempel: ein Schock für die konservative Priesterkaste der Stadt.

Der Konflikt liegt auf der Hand – und die Priesteraristokratie sucht nach Möglichkeiten, den konkurrierenden Störenfried mundtot zu machen. Zumal der auch noch im März des Jahres 30 anlässlich des Pessachfests die heilige Stadt Jerusalem betritt und öffentlich im Tempel, dem größten Heiligtum der Juden, zu lehren beginnt. Eine heftige Provokation für die allein selig machende Priesterschaft. Jetzt werden Jesus und seine Predigt zum unübersehbaren Ärgernis, und das Fass läuft über, als der Provokateur auch noch am vierten Tag mitten im Tempel einen mächtigen Aufruhr verursacht. Nachdem es offenbar nicht gelungen ist, ihn in öffentlichen Diskussionen bloßzustellen oder lächerlich zu machen, greift man jetzt nach handfesten juristischen Mitteln: In der folgenden Nacht lässt man ihn von der Tempelpolizei festnehmen. In geschickter politischer Verdrehung des Davidsohn- und Messias-Anspruchs wirft man ihm jetzt vor, er habe sich zum »König der Juden« aufgeworfen – und der Hohepriester nutzt in seiner morgendlichen Voruntersuchung diese Behauptung als entscheidendes Indiz: Er sieht damit den handfesten Tatbestand des Landfriedensbruchs erfüllt und informiert unmittelbar die zuständigen römischen Behörden. Jesu Verkündigung ist nun zum politischen Delikt geworden. Spätestens zu diesem Zeitpunkt muss Jesus klar erkannt haben, dass er sein Leben verwirkt hat.

Während Pilatus Jesus noch verhört, wird der Schwerverbrecher Barabbas bereits aus dem Kerker entlassen und auch das Kreuz wird schon gezimmert.

Denn dieser Vorwurf stellt die rechtlich saubere Grundlage für das Todesurteil dar, das dann der römische Statthalter Pontius Pilatus, der wahrscheinlich anlässlich des Festes in der Stadt weilt, als Ergebnis eines förmlichen Prozesses ausspricht – einigermaßen schnell und unbürokratisch, wohl weil bereits am Abend des gleichen Tages der Sabbat beginnt. Die Schwere der Bestrafung, Kreuzigung mit vorheriger Geißelung – schon der römische Politiker Cicero nennt die Kreuzigung »die grausamste und fürchterlichste Todesstrafe« – deutet darauf hin, dass man das Verhalten Jesu juristisch als »crimen laesae majestatis populi Romani« deutete: als »Verbrechen gegen das Römische Volk.« Das ist die schlimmste nur denkbare Tat. Nach dem damaligen Rechtsverständnis ist dieser Vorwurf völlig begründet. Wie dehnbar der Rechtsbegriff dieses »Volksverbrechens« aber ist, haben noch in neuester Zeit die Prozesse der Nazizeit und die Schauprozesse Stalins drastisch vor Augen geführt.

WAS JESUS WIRKLICH GLAUBTE

Jesus weiß, was ihn erwartet. Was ist es, das ihn dazu antreibt, auf diese furchtbare Weise sein Leben hinzugeben, ohne zumindest einen Versuch zu machen, sich herauszureden?

Die Antwort fällt ganz klar aus: Für ihn ist es der Wille Gottes, den er allumfassend und überall wirken sieht. Der Wille Gottes, der gar nicht die Option offen lässt, selbst zu handeln. In Jesus, so muss er selbst unmittelbar gespürt haben, handelt nur einer: Gott-Vater. Und in dessen Wirken, das im Leiden Jesu sichtbar wird, beweist sich das bereits gegenwärtige Kommen seiner Gottesherrschaft. Gott allein ist der Handelnde – und er handelt durch Jesus, der sich nur als bekräftigendes Zeichen des bereits beginnenden Gottesreiches versteht. Mit seinem Gehorsam hat sichtbar die neue Epoche der Gerechtigkeit begonnen, zwar erst noch so klein wie ein Senfkorn, aber doch schon lebendig und eifrig im Wachstum begriffen. Die Utopie des Johannes hat bei Jesus seine konkrete Gegenwart gefunden.

Diese Darstellung auf einem Altar aus dem 15. Jahrhundert zeigt die Versuchung Christi durch den Teufel.

Prüft man aus dieser Perspektive die vielen Geschichten, in denen Jesus handelt, in denen er Wunder tut, Kranke heilt, dann stellt man mit gewissem Erstaunen fest, dass Jesus sich tatsächlich zu keinem Zeitpunkt seines Wirkens als selbständig handelnd empfunden hat, so sehr auch die Zeitgenossen dies vermuten mochten: »Dein Glaube hat dir geholfen«, sagt er dem geheilten Blinden – ohne auf seine eigene Leistung an diesem Heilsgeschehen zu verweisen. Die Kranken, die den Saum seines Kleides berühren, werden gesund, ohne dass Jesus agiert, allein aufgrund ihres Glaubens. Bei der wunderbaren »Brotvermehrung«, wie Markus sie schildert, zaubert er nicht Brote herbei, wie ein Magier, sondern bricht lediglich das verfügbare, wenige Brot, von dem dann alle auf wundersame Weise satt werden. Wie dies geschieht, bleibt leider unerläutert. Von einer besonderen Zaubermacht Jesu ist aber jedenfalls nicht die Rede.

Der Teufel, der Jesus dreimal eine Falle zu stellen versucht, legt es geradezu darauf an, dass Jesus sichtbare Wunder tut, um damit seine Macht zu erweisen (er solle sich von der Zinne des Tempels stürzen, um zu beweisen, dass er als Gottes Sohn dabei seinen »Fuß nicht an einem Stein stoße«); aber ähnlich wie später am Kreuz (»Steige herab, wenn du Gottes Sohn bist!«) verweigert Jesus die Demonstration besonderer Fähigkeiten. Er ist sichtbar »Mensch« und damit »Opfer«. Jesu Macht besteht darin, nicht mächtig sein zu wollen.

Selbst bei den zahlreichen Taten, die sogar seine Jünger als Ergebnis seiner außergewöhnlichen Fähigkeit verstehen wollen, verweist Jesus seinerseits immer wieder auf den Glauben, der diese Taten eigentlich bewirkt habe. Auf die Frage der Jünger, warum er, nicht aber auch sie, böse Geister austreiben könnten, lautet die klare Antwort: »Um eures Kleinglaubens willen!« Nach Jesu Lehre ist es der Glaube, durch den Gott hindurch am Menschen liebevoll und wundersam handelt und nicht irgendeine besondere, überirdische Fähigkeit oder eine magische Beschwörungsformel!

Man kann erkennen, dass Jesus geradezu eine Abneigung dagegen hat, als »Super-Wundermann« oder »Zauberer mit besonderen Fähigkeiten« zu gelten – auch wenn die zahlreichen Heilungs- und Dämonengeschichten zeigen, dass Jesus offenbar vor allem als Exorzist und Heiler in der Öffentlichkeit wahrgenommen wurde. »Die Heilkraft des Herrn stand ihm zu Gebote«, schreibt Lukas, und er will damit zeigen, dass diese Fähigkeit Jesu »überpersonal« zu verstehen ist: Nicht als eigene Leistung, sondern als Gottes Werk. Das ist wohl auch der Grund, warum Jesus mehrmals verbietet, die Wundertaten, die er vollbringt, publik zu machen. Offenbar fürchtet er in den Status eines mächtigen Zauberers zu rücken.

Das Wunder ist bei Jesus nie »Mirakel«, es wird, wenn es dann geschieht, nicht durch eigene Zauberkräfte, sondern durch Glauben möglich – und grundsätzlich könnte jeder, wenn er denn wirklich glaubte, »Berge versetzen«. Selbst Huren und Betrüger, die Jesus demonstrativ in seine Gemeinschaft einbezieht, können das, glaubt Jesus. Die heftige Provokation, die besonders in seinem anstößigen Umgang mit Sündern liegt, und die auch prompt die um »Reinheit« besorgte Pries-

Über seine Wundertaten machte Jesus kein Aufhebens – es sei der Glaube gewesen, der die Lahmen wieder gehen machte.

terschaft in Rage versetzt, ist im Grunde aber nichts gegen die Sprengkraft, die in Jesu Botschaft vom Glauben selbst liegt: Denn mit dieser Botschaft erklärt Jesus den geltenden jüdischen Heilsweg von »Gesetzesbefolgung«, »auserwähltem Volk« und »Tempelkult« für erledigt. Der neue Weg zum Heil kennt keine Regeln, keine Pflichten, keinen Status: Einzig der vertrauensvolle liebende Glaube schlägt die Brücke zu Gott. Und das Vorhandensein solchen Glaubens in Jesus selbst ist der Indikator dafür, dass die neue Epoche der Gottesherrschaft auf Erden schon längst angebrochen ist.

Der Glaube wiederum wird geweckt durch die Predigt. Jesus sah sich wohl in erster Linie als Verkünder der anbrechenden Gottesherrschaft, zuständig für den »Weckruf des Glaubens«. Und nur so wird sein Tun auch überhaupt wirksam. Da, wo kein Glaube erzeugt wird, weil man seine Worte (noch) nicht hören will – in seiner Heimatstadt Nazareth etwa, wo man ihn als entlaufenen Zimmermannssohn abwertet – da kann auch Jesus ausdrücklich nichts ausrichten.

»NICHT WIE ICH WILL, SONDERN WIE DU WILLST!«

Jesu »aktive Passivität« ist einzigartig – und sein Beispiel der Hingabe hat auf die Nachwelt eine so enorme Wirkung entfaltet, wie sie nie zuvor und niemals wieder in einem anderen Fall historisch zu beobachten war. Selbst religiöse Skeptiker werden zugeben müssen, dass der Einfluss Jesu auf die Entwicklung der letzten zwei Jahrtausende nicht leicht überboten werden kann – schon gar nicht von Politikern und Feldherren, die da kamen und gingen, deren Taten aber bereits mit dem nächsten Sonnenaufgang überholt waren. Selbst eine historisch ähnlich wirksame Gestalt wie Mohammed entfaltete seine Bedeutung erst auf dem Boden von 600 Jahren christlicher Vorgeschichte, ist sozusagen Nachfolger der Entwicklung. Die reale

Wirksamkeit der Verkündigung Jesu auf die Geschichte, wie sie Jesus selbst vorausgesehen hat, hat sich zweifelsohne bewahrheitet. Zumindest in diesem einen Punkt hat die historische Person Jesus mit ihrer utopischen Vision Recht behalten.

Man hat das Sichtbarwerden Gottes im Handeln Christi als »implizite Christologie« gedeutet: Jesus werde zu Recht Gottes Sohn genannt und er werde zu Recht als »gottgleich« begriffen, weil sich in seiner Person und seinem Handeln nichts anderes als Gott selbst offenbare. Ob dieses wirklich so ist, ob Gott sich in Jesus wirklich gezeigt hat und ob damit die neue Epoche menschlicher Existenz tatsächlich eingeläutet war, wie es der historische Jesus selbst meinte – das ist eine Frage, die keine Art von Wissenschaft je bejahen, aber auch nicht verneinen kann; das ist allein eine Frage des Glaubens. Und »Glaube« ist nun mal das entscheidende Kriterium bei der Interpretation von Offenbarungstexten, wie sie die Evangelien ja auch ganz ausdrücklich sein wollen.

Die Auferstehung ist nur eines der vielen Phänomene im Leben Jesu, die wir rational nicht begreifen können – sie bleibt uns ein Rätsel.

Darüber hinaus gilt festzuhalten: Bis zum heutigen Tage haben weder Philosophie noch Naturwissenschaft ein zwingendes Argument hervorgebracht, warum das Jesusgeschehen nicht göttliche Offenbarung gewesen sein sollte. Warum sollte Jesus, der am Kreuz starb, nicht wirklich auferstanden sein? Und warum sollte seine Verkündigung der Liebe Gottes nicht der Wahrheit entsprechen? Nur weil diese Phänomene mit unserer kurzen und begrenzten Daseinserfahrung nicht zusammengehen? Vom rational geprägten Geist unserer Zeit, der kaum die nächste politische Legislaturperiode zu überblicken vermag, erwartet man zuviel, da, wo es darum geht, eine umfassende Deutung von Erde und Himmel, von Geburt und Tod, von Liebe und Hass, kurz: eine Entschlüsselung der großen Fragezeichen des Lebens zu entwickeln. Dem Raum, in dem sich das Undeutbare erhellen kann, ist nicht mit rationaler Akribie und Wissenschaft beizukommen. Wer Jesus wirklich war – das ist tatsächlich einzig und allein im eigenen Herzen zu klären.

GÜNTHER KLEIN

JOHANNES DER TÄUFER, BEGRÜNDER DES CHRISTENTUMS?

Dass der Anblick einer halbierten Wassermelone für gute Christen eigentlich unerträglich sein müsse, weil er einen gläubigen Menschen an das gespaltene Haupt Johannes des Täufers erinnere, das meinte fast 2000 Jahre nach der Hinrichtung des Johannes der russische Dichter Ivan Turgenjew. Keine Frage: Der Kopf des Johannes hat Geschichte gemacht. Bis in die Neuzeit hinein hat etwa die Volksmedizin bei jeder Art von Kopfleiden das Gebet zu Johannes empfohlen.

Tatsächlich wurde diesem von Herodes' Henker abgeschlagenem Schädel aber schon unter den frühen Christen besondere Verehrung zuteil: Bereits im 4. Jahrhundert ließ Kaiser Theodosius in Damaskus eine Kirche bauen, die den Kopf als heiligste Reliquie umschloss. An ebendieser Stelle errichteten später die Araber nach der Eroberung der Stadt die berühmte Omaijaden-Moschee. Diese berühmte Reliquie hielten auch die Muslime in hohen Ehren. Angeblich soll sie noch heute dort verwahrt sein und zahlreiche Wunder bewirkt haben.

So will es die Legende: Auf einer silbernen Schüssel soll der abgeschlagene Kopf des Johannes Prinzessin Salome überreicht worden sein.

Die Beliebtheit des Johannes verbindet Islam und Christentum: Der Koran nennt ihn einen »großen Propheten«, und es ist belegt, dass er im 1. Jahrhundert in fast gefährliche Konkurrenz zu Jesus tritt. Die Apostelgeschichte weiß von Johannes-Jüngern zu berichten, die es sogar bis in die Ephesus-Gemeinde geschafft hatten und dort mit Paulus zusammentrafen. Wie attraktiv die Botschaft des Johannes seinerzeit gewirkt haben muss, wird auch an jener Stelle der Evangelien klar, in der Jesus ausdrücklich von seinen Jüngern genötigt wird: »Herr, lehre uns beten, wie auch Johannes seine Jünger lehrte.«

Hartmut Stegemann, Professor an der Universität Göttingen, ist überzeugt, dass die Geschichte des Johannes deswegen von den Evangelisten in das Jesusgeschehen integriert werden musste, weil sie so populär war, dass man an ihr gar nicht vorbeikam. »Für mich ist es sogar denkbar, dass Johannes länger gelebt hat als Jesus und der Täufer und seine Jüngergemeinde infolgedessen zunächst ›die Nase vorn hatten‹.« Die Chronologie der Bibel jedenfalls ist in der Frage, wer zuerst sein Martyrium durchlitt, keineswegs eindeutig. Und abgesehen davon hatte Johannes den Menschen ja auch etwas viel Konkreteres und Attraktiveres zu bieten als sein Schüler Jesus: Die Taufe, die doch so etwas wie ein wirksamer Schutzanzug war vor dem alles verzehrenden Feuer, das da kommen sollte.

KUNSTWERK JOHANNES

Was für eine Romanfigur! Sein kurzes intensives Leben bestand aus dem Stoff, aus dem tiefste Sehnsüchte und schrecklichste Albträume gemacht sind. Ein Leben zwischen haarsträubenden Extremen, ein ekstatisches Pendeln zwischen Leiden und Erlösung, Entsagung und Hingabe, Verzweiflung und Glaube, Selbstzerfleischung und Selbstgewinn. Ein Leben als apokalyptische Vision, als berauschende Hoffnung, die ihn zuletzt Kopf und Kragen kostet. Johannes ist ein Mann, der mit Haut und Haaren seine Überzeugung lebt, so skizziert ihn die Bibel mit wenigen Charakterstrichen. Kompromisslos, mit beneidenswerter Klarheit und Entscheidungskraft gesegnet, inmitten einer Welt des Zauderns und Zagens. Er ist einer, nach dem man sich in unsicheren Zeiten sehnt. Einer, der sich was traut und der allen zeigt, wo es langgeht. Er ist die unüberhörbare »Stimme des Rufers in der Wüste«, wie sie schon der Prophet Jesaja beschwor. Der Vorläufer des endgültigen Gottesgerichts, die letzte Hoffnung für alle, die da mühsam und beladen sind. »Viel mehr als ein Prophet«, so etikettiert ihn kein Geringerer als Jesus selbst. Johannes, ein Held! Oder ein Wahnsinniger? Für die katholische Kirche ist er ein erklärter Held, aber auch Muslime verehren Johannes bis heute mit aller religiösen Hingabe. Er ist offenbar einer, dessen Aufrichtigkeit und charakterliche Reinheit niemand in Frage stellt – nicht einmal sein ärgster Feind scheint das getan zu haben: Herodes, Fürst und Mörder. Wenn so ein Prophet wortgewaltig das baldige Ende aller Ungerechtigkeit auf Erden verkündet, dann erzittert selbst ein mächtiger Herrscher.

Johannes der Täufer: Asketisch und haarig – so stellte sich ein unbekannter spanischer Künstler Anfang des 16. Jahrhunderts Johannes vor.

Ist es also ein Wunder, dass eine Gestalt wie diese die Dichter und Künstler aller Zeiten inspiriert hat? Dass Feder, Pinsel und Taktstock die ganze Wucht dieses Menschen einzufangen suchten und dabei manches Mal lustvoll über das Ziel hinausschossen? Bei Oscar Wilde, Carravaggio, Richard Strauss und bei all den anderen begegnet uns eine Kunstfigur, bei der alles ins Extrem getrieben ist. Seine Askese, seine Ausstrahlung, seine Selbstaufgabe, sein Glauben, seine Unbestechlichkeit. Muss da nicht auch das Ende eines so perfekten Heiligen ins Äußerste gesteigert werden, stilisiert zum bluttriefenden Exzess? Eine silberne Schüssel, auf der ein abgeschlagener Kopf rollt, ist da gerade gut genug für das Finale: »Ich werde Deinen Mund jetzt küssen, wie man in eine reife Frucht hinein beißt«, lässt der irische Schriftsteller Oscar Wilde die liebestolle Salome in das Ohr des Leichnams flüstern – und Richard Strauss setzt Töne voll düsterster Ekstase dazu. Johannes, das ist die ideale Bühnenfigur, die alles hergibt, was »Drama« ausmacht.

DICHTUNG UND WAHRHEIT

Haben vielleicht schon die Evangelisten, die ersten Berichterstatter, gespürt dass Johannes etwas ganz Besonderes war? Schließlich ist er neben Jesus die einzige Person, dem sie einen eigenständigen Bericht mit Anfang und Ende widmen. Gleichwohl erzählen Markus, Matthäus, Lukas und Johannes eine Geschichte, die so reich ist an farbigen Ausmalungen, dass es schwer fällt, an einen Tatsachenbericht zu glauben: Da wird einem uralten Priester und seiner betagten Frau vom Erzengel Gabriel verheißen, dass sie einen Sohn bekommen werden: »Johannes«, das heißt übersetzt »Gott ist gnädig«. Da lesen wir von einem plötzlich erwachsenen Propheten, der in der Wüste von nichts als Heuschrecken und wildem Honig lebt. Das Volk strömt ihm in Scharen zu, »ganz Judäa und alle Jerusalemer«, wie der Evangelist Markus weiß. Johannes taucht die Menschen in das Wasser des Jordan und nennt diesen merkwürdigen Ritus ein Zeichen der Umkehr. Es ist, als ob er die Bußfertigen mit Wasser gegen das kommende Strafgericht Gottes »versiegeln« wolle. Ein befremdlicher, abstruser Akt, der in der ganzen Historie Israels keine Parallele kennt; aber für die Bekehrten ist das zweifellos eine faszinierende, sinnlich fühlbare Art, sich Gott zuzuwenden, bevor es zu spät ist. Sogar Jesus durchlebt diesen merkwürdigen Ritus – und niemand scheint daran Anstoß zu nehmen, dass und warum selbst Gottes Sohn einer solchen Behandlung bedarf.

»Tut Buße, bereitet den Weg des Herrn, machet seine Steige richtig!« Lauthals schreit der 29-Jährige seine Botschaft heraus. Ein abgerissener, sehniger Mann mit einem zotteligen Kamelhaarmantel, der sich seit Jahren die Haare nicht geschnitten hat und sich von wildem Honig ernährt. Der Schweiß läuft in Bächen über sein Gesicht – kein Wunder bei der brütenden Hitze hier unten im Jordantal, gut 400 Meter unter dem Wasserspiegel des Mittelmeeres, wo sich kaum ein Lüftchen regt. Den ausgemergelten Arm hat er zum Himmel gereckt, »von dorther wird er kommen!«, brüllt er mit überschlagender Stimme, seine nackte Brust bebt vor Anstrengung und Erregung. Von dorther wird er kommen: Gottes Zorn wird sich über die Menschen ausschütten wie ein furchtbares Gewitter, wie ein Albtraum aus Blitz und Donner. Bald. Sehr bald schon. »Ich taufe euch mit Wasser, er aber wird mit Feuer taufen!«

Eine einzige Gewaltvision, die der Prophet am Jordan in furchtbaren Farben da ausmalt. Ein Horrortrip aus Aggression und Wahnwitz.

Die Menschen laufen herbei, bleiben stehen, wie hypnotisiert von diesem manischen Exzess. Es schaudert sie und dennoch verharren sie wie angewurzelt, denn sie spüren, dass dieser Gottgesandte die Wahrheit spricht. Sie blicken in flammende Augen, auf einen verzerrten Mund, der ihnen entgegenschleudert, was sie im Geheimen längst wissen: So kann es nicht weitergehen! Längst wird das Gesetz Gottes mit Füßen getreten in dieser Welt, die im Innersten verdorben ist! Einen Berg von Schuld haben sie alle über sich aufgetürmt und diese Last wird sie erdrücken. Das Ende ist nah – unter dem Fluch der römischen Besatzung haben sie ja bereits tagtäglich vor Augen, wie die Vorstufe des Untergangs aussieht. Aber was tun? Einige von ihnen wollen sich offenbar mit ihrer abrahamitischen Abstammung aus der Verantwortung herausreden. Sie wollen sich damit beruhigen, als Kinder Abrahams dem Zorn Gottes entgehen zu können. Schließlich sind sie doch das auserwählte Volk. »Ihr Otterngezücht!«, kreischend lacht es aus ihm heraus, dass es den ganzen mageren Körper schüttelt: »Wisst ihr denn nicht, dass Gott aus diesen Steinen dem Abraham Kinder erwecken kann?«, spottet er. Und der heilige Tempel von Jerusalem? »Alles ist nichtig, jetzt! Schon ist die Axt den Bäumen an die Wurzel gelegt, und welcher Baum nicht gute Frucht bringt, der wird abgehauen und in das Feuer geworfen.« Alles wird brennen. Eine erbarmungslose Welt geht unter im erbarmungslosen Feuer des Johannes.

Was für die einen Verheißung, ist für die anderen Bedrohung: Das jüdische Establishment, Priesterkaste und Adel, haben sich längst mit den römischen Besatzern arrangiert. Sie leben in einer ganz anderen Welt als die Hirten, Bauern, Handwerker und Händler, über die sie herrschen. Die Vorstellung, dass mit Gottes Kommen alles ganz anders werden soll, ist für sie alles andere als attraktiv. Und ein Mann, der am Jordan steht und Umkehr predigt, ist für diese Leute ein echtes Ärgernis: Sind sie, die Priester des Jerusalemer Tempels, nicht exklusiv von Gott eingesetzt? Haben sie nicht das Monopol auf die Durchführung und Verwaltung des Sühne wirkenden Opfers?

Johannes schürt in ihren Augen die religiöse und politische Unruhe im Lande. Er ist ein Störenfried, der auch noch öffentlich das unmoralische Verhalten des allmächtigen Herrschers Herodes anprangert, der

Johannes fordert Buße und Umkehr. Sonst werde sich der Zorn Gottes über die Menschheit ergießen.

die Frau seines Bruders ehelicht. Eine freche Anmaßung, die ein edler Fürst nicht ungestraft hinnehmen kann. Man ergreift ihn also, aber man tötet ihn nicht. Selbst ein so brutaler, kühl kalkulierender Herrscher wie Herodes wagt es zunächst nicht, diesem merkwürdigen Heiligen auch nur ein Haar zu krümmen. Erst ein leichtfertiges Versprechen in Anwesenheit vieler Zeugen und die Intrige seiner ersten Gattin Herodias bringen den Regenten in jene verhängnisvolle Zwangslage: Der Kopf des Täufers ist schließlich der Preis, den eine verführerische Prinzessin für ihren Tanz verlangt.

Ein Märchen aus Tausendundeiner Nacht? Die Evangelisten verkaufen das alles als Wahrheit. Er sei »dem ganzen Geschehen von vorne genau nachgegangen«, unterstreicht Lukas die Seriosität seines Berichts. Und wie die anderen Evangelisten fügt er diese ebenso pikante wie blutrünstige Geschichte in die lange Erzählung vom Leben und Sterben Christi ein. Erstaunlich ist dabei, dass die Evangelisten ihren Bericht über den einen mit der Erzählung über den anderen beginnen. Was sich die Bibelautoren von der Kombination dieser Dramen versprochen haben, bleibt ein Rätsel. Steht das grausige Schicksal des Johannes nicht geradezu in gefährlicher Konkurrenz vor dem Leiden Christi, lenkt es nicht davon ab – ebenso wie dessen ganze Verkündigung, die nur schwer mit der des Jesus von Nazareth in Deckung zu bringen ist? Wer von beiden ist der wahre Gottesbote, so könnte sich der Bibelleser fragen. Und: Welcher Geschichtskern verbirgt sich hinter dieser fabelhaften Story?

Eines jedenfalls ist gewiss: Ohne Jesus Christus wäre die Geschichte des Johannes nie überliefert worden. Die Stimme des Rufers in der

Wüste, seine Taufe mit Wasser, sein Sterben im Kerker des Herodes, Salomes Tanz, all das wäre vergessen, wenn es nicht als Geschichte in der Geschichte überliefert worden wäre. Das Schicksal des Johannes wäre im Dunkel der Vergangenheit versunken wie das vieler anderer Märtyrer seiner Epoche. Immerhin wissen wir heute von weiteren neun Propheten, fünf Messiassen, sieben religiösen Rebellen, die alle in jener Zeit der gesellschaftlichen Desorientierung für Unruhe sorgten, ohne dass von ihnen mehr überliefert worden wäre als bloß eine vereinzelte Notiz irgendwo in den Geschichtsbüchern Israels. Dem Umweg über Jesus aber hat Johannes seine imposante Stellung innerhalb des Christentums zu verdanken. Seinen ganzen gewaltigen Nachruhm.

SUCHE AM JORDAN

Nein, eine wirkliche Wüste ist es nicht, die sich da vor den Augen des Besuchers ausbreitet. Weiter südwestlich von hier, wo die echte Wüste Juda beginnt, gibt es wahrlich trostlosere Flecken. Vor den Füßen des Besuchers breitet sich sogar vereinzelt grüner Bewuchs aus, der den Ziegen und Schafen, die hier weiden, als Lebensgrundlage ausreicht. Vor uns liegt im goldenen Gegenlicht des späten Nachmittags der Schicksalsfluss der Juden: der Jordan. Richtet man den Blick von dieser Stelle, also vom östlichen Ufer des Jordantals, weiter nach Westen, so kann man in gut zehn Kilometern Entfernung noch vor der Bergkette des palästinensischen Mittelgebirges eine kleine Erhebung erahnen. Diesen Ort erwählten die Menschen vor über 10 000 Jahren, um hier die erste Stadt der Welt zu errichten: Das berühmte Jericho, von dem die Bibel erzählt, dass die Kriegstrompeten des jüdischen Volkes die gewaltigen Stadtmauern zum Einsturz brachten. Die erste Weltstadt – heute nur noch ein Schutthügel.

Was mag Johannes bewogen haben, an der Stelle, an der wir jetzt stehen, zu predigen und zu taufen, wie der einheimische Führer so gestenreich behauptet? Ausgerechnet hier, fernab der städtischen Zentren seiner Zeit, denn Jericho hatte schon damals längst seine Bedeutung verloren. Fernab der Marktplätze und Synagogen, wo sich viel mehr Menschen hätten finden lassen, die für den Aufruf zu Buße und Umkehr empfänglich gewesen wären. Lange Zeit haben Archäologen nach handfesten Beweisen für die Wirkungsstätte des Johannes gefahndet – ohne Erfolg. Die enttäuschende Bilanz steht freilich in krassem Missverhältnis zur Anzahl der Spekulationen, die ins Kraut schossen. Vor allem seit den faszinierenden Schriftfunden in den Höhlen von Qumran am Toten Meer. Die Frage, wo Johannes getauft hat, ist für die Forscher von enormer Bedeutung und deswegen heiß umstritten. Denn hinter diesem Geheimnis, so vermuten die Wissenschaftler, verbirgt sich die folgenschwere Antwort auf das viel entscheidendere Rätsel, warum und mit welcher Absicht Johannes zum Täufer wurde. War er ein Einzelgänger? Wie kam er in der Einsamkeit der Wüste auf die merkwürdige Idee zu taufen? Oder war es vielmehr die gängige Sitte eines größeren Glaubensverbandes, die ihn dazu inspirierte; vielleicht ein Brauch der legendären Essener, der Menschen von Qumran, von denen man weiß, dass sie rituelle Waschungen vornahmen? Oder war alles ganz anders: Probte Johannes den revolutionären Aufstand, beabsichtigte er mit einer politischen Sammelbewegung Herodes vom Thron zu stürzen und wurde er deswegen, also aus rein politischen Gründen, beseitigt?

Maria mit den Knaben: Johannes vertraut Jesus die Welt an – der italienischen Renaissance-Maler Francesco Brini interpretiert diese Machtübergabe als Spiel unter Kindern. Auch wenn Maria sanft und schützend ihren Arm um die gesamte Szene legt, so wirkt sie doch seltsam unbeteiligt.

Die Klärung solcher Fragen erhoffen sich die Wissenschaftler von der Analyse des geographischen und sozialen Umfelds, in dem Johannes wirkte. Und mehr noch: Ein viel weiterführendes Rätsel könnte bei dieser Gelegenheit gelöst werden, das die gesamte Christenheit bewegt. Traf Jesus eher zufällig auf Johannes, oder suchte er ihn ganz gezielt auf, um sich ihm als Schüler anzuschließen? War Johannes der Lehrer des Heilands? Hat Jesus am Ende in seinem Wirken vielleicht gar nichts Eigenständiges geschaffen, sondern bloß die Lehre seines Meisters kopiert und in die jüdische Welt hinausgetragen? Eine provokante Frage, denn dann wäre Johannes und nicht Jesus als eigentlicher Urheber des Christentums zu verehren.

Das Geheimnis von Qumran

Zwölf Kilometer südwestlich von Jericho entfernt befindet sich eine menschenleere Ruinenstätte, die die Einheimischen von alters her »Chirbet Qumran« nennen. Hier, am Nordwestende des Toten Meeres, warf im Jahre 1947 ein Beduinenjunge einen Stein in eine der zahllosen Höhlenöffnungen, die sich in Jahrtausenden in die Mergelschicht der Felsenwände, die einst den Boden des Toten Meeres ausmachten, hineingefressen haben. Der ungewöhnlich klangvolle Ton, der entsteht, wenn ein Stein gegen eine Amphore schlägt, weckte die Neugier des jungen Schafhirten. Von jenem Tag an wurden bis 1956 fast 900 Originalhandschriften aus den wiederentdeckten Höhlen von Qumran geborgen – nach zwei Jahrtausenden immer noch in leidlichem Zustand, wenngleich die Tongefäße, die die Schriften schützend ummantelt hatten, längst zerstört waren und viele Texte aus hunderten von Fetzen mühsam rekonstruiert werden mussten.

Das Sensationelle an diesem Fund, der die Wissenschaftler in aller Welt sogleich in Aufregung versetzte, war, dass damit zum ersten Mal umfangreiche Schriften zu allen möglichen religiösen Themen vorlagen,

In der verlassenen Einöde von Qumran machte im Jahr 1947 ein junger Schafhirte eine sensationelle Entdeckung.

Diese Schriftrolle aus Kupfer wurde 1952 in einer der vielen Höhlen von Qumran entdeckt. Sie enthält ein Verzeichnis über weitere Verstecke, aus denen Archäologen wertvolle Votivgaben bergen konnten.

die die Zeit um Jesus und Johannes ausgiebig erhellten. Ein ganz neues Licht fällt seitdem auf die Evangelienberichte, die bis dahin als einzige Dokumente galten, die über die Welt des Jesus und seiner Jünger Aufschluss geben konnten. Im Lichte der neuen Schriftfunde stand plötzlich sogar die Einmaligkeit des Jesus- und Johannesgeschehens in Frage. Waren diese beiden vielleicht nur Mitglieder jener strengen jüdischen Sekte, die als »Essener« in Qumran hausten und in der Abgeschiedenheit der Wüste auf das Kommen des göttlichen Endgerichts warteten? Viele Parallelen im Verhalten und im Weltbild von Jesus und Johannes zu essenischen Riten schienen auf den ersten Blick diesen Verdacht zu stützen: Die Taufe; die Erwartung des kommenden Gottesreiches; die distanzierte Haltung zum Jerusalemer Tempelkult und besonders in Hinblick auf Johannes: der Anspruch »Wegbereiter in der Wüste« zu sein sowie die asketische Kleidung und die rigiden Speisegesetze. »Es ist aber dennoch unwahrscheinlich, dass Johannes Qumran auch nur gesehen hat«, ist Privatdozent Dr. Zangenberg überzeugt. »Und dass Jesus dort war, ist noch viel unwahrscheinlicher!« Der Wissenschaftler stimmt darin mit der Mehrzahl seiner Kollegen überein: »Die Unterschiede zu den Essenern sind bei genauer Betrachtung gewaltig: Während Johannes wirklich ›tauft‹, also die Leute, die zu ihm kommen, in einer einmaligen Handlung in den Jordan hineintaucht und zur Umkehr aufruft, so haben die Menschen in Qumran bestenfalls regelmäßige Reinigungsbäder vorgenommen, wie sie im Judentum allgemein üblich waren. Einen ›Täufer‹ brauchten sie dazu nicht, Das ist doch – einmal ganz abgesehen von der besonderen Bedeutung des Jordan, den sich Johannes ja ganz gezielt als Wirkungsstätte ausgesucht hat – etwas ganz anderes. Darüber hinaus muss man sich auch fragen, warum Johannes oder auch Jesus überhaupt nach Qumran hätten gehen sollen? Etwa um dort Datteln zu pflanzen?«

Mit dieser letzten provokanten Frage allerdings steht Zangenberg in Widerspruch zu vielen Wissenschaftlern, die durchaus ein Motiv für einen Besuch erkennen können: Nach bisheriger Lehrmeinung soll die Qumran-Siedlung nämlich eine Art Kloster für Essener gewesen sein. Ein Ort besonderer jüdischer Heiligkeit, an dem sich eine Gruppe tief religiöser Menschen in klösterlicher Abgeschiedenheit auf das Kommen Gottes vorbereitete. Dafür sprechen vor allem die 900 Texte, die man hier gefunden hat. Sie könnten eine Art Klosterbibliothek darstellen oder wären zumindest als Ergebnis einer klösterlichen »Buchproduktion« zu interpretieren, ähnlich wie in den Scriptorien des Mittelalters die Mönche jede Menge religiöser Texte kopiert haben. Die neuesten archäologischen Ausgrabungen in Qumran würden diese Vorstellung aber nicht bestätigen, meint Dr. Zangenberg. Die israelischen Archäologen Juval Peleg und Jitzchak Magen fanden nämlich auch ganz »unmönchische« Gegenstände in Qumran: Schmuck und kostbares Geschirr; zur Siedlung gehört außerdem ein Friedhof, auf dem sich Kinder- und Frauengräber finden. »Qumran war sicher kein Kloster. Die Keramikfunde beweisen eher, dass die ganze Siedlung landwirtschaftlich geprägt war. Qumran war zur damaligen Zeit auch keine abgelegene Einöde, wie oft gesagt wird, sondern bestens erschlossen.« Und die Klosterbibliothek? »Die entspringt bloß der Phantasie der Wissenschaftler!«, legt Dr. Zangenberg nach. »Dafür gibt es keinen einzigen archäologischen Beweis. Das Spektrum der Schriften ist vielmehr so weit gefächert, dass es keiner einzelnen religiösen Gruppe zuzuordnen wäre. Es ist wahrscheinlicher, dass diese Schriften aus anderen Gegenden hierher kamen und mit Hilfe der Bürger von Qumran in den Höhlen versteckt wurden, als die Römer stärkeren Druck machten. In diesen unruhigen Zeiten bestand die berechtigte Sorge, dass dieser wertvolle Bücherschatz in die Hände der Besatzer fallen könnte.«

Woher die Schriften letztendlich stammen könnten, kann nach dem heutigen Wissensstand nur vermutet werden. Vielleicht wurden sie aus allen möglichen Ortschaften hier zusammengetragen, vielleicht kamen sie aber auch alle aus Jerusalem. Es ist nicht auszuschließen, dass die Jerusalemer Priesterschaft in den schwer zugänglichen Höhlen am Toten Meer große Teile ihrer Tempelbibliothek sicherte, bevor die Römer im Jahr 70 n. Chr. die Hauptstadt und den Tempel in Schutt und Asche legten. Eine clevere Idee wäre es auf alle Fälle gewesen: Denn dass dieses Versteck wirklich gut war, beweist allein die Tatsache, dass bis zur Wiederentdeckung der Schriften zwei Jahrtausende ins Land gegangen sind. ¶

Ein antikes Tintenfass aus Qumran, das vor über 2000 Jahren einem Schreiber religiöser Texte gedient haben mag.

GEISTERSTÄDTE

Es ist schon erstaunlich, dass sich schon die frühesten Übermittler des Johannes-Dramas in Sachen Geographie offenbar unsicher waren: Markus, Lukas und Matthäus machen nur vage Angaben bezüglich der Wirkungsstätte des Täufers: »Judäa«, »Jordan«, »Wüste« lauten die groben Eckdaten. Johannes, der Evangelist, der gut siebzig Jahre nach dem Tod des Täufers schreibt, wird konkreter, nennt aber gleich drei Orte: »Bethanien« und »Ainon, in der Nähe von Salim«. Seiner ersten Ortsangabe scheint der Evangelist selbst nicht so recht zu trauen. Kein Wunder: Ein »Bethanien jenseits des Jordans«, wie die vollständige Ortsangabe lautet, die er wahrscheinlich aus mündlicher oder schriftlicher Überlieferung ungefiltert übernommen hat, ist für ihn geographisch nicht auszumachen. Diese Stadt hat es wohl auch tatsächlich nie gegeben. Und das »Bethanien«, das in Sichtweite von Jerusalem in der Nähe des Ölbergs liegt, befindet sich nicht nur fernab des Jordan, sondern auch keineswegs in der Wüste!

Bleibt noch »Ainon, in der Nähe von Salim«. Wo diese Orte liegen mögen, mit dieser Frage haben sich lange Zeit nicht nur Fachwissenschaftler beschäftigt. Der Evangelist begründet die Wahl des Ortes als Taufstätte ausdrücklich damit, dass es dort »reichlich Wasser« gebe – ein recht merkwürdiges Argument. Als ob man für die Taufe ungeheure Wassermengen benötigen würde. Und als ob an anderen Stellen das Wasser des Jordans für rituelle Waschungen knapp wäre, von den unerschöpflichen Möglichkeiten des See Genezareth ganz zu schweigen. Außerdem stünde noch das Tote Meer als reicher, wenn auch salziger Wasserspender zur Verfügung, von den vielen, vielen anderen Flussläufen des Landes einmal ganz abgesehen. Der Hinweis des Evangelisten Johannes erscheint umso dubioser, als Archäologen, Geschichtswissenschaftler und Quellenforscher bis heute nicht die geringsten Belege für die Existenz der bezeichneten Stätten finden konnten. Ein mögliches »Salim«, dreißig Kilometer südlich des See Genezareth gelegen, wird noch dann und wann von Wissenschaftlern diskutiert. Das Örtchen liegt aber nicht in unmittelbarer Jordannähe und befindet sich auf der westlichen Seite des Jordantals, also keineswegs wie Johannes schreibt, »jenseits des Jordan«. Denn das wäre aus Blickrichtung Israels östlich davon. Es sieht so aus, als ob auch der vierte Evangelist in punkto geographischer Exaktheit offenbar passen musste. Letztlich erweisen sich seine scheinbar so konkreten Angaben doch nur als symbolische Hinweise und sind nicht mehr als die semitischen Vokabeln für »Quelle« und »Heil«.

SENSATIONEN

Wie sehr bei einer geheimnisumwitterten Gestalt wie dem Täufer die Spekulationen blühen, zeigt auch die jüngste »sensationelle Entdeckung« des britischen Archäologen Shimon Gibson, der vor ein paar Wochen in der *Times* vollmundig verkündete: »Zum ersten Mal können wir auf eine Stelle zeigen und sagen: Es ist sehr wahrscheinlich, dass dies der Ort ist, an dem Johannes der Täufer getauft und seine Rituale ausgeführt hat.« Die Stelle, auf die Gibson so überzeugt weist, liegt vier Kilometer von dem Jerusalemer Vorort Ein Kerem entfernt – und einige Meter tief im felsigen Untergrund verborgen. Vom Jordan, den alle Evangelisten einhellig als Taufort nennen, ist hier allerdings nichts zu sehen. Immerhin liegt der Fluss gute dreißig Kilometer Luftlinie entfernt. Und dass in keinem der frühesten Berichte von einem beschwerlichen Abstieg in die Tiefe eines Felsenmassivs die Rede ist, lässt Gibsons Theorie auch mehr als zweifelhaft erscheinen. Immerhin sind es 28 steile Stufen, die auf dem Weg in die »Taufhöhle« zu bewältigen sind. Wäre dieser Umstand den Evangelisten nicht zumindest eine kurze Notiz wert gewesen?

Die Scherben zahlloser tönerner »Taufgefäße« – neben der Wandzeichnung eines Mannes mit Strubbelfrisur einzige mögliche Indizien für Wasserrituale – erwiesen sich bei näherer Untersuchung als Töpferware aus der Zeit nach 150 n. Chr. In dieser Phase der Geschichte war der Täufer aber bereits seit über einem Jahrhundert tot. Die Vermutung von Michael White, Direktor des Instituts für frühchristliche Forschung der University of Texas, erscheint da wesentlich plausibler: Bei der fraglichen Höhle handle es sich lediglich um eine frühchristliche Pilgerstätte aus der Zeit des 4. Jahrhunderts. In Ein Kerem, dem wahrscheinlichen Geburtsort des Täufers, habe man noch lange nach dessen Ende die Erinnerung an den großen biblischen Propheten wach gehalten. Die Höhle sei nichts anderes als ein Ort des Gedenkens. Eine fromme, frühchristliche Touristenattraktion sozusagen.

Noch ein »Johannes-Ort«, noch eine »Sensation«: Im Sommer 2004 entzifferten Archäologen eine verwitterte Inschrift, die bislang als völlig unleserlich gegolten hatte und die auf einer Steinsäule prangte, die wahrscheinlich schon vor 2000 Jahren im Jerusalemer Kidron-Tal aufgestellt wurde. Alles lief dabei mit jener wunderbar pressewirksamen »Entdeckungs-Dramaturgie« ab, wie sie sich bei archäologischen Funden aller Art weltweit eingebürgert hat. »Ganz zufällig« entdeckte der Archäologe Joe Zias, dass der ein Meter zwanzig lange Text in neun Meter Höhe nur dann zu entziffern sei, wenn die Sonne in den Sommermonaten vor Einbruch der Dunkelheit den Stein aus einem ganz besonderen Winkel beleuchtete. »Die Abendsonne brachte es an den Tag!« Aber was stand da geschrieben?

Die Wissenschaftler hatten mit vielem gerechnet, aber sicher nicht mit einem Hinweis auf Johannes, genauer: auf dessen leiblichen Vater. Denn in der jüdischen Tradition galt das Monument bisher als Denkmal Absaloms, des missratenen Sohns Davids, der gut tausend Jahre vor Johannes gelebt haben soll. Er hatte die Säule angeblich in seinem Namen errichten lassen, weil er »keinen Sohn hatte, der seinen Namen lebendig erhalten würde«, wie es im biblischen 2. Samuelbuch heißt. Zias entzifferte und staunte nicht schlecht: »Das ist das Grab von Zacharias, dem Märtyrer, dem Hohepriester, dem Vater des Johannes«, las er gemeinsam mit dem Schriftexperten Emile Puech auf der Gedenksäule des Absalom. Das Grab des Johannesvaters wiederentdeckt! In der Tat scheint dieser Fund ein handfester Beweis zu sein für das, was von den Evangelisten so legendenhaft überliefert ist, dass man ihren Worten kaum trauen mag. Ganz ausdrücklich bestätigt die Inschrift, dass der Vater des Johannes tatsächlich ein hohes Priesteramt in Jerusalem innehatte. Auch Johannes war also – ganz im Gegensatz zum einfachen Handwerker Jesus – ein Priester, denn im Judentum wird man nicht Kleriker, sondern man ist es in Folge seiner Geburt. Immerhin würde von daher erklärlich werden, woher Johannes sein drastisches Verkündigungspathos und sein religiöses Charisma bezogen haben könnte: Er hat es sozusagen mit der Muttermilch eingesogen.

Neben dem Evangelisten Johannes wurde auch Johannes der Täufer in frühen bildlichen Darstellungen verehrt. Die Axt unten links spielt auf die zentrale Drohung seiner Predigt an: Die verbleibende Zeit ist kurz! Die Axt ist den unfruchtbaren Bäumen schon an die Wurzel gelegt …

Aber »Sensationen« sind meist kurzlebig, und auch diese teilt das Schicksal der »Taufhöhle« Gibsons: Die genaue Untersuchung der Schriftzeichen machte schnell deutlich, dass die Gravur erst im 4. Jahrhundert n. Chr. in den Stein gemeißelt worden war. Der Fund kann

Mit diesem gewaltigen Grab trug man in der Antike dem Andenken an den Hohepriester Zacharias Rechnung.

also keineswegs als zeitgenössischer, von den neutestamentlichen Quellen unabhängiger Beweis gewertet werden, sondern belegt lediglich, dass die junge Kirche gut 300 Jahre nach dem Tod des Zacharias Wert auf dessen Verehrung »als Märtyrer« legte. Zu dieser Zeit waren die Taten des Johannes aber längst zurechtgestutzt und in die Geschichte Jesu integriert worden. Ihre Eigentümlichkeit war damit verschwunden, mitsamt dem hohepriesterlichen Vater, der auf der Säuleninschrift gar zum christlichen Märtyrer stilisiert ist. Für die Wissenschaft aber besteht die besondere Herausforderung darin, das Leben des Johannes und das seiner Familie herauszulösen aus der frühchristlichen Vereinnahmung, die offenbar gleich nach dem Tode Jesu eingesetzt hat. Jedes Zeugnis, das erst danach entstanden ist, spiegelt zwar treffend das Verhältnis der ersten Christen zu Johannes wider, keineswegs aber dessen historische Wirklichkeit.

BOOTSHAUSEN

Johannes hätte das entstehende Christentum wahrscheinlich als einen Irrweg abgelehnt!« Der Mann, der diese kühne Vermutung ausspricht, ist alles andere als ein wissenschaftliches Leichtgewicht. Professor Dr. Dr. Hartmut Stegemann, Emeritus der Universität Göttingen, hat sich während seines ganzen Berufslebens mit der Zeitepoche beschäftigt, in der Johannes und Jesus lebten. Er ist einer der wenigen, handverlesenen Koryphäen, die über Jahrzehnte hinweg uneingeschränkten Zugang zu den Qumran-Texten in Jerusalem hatten – jenen gut 900 Religionsschriften aus der Zeit Jesu, die in der wissenschaftlichen Diskussion wie eine Bombe eingeschlagen waren. Das Bild, das man sich bis dahin von den jüdischen Verhältnissen der Zeitenwende gemacht hatte, haben diese Dokumente gründlich revolutioniert, aber auch präzisiert und ungemein bereichert. Professor Stegemann kommt gleich zur Sache: »Sucht man nach der Wirkungsstätte des Johannes, so muss man sich in erster Linie fragen, wo sich ein Platz findet, der einen inhaltlichen Bezug zu seinem Handeln aufweist. Dem Täufer wird es ja nicht um das bloße Vorhandensein der Ressource Wasser gegangen sein, sondern er hat ganz gewiss einen Platz ausgewählt, der das Selbstverständnis, das er von sich selbst hatte, widerspiegelte. Und da ist Bethanien der richtige Ansatz!« Freilich: Eine Stadt »Bethanien jenseits des Jordans« kann auch Professor Stegemann nicht lokalisieren. Aber: »Wer sagt denn, dass mit Bethanien eine große Stadt gemeint sein muss?«

Bethanien – ins Deutsche übersetzt heißt das so viel wie »Haus der Boote«; »Bootshausen« sozusagen. Muss das eine Stadt sein? Vielleicht eher eine »Stelle«, eine Furt, eine Bootsstation, die den Reisenden den Übertritt an das andere Ufer des Jordans ermöglicht. Wie die Stelle östlich von Jericho, wo die alte Handelsstraße aus Jerusalem den Jordan quert, um in östliche Gebiete vorzustoßen. Bethanien, das ist der Ort, wo die Fährboote liegen. Ein Platz, der nicht eben schlecht gewählt ist, was den regen Publikumsverkehr angeht. Hier konnte Johannes wirklich »ganz Judäa und alle Jerusalemer« erreichen. Denn die alte Hauptstraße nach Osten dürfte in der Antike ähnlich belebt gewesen sein wie die heute nördlich gelegene Allenby-Brücke, dem Bindeglied zwischen Jordanien und der West Bank. Bleibt aber die Frage, wie dann der biblische Hinweis auf die Wüste zu verstehen ist. Das leidlich grünende Jordantal, das an dieser Stelle sogar »Mehrquellengebiet« genannt wird und insofern die hebräische Bezeichnung »Ainon«, das heißt »Quelle«, rechtfertigt, ist dieses Tal nicht ein offensichtlich falscher Schauplatz für den »Rufer aus der Wüste«? »Der hebräische Begriff midbar wird in der Übersetzung üblicherweise mit ›Wüste‹ wiedergegeben. Die Hebräer haben diesen Begriff aber viel weiter gefasst«, klärt Professor Stegemann auf. »Gemeint sind damit aber nicht völlig pflanzenlose Sand- und Geröllandschaften, sondern auch die für Ackerbau untauglichen, als Weideflächen genutzten Landstriche.« So wie die Stelle, die wir im gleißenden Nachmittagslicht besuchten!

Die spärlichen Überreste der Festung Machärus. Hier soll Johannes gefangen gehalten worden sein.

Dafür, dass Johannes tatsächlich an dieser Stelle auf der Ostseite des Jordans predigte und taufte, spricht noch ein anderes Indiz: Am Ostufer beginnt Peräa, »das Jenseitige«, jener Landesteil, der unter der direkten Herrschaft des Herodes stand. In seinem eigenen Regierungsbereich war es dem Fürsten problemlos möglich, Johannes von seinen Soldaten festnehmen zu lassen und ihn auf der Festung Machärus, weniger als fünfzig Kilometer von hier, gefangen zu halten. Der reibungslose Ablauf dieser Polizeiaktion ohne gerichtliche Verhandlung wird so historisch plausibel. »Warum Johannes ausgerechnet am gefährlichen Ostufer zu Buße und Umkehr aufrief und warum er nicht einmal in dem Moment, als die Häscher des Herodes kamen, fluchtartig an das Westufer des Jordan übersetzte, dafür gibt es einen zwingenden Grund.« Professor Stegemann lächelt viel sagend. »Der aber wird erst vor dem Hintergrund der biblischen Tradition verstehbar, einer Tradition, die der Priestersohn Johannes seit frühester Jugend tatsächlich durch und durch verinnerlicht haben muss ...«

DIE ZWEITE CHANCE

Der Platz am östlichen Jordanufer gegenüber von Jericho ist nämlich ein ganz besonderer Ort: Er ist aufgeladen mit alter jüdischer Geschichte. »Das ist genau jene Stelle, an der einst Josua das Volk Israel durch den Jordan hindurch in das Heilige Land hineingeführt hat.« Professor Stegemann schlägt die Bibel auf und zeigt auf das vierte Kapitel des Josua-Buches: »An die vierzigtausend zum Krieg gerüstete Männer gingen vor dem Herrn her, zum Kampf ins Jordantal von Jericho und an diesem Tag machte der Herr den Josua groß vor ganz Israel ... Es war aber der zehnte Tag des ersten Monats, als das Volk aus dem Jordan heraufstieg. Und sie lagerten sich in Gilgal, östlich der Stadt Jericho.«

Dass Johannes gerade da steht, wo Josua zum Sturm bläst, ist kein Zufall! Johannes will mit seiner Ortswahl offenbar ein gesellschaftliches Statement abgeben und will zeigen, dass die Situation Israels zu seiner Zeit exakt jenem Augenblick der Geschichte entspricht, als Israel noch ganz an seinem Anfang stand; noch vor seinem Einzug ins Gelobte Land; noch vor der Erfüllung all dessen, was Gott seinem erwählten Volk versprochen hatte. Aus dem Blickwinkel des Johannes wird damit klar, warum auch jetzt immer noch Chaos und Ungerechtigkeit herrschen müssen: Das Volk Israel steht nämlich in dieser Phase seiner Geschichte noch außerhalb der göttlichen Verheißung. Erst durch Buße und Rückkehr zur strengen Beachtung des göttlichen Gesetzes, der Thora, kann der erneute Einzug in das gelobte Land wieder gelingen. Und der Weg dahin führt mitten durch das Wasser des Jordan, mitten durch die »Taufe« hindurch. So war es einst schon bei den Priestern des Josua, die zwölf Steine vom Flussgrund bergen mussten und sich dazu sicher tief ins Wasser tauchten; und so war es auch noch viel früher, als das ganze auserwählte Volk bei seinem Auszug aus Ägypten mitten durch das Rote Meer zog, um so der Rache des Pharao zu entgehen.

Johannes, der gebildete Priestersohn, projiziert die entscheidende Etappe der israelitischen Geschichte in seine Gegenwart hinein. »Wasser« spielt dabei eine ganz entscheidende Rolle, ebenso andere geschichtsmächtige Erinnerungen: Jedem Zeitgenossen muss es aufgefal-

Dieses Mosaik aus der Kirche S. Maria Maggiore in Rom zeigt den Zug der Israeliten mit der Bundeslade durch den Jordan.

Der schönste Asket der Bibel

Kaum eine biblische Figur ist so unterschiedlich und so widersprüchlich dargestellt worden wie Johannes der Täufer. Wird er in frühen Abbildungen meist als ausgemergelter, asketischer »Rufer in der Wüste« gezeigt, so entsteht in der Renaissance ein Abbildungstyp, der die schöne Seite seiner Verkündigung betonen will und damit in attraktiver Weise für die »gute Botschaft« wirbt. Bei Raffael etwa gerät der Prophet zu einem makellosen Knaben, der sich direkt an den Betrachter wendet und ihm das kommende Heilsgeschehen lockend vor Augen führt: **»Es kommt einer nach mir, der ist stärker denn ich, dem ich nicht genugsam bin, dass ich die Riemen seiner Schuhe auflöse«,** heißt es bei Markus. Für den Betrachter liegt darin die Verheißung einer noch größerer Vollkommenheit, die angesichts der perfekten Darstellung des Johannes kaum noch auszumalen ist.

len sein, dass die Kleidung, die Johannes trug, bis ins Detail dem entsprach, womit der Prophet Elia einst seine Blöße bedeckte: Kamelhaarmantel und lederner Gürtel. Bei dieser »Kleiderordnung« ging es keineswegs um die bloße Demonstration mönchischer Askese, wie sie uns und auch den Christen des Mittelalters als Erstes in den Sinn kommen würde. Johannes will nicht entsagender Einsiedler sein wie die vielen anderen, die in der späteren christlichen Tradition dem Beispiel des Johannes zu folgen glaubten, indem sie Verzicht und Entsagung leisteten. Vielmehr liegt für die Menschen seiner Zeit eine andere, entscheidende Assoziation viel näher: Johannes ist der wiedererschienene Elia, der »letzte Prophet«, von dem die jüdische Tradition glaubt, er komme kurz vor Einbruch des Jüngsten Gerichts vom Himmel, um Gott den Weg zu ebnen. Und es ist genau dieser historische Platz am Jordan, von dem Elia gen Himmel aufgefahren sein soll, so erzählt es die jüdische Überlieferung.

ENDSPIEL

Den antiken jüdischen Menschen war dieser Zusammenhang also unmittelbar vertraut. Bleibt nur die Frage, ob sie Johannes glaubten. War dieser Mann wirklich der wiedergekommene Prophet Elia? Und stand infolgedessen die Apokalypse, die göttliche Neuordnung des Volkes Israel, unmittelbar bevor? Es scheint, als ob tatsächlich viele Menschen Johannes Glauben schenkten. Sogar Herodes, der Rom-freundliche, moderne und kühle Machtpolitiker, scheint mit der realen Möglichkeit dieser Verheißung gerechnet zu haben, zumindest wenn man seinen Worten glauben darf. In der Bibel spricht er in Bezug auf Jesus vom »auferstandenen Johannes«. So mag sich auch sein Zögern bei der Hinrichtung dieses Aufrührers erklären. Denn eigentlich stand es außer Frage, dass ein Mann wie Johannes, der in großer Zahl Menschen zusammenrottete, um mit ihnen den demonstrativen Neueinzug ins Gelobte Land zu proben, auf jeden Fall und so schnell wie möglich beseitigt werden musste. Ein solches Vorhaben hatte ja keineswegs nur religiöse, sondern auch gewaltige politische Dimensionen.

Die Frage, ob Johannes sich als wiedergekommener Prophet Elia betrachtete, ist hingegen viel schwerer zu beantworten. Zweifellos glaubte er an das unmittelbar bevorstehende Kommen Gottes und fühlte sich damit de facto als »letzter Prophet«. Die Apokalypse sah er zum Greifen nahe. Wer anders, wenn nicht Elia sollte er denn sein? Für den theologisch gebildeten Johannes konnte es gar kein anderes Rollenmuster geben – und aus diesem sicheren Bewusstsein wird er auch sein enormes Charisma gezogen haben. Zu seiner inneren Berufung kam hinzu, dass der Erfolg Johannes Recht gab. Je mehr Menschen an das Ostufer des Jordan pilgerten und sich taufen ließen, umso sicherer wird sich Johannes in seiner Rolle gefühlt haben. Das Selbstbewusstsein des apokalyptischen Propheten wird in dem Maße gewachsen sein wie seine Zuhörerschaft – und umgekehrt. Es gibt ja nichts Besseres als Beifall von außen, wenn Menschen die Vorstellung, die sie sich von sich selber machen, als Realität begreifen wollen.

Noch tiefer in die Psyche dieses ungewöhnlichen Mannes vorzudringen, erlaubt der magere Überlieferungsbefund nicht. Aber mit ein wenig Phantasie kann man leicht nachfühlen, welche Gewissheiten und Zweifel, welche Wechselbäder der Gefühle, welche Seelenstürme Johannes durchlebt haben muss. Sein kurzes Leben dürfte ein einziger emotionaler Ausnahmezustand gewesen sein. Und sein Tod? Noch aus dem Gefängnis heraus wird er seine apokalyptische Vision gepredigt haben, unbeirrt, unwiderlegt. In seiner Oper »Salome« lässt Richard Strauss den gefangenen Johannes seine Drohung vom Letzten Gericht gleichsam durch die Gitterstäbe seines Kerkers hinausbrüllen – ein Bild, das sicher nicht ganz falsch ist. Und dann, plötzlich, wird der Henker gekommen sein. Für Johannes sicher verwirrend, überraschend. Denn noch war Gott nicht niedergefahren vom Himmel; noch war seine eigene Mission nicht erfüllt. Hatte er nicht eben noch am Jordan die Befolgung der Gesetze angemahnt? Hatte er nicht eben noch um moralische Besserung im Hier und Jetzt geworben: »Wer zwei Hemden hat, gebe dem ab, der keines hat!« Zu den Zöllnern: »Treibt nicht mehr ein, als was in eurer Vorschrift festgesetzt ist!« Zu den Soldaten: »Plündert und erpresst niemanden!« Konkrete Regel für ein gottgefälliges Leben. Mussten sich diese Mahnungen nicht erst entfalten und Früchte tragen, ehe Gottes strafendes Gericht hereinbrach? Musste nicht erst das Volk »rein« gemacht werden, bevor es zum großen Finale kam? Kurz nur würde die verbleibende Zeit sein, so viel hatte er gewusst. Aber so kurz? Vielleicht doch so kurz, wer kennt schon Gottes Wege? Vielleicht würde das Jüngste Gericht gerade in dieser Sekunde beginnen. Vielleicht war es gerade sein rollender Kopf, der das Startzeichen zum apokalyptischen Inferno geben sollte. Bei dem letzten Atemzug, den er tat; bei der stahlkalten, betäubenden Explosion in seinem Nacken wird er keineswegs geahnt haben, dass er gescheitert war. War er denn gescheitert?

DER TANZ DER SALOME

In der ältesten Fassung dieser Legende findet sich die Erzählung im sechsten Kapitel des Markus-Evangeliums: Der betörende Tanz der Tochter der Herodias soll es gewesen sein, der den Herrscher Herodes anlässlich seines Geburtstagsfestes so sehr in den Bann schlug, dass er dem Mädchen vor den geladenen Gästen einen Wunsch freigab: »Was du willst und ich will es dir geben – und sei es die Hälfte meines Königreichs!« Angestachelt durch die Mutter verlangt die Tochter den Kopf Johannes des Täufers »auf einer Schüssel«. Herodes ist zwar »tief betrübt, doch seines Schwures und der Gäste wegen wollte er sie nicht abweisen«, weiß Markus zu berichten.

Kaum eine andere biblische Geschichte ist so häufig über die Jahrhunderte hinweg kolportiert worden und hat die Künstler aller Zeiten inspiriert wie »Salome«, die »Friedensreiche«. Sie ist so sehr Allgemeingut geworden, dass es Bibelleser erstaunen mag, wenn er ihren Namen in der biblischen Täufererzählung nirgends entdecken kann. Weder Markus noch Matthäus oder Lukas kennen nämlich eine Salome. Die Überlieferungen sprechen lediglich von einem »Mädchen« oder »der Tochter der Herodias«. Die Zuschreibung des Namens Salome, der aus außerbiblischen Königslisten bekannt ist, haben erst spätere Geschichtsschreiber vollzogen.

Die Person der Herodias (»Heldenspross«) lässt sich dagegen historisch belegen: Sie war ursprünglich die Nichte von Herodes Antipas, der seine Herrschaft über Galiläa und Peräa von seinem Vater Herodes dem Großen im Jahr 4 v. Chr. ererbt hatte. Wahrscheinlich im Jahr 31 hatte sie ihren Onkel, eben Herodes Antipas, geheiratet und ihre Tochter aus erster Ehe, Salomé, mit in diese Beziehung gebracht. Mochten diese engen verwandtschaftlichen Bande für die jüdischen Untertanen noch hinnehmbar sein, so widersprach es aber eindeutig den Heiratsregeln der Bücher Mose, wenn Herodes mit Herodias nicht irgendeine Frau ehelichte, sondern ausgerechnet die Gemahlin seines Bruders. Diesen

Während Salome noch vor Herodes und dessen Gemahlin tanzt, erfüllt der Henker schon seine Pflicht. Kurz darauf präsentiert er den »blutigen Lohn« des Tanzvergnügens.

Skandal prangerte Johannes öffentlich an – und wurde wegen dieser Majestätsbeleidigung, wie die Evangelisten einhellig schreiben, auf der Burg Machärus gefangen gehalten.

Der »neutrale« Chronist Flavius Josephus freilich schildert in seiner »Jüdischen Geschichte« den Fall anders: Er beschreibt Johannes als einen »edlen Mann, der die Juden anhielt, nach Vollkommenheit zu streben … und zur Taufe zu kommen«. Merkwürdigerweise versteht Josephus den Sinn der Taufe genau falsch, wenn er schreibt, dass die Menschen »dieselbe nur zur Heiligung des Leibes, nicht aber zur Sühne für ihre Sünden anwendeten«. Aber wie auch immer: Josephus konstatiert, dass »die wunderbare Anziehungskraft solcher Reden eine gewaltige Menschenmenge anzog« und dass Herodes einen Volksaufstand befürchtete. Deshalb habe er Johannes gefangen nehmen und hinrichten lassen. Von Majestätsbeleidigung und einem Herodes, der von

Frauenlist betört widerstrebend den Mord anordnet, ist bei Josephus dagegen überhaupt keine Rede.

Hat es den biblischen Tanz der Salome also überhaupt gegeben? »Ich halte es für durchaus plausibel, was der älteste Evangelist, Markus, uns da mitteilt«, meint Dr. Zangenberg. »Wenn man das Geschehen im Kontext der Zeit betrachtet und sich bewusst macht, wie es damals an hellenistisch geprägten Fürstenhöfen zuging, dann kann ich mir so etwas durchaus vorstellen. Der Tanz spielte damals eine große Rolle – auch die erotische Anziehung, die damit verbunden war.« Professor Hartmut Stegemann gibt hingegen zu bedenken: »Die Geschichte ist einfach zu gut.« Es sei einigermaßen typisch, dass man derartige »Verführungstätigkeiten« einer Frau in die Schuhe schiebe. »Für solche Aufgaben werden die Frauen in der Bibel gerne genutzt. Denken Sie an die Geschichte von Judith und Holofernes im Alten Testament! Auch da steht am Anfang eine Frau und am Ende rollt der Kopf. Ein großartiges Legendenbild.« So gesehen ist es durchaus interessant, dass mit der Einführung der Geschichte von Salome die Schuld des Herodes tatsächlich relativiert wird. Er erscheint nun nicht mehr als »reiner Täter«, wie bei Flavius Josephus, sondern eher als Opfer der Umstände.

Tod, Tanz und Verführung sind der Stoff, der die Menschen aller Epochen zu faszinieren vermag.

Die Neutestamentlerin Stephanie von Dobbeler hat in einer Untersuchung nachgewiesen, dass der Bericht vom Ende des Täufers einer sehr alten Traditionsschicht entstammen muss. Die Evangelienerzählung könnte also durchaus Anspruch auf historische Wahrheit erheben – wäre sie nicht so geschickt und perfekt nach allen Regeln der dramaturgischen Kunst gestrickt!

Eine direkte Absicht des oder der Autoren ist, einmal abgesehen vom Unterhaltungswert der Story, durchaus zu erkennen: Es wird ja gesagt, dass der Fürst des Landes mit Johannes sympathisiert hätte und nur durch eine Dummheit zur verhängnisvollen Tat gezwungen war. Sollte mit dieser Version der Geschichte vielleicht das angespannte Verhältnis zur politischen Elite entschärft werden? Wollten die Jünger des Täufers, die ja den Evangelienberichten zufolge den Leichnam abholten und von denen diese ganze Erzählung stammen könnte, einer noch stärkeren Konfrontation mit der Obrigkeit aus dem Wege gehen, indem sie das Bild des Herodes schönten und die ganze Schuld den Frauen des Herrschers anlasteten?

Aus dieser Perspektive betrachtet wäre Salome eine Erfindung, die vielleicht verhindert hat, dass das Lebenswerk des Johannes und seiner Jünger noch größerem Verfolgungsdruck ausgesetzt worden wäre. Salome wäre dann nicht die Initiatorin des Mordes an Johannes gewesen, sondern durch eine geschickte Notlüge die Förderin seines Überlebens in den Büchern der Geschichte.

DER VERGESSENE JOHANNES

Lebte nun aber die Botschaft des Johannes in Jesus fort? Der Heidelberger Neutestamentler Gerd Theissen kommt zu dem Schluss, dass Jesus eine ganze Menge von Johannes übernahm: »Die Bilder, Themen und Probleme seiner Verkündigung, vermutlich mehr noch, als wir das heute erkennen können.« Zweifelsohne war es ja Johannes gewesen, dessen Predigt Jesus religiös aufgerüttelt, wenn nicht gar erweckt hatte. Dass Johannes über längere Zeit sein Lehrer gewesen war, steht heute wissenschaftlich außer Zweifel: Drei früheste Textzeugen, unabhängig voneinander, und neun verschiedene Textvarianten untermauern diesen Sachverhalt.

Aber dann muss Jesus einen Bewusstseinswandel erfahren haben und irgendwann aus dem Schatten seines Lehrers herausgetreten sein. Wahrscheinlich schon früher, endgültig aber nach dessen Tod, der auch alle anderen Johannes-Jünger in die Verwirrung treiben musste: Denn ganz offensichtlich war der Jüngste Tag nicht angebrochen. Alles blieb sichtbar beim Alten. Die Apokalypse fand nicht statt. War Johannes also doch nicht »der letzte Prophet« vor der Ankunft des Herrn? In seinem klarsichtigen Artikel »Die Bekehrung Jesu – Von Jesus dem Täufer zu Jesus dem Heiler« fasst der Wissenschaftler P. W. Hollenbach treffend

Brüder im Geiste oder doch Konkurrenten der Verkündigung? In der frühen biblischen Tradition verschmolz die Geschichte des Täufers zuweilen mit der des Heilands.

zusammen: »Jesus begann seine öffentliche Wirksamkeit mit rückhaltloser Unterstützung des Johannes, seiner Botschaft und seiner Bewegung, aber Jesus entwickelte sehr früh seine eigene besondere Botschaft und Bewegung, die sich von derjenigen des Johannes deutlich unterschied.« Jesus entdeckte, dass das Kommen Gottes längst prozesshaft begonnen hatte. Aber nicht als apokalyptisches Inferno, sondern als liebevolles Handeln an der Kreatur: Blinde sehen, Lahme gehen ... Darin lag die völlig neue, von seinem Lehrer Johannes grundverschiedene Sichtweise. Es scheint so, als sei der Jünger-Kreis des Johannes nach dem Tod des Meisters in eine Krise geraten und von den Jesu-Anhängern gleichsam aufgesogen und »bekehrt« worden. Nur ganz vereinzelt schimmert in der biblischen Überlieferung noch so etwas wie »Konkurrenz« der Botschaften hindurch, die es zu Lebzeiten des Johannes sicher verstärkt gegeben hatte. Ganz im Gegensatz zu der Entwicklung im christlichen Lager bedeutete das blutige Ende des Meisters Johannes wohl auch das allmähliche Ende seiner Bewegung.

Gleichwohl: Die bedeutende Rolle dieses Mannes konnte in der biblischen Überlieferung nicht einfach ausgeblendet werden. Selbst dann nicht, wenn sie den Autoren große Schwierigkeiten bereitete: Das Pikante und Anstößige daran war ja, dass Johannes hier als »der Taufende«, als der aktiv Vergebende erschien und Jesus als der Unterlegene, als einer, der Sündenvergebung bitter nötig habe. Eine auf Dauer unerträgliche Konstellation.

Das Vergessen findet zunächst »in Raten« statt. Während der Evangelist Markus den Sachverhalt der Taufe des Jesus durch Johannes ausführlich schildert, wird dieser Aspekt bei Lukas und Matthäus bereits zurückgedrängt und auf ein Mindestmaß gestutzt. Bei Johannes dann, dem letzten Evangelisten, ist diese Seite des Auftretens des Johannes gänzlich weggelassen. Das Gewicht seines Berichts liegt allein auf der Zeugenschaft des Johannes, der die göttliche Dimension Jesu bestätigt, aber selbst nicht mehr aktiv handelt: »Ich sah, dass der Geist vom Himmel herabkam wie eine Taube und auf ihm blieb ... Das habe ich gesehen, und ich bezeuge: Er ist der Sohn Gottes.« Bei Kirchenvater Ignatius im 2. Jahrhundert findet sich Jesus schließlich komplett christologisch vereinnahmt wieder. Von Johannes ist überhaupt keine Rede mehr und was den Sinn der Taufe an Jesus angeht, so wird klargestellt, dass Gottes Sohn nur deswegen »getauft wurde, um durch sein Leiden das Wasser zu reinigen«.

Es sind solche verschlungenen Wege, auf denen die Erinnerung an Johannes das 21. Jahrhundert erreicht hat. Der Transport durch die Zeiten hat dabei einige Schrammen und Dellen an seiner wahren Geschichte hinterlassen. Ein Totalschaden ist aber sicher nicht zu beklagen. Johannes wurde nicht vergessen. Er wurde vielmehr zu einem der meist porträtierten Heiligen der gesamten Kirchengeschichte, und der Nachwelt ist auch bewusst, dass ihm das Verdienst zukommt, eines der bedeutendsten christlichen Rituale erfunden zu haben: die Taufe.

GÜNTHER KLEIN

PAULUS
AUF MESSERS SCHNEIDE

Es gibt keinerlei archäologische oder historische Beweise dafür, dass Paulus sich über viele Jahre in Rom aufgehalten hätte und schließlich der Christenverfolgung unter Nero zum Opfer gefallen wäre, wie die Legende erzählt«, betont der Historiker Carsten Peter Thiede. »Seine Spur verläuft sich gleich nach seiner Ankunft im Sande.« Bedenkt man weiter, dass nach dem Brief, den der Apostel an die römische Gemeinde schrieb, keine weitere Zeile mehr aus seiner Feder überliefert ist, so ist es wohl auch eher unwahrscheinlich, dass Paulus über längere Zeit hinweg in Rom gewirkt hätte. Und außerdem: Hätte nicht irgendein anderer Schriftsteller oder Chronist davon Kenntnis bekommen müssen? Wäre dieser Aufenthalt dann nicht zumindest eine kleine Notiz wert gewesen? Die Legende jedenfalls erzählt ausführlich vom Wirken des Paulus in Rom und von dessen Begegnungen mit Petrus. Noch heute werden Rom-Touristen in einen Keller oberhalb des Forum Romanum geführt, in dem angeblich beide Apostel als Gefangene schmachteten und ihrem Martyrium entgegensahen. Die Berichte, die davon erzählen, stammen allerdings erst aus dem 4. Jahrhundert n. Chr. »Zwischen den angeblichen Ereignissen und ihrer schriftlichen Fixierung liegt ein zu langer Zeitraum, um noch historisch glaubwürdige Daten zu liefern«,

Als unermüdlichen Arbeiter im Weinberg Gottes, so sieht der niederländische Maler Rembrandt Paulus: ein glaubensgewisser, aber auch von Rückschlägen gezeichneter Greis, der bis zuletzt die Feder nicht aus der Hand legt.

meint Professor Thiede. Immerhin wurde an der Stelle, an der Paulus enthauptet worden sein soll, später eine Kirche errichtet – aber eben auch erst im 4. Jahrhundert, als sich das Christentum bereits zur römischen Staatsreligion gemausert hatte.

Der Legende nach entsprangen am Ort der Hinrichtung drei wundersame Quellen, aus denen das Blut des Apostels geflossen sein soll. So nannte man die Kirche »Paolo alle Tre Fontane«. Es wird weiter erzählt, dass eine fromme Frau namens Plantilla dem Paulus kurz vor der Hinrichtung ihren Schleier reichte, damit der Apostel sich die Augen verbinden könne. Als Plantilla nach dem grausigen Schauspiel den Schleier wieder an sich nahm, sah sie in ihm eine Vision: Petrus und Paulus, wie sie mit Siegeskronen in Rom einziehen. Einer anderen Legende zufolge nahm ein frommer Hirte den Kopf des Leichnams an sich und vereinigte ihn feierlich und wundersam mit dem Leibe des Apostels. Der zunächst in einer Katakombe an der Via Appia bestattete Körper erhielt erst im 4. Jahrhundert eine eigene Grabstätte, über der die Basilika S. Paolo fuori le mura, Heiliger Paulus vor den Mauern, gebaut wurde.

Ein faszinierendes Phänomen: Ohne Paulus gäbe es kein Neues Testament, das ja zum Gutteil aus seinen Schriften besteht, und auch die Sekte der Jesusjünger hätte sich wohl kaum zur größten Weltreligion entwickelt. Das Abendland wäre wahrscheinlich niemals »christlich« geworden und die Geschichte unserer Kultur hätte 2000 Jahre lang eine völlig andere Richtung eingeschlagen. An der Person des Paulus und ihrer fulminanten Wirkung wird fassbar, dass Weltgeschichte jeder Vorausplanung spottet: Paulus ist wie das kleine Steinchen, das unbemerkt am Wegrand liegt – und das doch plötzlich eine unerwartete Lawine auslöst, die über alles hinwegrollt und alles verändert. Und zwar nachhaltig: Das Reich Alexander des Großen ist schon lange zerfallen, das Werk des Paulus aber ist geblieben.

Dabei ist er alles andere als ein »Supermann«. Paulus ist nicht Feldherr, nicht König, nicht Politiker, nicht Diplomat, nicht Held, sondern eine eher zerrissene Persönlichkeit, ungestüm, mit depressiven Zügen, anstößigen Charaktermerkmalen, unruhig und umtriebig, aufbrausend und polarisierend. Paulus, eine Fleisch gewordene Zerreißprobe für seine Umwelt, wäre heute in der Rolle eines Staats- oder Wirtschaftsführers undenkbar. Selbst noch zwei Jahrtausende nach seinem Tod entzünden sich die Gemüter an dieser Person und ihrem sperrigen Charakter. Aus den vielen Schmähungen, aber auch aus den Lobhudeleien und der enthusiastischen Begeisterung über ihn und sein Werk spricht eine enorme Emotionalität, wie sie sonst nur auf Personen trifft, die uns zeitlich viel näher stehen.

Ein kleiner Auszug aus dem Feuerwerk der Urteile: Paulus und sein Werk, das war für Luther die »Pforte des Paradieses«: Ohne Paulus keine Reformation. Dem Philosophen Nietzsche galt er gleichwohl als Genie, aber als »Genie im Hass, in der Vision des Hasses« und darüber hinaus als »frecher Windmacher«. Der englische Dichter George Bernard Shaw nannte ihn »einen verbohrten römischen Rationalisten«. Für Albert Schweitzer hingegen war er »der Schutzheilige des Denkens im Christentum«. Der Außenminister der Weimarer Republik, Walter Rathenau, erkannte in ihm »einen tief empfindenden Menschen« und Rudolf Augstein wertete ihn als »großen Neuentwerfer der Geschichte wie Marx und Freud«; der Judaist Ben-Chorin sogar als »größter Umstürzler aller Zeiten«, ungeachtet der Tatsache, dass gerade Paulus-Worte seit jeher für staatstragende Appelle aller Art herhalten: »Jedermann sei untertan der Obrigkeit, die Gewalt über ihn hat.« Diese schroffe Empfehlung hat immer wieder aufs Übelste Geschichte gemacht. Auch als »Apostel der Vorhaut« wurde Paulus bespöttelt, weil er dafür eintrat, dass Christen nicht, wie es jüdischer Brauch war, beschnitten werden sollten; als »Dichter Gottes« wurde er gepriesen, weil ein gutes Drittel der neutestamentlichen Schriften seinen Namen tragen. »Ein völlig Unberufener« sei er, meinten die einen, der »eigentliche Erfinder des Christentums« so die anderen. Ein »befähigter Verzerrer von Gedanken und Fakten«, »der einflussreichste Briefschreiber der Geschichte«, ein wahrer »Ordnungsmaniac mit Entweder-oder-Philosophie«, ein Scharlatan, Heilsbringer, Religionsstifter und Demagoge, rücksichtsloser Tatmensch und gütiger Prediger der Liebe zugleich: »Nun

Die Enthauptung des Apostels Paulus in einer beeindruckenden Darstellung des Malers Tintoretto.

aber bleibt Glaube, Hoffnung, Liebe … die größte aber unter ihnen ist die Liebe«, so konnte er eben auch sprechen. Sind das »die schönsten Zeilen, die je ein Mensch zu Papier gebracht hat«, wie Walter Rathenau meinte? Oder bloß kitschiger Schmus?

Paulus scheint alles in sich zu vereinen. Auch heftigste Widersprüche. Ganz so, wie er es ungeschnörkelt für sich selbst erkannte: »Ich bin allen alles geworden, damit ich auf jeden Fall einige errette«, so zieht er in seinem Schreiben an die Gemeinde zu Korinth nüchtern Bilanz. Der Zweck heiligt die Mittel bei dieser Charade. Nur eines ist er bei aller Wandlungsfähigkeit offenbar nicht geworden: Einer, der die Menschen kalt lässt.

TEPPICHWEBER AUF ABWEGEN

Als Sohn wohlhabender jüdischer Eltern wird er unter dem jüdischen Namen Saul (sprich: Scha-ul) um 10 n. Chr. in der Hafenstadt Tarsus geboren. Als Mitglied der besseren Gesellschaft erbt er das römische Bürgerrecht und damit zugleich den lateinischen Namen »Paulus«. Er wächst in der griechisch-bürgerlichen Gesellschaft der Großstadt auf und erlernt zunächst den soliden und einträglichen Beruf seines Vaters: Zeltteppichweber. Mit etwa 18 Jahren schickt man den begabten, konservativen Jüngling nach Jerusalem. Dort soll er im Studium der Thora ausgebildet werden und wie der Vater zum Laientheologen promovieren. Sein Lehrer ist der weithin renommierte Rabbi Gamaliel, dessen Einfluss es wohl auch zu verdanken ist, dass Paulus sich bald der religiösen Partei der Pharisäer anschließt und fortan Jagd auf religiöse Abweichler macht. Erfolgreich offenbar, denn man beauftragt ihn alsbald, in der Stadt Damaskus eine große Kampagne zur Christenverfolgung zu leiten.

Laut Apostelgeschichte ereignete sich dann aber vor den Toren der Stadt jene folgenschwere Begegnung mit dem auferstandenen Christus. Paulus macht in seinen Briefen wenig Aufhebens um diese »Offenbarung Christi«; der Autor der Apostelgeschichte dagegen stilisiert sie zu einer hochdramatischen Bekehrungssituation, die von Malern aller Epochen hundertfach ins Bild gesetzt wurde. Mag die Dramatik dieses Geschehens übertrieben und legendenhaft ausgeschmückt worden sein, die Folgen für Paulus waren allemal höchst real: Aus dem Verfol-

ger wurde ein Verfolgter, der für den Rest seines Lebens die Konsequenz dieses Seitenwechsels psychisch und physisch zu spüren bekommt. Er nennt es, »sich zum Narren um Christi Willen machen«; oder »das Kreuz auf sich nehmen«; oder: »Wir tragen allzeit das Sterben Christi in unserem Leib«. Was das konkret heißt, erlebt er schon unmittelbar im Bekehrungsjahr 38 n. Chr., als er nach einer Predigt in der Synagoge von Damaskus nur mit Hilfe von Freunden in einem Korb über die Stadtmauer fliehen kann. Fortan lebt Paulus gefährlich, am Limit – für die nächsten drei Jahrzehnte.

Seine Missionsreisen führten Paulus durch Kleinasien und Arabien. Auch in Ephesus soll er dabei Station gemacht haben.

In diesen Jahren reist er und gründet christliche Gemeinden. Er predigt, schreibt, flieht, führt ein Leben unter permanentem Stress. Aber er glaubt an nichts so sehr wie an seine Mission. Sein Weg führt ihn anscheinend auch über mehrere Jahre nach Arabien, aber wie seine Tage dort ausgefüllt sind, bleibt im Dunkel der Geschichte verborgen. Er schreibt nichts über diese Zeit – und andere Autoren auch nicht. Vielleicht wandelt er auf den Spuren Jesu und der Propheten, meditiert

Leben am Limit: Mehr als einmal musste der »Entdecker der göttlichen Gnade« unter Lebensgefahr vor dem wütenden Zorn seiner Gegner fliehen – wie hier aus der Metropole Damaskus. Versteckt in einem Weidenkorb konnte er die Stadtmauer überwinden.

in der Wüste und versucht mit sich und Gott ins Reine zu kommen. Dann ist er plötzlich wieder in Jerusalem. Die Gemeinde dort steht unter dem zunehmenden Druck des politischen Machthabers Herodes, der den Apostel Jakobus, den Bruder des Johannes, enthaupten lässt. Petrus hat er in Ketten legen lassen, doch der wird von einem Engel Gottes schließlich auf wundersame Weise befreit. Insgesamt aber ist Jerusalem für Paulus ein Ort, an dem man nicht allzu lange verweilen sollte …

ABENTEUERREISEN IM NAMEN CHRISTI

Paulus verlässt die Stadt und begibt sich auf Reisen nach Tarsus und Antiochien. Eine erste größere Missionsreise führt ihn nach Zypern und ins südliche Kleinasien. Im Jahr 48 kehrt er nach Jerusalem zurück und setzt auf dem so genannten Apostelkonzil offiziell durch, dass auch nicht-jüdische Menschen auf den Namen Jesu Christi getauft werden dürfen – ein Verfahren, das in der Gemeinde von Antiochia bereits praktiziert wird: Petrus aber, der Gegenspieler des Paulus, vertritt vehement die Meinung, dass das Christentum seine jüdischen Wurzeln nicht verleugnen dürfe. Damit spricht er den zentralen Punkt in der frühchristlichen Diskussion an: Die Frage, ob Synagoge und Christusbekenntnis zusammengehören. Paulus beantwortet die

Frage mit dem klarsten »Nein!«, das in der Urgemeinde zu finden ist. Eine Klarheit, die ihm später den unangefochtenen Titel »Apostel der Weltkirche« eingetragen hat. Petrus hält dagegen. Am Ende trennen die beiden so unterschiedlichen Apostel ihre Missionsbereiche, und Paulus begibt sich auf seine zweite große Reise: nach Galatien in Kleinasien, dann im Jahr 50 nach Makedonien und über Griechenland nach Korinth, wo er sich vermutlich rund zwei Jahre aufhält. Seinen Lebensunterhalt verdient er sich so gut es eben geht mit seinem Handwerk. In Korinth, so ist es belegt, lebt er sogar bei einem Teppichweber. Er will nicht »schnorren«, sich nicht auf Kosten der Gemeinde durchfüttern lassen. »Bin ich nicht frei? Bin ich nicht Apostel?« Eher noch sich selbst als den anderen hat er ins Stammbuch geschrieben: »Lasst euch nicht in das Joch der Sklaverei einfangen!« Und: Die Worte an seinen Taten messen: »Haben, als hätte man nichts«; das ist es, was er »richtig leben« nennt.

Ein Höhepunkt seiner Missionstätigkeit: Als Redner auf dem altehrwürdigen Areopag in Athen durfte Paulus seine Botschaft vor den Ohren der gebildeten Welt ausbreiten.

So predigt er, hält Briefkontakt mit all seinen Gemeinden und begibt sich in den Jahren 52 bis 56 auf seine dritte Missionsreise, die ihn wieder nach Kleinasien führt, und die ereignisreichste seiner Laufbahn werden sollte. Spannende Abenteuer sind überliefert, die vom Triumph und der Überlegenheit des Christentums zeugen: In Paphos stürzt ein heidnischer Zauberer blind zu Boden; in Lystra wird Paulus als Inkarnation des leibhaftigen Zeus missgedeutet, weil es ihm gelingt, einen Lahmen zu heilen. In Troas fällt ein ermatteter Zuhörer während seiner Predigt vom Fenstersims in die tödliche Tiefe, wird aber von Paulus wieder belebt. Die Predigt, oft endlos lang, das ist wahrlich sein Element, und er schafft es sogar, auf das berühmteste Rednerpult der antiken Welt zu klettern: Als Höhepunkt seiner Reise spricht Paulus vor dem Altar des unbekannten Gottes auf dem altehrwürdigen Areopag in Athen, der bedeutendsten gesellschaftlichen Showbühne dieser Zeit.

Dazwischen immer wieder Absturz, Verfolgung, Hunger, Auspeitschung, Steinigung, Gefangenschaft – und das wiederholte Glück des Entkommens. Mehr als einmal rettet ihn seine römische Staatsbürgerschaft vor dem sicheren Untergang. Im Jahr 57, Paulus ist wieder in Jerusalem, gerät er in den Strudel aufständischer jüdischer Gruppen. Der Bericht in der Apostelgeschichte macht deutlich, dass die römischen Besatzer längst den Überblick verloren haben, wer gegen wen opponiert. Sie wollen einfach Ruhe und Ordnung, und Paulus scheint dazu nur wenig beizutragen. Kurzerhand wird er festgesetzt, und nur seine römische Staatsbürgerschaft bewahrt ihn vor Folter oder gar standrechtlicher Hinrichtung. Die vorgesetzte Behörde in Caesarea verfügt nach zwei Jahren Schutzhaft, Paulus nach Rom zu bringen. Dort soll seine Sache vor dem Kaiser verhandelt werden.

Ungewiss, aber nicht völlig auszuschließen: Paulus könnte zur Zeit der brutalen Christenverfolgung unter Kaiser Nero in Rom den Märtyrertod erlitten haben. Damals sollen Tausende in Tierhäute eingenäht oder im Feuer einen grausamen Tod gestorben sein.

Was nun in der Apostelgeschichte über diese Reise nach Rom erzählt wird, folgt so sehr der gängigen Dramaturgie antiker Abenteuergeschichten, dass viele Forscher den historischen Gehalt stark bezweifeln: Da gerät das Schiff des Apostels in schwere See und läuft auf eine Sandbank vor Malta auf. Da verweilt Paulus gleich mehrere Monate auf der fremden Insel und kann offenbar segensreich und ungehindert seine Mis-

sionsarbeit fortsetzen. Da meistert »der Held« gefährliche Situationen und überlebt sogar einen tödlichen Schlangenbiss. Und irgendwann nach langer Odyssee gelangt er tatsächlich nach Rom, der späteren Schaltzentrale christlicher Macht. Ein wirklich katholisches Happy End.

Bei kritischer Betrachtung mag es erstaunen, dass der Untersuchungshäftling Paulus seine »Reise auf Staatskosten« so relativ unbehelligt und freizügig gestalten konnte. Allgemein wird dieser Sachverhalt damit erklärt, dass die offizielle »Überführungshaft« wohl eher eine Art leichte Schutzhaft gewesen sein dürfte, die von den Römern nicht wirklich streng gehandhabt wurde. Man war froh, den Querulanten geschickt aus dem Pulverfass Jerusalem herausmanövriert zu haben. Für einen römischen Juristen waren die Anschuldigungen, die der Jerusalemer Priester-Logik folgten, ohnehin nicht nachzuvollziehen. In keinem Falle hätten sie ein Todesurteil, wie von den jüdischen Anklägern gefordert, gerechtfertigt. Denn während der Statthalter Pontius Pilatus im »Justizfall Jesus« noch dem Druck der Priesterschaft und dem der Straße nachgegeben hatte, wog im Falle Paulus dessen römische Staatsbürgerschaft schwerer als die vagen Anschuldigungen der Priesterschaft; zumal sich der Apostel, ganz im Gegensatz zu Jesus, geschickt und wortreich verteidigte.

So kam es nicht zu einer erneuten Passion, einer Passion Pauli – und ganz offensichtlich hat Paulus selbst es auch niemals darauf angelegt, am gleichen Ort wie sein Idol und auf die gleiche schreckliche Weise zu sterben. Paulus war nicht der Mann, der sich vom eigenen Enthusiasmus beseelt euphorisch in den Tod gestürzt hätte, Gelegenheit dazu hätte er ja reichlich gehabt. Auf dem Hintergrund seines Lebens erscheint es auch eher unwahrscheinlich, dass Paulus im Zuge der Christenverfolgung unter Nero im Jahr 64 den Märtyrertod starb, wie die Legende erzählt. Was hätte er in den zwei Jahren bis zu diesem Datum in Rom getan? Müssten dann nicht noch Zeugnisse und Überlieferungen aus dieser Zeit zu finden sein? Vielleicht ein weiterer Brief, der ganz bestimmt der Nachwelt erhalten geblieben wäre – denn längst war Paulus in den christlichen Gemeinden »prominent«? Nein, es ist viel wahrscheinlicher, dass der »Apostel der Heiden« schon bald nach seiner Ankunft in Rom eines natürlichen Todes starb, wenn er überhaupt die Stadt je erreicht hat. Immerhin war er damals schon fast sechzig Jahre alt – für antike Verhältnisse ein Methusalem.

Fälschungen

Das Wissen über das Leben des Paulus beziehen wir hauptsächlich aus zwei Quellen: Zum einen aus der Apostelgeschichte, die einen gesamtbiographischen Abriss mit Berichten über die anderen Apostel und Situationsbeschreibungen über das Leben in der Urgemeinde verwebt; der Autor ist wahrscheinlich mit dem des Lukas-Evangeliums identisch. Zum anderen kennen wir Paulus aus seinen Selbstzeugnissen: Er ist der fleißigste Briefschreiber der frühen Christenheit, hat damit aber auch einige »Trittbrett-Fahrer« auf den Plan gerufen: 13 ausdrücklich so bezeichnete »Paulusbriefe« enthält das Neue Testament; sechs davon stammen nachweislich nicht aus der Feder des ältesten christlichen Autors, von dessen Autorität und Popularität die späteren Schreiber offenbar profitieren wollten.

Als unecht gelten heute allen namhaften Forschern die zwei Briefe an Timotheus und der eine an Titus, die bezeichnenderweise auch in den ältesten Briefsammlungen fehlen. Vermutlich irgendwo in Kleinasien geschrieben, sind die Briefe erst gut ein halbes Jahrhundert nach dem Tod des Apostels entstanden. Der Fälscher bezeichnet sich in den Briefen als »Paulus, ein Apostel Christi« und zieht so rigoros gegen Ketzer, Frauen, Lügner, Heuchler und Juden zu Felde, wie es selbst einem wutschnaubenden Paulus keinesfalls zuzutrauen wäre. »Einer Frau gestatte ich nicht, dass sie sich über ihren Mann erhebe, sondern sie sei stille!«, heißt es da etwa unverblümt. Es mag eine Genugtuung sein, dass solche klaren biblischen Anweisungen heute eindeutig als Fälschung entlarvt sind.

Mit dem 2. Thessalonicherbrief liegt ebenfalls eine besonders dreiste Fälschung vor. Ausdrücklich warnt der Autor hier vor falschen Briefen, vor denen sich die Gemeinde bitte in Acht nehmen solle und besiegelt sein Schreiben auch noch mit eigenhändiger Unterschrift: »Der Gruß mit meiner, des Paulus, Hand. Das ist das Zeichen in allen Briefen. So schreibe ich!« Ein Kriminalist würde sagen: Ein bisschen viel Unterschrift für ein so kurzes Schreiben. Und das Motiv ist auch noch sonnenklar: Der 1. Thessalonicher, der echte, soll vom Leser für falsch gehalten werden.

Am Kolosser- und Epheserbrief scheiden sich dagegen die Geister. Von katholischer Seite möchte man die Illusion der Echtheit gerne bewahren, denn nirgendwo sonst im Neuen Testament wird der Begriff »Kirche« in so katholischer Sichtweise traktiert.

Letztlich aber spricht doch die Mehrheit der Forscher bei diesen Briefen,

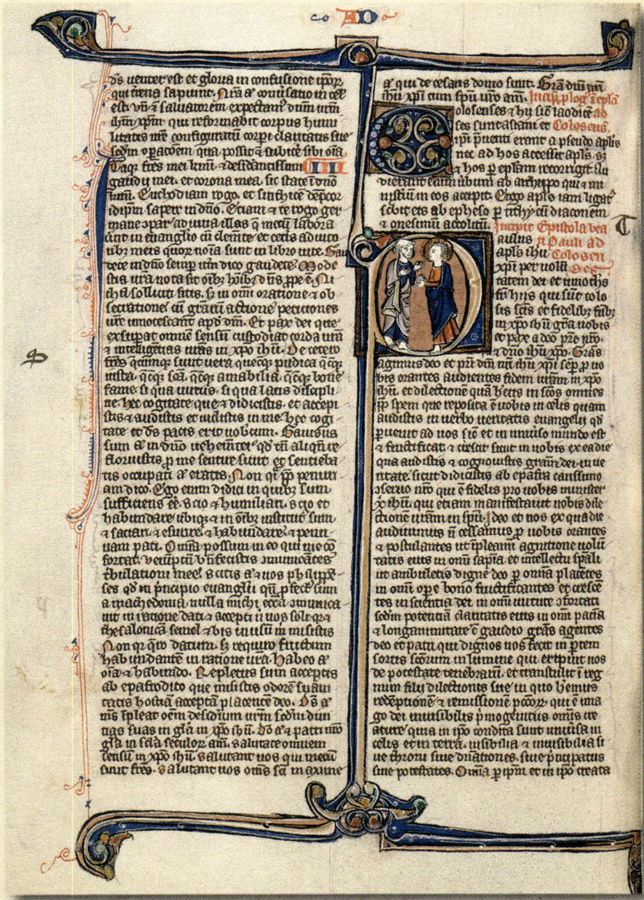

Lange galt Paulus als alleiniger Autor all seiner Briefe. Das gilt auch für den Brief an die Kolosser, der in dieser französischen Pergamenthandschrift des 13. Jahrhunderts sichtbar höchste Verehrung genießt. Doch inzwischen zweifeln die Bibelforscher an dessen Authentizität.

die mehr wie Mysterien- und Weisheitsreden klingen, von »unpaulinischen« oder »deuteropaulinischen« Erzeugnissen.

Bleibt noch der Brief an die Hebräer: Hier handelt es sich nicht um eine Fälschung im eigentlichen Sinne, da nirgendwo der Name des Paulus fällt. Die Autorschaft liegt nach wie vor im Dunkeln, wenngleich die Schrift in den Büchern der katholischen Kirche amtlich als »Brief des Apostel Paulus an die Hebräer« katalogisiert ist. Schon Luther konnte das nicht glauben, und selbst die meisten katholischen Bibelforscher haben sich dem mittlerweile angeschlossen. ❡

DIE GUNST DER STUNDE

Paulus' Wirken und vor allem sein atemberaubender Erfolg sind nur auf dem Hintergrund der gesellschaftlichen und politischen Verhältnisse seiner Zeit zu begreifen. Es ist, als sei dieser praktisch begabte Theoretiker in genau jenem Bruchteil einer geschichtlichen Sekunde auf die Weltbühne gesprungen, in der alles möglich war. Ein wenig später, und die jüdische Sekte der Nazoräer wäre längst in der Bedeutungslosigkeit ihrer provinziellen Herkunft versunken; ein wenig früher, und aus dem Apostel der Weltkirche wäre ein gesetzestreuer Pharisäer mit glänzender Karriere geworden. Den Namen dieses verdienten Mitbürgers würde in diesem Fall freilich heute niemand mehr kennen.

Hätte Jesus seinen eigenen Tod und seine Auferstehung wohl auch als Heilsgeschehen verstehen können, in dem sich den Menschen die Gnade Gottes offenbart, wie es Paulus predigte?

Alles hatte einst im ländlichen Galiläa begonnen. Der junge Bautischler Jesus aus der kleinen Stadt Nazareth hatte eine religiöse Schule gegründet, deren Lehre vom unmittelbar anbrechenden Reich Gottes in direktem Widerspruch zum geltenden jüdischen Tempelkult stand. Außerdem sagte man ihm nach, er habe sich zum König der Juden erklärt. Deswegen hatte er sterben müssen. Von der zuständigen römischen Besatzungsbehörde war Jesus auf massiven Druck der Jerusalemer Priesterschaft am 7. April des Jahres 30 als politischer Aufrührer ans Kreuz geschlagen worden und dort, auf der »Schädelstätte« von Jerusalem, auch gestorben. Für die römische Besatzungsmacht nichts weiter als ein Routinefall, das Ende einer kleinen Querele am äußersten Rand des riesigen Römischen Reiches, von der die Welt keinerlei Notiz nahm.

Für die Jünger Jesu aber stürzte über Nacht die Welt ein. Tiefe Depression und Hoffnungslosigkeit sind die unmittelbare Folge, bis unter den Jüngern plötzlich die Botschaft umgeht: Jesus ist auferstanden! Diese Nachricht führt zur sofortigen Neubelebung des Jüngerkreises. Da trifft es sich gut, dass zu Pfingsten, dem traditionellen Wallfahrtsfest der Juden, unzählige Menschen verschiedenster Völkerschaften nach Jerusalem kommen, zum Tempel, dem zentralen Heiligtum. Von Petrus und den anderen Jüngern hören sie die Geschichte von Jesus von Nazareth und seiner wunderbaren Auferstehung.

Bei dieser Gelegenheit hat Petrus wahrscheinlich die Sprachgrenze des Aramäischen durchbrochen: Um den vielen jüdischen Ankömmlingen und »Fest-Touristen« aus aller Herren Länder die frohe Botschaft mitzuteilen, wird er sich in Griechisch verständigt haben, der internationalsten Sprache der damaligen Zeit. Dank dieses »Sprachenwunders«, wie es die Apostelgeschichte in ihrem zweiten Kapitel in jubilierender Weise verklärt, überwindet die christliche Botschaft erstmals regionale Grenzen. Das von nun an geltende missionarische Programm der Jünger Jesu legt die Apostelgeschichte gleich dem auferstandenen Jesus selbst in den Mund: »Ihr werdet die Kraft des Heiligen Geistes empfangen, und werdet meine Zeugen sein zu Jerusalem und in ganz Judäa und Samarien und bis an das Ende der Erde.«

INTERNATIONALE BEZIEHUNGEN

Nun, da die Jerusalemer Gemeinde sich zweisprachig »internationalisiert« hat, beginnt ein interessanter Prozess: Die Apostelgeschichte erzählt von ersten, kleinen Spannungen, zwischen den »Hebräern«, den aramäisch sprechenden einheimischen Juden, und den »Hellenisten«, den Juden aus dem griechisch sprechenden weiteren Umland des riesigen Römischen Reiches. Die Mentalitäten sind recht unterschiedlich, aber da sie der gemeinsame Glaube an Jesus verbindet, gelingt es, den mentalen Graben bei der Wahl der sieben »Gemeindeverwaltungsdirektoren« solidarisch zu überbrücken. Außerhalb der christlichen Gemeinde, unter den jüdischen Hellenisten selbst, tun sich dagegen unüberwindbare Hindernisse auf: Hier gibt es diejenigen, die an Jesus glauben, und solche, die das nicht tun und sich stattdessen dem orthodoxen Glauben verpflichtet fühlen. Die Jesusanhänger wenden sich gegen deren hochheiligen Tempelkult – eine Provokation, die in bester Tradition zu Jesus

Die Anhänger Jesu begehren gegen die konservativen Tempelwächter auf: Stephanus wird für seine vermeintliche Gotteslästerung gesteinigt.

steht, der einst die Tempeltische umstieß. »Der Höchste wohnt nicht in dem, was von Menschenhand gemacht ist«, ruft ein gewisser Stephanus und wird für diese fundamentale Gotteslästerung von den Orthodoxen gesteinigt. Revolutionäre Jesusanhänger begehren gegen konservative Traditionswächter auf – es herrschen bürgerkriegsartige Zustände in Jerusalem.

Die Anhänger und Sympathisanten des gesteinigten Tempelkritikers Stephanus flüchten ins Umland. Für einen von ihnen, Philippus, wird die Flucht nach Samaria zur Flucht nach vorn: Er beginnt erfolgreich zu missionieren und stößt besonders bei den Samaritern auf offene Ohren. Diese jüdische Gruppierung, die sich schon lange von ihren strengen Glaubensbrüdern in Judäa diskriminiert und sozial minderwertig behandelt fühlt, ist in den Augen gesetzestreuer Juden nichts als ein geduldeter Haufen Ketzer. Sie gelten, obgleich doch Juden, als unrein, seit sie sich zur Zeit der assyrischen Besatzung im 7. Jahrhundert v. Chr. mit den Feinden arrangiert und völkisch vermischt hatten. Vom Jerusalemer Tempelkult, den Philippus aus ganz anderen Gründen kritisiert, sind die Samariter ohnehin ausgeschlossen. Ihre soziale Unzufriedenheit macht sie zu idealen Befürwortern der massiven Tempelkritik der Jesusanhänger. Mittels Taufe und Handauflegung werden viele dieser Menschen aus dem sozialen Randgruppenbereich zu Jesus-Bekennern – offenbar von Anfang an ein wirklich hochoffizieller Akt, zu dessen Bekräftigung die Autoritätspersonen Petrus und Johannes, die leibhaftigen Jünger Jesu, eigens aus Jerusalem anreisen. Dieser erste Austritt des jesuanischen Glaubens aus dem Bereich der jüdischen Orthodoxie erfolgt sozusagen mit »apostolischem Segen«.

Und das trifft auch auf die nächste Grenzüberschreitung des Paulus zu: In Caesarea lebt ein heidnischer Hauptmann namens Cornelius, der als »gottesfürchtig« gilt. Er betet zum Gott Abrahams, besucht den Synagogengottesdienst, beachtet die jüdischen Gebote. Seine Stellung als römischer Offizier verbietet es ihm aber, sich beschneiden zu lassen und »offiziell« Jude zu sein. Sein Haus ist nach jüdischem Verständnis »unrein«, ein strenggläubiger Jude darf es nicht betreten. Petrus tut es trotzdem. Mit den Worten: »Gott hat mir gezeigt, keinen Menschen gemein oder unrein zu heißen«, lässt Petrus den »Heiden« auf den Namen Jesu Christi taufen. Ein starkes Stück in dieser religiös streng reglementierten Welt. Fast erleichtert stellt der Autor der Apostelgeschichte denn auch fest, dass diese Tollkühnheit offenbar göttliche Zustimmung findet: »Und die Gabe des heiligen Geistes ward auf die Heiden ausgegossen.« Der Übertritt vom Juden- zum Heidenchristentum ist damit zum ersten Mal vollzogen.

Was in Caesarea noch ein Einzelfall war, wird in der modernen Metropole Antiochia zur Regel. Hier treffen wir nun Mitte der vierziger

Wo heute nur noch Ruinen zu finden sind, ereignete sich der erste Übertritt vom Juden- zum Heidenchristentum: in Caesarea.

Jahre des 1. Jahrhunderts auch auf den Apostel Paulus. Er ist mittendrin in seiner Missionsarbeit, und seine Verkündigungen prägen diese Gemeinde nachhaltig; so wie die Gemeinde ihn mit ihrem weltläufigen Zuschnitt prägt.

EXPERIMENT ANTIOCHIA

Antiochia, früher Syrien zugehörig, heute der Türkei, ist in diesen Zeiten die drittgrößte Stadt des Römischen Reiches. Eine quicklebendige Metropole, um deren gut 500 000 Einwohner religiöse Gruppen aller Art buhlen. Hier hören auch nicht-jüdische Griechen vom Jesusglauben. In der Tischgemeinschaft ihrer regelmäßigen Treffen verschmelzen jesusgläubige Heiden- und Judengruppen miteinander, formieren sich über das gemeinsame Mahl zur »Gemeinde«. In dieser Zeit ist auch zum ersten Mal von »Christen« die Rede.

Das »Experiment Antiochien« eckt bei den jüdischen Traditionswächtern natürlich heftig an. Heiden und Juden gemeinsam unter einem Dach beim Sabbatmahl – für orthodoxe Juden ein Gräuel. Aber ihre feindselige, staatlich unterstützte und blutige Antwort stärkt lediglich das Wir-Gefühl unter den Bedrängten. Die konservative christliche Gemeinde in Jerusalem, die als Urzelle der jesuanischen Botschaft immer noch höchste Autorität unter allen Jesusanhängern genießt, steht dieser Entwicklung zunächst eher ratlos gegenüber. Der äußere Druck auf die Glaubensbrüder in Antiochia aber macht es ihr leicht, die gängige Praxis über zehn Jahre hinweg stillschweigend zu tolerieren, ohne dass es hier eine handfeste Beschlusslage gegeben hätte. Erst in den Jahren 48/49 wird auf dem Apostelkonzil die Frage, ob die jesusgläubigen Heiden nach jüdischem Ritus beschnitten werden müssen oder nicht, offiziell diskutiert.

Zu diesem Zeitpunkt aber hat die Praxis die theologische Diskussion schon längst überholt. Insbesondere ist es Paulus, dessen Eifer bei der Gründung neuer heidenchristlicher Gemeinden in aller Welt nicht mehr zu stoppen ist. Er setzt durch, was in Antiochia längst Alltag ist. Seine »Heidenmission« findet die ausdrückliche Billigung durch die führenden Männer der Urgemeinde. Gerade diese neuen Gemeinden sind es, die in den kommenden Jahren rapide wachsen und den rein judenchristlichen Vereinigungen den Rang ablaufen werden. Spätestens mit der Zerstörung des Jerusalemer Tempels durch die Römer im Jahr 70 n. Chr. erhält auch die dortige Christengemeinde einen nachhaltigen Dämpfer. Palästina und sein Judentum geraten aus dem Focus der Geschichte. Jetzt ist es vor allem die Welt außerhalb Israels, in der sich das Christentum als junge Religion fortschreibt. Das aber ist die Welt des Paulus. Er, der sich nie in Jerusalem zu Hause fühlte, hat von Anfang an auf diese Welt gesetzt – und damit auf die vollständige Abnabelung der ersten Christen von der jüdischen Einflussnahme.

»ALPHA-MÄNNCHEN«

Was aber ist von einem Mann zu halten, der laut herausposaunt: »Ich wünschte, alle Menschen wären wie ich«? Der fest überzeugt ist, dass er einer sei, den »Gott schon im Mutterleib ausgewählt hat«? Der Frauen grundsätzlich in Versammlungen das Wort abschneidet, seinerseits aber in endlosen Monologen exklusive Wahrheiten en gros verkündet und auf alles die passende Antwort parat hat. Der durch zwei Symbole charakterisiert wird, die eigentlich gar nicht zusammenpassen: Buch und Schwert. Und der unbedingt ein Apostel Jesu Christi sein will – möglichst der Apostel schlechthin. Dabei hatte Paulus den Propheten und Wundertäter Jesus zu dessen Lebzeiten noch nicht einmal aus der Ferne gesehen! Er hatte dessen Hinrichtung vielmehr gutgeheißen und die Anhänger dieses Unruhestifters über Jahre mit fanatischem Eifer verfolgt. Nicht nur, dass er wohlgefällig mitmachte, als einer dieser »Verräter am jüdischen Glauben«, ein Jesusbekenner namens Stephanus, in Jerusalem gesteinigt wurde; sondern auch danach noch »wütete er wider die (christliche) Gemeinde, ging hin und her in die Häuser und zog Männer und Frauen hervor und überantwortete sie dem Gefängnis«, wie die Apostelgeschichte empört berichtet.

Doch aus dem »Saulus« wurde ein »Paulus« – sprichwörtlich ist die radikale Wende geworden, die der Christen-Jäger plötzlich vollzog. Allein dieses Verhalten ist höchst erstaunlich und wirft ein merkwürdiges Licht auf seinen Charakter. Aber was dann geschah, stellt alles in den Schatten: Paulus, dieser Wendehals und Quereinsteiger, bringt es mit seiner rastlosen Aktivität und seiner unbeugsamen Sturheit doch tatsächlich zur Nummer zwei in der Rangfolge der wichtigsten Männer der frühen Kirche, die er eben noch so heftig bekämpft hatte. Plötzlich steht er direkt hinter Petrus, dessen Ansehen als wahrer Jünger, Augenzeuge und von Jesus höchstpersönlich eingesetzter Schlüsselverwalter des Himmelreichs ja schwerlich zu überbieten ist.

»Peter und Paul« – diesem Erfolgsduo des Christentums ist inzwischen ein hoher kirchlicher Feiertag (der 29. 6.) gewidmet und unzählige Kirchen tragen den gemeinschaftlichen Namen. Sie sind in der Wahrnehmung so eng miteinander verbunden, dass die bildende Kunst sogar einen physiognomischen Typus entwickelt hat, der gleichermaßen auf beide Apostel zutrifft: fast kahler Kopf, längliches Gesicht und langer Bart. Wie Zwillinge erscheinen sie, die in inniger Gemeinsamkeit die Sache des Christentums vorantreiben. Dass sie sich in Wirklichkeit nur zweimal begegnet sind – erst drei Jahre nach dem Damaskuserlebnis des Paulus und dann noch einmal 14 Jahre später – und sich gelinde gesagt kaum Sympathien entgegenbrachten, bleibt da außen vor. Dass sie sich nicht viel zu sagen hatten, verwundert im Grunde kaum, denn zwischen diesen beiden Charakteren lagen Welten. Hier Petrus, der bescheidene, einfache, ja »einfältige und wankelmütige, aber in seinem Wankelmut ergreifend menschliche gute, alte Fischer« vom See Genezareth – von dessen positivem Impuls der Kulturhistoriker Egon Fiedell übrigens glaubte, dass »ganz Europa noch bis zum heutigen Tage gläubig katholisch wäre«, wenn sich die Päpste dessen Charakter und Lebensstil wirklich zum Vorbild genommen hätten. Und dort der virtuose Paulus, der glänzende Absolvent jüdischer Eliteschulen, gelernter Rabbi und Pharisäer, geschliffener Stadtmensch mit kosmopolitischem Ehrgeiz, ein

Die »großen Zwei«: Petrus, der Mann mit dem goldenen Schlüssel, der auf Erden das bindet, »was im Himmel gebunden sein soll«, und Paulus, der Kämpfer, der mit dem Buch der Bücher den Weg zum wahren Glauben erstreitet.

»hundertfünfzig-prozentiger« Glaubenseiferer, der später eine »Theologie auf höchstem Niveau« entworfen hat, wie immer wieder gerne gesagt wird. Petrus hat an dieses Niveau nie herangereicht und wollte es wohl auch nicht.

DER NEUE JESUS

In dieser neuen Theologie, die Paulus entwirft, hätte sich wohl auch Jesus nicht wiedererkannt. Der Apostel beschreitet nämlich ganz neue Wege in der Auslegung. Nicht den lebendigen Jesus und seine Lebenslehren, nicht den Heiler und Dämonenaustreiber, den Wundertäter und Gleichnis-Erzähler macht er zur Grundlage seiner Theologie, sondern Christus, den am Kreuz Gestorbenen und Auferstandenen. Die Theologie des Paulus beginnt erst nach Ostern, nach Jesu Sterben am Kreuz. Konnte Jesus im Vorgriff auf seinen Tod bestenfalls andeutungsweise und visionär von seinem zukünftigen Leiden sprechen, so denkt und formuliert Paulus fast ausschließlich in dieser Kategorie. Er macht aus dem Glauben Jesu einen Glauben an Jesus.

Wie unwichtig ihm dabei das wirkliche Leben des Jesus von Nazareth ist, zeigt allein schon, dass Paulus in seinen Briefen lediglich 15 Mal den Namen »Jesus« erwähnt, hingegen gleich 374 Mal von »Christus« spricht, dem erhöhten Messias also, dem »Gesalbten«, der als Gottes Sohn für unsere Sünden am Kreuz gestorben ist, wie der Apostel behauptet. Jesus »nicht mehr in seinem Fleische zu kennen«, sei alles andere als ein Problem; denn nach Ostern sei schließlich ohnehin »alles neu geworden!«

Ist der Grund für diese Zentrierung auf »Christus« vielleicht darin zu sehen, dass Paulus überhaupt nichts vom Leben Jesu wusste als das, was die Jünger ihm erzählt hatten? Da er zu keinem Zeitpunkt Augenzeuge des Wanderpredigers Jesu war, hatte er in der Sache nichts beizutragen. Selbstbewusst nennt er sich zwar »Apostel«, aber er ist gleichwohl der einzige Apostel, der niemals mit dem leibhaftigen Jesu an einem Tisch gesessen hat. Ein Manko, das er wohl spürt und das ihn die anderen wahrscheinlich auch spüren lassen. Was aber den gestorbenen und auferstandenen Heiland angeht, da kann er mitreden. Ihm selbst habe sich der Auferstandene offenbart, so betont Paulus nachhaltig in seinen Briefen, und die Apostelgeschichte stilisiert gar diese

»Vom Saulus zum Paulus«

heißt eine Redensart, die eine fundamentale charakterliche Wandlung beschreibt. Eine Wandlung, wie sie der erbarmungslose Christenverfolger Saul von einer Sekunde auf die andere vollzieht und so zu jener Lichtgestalt wird, ohne die das Christentum nicht denkbar wäre. Doch was mag da passiert sein? Damals am helllichten Tag mitten auf der Landstraße nach Damaskus? War es wirklich allein dieses Erlebnis, das die 180-Grad-Wende des Eiferers begründete? Oder war es nur letzter Auslöser, längst überfälliges Bekenntnis zu sich selbst, der Endpunkt eines langen Weges, an dessen Ende die Neuorientierung steht?
Im Christentum ist die Wandlung des Paulus gleichsam eine ständige Herausforderung, ein eindringlicher Appell, den eigenen Lebensentwurf von Grund auf zu überprüfen und das eigene Leben gegebenenfalls radikal zu ändern.

ΝЬВЬСТАΝИИИДИ
ВЬГРА
ХС

einschneidende Erfahrung zum dramatischen »Damaskus-Erlebnis«: Erst »schnaubte er noch mit Drohen und Morden wider die Jünger des Herrn«, aber dann »umleuchtete ihn plötzlich ein Licht vom Himmel; und er fiel auf die Erde und hörte eine Stimme, die sprach zu ihm: Saul, Saul, was verfolgst du mich? Er aber sprach: Herr, wer bist du? Der Herr sprach: Ich bin Jesus, den du verfolgst.« Danach ist Paulus drei Tage mit Blindheit geschlagen – und bekehrt.

Wohlgemerkt: Gesehen hat Paulus auch bei diesem Erlebnis Christus nicht, nur gehört. Gleichwohl rechtfertigt er mit dieser persönlichen Erfahrung seine besonderen Ansprüche auf das Apostolat. »Paulus, durch Gottes Willen berufener Apostel Jesu Christi«, so oder ähnlich beginnt er Autorität heischend seine Briefe an »seine« Gemeinden, denen er »Mutter« sein will und die er als »seine Kinder« bezeichnet. Zuckerbrot und Peitsche als wirksames apostolisches Prinzip, das Paulus virtuos einzusetzen versteht. Zweifellos ist er der erfolgreichste, genialste und unermüdlichste unter allen christlichen Missionaren. Die Reiserouten seiner drei Missionstouren sind im Anhang vieler Bibeln wie Triumphzüge auf Karten des ganzen Mittelmeerraums ausgebreitet. Es sind wirkliche Weltreisen in der damaligen Zeit. Weltreisen zu Fuß! Und das Ergebnis dieser beschwerlichen Fußmärsche hat auf die Weltgeschichte tatsächlich stärker gewirkt als alle Feldzüge Caesars und Alexander des Großen zusammen.

Der genialste Coup des Strategen Paulus war dabei das Kreuz, dieses römische Marterwerkzeug, das er als Erster zum Dreh- und Angelpunkt der neuen, nachösterlichen Theologie macht. 300 Jahre später sollte es zum alles überragenden Symbol der ganzen Christenheit werden. Nicht zuletzt ist es ja die Durchschlagskraft dieses »Markenzeichens« gewesen, die auf lange Sicht das Christentum in einem einzigen Bilde fassbar gemacht hat und damit dessen Erfolg sicherte. Im kraftvoll einfachen Symbol des Kreuzes vereint sich alles, was in dieser Religion je an theologischen Auslegungen und Deutungen erdacht wurde. Und noch etwas: Der Überzeugungstäter Paulus ist in seinem Aufbruch so stark und ungebremst, so euphorisch und revolutionär, dass er alles, was den Erfolg seiner Frohen Botschaft behindern könnte, aus dem Weg räumt. Ohne Rücksicht, auch auf sich selbst. Er, der Jude, überwindet sogar das, was ihm selbst lange als das Allerheiligste erschienen war: das kostbare Gut der jüdischen Identität; den sorgsam gepflegten Status des von Gott auserwählten Volkes. Sein Hebräer- und Pharisäertum. Seinen anerkannten Stellenwert in der jüdischen Gesellschaft. Sein ganzes altes Leben. Christus habe alle Menschen frei gemacht, so lautet sein neuer Glaube, der alles, was vorher war, hinter sich zurücklässt. Das ist die eigentliche »Entdeckung« des Paulus: Jeder Mensch kann Anteil haben an der christlichen Erlösung – auch ohne, dass er zuvor den Umweg über die Gesetze des Mose beschreiten müsste. Auch ohne Jude zu sein, auch ohne den »Bund der Beschneidung«, dieses exklusive Bündnis mit dem Gott Israels, zuvor einzugehen.

Mit diesem revolutionären Wurf katapultiert Paulus die innerjüdische Sekte der Nazaräer aus ihrer ideologischen Begrenztheit hinaus in die Welt und ermöglicht damit den Aufstieg des Christentums zur universalen Weltreligion. Eine der erstaunlichsten Entwicklungen der Menschheitsgeschichte, an deren Anfang Paulus steht. Vielleicht noch erstaunlicher: Paulus überlebte viele Jahre die ungeheure Provokation, die er mit dieser Theologie seiner Umwelt zumutete. Tausende von Märtyrern sind für viel weniger gestorben. Die Kraft, die Paulus aufbrachte, um die eingefleischten Widerstände und Bedenken der Zögernden zu brechen, bezog er allein aus seiner Glaubensüberzeugung, als treuer »Diener Gottes in großer Geduld, in Trübsalen, in Nöten, in Ängsten, in Schlägen, Gefängnissen, im Aufruhr, in Mühen, in Wachen, in Fasten, in Keuschheit, in Erkenntnis, in Langmut, in Freundlichkeit, im heiligen Geist, in ungefärbter Liebe«, wie er selbst über sein Leben im sechsten Kapitel des 2. Korintherbriefs schreibt. Wahrscheinlich ist die grandiose Entschlossenheit, die aus diesen Worten spricht, nur die andere Seite jenes fanatischen Wahns, mit dem er in seinem ersten Leben die Christen verfolgt hatte.

Kein Zweifel: Paulus hat zu jedem Zeitpunkt seines Lebens seinen Glauben mit seiner ganzen Existenz durchstanden, seine Vita sozusagen mit Schweiß und Blut geschrieben. Wenn es je für einen Menschen gegolten hat, dass er mit allen Fasern seiner Existenz seiner inneren Überzeugung folgte, ohne auch nur einen Millimeter vom eingeschlagenen Weg abzuweichen, dann trifft dies auf den bekehrten Paulus zu. Darin liegt das Überwältigende, aber zugleich das Beängstigende, das von dieser Person ausgeht.

PRÄGUNGEN

Tarsus, im Südosten der Türkei in Sichtweite des Mittelmeers gelegen, ist längst keine prächtige Stadt mehr. Die unzähligen, meist einstöckigen Häuser bedecken nur noch eine kleine Fläche der einst so glänzenden Metropole. Gleich hinter der Stadt, die in einer flachen Ebene liegt, erheben sich die Ausläufer des Taurusgebirges; davor leuchtet in einiger Entfernung das Mittelmeer, das man aber nur von einer Anhöhe aus erspähen kann. Mit der internationalen, blühenden Hafenstadt, in der vor 2000 Jahren der Apostel Paulus das Licht der Welt erblickte, hat diese heruntergekommene Provinzstadt nichts mehr gemein.

Die Stadt Tarsus auf einem historischen Gemälde. Hier wurde der Mann geboren, der die größte Religion der Welt begründet hat.

Das alte Tarsus ging an der Faulheit seiner Bürger zu Grunde: Einst hatte der See Rhegma die Stadt direkt mit dem Meer verbunden, und die Schiffe, die von überall her kamen, ankerten gern in der geschützten Bucht dieses riesigen Warenumschlagplatzes. Der Kydros, der sich aus dem steilen Taurusgebirge kommend temperamentvoll in den See ergoss, spülte aber über Jahrzehnte und Jahrhunderte gewaltige Schlammmassen in den Rhegma. Da es den träge gewordenen Einwohnern mit der Zeit zu anstrengend war, den See regelmäßig auszubaggern, verlandete der Schiffsweg nach Tarsus allmählich. Und mit der Verschlammung kamen die Mücken, mit den Mücken die Malaria. Ähnlich wie Ostia, der großen Hafenstadt vor den Toren Roms, die ein gleiches Schicksal ereilte, kann der Zustand von Tarsus als Gradmesser für den Niedergang des Römischen Reiches gelten; zu Zeiten des Paulus war diese Metropole dagegen ein Gradmesser für die strahlende Blüte der antiken Kultur des Imperium Romanum.

Der glänzenden Großstadt, in die Paulus hineingeboren wurde, eilte damals noch ein vorzüglicher Ruf voraus. Der griechische Schriftsteller und Geograph Strabo war überzeugt, dass Tarsus bestenfalls von Athen und Alexandria übertroffen werden würde, was Bildung und Gelehrsamkeit angehe. Bedeutende Prominente und Intellektuelle hatten hier gelebt: Cicero etwa oder Athenodorus, der Lehrer von Kaiser Augustus. Der Wissenschaftsbetrieb an der Universität war vor allem durch den Einfluss stoischer Philosophen geprägt; hier herrschte mithin der gediegene Geist des aufgeklärten, philosophischen Establishments. In religiösen Dingen wurde kein konfessioneller Zwang ausgeübt, ganz im Sinne der modernen römischen Staatsdoktrin, die recht liberal jede Religionsfreiheit gewährte, solange der staatlich verordnete Kaiserkult dabei nicht in Frage gestellt wurde. Viele jüdische Familien hatten sich in dieser pulsierenden Handels- und Kulturstadt angesiedelt. So auch die konservative Familie des Paulus.

Wie sehr nimmt eine Stadt, in der ein Mensch geboren wird und aufwächst, Einfluss auf sein Denken und Fühlen? Bei Paulus und Jesus ist man schnell geneigt, die Unterschiedlichkeit beider Lebensentwürfe aus ihren Lebenswelten heraus zu erklären. Die redliche, aber dürftig-mühsame Existenz als Handwerker in einem rein jüdisch geprägten Landstädtchen, wie sie Jesus erfuhr, war ja so ganz anders als das Leben in einer weltoffenen Stadt wie Tarsus. Auch wenn Paulus nach »strenger Sitte der Väter« erzogen wurde, war er mit einem ganz anderen Umfeld konfrontiert als Jesus. Er konnte kritische Fragen nicht einfach ausblenden, sondern setzte sich argumentativ mit den Widersprüchen dieser Welt auseinander. Er vertiefte sich in die Interpretation der jüdischen Schriften, wurde Pharisäer und somit hoch gebildeter jüdischer Laie. Zwar nicht dem Priesterstand angehörig, war er doch soweit in die jüdische Hierarchie eingebunden, dass man ihn mit der Verfolgung jüdischer Abweichler und Sekten beauftragte. Ganz im Gegensatz zum religiösen Autodidakten Jesus war Paulus also wirklich ein Profi in Sachen Religion.

Nichts zeigt den Unterschied der Mentalitäten zwischen Paulus und Jesus so gut wie die gegensätzlichen Sprachbilder, die sie verwenden: »Paulus' sprachliche Bilder entsprechen der Sphäre der Großstadt, sie entstammen der Welt des Theaters, des Zirkus, des Gerichts, des Hafens, des Handels, der Handwerker, der Sklaven. Die Gleichnisse Jesu hingegen vermitteln, seinem Lebenskreis entsprechend, ländliche Bilder und Begriffe: Jahreszeiten, Weinberge, Fischfang, Hirten und Herden«, so der Wissenschaftler G. Faber in seiner Analyse.

Jesus, der Galiläa wohl nur verließ, wenn er nach Jerusalem ging, sein ganzes Leben sonst aber in einem hinterwäldlerischen Areal verbracht hat, das etwa der Fläche Berlins entspricht, steht ganz im Gegensatz zum Weltreisenden Paulus. Paulus ist als bekennender Christ römischer Staatsbürger jüdischen Glaubens in einer hellenistischen Kultur, ein Komposit-Charakter, in dem sich die ganze Antike verdichtet. Jesus ist der provinziell Bodenständige, der den Mikrokosmos des Lebens abbildet. Vielleicht liegt in der gegenseitigen Ergänzung dieser beiden diametralen Charaktere das Erfolgsgeheimnis des Christentums begründet.

ZWEI MENSCHEN, ZWEI WELTEN, EINE KIRCHE

Was war es, das Paulus an Jesus Christus so fasziniert hat, dass er sein Leben in dessen Dienst stellte? Dass er über Nacht sämtliche Brücken zu seinem alten Leben abbrach und ein völlig anderer wurde? Dass er sogar bereit war, für Jesus zu sterben? Was er vom lebendigen Jesus für mitteilenswert hält, ist leicht in zwei Sätzen gesagt und eher banal: Jesus war ein guter Jude (Gal 3,16), mit mehreren Geschwistern (Röm 8,19), der stets Gott gehorsam war (Phil 2,8); nach seinem letzten Abendmahl, das er mit seinen Jüngern hielt, wurde er verraten (1. Kor 11, 23), verhöhnt (Röm 15,3) und gekreuzigt (Gal 2,19). Der revolutionäre Wanderprediger aus der Provinz, der für seine Umwelt nicht mehr zu steuern ist, bleibt ihm fremd. Keine Rede von dem, was Jesu Wirksamkeit laut Evangelien ganz besonders auszeichnet: seine Wundertaten und Heilungen. Nichts von dem, was das Zentrum des jesuanischen Glaubens selbst ausmacht: Der unmittelbare Hereinbruch des Reiches Gottes über die Menschheit. Nichts von der Anstößigkeit seines Auftretens. Nichts vom Umkehrruf. Oder von der letzten Aufforderung zur Buße. Auf Legendenbildungen und biographische Highlights, wie etwa Jungfrauengeburt und Zeugung durch den Heiligen Geist, geht Paulus gar nicht erst ein: »Geboren von einem Weibe!« Punktum. Kindheitsgeschichten Jesu sind ihm nicht die kleinste Erwähnung wert. Alles uninteressant, Paulus ist und bleibt Vernunftmensch.

Die Aussendung der Apostel dürfte wohl anders ausgesehen haben, als auf diesem Bild: Die frühchristliche Mission war ein sehr hartes Geschäft und führte oftmals tief hinein in die gesellschaftlichen Niederungen.

Die Anweisungen des lebendigen Jesus scheint Paulus schlicht zu übergehen, da, wo es ihm nicht in den Kram passt: »Gehet nicht auf der Heiden Straße und zieht nicht in die Samariter Städte, sondern gehet hin zu den verlorenen Schafen aus dem Hause Israel«, hatte Jesus seinen Jüngern ausdrücklich befohlen. Paulus tat glatt das Gegenteil und bereiste predigend die ganze Welt. Und dass er den am Kreuz sterben-

Paulus – sein Glaube an die Liebe Gottes und die Erlösung der Menschen war durch nichts zu erschüttern. Heute wie zu seinen Lebzeiten war er damit vielen ein Rätsel.

den Jesus als »Lamm Gottes« deutet und ihm sämtliche Hoheitstitel anhängt, die die jüdische Tradition zu bieten hat, hätte sich Jesus zu Lebzeiten sicher nicht träumen lassen. Alles wirkt wie ein einziges gigantisches Missverständnis – aus dem aber die größte Religion der Welt hervorgegangen ist.

Analytisch betrachtet ist es gerade das Ausblenden des historischen Jesus, das die Theologie des Paulus so stark macht. Paulus verheddert sich nicht in biographischen Details seines Idols. Er geht nicht auf Einzelheiten eines Charakters ein, »von dem er nichts zu wissen brauchte, um alles über ihn zu wissen«, wie Dieter Hildebrandt in seinem Paulusbuch ohne jede Ironie bemerkt. Eben das macht Paulus so unheimlich und gleichzeitig bestechend: Seine von aller historischen Realität abgekoppelte, unerschütterliche Gewissheit. Sein unglaublicher Glaube und das sichere Bewusstsein, dass Christus für ihn und für alle anderen Menschen am Kreuz stellvertretend gestorben sei.

In seinem Bild des Kreuzes schnurrt alles zusammen, was ihm jemals im Verhältnis zu Christus als wissenswert erschienen ist: dessen Gott-Sohnschaft und dessen Stellvertreterfunktion für die sündhafte Menschheit. Der schmachvolle und zugleich triumphale Tod Christi als Preis für die endgültige Erlösung der Menschen aus ihrer Sünde – Ausdruck der unendlichen Liebe Gottes. Damit ist alles gesagt, so würde Paulus behaupten. Und in dem schroffen Beharren, das sein ganzes Handeln kennzeichnet, würde er sich auch nicht dadurch irritieren lassen, dass seine Predigt vom gekreuzigten Messias »den Juden ein Ärgernis und den Griechen eine Torheit« ist, wie er unumwunden in seinem Brief an die Gemeinde von Korinth zugibt.

Woher freilich Paulus letzten Endes die unzerstörbare Kraft seines eigenen Glaubens bezogen hat, wäre bestenfalls eine Frage, die das weite Feld tiefenpsychologischer Spekulation eröffnen würde. Sein »Damaskus-Erlebnis« allein reicht sicher nicht aus, um die Gewissheit zu erklären, mit der Paulus offenbar »von Natur aus« begabt ist und mit der er so unbeirrt seiner eigenen Interpretation der Jesusgeschichte glaubt und ihr rücksichtslos folgt. Dieses letzte und größte Geheimnis aber hat Paulus nie preisgegeben.

GÜNTHER KLEIN

DIE AUTOREN

Richard Andrews, geboren 1953, war nach dem Yom-Kippur-Krieg als Taucher bei einem Minenräumkommando tätig; seit den achtziger Jahren arbeitet er als Wracktaucher und Unterwasserarchäologe vor Sardinien. Andrews verfasste zahlreiche Terra-X-Dokumentationen und ist Autor der Bestseller *Das Letze Grab Christi. Die Geometrie des Heiligen Gral* (1996), *Tempel der Verheißung. Das Geheimnis des Heiligen Berges von Jerusalem* (1999) und *Der Spion des Lawrence von Arabien. Auf geheimer Mission für einen Jüdischen Staat* (2004).

Georg Graffe, Jahrgang 1957, studierte Philosophie und Geschichte an den Universitäten Mainz und Edinburgh. Seit 1987 ist er Mitarbeiter der IFAGE-Filmproduktion, Wiesbaden. Georg Graffe ist Autor und Regisseur zahlreicher Fernsehdokumentationen, darunter *Terra X, Höllenfahrten, Schauplätze der Weltkulturen, 2000 Jahre Christentum* und zuletzt *Imperium.*

Hans-Christian Huf, geboren 1956 in Starnberg, studierte Geschichte und Politik in München und Bordeaux. Seit 1987 in der Redaktion Geschichte und Gesllschaft beim ZDF tätig, entwickelte er zahlreiche erfolgreiche Prime-Time-Reihen. Seine Begleitbücher zu den Serien – darunter *Sphinx 1-6, Quo Vadis 1-2, Mit Gottes Segen in die Hölle* und *Imperium* – sind Bestseller und wurden zum Teil in vierzig Sprachen übersetzt.

Günther Klein, geboren 1956 in Flensburg, studierte evangelische Theologie, Kunstgeschichte und Journalistik. Seit 1983 ist er als Autor und Regisseur bei verschiedenen Sendern tätig. Von 1985 – 1989 Autor und Regisseur der ZDF-Dokumentarreihe Reisebilder aus der DDR; 1989/90 dreiteilige Dokumentation über Politische Justiz in der DDR sowie zahlreiche Kulturfeatures. Seit 1991 ist Klein Redaktionsleiter der IFAGE Filmproduktion in Wiesbaden. Für seine Arbeit wurde Klein u.a. mit dem Europäischen Filmpreis und dem Bayerischen Fernsehpreis ausgezeichnet.

LITERATUR- UND QUELLENVERZEICHNIS

ALLGEMEIN

Bocian, Martin: *Lexikon der biblischen Personen,* Stuttgart 1989

Calvocoressi, Peter: *Who ist who in der Bibel,* München, 2. Aufl. 1991

Die Bibel. *Die Heilige Schrift des Alten und Neuen Bundes.* Deutsche Ausgabe mit den Erläuterungen der Jerusalemer Bibel, hrsg. v. Diego Arenhoevel, Alfons Deissler, Anton Vögtle, Freiburg/Basel/Wien, 5. Aufl. 1968

Deuel, Leo: *Das Abenteuer Archäologie. Berühmte Ausgrabungsberichte aus dem Nahen Osten,* München 1982

Eckl, Christian: *50 Klassiker. Bibel. Die bekanntesten Geschichten des Alten Testaments,* Hildesheim 2001

Einsle, Hans: *Das Abenteuer der biblischen Forschung. Von der Arche Noah bis zu den Schriftenrollen von Qumran,* Gütersloh 1979

Keller, Werner: *Und die Bibel hat doch recht. Forscher beweisen die historische Wahrheit,* Reinbek 1978

Küng, Hans: *Das Judentum,* München 1999

Lang, Bernhard: *Die Bibel,* Frankfurt 2004

Levin, Christoph: *Das Alte Testament,* München 2001

Magall, Miriam: *Archäologie und Bibel, Wissenschaftliche Wege zur Welt des Alten Testaments,* Köln 1986

Metzger, Martin: *Grundriss der Geschichte Israels,* Neukirchen-Vluyn 2004

Niemeyer, Hans Georg/Pörtner, Rudolf (Hrsg.): *Die großen Abenteuer der Archäologie, Band 2: Der alte Orient,* Salzburg 1982

Schmidt, Werner H.: *Einführung in das Alte Testament,* Berlin 1995

Zenger, Erich (et al): *Einleitung in das Alte Testament,* Stuttgart 2004

JAHWE – KARRIERE EINES GOTTES

Dietrich, Walter/Link, Christian: *Die dunklen Seiten Gottes, Bd. 1: Willkür und Gewalt,* Neukirchen-Vluyn 1995

Dietrich, Walter/Link, Christian: *Die dunklen Seiten Gottes, Bd.2: Allmacht und Ohnmacht,* Neukirchen-Vluyn 2000

Dietrich, Walter (Hrsg.): *Ein Gott allein? JHWH-Verehrung und biblischer Monotheismus im Kontext der israelitischen und altorientalischen Religionsgeschichte,* Fribourg 1994

Hutter, Manfred: *Religionen in der Umwelt des Alten Testaments, Bd.1: Babylonier, Syrer, Perser.* Stuttgart 1996

Lang, Bernhard: *Jahwe, der biblische Gott. Ein Porträt,* München 2002

Lang, Bernhard: *Himmel und Hölle. Jenseitsglaube von der Antike bis heute,* München 2003

ADAM UND EVA – DIE ERSTEN MENSCHEN

Borer, Eva Maria: *Der Adam & Eva Report,* Zürich/Köln 1984

Cavalli-Sforza, Luigi Luca/Gene, Völker: *Sprachen. Die biologischen Grundlagen unserer Zivilisation,* Darmstadt 1999

Esche, Sigrid: *Adam und Eva. Sündenfall und Erlösung,* Düsseldorf 1957

Foley, Robert: *Menschen vor Homo sapiens. Wie und warum unsere Art sich durchsetzte,* hrsg. v. Wighart v. Koenigswald, Darmstadt 2000

Haag, Herbert (Hrsg.): *Große Frauen in der Bibel,* Freiburg/Basel/Wien 1993

Röhrich, Lutz: *Adam und Eva. Das erste Menschenpaar in Volkskunst und Volksdichtung,* Stuttgart 1968

Schwager, Raymund: *»Erbsünde und Heilsdrama. Im Kontext von Evolution, Gentechnologie und Apokalyptik«;* in: *Beiträge zur mimetischen Theorie,* hrsg. v. Herwig Büchele u. a., Bd. 4, Münster 1997

NOAH UND DIE RETTUNG DER GERECHTEN

Aksu, Ali. E: *»Persistent Holocene outflow from the Black Sea to the Eastern Mediterranean contradicts Noah´s flood hypothesis«;* in: *Geographic Society of America Today,* 4-10, May 2002

Cavalli Sforza, Luigi: *The history and geography of human genes,* Princeton 1994

Haarmann, Harald: *Geschichte der Sintflut. Auf den Spuren der frühen Zivilisationen,* München 2003

Koch, Heinrich P.: *Sintflut. Die Bibel berichtet von der Urkatastrophe der Menschheit,* Wien/Zürich/München 2000

Ryan, Walter/Pitman, William: *Noahs flood. The new scientific discoveries about the event that changed history,* New York 1998

Stephan, Manfred/Fritzsche Thomas: *Sintflut und Geologie, Schritte zu einer biblisch-urgeschichtlichen Geologie,* Holzgerlingen 2000

Tollmann, Alexander und Edith: *Und die Sintflut gab es doch. Vom Mythos zur historischen Wahrheit,* Wien 1993

Zanot, Mario: *Die Welt ging dreimal unter. Kometen, Sintflutmythen und Bibel-Archäologie,* Wien/Hamburg, 1976

MOSE – EIN MANN MACHT GESCHICHTE

Assmann, Jan: *Mose der Ägypter. Entzifferung einer Gedächtnisspur,* München/Wien 1998
Donner, Herbert: *Geschichte des Volkes Israel und seiner Nachbarn in Grundzügen. Grundrisse zum Alten Testament, Ergänzungsreihe,* hrsg. v. Walter Beyerlin, Bd. 4/1, Göttingen 1984
Finkelstein, Israel/Silberman, Neil A.: *Keine Posaunen vor Jericho. Die archäologische Wahrheit über die Bibel. Aus dem Englischen von Miriam Magall,* München, 4. Aufl. 2003
Freud, Sigmund: *Der Mann Moses und die monotheistische Religion. Schriften über die Religion,* Frankfurt am Main, 12. Aufl. 2001
Noth, Martin: *Geschichte Israels,* Göttingen 1950
Werner H. Schmidt: *»Mose«,* in: *Große Religionsstifter,* hrsg. v. Peter Antes, München 1992, 32-48

DAVID – DIE VERWEHTEN SPUREN EINES KÖNIGS

Dietrich, Walter (Hrsg.): *König David – biblische Schlüsselfigur und europäische Leitgestalt,* Fribourg/ Stuttgart 2003
Dietrich, Walter: *David – ein Königsweg. Psychoanalytisch-theologischer Dialog über einen biblischen Entwicklungsroman,* Göttingen 2002
Dietrich, Walter: *Die frühe Königszeit in Israel. 10. Jahrhundert v. Chr.,* Stuttgart 1997 (Biblische Enzyklopädie 3)
Dietrich, Walter: *Die Samuelbücher,* Darmstadt 1995
Donner, Herbert/Beyerlin, Walter: *Grundrisse zum Alten Testament, Bd.4/1: Geschichte des Volkes Israel und seiner Nachbarn in Grundzügen,* Göttingen 2000
Zwickel, Wolfgang: *Die Welt des Alten und Neuen Testaments,* Calw 1997

SALOMO UND DAS HAUS GOTTES

Andrews, Richard: *Tempel der Verheißung,* Bergisch Gladbach 2001
Beyer, Rolf: *König Salomo. Vom Brudermörder zum Friedensfürsten,* Bergisch Gladbach 1993
Dietrich, Walter: *Von David zu den Deuteronomisten. Studien zu den Geschichtsüberlieferungen des Alten Testaments,* Stuttgart 2002
Finkelstein, Israel/Silberman, Neil A.: *Keine Posaunen vor Jericho. Die Archäologische Wahrheit über die Bibel,* München 2002

Mandel, Gabriel/Eisele, Petra: *König Salomo,* Bern 1978
Mandel, Gabriel: *Das Reich der Königen von Saba. Archäologen graben im Paradies und enträtseln Frühgeschichte Arabiens,* Bern 1980
Naredi-Rainer, Paul von: *Salomos Tempel und das Abendland,* Köln 1994

BABYLON UND DIE ERFINDUNG DER BIBEL

Barthel Hrouda/Pfeilschifter, Rene: *Mesopotamien,* München 2002
Cancik-Kirschbaum, Eva: *Die Assyrer,* München 2003
Eisele, Petra: *Babylon,* Bern/München 1980,
Jursa, Michael: *Die Babylonier,* München 2004
Klengel-Brandt, Evelyn: *Der Turm von Babylon. Legende und Geschichte eines Bauwerks,* München 1992
Uhlig, Helmut: *Die Sumerer,* Bergisch Gladbach 1992

JUDAS MAKKABÄUS – DER MANN DEN SIE »HAMMER« NANNTEN

Bauer, Dieter/Dohmen, Christoph: *Neuer Stuttgarter Kommentar. Altes Testament, Bd.22, Das Buch Daniel,* Stuttgart 1996
Gehrke, Hans-Joachim: *Geschichte des Hellenismus,* München 1990
Grant, Michael: *Von Alexander bis Kleopatra. Die hellenistische Welt,* Bindlach 1987
Hengel, Martin: *Judentum und Hellenismus,* Tübingen 1988
Hengel Martin: *Juden, Griechen und Barbaren,* Stuttgart 1976
Heinen, Heinz: *Geschichte des Hellenismus,* München 2003

JESUS CHRISTUS – ALLES BLOSS EIN IRRTUM?

Alt, Franz: *Jesus, der erste neue Mann,* München 1969
Augstein, Rudolf: *Jesus Menschensohn,* München 2001
Baigent, Michael: *Verschlusssache Jesu,* München 1991
Braun, Herbert: *Jesus,* Stuttgart 1969
Braunschweiger, Jürgen (Hrsg.): *Jesus. Mensch und Geheimnis in Glauben und Kunst,* Freiburg 2004
Bultmann, Rudolf: *Jesus,* Tübingen 1983
Crossan, John Dominic: *Der historische Jesus,* München 1994
Goppelt, Leonhard: *Theologie des Neuen Testaments,* Göttingen 1976
Lüdemann, Gerd: *Der große Betrug,* Lüneburg 1999
Pinero, Antonio: *Jesus in den geheimen Evangelien,* Düsseldorf 2004

Schweitzer, Albert: *Geschichte der Leben-Jesu-Forschung,* Gütersloh 1977
Spoto, Donald: *Jesus, der Mann aus Nazareth,* Augsburg 2002

JOHANNES DER TÄUFER – BEGRÜNDER DES CHRISTENTUMS?

Becker, Jürgen: *Johannes der Täufer und Jesus von Nazareth,* Neukirchen 1972
Berger, Klaus: *Qumran und Jesus. Wahrheit unter Verschluss?,* Stuttgart 1993
Ernst, Josef: *Johannes der Täufer – der Lehrer Jesu?,* Freiburg 1994
Heiligenthal, Roman: *Menschen um Jesus. Lebensbilder aus neutestamentlicher Zeit,* Darmstadt 2001
Metzsch, Friedrich August von: *Johannes der Täufer. Seine Botschaft und deren Darstellung in der Kunst,* Holzgerlingen 2001
Stegemann, Hartmut: *Die Essener, Qumran, Johannes der Täufer,* Freiburg 1994

PAULUS – AUF MESSERS SCHNEIDE

Becker, Jürgen: *Paulus, der Apostel der Völker,* Tübingen 1989
Berger, Franz: *Das Paulus-Prinzip. Die erfolgreichste Marketingstrategie der Weltgeschichte,* München 1998
Biser, Eugen: *Der unbekannte Paulus,* Düsseldorf 2003
Grant, Michael: Paulus – Apostel der Völker, Bergisch Gladbach 1978
Hildebrandt, Dieter: *Saulus Paulus – ein Doppelleben,* München 1989
Lüdemann, Gerd: *Paulus, der Gründer des Christentums,* Lüneburg 2001
Maisch, Johannes: *Paulus von Tarsus. Verfolger und Apostel Jesu Christi,* Konstanz 1984

NAMENREGISTER

ORTSREGISTER

BILDNACHWEIS

Archiv für Kunst und Geschichte, Berlin: 12, 16, 17, 18, 21, 24, 28/29, 31, 32, 33, 35, 36, 37, 38, 39, 40, 42, 44, 46, 47, 49, 50, 51, 53, 54, 55, 57, 58, 59, 61, 66/67, 68, 71, 72, 74, 76, 78, 79, 80, 81, 83, 84, 89, 91, 92, 95, 96, 98/99, 100, 102, 104, 105, 106, 109, 115, 116, 117, 135, 140, 141, 142, 144, 146, 147, 156, 163, 167, 170, 173, 174, 176, 179, 180/181, 185, 186, 190, 195, 196, 198, 199, 201, 203, 204, 205, 208, 209, 217, 218, 220/221, 225, 226, 229, 230, 231, 234, 235, 236/237, 238, 239, 241, 242, 244, 246, 247, 248, 250, 252, 253, 256, 260/261, 262, 268, 269, 270, 273, 274, 278/279, 281, 286, 287, 288, 291, 292, 294, 295, 296, 298, 299, 300, 310, 311, 314, 319, 320/321, 325, 326, 328, 330, 333, 336, 337, 338, 341, 342, 344, 348, 350/351, 354, 357, 359

Jens-Peter Behrend: 284, 317, 345

Faksimile Verlag, Luzern: 2, 6, 11, 77, 107, 110, 128, 131, 132, 137, 148/149, 160, 166, 169, 219, 243, 258, 263, 306, 360

Georg Graffe: 4, 15, 17, 23, 145, 152, 153, 154, 155, 161, 164, 178, 183, 189, 207, 212, 214, 233

Michael Gregor: 90, 122, 123, 124, 129, 133, 134. 202, 210, 222, 223, 224, 309, 316

Günther Klein: 259, 264, 282, 303, 308

Wir danken allen Rechteinhabern für die Erlaubnis zum Abdruck der Abbildungen. Sollte es uns trotz intensiver Bemühungen nicht gelungen sein, alle Rechteinhaber zu ermitteln, bitten wir diese, sich an den Verlag zu wenden.

»Reich bebildert, kurzweilig gegliedert, informativ« dpa

Sie brachten die bedeutendsten Reiche der Welt hervor, wurden geführt von den größten Herrschern ihrer Zeit, dominierten über Jahrhunderte ganze Regionen und Völker. Doch auf dem Höhepunkt ihrer Macht waren sie bereits dem Untergang geweiht – die Hochkulturen der Pharaonen ebenso wie jene von Rom, Karthago und Persien. Hans-Christian Huf und sein Autorenteam beschreiben Aufstieg und Fall dieser Reiche. Ein spannender, erkenntnisreicher Blick in die Vergangenheit – und ein Fingerzeig auf die Gegenwart.

Hans-Christian Huf

Imperium

Vom Aufstieg und Fall großer Reiche

ISBN-13: 978-3-548-60557-9
ISBN-10: 3-548-60557-5

L207-4c

List Taschenbuch